KAMAL JOUMBLATT

Igor Timofeev

KAMAL JOUMBLATT

et le destin tragique du Liban

Traduit du russe
par Tamima Dahdah

Albin Michel/Éditions Dar An-Nahar

www.albin-michel.fr

www.darannahar.com

ISBN Albin Michel : 2-226-14239-8
ISBN Dar An-Nahar : 2-84289-469-3

« À quoi te comparer dans ta grandeur ? Voici : à un cèdre du Liban au branchage magnifique, au feuillage touffu, à la taille élevée. Parmi les nuages émerge sa cime. »

Ezéchiel, 31 2-3

I.

Moukhtara

Le 6 décembre 1917, Nazira Joumblatt, épouse de l'influent notable Fouad bey Joumblatt, que les autorités ottomanes ont placé à la tête du vaste *caza* montagneux du Chouf, met au monde un garçon. Il s'appellera Kamal. Ce même jour, il n'a cessé de pleuvoir sur Moukhtara, où se trouve le château ancestral des Joumblatt, et les habitants venus présenter leurs félicitations ont dû, trempés jusqu'aux os, affronter un vent glacial.

Nazira, alors âgée de vingt-six ans, a épousé Fouad bey en 1915, en secondes noces. Il s'est plié à la coutume en choisissant une cousine. Farès Joumblatt, le père de sa nouvelle épouse, appartient à une branche de cette famille renommée établie dans le village voisin de Aïn-Qanya, mais il n'existe pas de liens consanguins avec les Joumblatt de Moukhtara.

La Première Guerre mondiale touche à sa fin et, si les combats se sont déroulés loin du Liban, la faim et les épidémies font chaque jour des dizaines de victimes. L'Empire ottoman, qui a choisi le camp de l'Allemagne dès octobre 1914, s'est heurté aux problèmes de ravitaillement de ses troupes en Syrie et en Palestine. Le triumvir « Jeune-Turc » Ahmed Jemal pacha, auquel Istanbul a confié les opérations contre les Anglais dans la zone du canal de Suez, s'en est remis aux officiers de la mission militaire allemande de Liman von Sanders, tandis que lui-même s'occupe des arrières. Lorsque Jemal pacha reçoit les pleins pouvoirs du gouvernement turc, en novembre 1914, les Libanais sentent immédiatement sa poigne de fer. Il instaure la loi martiale dans les provinces arabes de l'Empire, supprime l'autonomie du Mont-Liban et abolit les droits et privilèges dont jouissent différentes communautés en vertu d'accords internationaux[1].

C'est en fait un régime d'occupation militaire qui s'établit au Liban. Afin de pourvoir aux besoins de l'armée, les autorités turques procèdent à de vastes réquisitions de vivres et de bétail. Le plus souvent, les paysans sont purement et simplement spoliés, mais, quand ils sont dédommagés, le papier-monnaie est vite dévalué par l'inflation. En 1915, les neuf dixièmes de la récolte de céréales en Syrie et au Liban sont ainsi confisqués. Comme les combustibles manquent, les Turcs n'hésitent pas à abattre les arbres fruitiers, et même les fameux cèdres – des bosquets entiers sont brûlés dans les chaudières des locomotives.

Soucieux de regarnir les rangs de l'armée ottomane en proie aux désertions massives dès 1916, Jemal pacha décrète que tous les jeunes Libanais, indépendamment de leur confession, doivent être appelés sous les drapeaux, sous peine d'être arrêtés. Des milliers de paysans sont réquisitionnés pour les corvées du génie militaire.

Toute désobéissance, toute manifestation de sympathie à l'égard des Alliés ou du mouvement panarabe d'Hussein, le chérif de La Mecque, sont assimilées à une trahison et impitoyablement punies. Alléguant la guerre, Jemal pacha organise en fait à grande

1. Avant même l'entrée en guerre, Istanbul avait unilatéralement aboli, le 8 septembre 1914, l'accord sur le « régime spécial » du Mont-Liban, rétablissant ainsi l'administration ottomane directe. Le Mont-Liban fut occupé par les troupes ottomanes au début de 1915.

échelle la persécution des nationalistes arabes. Les tribunaux militaires turcs accusent ces derniers de collusion secrète avec la Grande-Bretagne et la France, et d'incitation à la révolte : trente-trois militants du mouvement panarabe sont exécutés en public à Beyrouth et à Damas, entre 1915 et 1916 ; le nombre des condamnés à mort va dépasser les huit cents, dès la fin de 1916.

Une fois abolie l'autonomie du Mont-Liban, les troupes turques cantonnées à Beiteddine se livrent au pillage. Les soldats effectuent des raids sur Deir el-Qamar ou Baaqline, enlevant aux habitants leurs dernières réserves de vivres et leurs biens. Après l'invasion de sauterelles qui a détruit une bonne partie de la récolte en 1916, la population du Mont-Liban est sur le point d'être décimée par la famine. Tout ce qui peut être mâché ou avalé fait office de nourriture. Les gamins des villages, armés de bâtons, cherchent les *tannours*[1] abandonnés pour gratter les grains de sel incrustés dans les parois. En fermant, dès 1915, la route menant de Beyrouth à Damas, les Turcs ont ôté toute possibilité aux Libanais d'aller s'approvisionner en Syrie. Les vivres n'arrivent pas non plus par la mer, les ports de Syrie et du Liban étant bloqués par les navires alliés.

Néanmoins, les hommes des villages druzes parviennent à former des groupes de cinquante à cent personnes pour gagner la Syrie par des sentiers montagneux difficiles d'accès. À dos de mulet, quelques vivres parviennent ainsi au Chouf, mais nombre de familles, désespérées, abandonnent leurs maisons et se rendent par la montagne chez leurs proches dans le Hauran. Entre 1915 et 1917, les épidémies de typhus viennent s'ajouter, par vagues, à la famine. À la fin de la guerre, on dénombre cent mille morts,

1. Fours à pain circulaires, avec une paroi intérieure faite de pierres sur lesquelles cuit la pâte.

sur les quatre cent cinquante mille personnes qui peuplaient le Mont-Liban.

Fouad bey Joumblatt, qui s'employait à combattre les abus dans la répartition des vivres, a contribué à sauver de la famine nombre de familles. La corruption ne lui inspirait que du dégoût. Né en 1885 à Moukhtara, il est l'arrière-petit-fils du légendaire cheikh Bachir, le chef druze qui a porté la famille des Joumblatt à son apogée politique au début du XIXe siècle. Fouad bey est aussi le petit-fils de Saïd bey Joumblatt, dernier des grands seigneurs druzes à avoir tenté de rétablir la puissance du clan, après la défaite de son propre père et son exécution en 1825[1]. Accusé d'avoir fomenté des affrontements sanglants entre druzes et maronites, Saïd bey avait été condamné à la détention à vie avant de succomber à la tuberculose à l'hôpital de la prison, le 11 mai 1861. C'est sa veuve, Badr Amineddine, qui élèvera les enfants, Nassib et Najib.

Quand Najib Joumblatt meurt en 1893, à trente-quatre ans, il laisse deux fils : Fouad et Ali. Son frère Nassib se charge d'eux, faisant donner à ses neveux une excellente éducation à l'université américaine de Beyrouth. Malade, contraint de rentrer à Moukhtara, Fouad ne peut cependant pas terminer ses études.

L'aristocratique Nassib Joumblatt est un fin politique qui obtiendra ce qui avait échappé à son père Saïd bey. Sans même sortir l'épée du fourreau, par des moyens diplomatiques, il rétablit le leadership des Joumblatt ébranlé par les premières années du régime des *moutasarrif*[2]. Instauré en 1861, ce système avait porté un coup aux privilèges féodaux des puissants clans druzes, mais les moutasarrif ottomans leur avaient confié des postes administratifs importants en guise de dédommagement.

1. On pourra lire en annexe un résumé de l'histoire du clan des Joumblatt.
2. Chef d'une *moutasarrifia*, ou province administrative.

Ils avaient toutefois fait en sorte que la distribution des postes maintienne la rivalité entre les clans.

Les moutasarrif, durant les vingt-trois premières années, n'étaient guère favorables aux Joumblatt qui n'obtinrent jamais de la Sublime Porte l'investiture à la fonction administrative supérieure de *kaïmakam* (gouverneur). La majorité des élus provenaient d'un autre puissant clan druze, celui des Arslane. En 1873, cependant, Roustom pacha, d'origine italienne, nommé moutasarrif du Mont-Liban (il avait été ambassadeur de la Porte en Russie), promulgue un décret qui convertit le caza du Chouf al-Soueïjani en entité administrative avec à sa tête le *moudir* Nassib Joumblatt. Mais la situation ne devient véritablement propice pour Moukhtara que sous le moutasarrif suivant, d'origine albanaise, Wasa pacha, qui nomme Nassib kaïmakam du Chouf, le 25 mai 1884. Cette date marque le retour des Joumblatt sur l'avant-scène politique du Mont-Liban. Jusqu'à la Première Guerre mondiale, Nassib – qui avait reçu du sultan Abdul Hamid le titre de pacha – avait eu, par deux fois, l'occasion de baiser le Coran en obtenant le poste de kaïmakam face à ses rivaux du clan Arslane.

Nassib Joumblatt voyait dans sa fidélité à la Sublime Porte un moyen de fortifier son clan mais, tout comme son père Saïd bey, ses sympathies le portaient vers la Couronne britannique. Lorsque Édouard VII monte sur le trône en 1901, Nassib pacha lui fait don d'un magnifique sabre de Damas, qui lui vaut une dépêche de remerciements signée du ministre des Affaires étrangères, lord Henry Landsdown[1]. À l'époque, il n'était pas étonnant d'entretenir des relations amicales avec l'Angleterre, une des nations garantes de l'autonomie du Mont-Liban et protectrice traditionnelle des druzes.

---

1. Ce document se trouve aujourd'hui dans les archives de la famille Joumblatt, au palais el-Bramia.

Avec la Première Guerre mondiale, ces sympathies rendent Nassib suspect aux yeux des autorités turques. Convoqué à la résidence du moutasarrif à Beiteddine, il lui est reproché d'être incapable de mettre fin aux attaques de bandits armés sur les routes et les sentiers du Chouf. Nassib bey Joumblatt comprend l'allusion et, sans attendre d'être destitué, présente sa démission[1]. Quittant Moukhtara, il s'installe au palais qu'il venait de faire reconstruire à el-Bramia, au-dessus de Saïda, pour y passer les années de guerre sans faire de politique, se contentant de venir en aide aux affamés et aux familles des soldats libanais enrôlés dans l'armée turque.

À ce moment, ses neveux occupent une position en vue dans la société. Ali, le plus jeune, ne s'intéresse pas à la politique. Épicurien, il préfère à la lutte pour le pouvoir la diplomatie courtoise des salons. Nul ne s'étonne de voir parmi ses invités le haut-commissaire français Henri Gouraud. Après avoir épousé Marie Dumas, une belle Italienne, Ali bey quitte le Liban pour les États-Unis et l'Europe où il dilapide sa fortune. C'est son oncle Nassib qui veillera sur ses deux fils, Hikmat et Najib.

Fouad bey, à l'opposé d'Ali, consacre sa vie à ses compatriotes. Trapu, brun de peau, il a des yeux gris au regard perçant. Doté d'un caractère austère et emporté, il peut faire preuve de sévérité, voire de dureté. Il est craint, mais respecté pour son honnêteté et son sens aigu de la justice. Comme beaucoup d'hommes du clan

1. Youssef al-Hakim, *Beyrouth et le Liban à l'époque ottomane* (en arabe), sans date, p. 111. Selon cette source, c'est l'émir Toufic Majid Arslane d'Aley qui est nommé au poste de kaïmakam après la démission de Nassib Joumblatt. Toutefois, au début de la Première Guerre, se voyant reprocher l'amitié du consul britannique, il est destitué sur ordre de Jemal pacha. La fonction de kaïmakam revient un moment à l'émir Adel Arslane qui transfère à Aley la résidence officielle, où se trouve le QG de la division ottomane installée au Mont-Liban (*ibid.*, p. 219). Pour en savoir plus sur Nassib Joumblatt, voir le journal de Sélim Hassan Hachi (Beyrouth, 1973).

Joumblatt, Fouad bey aime le maniement des armes et l'élevage des chevaux.

Ses relations avec son oncle Nassib commencent à se détériorer, sans doute dès la nomination de Fouad bey au poste de kaïmakam du Chouf par les mandataires français, en 1919. Bien qu'il soit resté le chef de file de la communauté, Nassib avait accueilli avec un soupçon de jalousie la promotion de son neveu. D'autant plus que celui-ci renforçait ainsi notablement sa situation à Moukhtara, la citadelle politique et religieuse des Druzes.

Le château de Moukhtara était partagé entre Fouad et Ali. Hikmat, le fils de ce dernier, y venait généralement l'été, passant le plus clair de son temps dans la bibliothèque à lire l'histoire de ses ancêtres. Mais au début des années 1920, Fouad bey était devenu le véritable maître de Moukhtara et, dans la partie réservée aux femmes, la voix de Nazira – qui venait de lui donner un héritier – se faisait de plus en plus entendre.

La jalousie explique sans doute la décision de Nassib pacha de priver Fouad bey de sa part d'héritage. Les raisons d'ordre politique ont joué également : fidèle partisan des Anglais, qui avaient lors de la Première Guerre mondiale éveillé un espoir de libération nationale chez les Arabes, Nassib pacha voyait d'un mauvais œil l'évolution du maître de Moukhtara vers la France. Sans montrer ouvertement son hostilité, et gardant même le contact nécessaire avec les Français, Nassib pacha estimait, à l'instar des gens de sa génération, que le débarquement du corps expéditionnaire français en 1861 et la mise en place du système des moutasarrif contribuaient à affaiblir l'aristocratie druze et, en premier lieu, la maison Joumblatt.

Ce sentiment était partagé par la majorité des druzes qui, aux côtés des sunnites, des orthodoxes, des protestants et d'autres groupes religieux, prônaient l'unification avec la Syrie. Cette orientation antifrançaise est confirmée dans le rapport de la commission King-Crane, envoyée à Damas en 1919 par le président américain Wilson en vue d'organiser un référendum parmi la population de l'ancien Empire ottoman. La plupart des représentants de la communauté druze, interrogés par cette commission à Aïnab le 10 juillet 1919, préconisent l'union avec Damas et la mise en place d'une tutelle britannique, déclarant même qu'ils quitteront le Liban si le mandat français est instauré.

Seuls les maronites le réclament. Le mouvement en faveur d'un « Grand Liban » sous tutelle française est conduit par le patriarche Élias Hoayek, dont les représentants vont défendre leurs positions à la Conférence de paix de Paris, en 1920. Mais l'idée d'un « Grand Liban » est également soutenue par certains notables druzes. La délégation envoyée à Paris comporte ainsi un chef druze influent, l'émir Toufik Arslane, aux côtés des maronites Émile Eddé et cheikh Youssef Gemayel[1]. Une grande partie des membres du conseil d'administration du Mont-Liban, composé des représentants des différentes communautés religieuses, appuient également l'idée d'un « Grand Liban », à condition qu'il soit indépendant et sans tutelle. Le 10 juillet 1920, ce conseil, où les druzes sont représentés par Mahmoud Joumblatt et Fouad Abdel Malak, adopte à la majorité une résolution réclamant l'indépendance du Liban, en même temps qu'est affirmée la nécessité de conjuguer les efforts avec le gouvernement de Fayçal Ier[2].

Les débats sur l'avenir du Liban sont provisoirement réglés par la tragédie de Maysaloun. Le 24 juillet 1920, les nationalistes arabes commandés par le général Youssef al-Azama, ministre de la Défense de Fayçal Ier, tentent d'arrêter l'avancée du corps français vers Damas. Ils périssent au terme d'un combat bref

1. *Lissan el-Hal*, 20 février 1920.

2. Abbas Abou Saleh, *Histoire politique des druzes monothéistes au Proche-Orient* (en arabe), Beyrouth, sans date, p. 281.

mais sans pitié, dans la gorge étroite de Maysaloun. Les troupes françaises entrent dans la capitale syrienne le 25 juillet. Le général et haut-commissaire français Henri Gouraud traverse Damas pour aller s'incliner sur la tombe de Saladin. Après un moment de recueillement, il s'exclame : « Nous voici de retour, Saladin ! » Ce geste inaugure la période du mandat français en Syrie et au Liban.

Dans la matinée du 1er septembre 1920, le général Gouraud monte les marches de la résidence des Pins à Beyrouth. À sa droite, le patriarche maronite Élias Hoayek et, à sa gauche, cheikh Moustapha Naja, mufti de Beyrouth. Les hommes politiques libanais, les diplomates et les notables sont restés en contrebas, de part et d'autre du grand escalier tapissé de rouge.

Martelant chaque mot, le haut-commissaire lit le décret de création du Grand Liban, puis annonce que, pour « éviter toute dissension entre les communautés religieuses », le choix s'est porté sur l'officier naval français Georges Trabaud, pour diriger ce nouvel État[1]. En vertu du même décret, le Grand Liban incorpore, outre le *sandjak*[2] du Mont-Liban qui jouissait d'une certaine autonomie avant guerre, les villes côtières de Beyrouth, Tripoli, Tyr et Saïda, la vallée de la Békaa et les régions de Rachaya et de Hasbaya, qui s'étendent des contreforts du mont Hermon jusqu'à la frontière avec la Palestine[3].

La majorité des régions ainsi rattachées au Mont-Liban maronite étant traditionnellement musulmanes, leurs habitants accueillent avec hostilité cette proclamation. Les druzes sont du

1. J. Burckhardt, *Le Mandat français en Syrie et au Liban*, Nîmes, 1925, p. 99.

2. Caza.

3. S. Longrigg, *Syria and Lebanon under the Mandate*, Londres, 1958, p. 123.

même avis. Au sein de l'Empire ottoman ils disposaient d'une relative autonomie, car ils étaient exemptés d'impôts et de service militaire et leur poids dans la vie politique du Mont-Liban n'était pas négligeable, en dépit de leur infériorité numérique. En revanche, le nouvel État accorde une importance accrue à la communauté maronite, historiquement plus proche de la France[1].

Les manifestations antifrançaises commencent dans le Chouf dès l'instauration du Grand Liban. Le 24 juillet 1919, le premier haut-commissaire français Georges Picot est victime d'un attentat alors qu'il rend visite au cheikh Al-Akl[2] Muhammad Talih. Alors que la colonne de voitures des Français entre à Baaqline, Ali Bachir Abou Kamel, un druze, ouvre le feu et blesse grièvement l'amiral Mornat. Dans différentes régions du Mont-Liban, de Jebel Amil aux versants du Jebel des Alaouites, se déclenche une résistance armée sous la conduite de l'officier druze Fouad Slim, que les mandataires français condamnent à mort par contumace.

Un mois après l'arrivée de soldats algériens et sénégalais dans les casernes de Beiteddine, des heurts sanglants ont lieu près de Moukhtara, dans le village de Mazraat el-Chouf, où les autorités françaises mettent le feu à plusieurs maisons de paysans. Dès le début, les mandataires français adoptent une politique particulière à l'égard des druzes qui, selon eux, doivent être traités autrement que les sunnites. Prenant en compte leur attachement communautaire, les Français estiment qu'il convient d'atténuer l'impact des coutumes druzes qui, à leurs yeux, font obstacle aux valeurs occidentales. Mais ils s'abstiennent de tenter d'assimiler les druzes ou de réformer leur hiérarchie sociale. Prolongeant en quelque sorte la tradition

1. Il est vrai que la proportion numérique des maronites diminuait déjà.

2. Le cheikh Al-Akl est une haute autorité spirituelle de la communauté druze.

ottomane, les autorités mandataires vont s'efforcer de placer aux postes administratifs les représentants les plus instruits et les plus cultivés de la communauté druze. Quelle que soit son opinion sur les nouvelles autorités, Fouad Joumblatt accepte le poste de kaïmakam du Chouf, afin de maintenir le leadership des Joumblatt au sein de la communauté.

La situation va se tendre dans le Chouf, vers la fin de 1920, lorsqu'une révolte antifrançaise se déclenche en Syrie, entre Alep et Alexandrette, sous la direction d'Ibrahim Hananou. Dès la fin décembre, les bruits courent que les nationalistes se sont emparés des principales villes stratégiques, dont Maarat el-Neeman, berceau des Joumblatt[1].

Durant la première moitié de 1921, des combats violents opposent, en Syrie, les insurgés aux troupes françaises. Il faudra trois divisions, commandées par le général Clément Grandcourt, soit près de trente mille hommes, pour mater la rébellion. En juin de la même année, la situation s'aggrave aussi au Jebel druze et les soldats français doivent intervenir, avant de pouvoir hisser leur drapeau sur les murs de la forteresse de Soueida.

Les autorités mandataires s'emploient à canaliser la tension en l'orientant vers des conflits intercommunautaires. Le gouverneur du Mont-Liban, qui passe l'été à Beiteddine, n'a de cesse de réclamer que Fouad bey prenne des mesures énergiques pour normaliser la situation. Ce dernier poursuit à cheval les fauteurs de troubles dans les sentiers montagneux. Cette intransigeance dresse contre lui quelques-unes des familles druzes. Début août, n'ayant toujours pas réussi à mettre la main sur le

1. Dans la seconde moitié du XVIe siècle, le gouvernement ottoman octroie à la famille des Joumblatt, en la personne de Joumblatt ibn Kassem al-Kourdi, la possession héréditaire des sandjaks de Kilis et Maarra. Cf. W. J. Griswold, *The Great Anatolian Rebellion. 1000-1020/1591-1611*, Berlin, Klaus Schwerz Verlag, 1983, p. 86.

groupe armé de Chakib Wahab, en qui la population voit un justicier héroïque, Fouad bey fait arrêter les épouses des rebelles. De nombreux druzes influents expriment leur indignation. Le cheikh Al-Akl Hussein Hamadé, chef religieux en second des Yazbaki, adversaires traditionnels des Joumblatt, déclare qu'il est contraire aux traditions séculaires des druzes d'incarcérer des femmes. Fouad Joumblatt offre sur-le-champ sa démission au commandant militaire français du Chouf.

Sans attendre la réponse des autorités mandataires, il quitte le sérail de Baaqline le 5 août et regagne son palais à cheval. Mais, à quelques lieues de Moukhtara, une branche blesse sa monture, et Fouad bey doit revenir sur ses pas. Une nouvelle tragique l'attend : les hommes de Chakib Wahab ont tué le maire du village de Zaarourié, dans la vallée d'Aynbal. Un incident d'autant plus grave que le maire était chrétien. Fouad bey décide d'ajourner sa démission.

Tôt le matin du 6 août, il se rend sur la place du sérail où les habitants de Baaqline, inquiets, se sont rassemblés. Le chef de la police, Youssef Kasbar – dont le nom est sur la liste noire de Wahab en raison de son zèle à servir les Français –, insiste pour se rendre sur les lieux du crime. Les deux hommes arrivent seuls. Une embuscade les attend. La première balle frappe Fouad bey en pleine poitrine et le fait tomber. Il parvient à se réfugier derrière un rocher et tente de riposter. Puis, sentant sa fin inéluctable, il se couche sur le dos et, dans un dernier cri, lance à Kasbar, abrité derrière un rocher voisin : « Dis à Nazira de veiller sur les enfants[1]. »

1. Épisode décrit à partir des entretiens accordés à l'auteur durant l'été 1991 par le maire de Moukhtara, cheikh Adel Housn al-Dine, et par le maire d'Amatour, cheikh Najib Naïef Abou Chakra, ainsi que sur la base des mémoires de contemporains (Archives du Centre de documentation et de recherche de Baaqline).

La classe politique dans sa quasi-totalité était présente aux funérailles de Fouad Joumblatt. Le journal *Al-Awasif* rapporte que la procession funèbre avait été conduite par le gouverneur français du Liban, le capitaine Georges Trabaud, le président du conseil administratif, Daoud Ammoun, et le secrétaire général du gouverneur, Auguste Adib pacha. Le haut-commissaire Gouraud avait, pour sa part, délégué son représentant personnel[1].

Selon le journaliste Iskandar Riachi, la tragédie de la vallée d'Aynbal peut être considérée comme le premier assassinat politique de l'histoire du Liban moderne. Les autorités mandataires, quant à elles, avaient laissé entendre que Fouad Joumblatt avait été victime des partisans du roi Fayçal. Soucieux de dresser les druzes contre les Arabes nationalistes et d'attirer à eux les notables de cette communauté, les Français se sont efforcés de faire de Chakib Wahab un adversaire d'envergure.

Ne pouvant mettre la main sur Wahab, Castellar, le commandant militaire français du Chouf, impose une amende aux villages de Gharifa et d'Aynbal, dont une partie substantielle est censée revenir à la veuve de Fouad Bey. Toutefois, clairvoyante, Sitt[2] Nazira refuse la somme et proclame qu'elle offrira une récompense à ceux qui trouveront les meurtriers de son époux.

Chakib Wahab s'était enfui dans le Hauran. Il niait la version d'un meurtre prémédité. Selon lui, ses hommes avaient tendu une embuscade au policier Youssef Kasbar. Ce n'est qu'en raison de la ressemblance de leurs chevaux que Fouad bey avait reçu la balle destinée en fait au chef de la police[3]. Les efforts de Wahab pour se réhabiliter aux yeux des druzes n'ont sans doute pas été

1. *Al-Awasif*, n° 29, Beyrouth, 1921.

2. Titre qu'on donne aux grandes dames.

3. Cheikh Adel Housneddine, maire de Moukhtara, a confié à l'auteur, durant l'été 1991, qu'il avait eu une conversation à ce sujet avec Chakib Wahhab.

vains, puisqu'ils finiront par admettre sa version des faits. Quand il revint au Chouf après plusieurs années d'exil, personne ne lui fit grief de son passé. Il s'éteindra de mort naturelle le 8 août 1980, pour être enterré dans sa Gharifa natale[1].

La fonction de kaïmakam est proposée au frère cadet du défunt, Ali Joumblatt, lequel n'accepte qu'à contrecœur, cédant à la pression de son ami le haut-commissaire Gouraud et à l'insistance de l'oncle Nassib. Ce dernier, qui avait toujours ressenti de l'inimitié pour l'aîné de ses neveux, prend aussitôt en grippe sa veuve, Sitt Nazira. Bien qu'elle donne l'impression de faire allégeance à Ali bey, revenu au palais, elle a une attitude si altière que ce dernier ne se sentira jamais le maître de Moukhtara.

Le 11 novembre 1922, à la mort de Nassib, Ali bey prend officiellement les rênes en main. Le pouvoir et l'autorité ne sont pas son fort et la perte du soutien que lui apportait son oncle se fait sentir. L'idée d'un mariage avec Sitt Nazira est évoquée. Le froid qui s'installe dans leur relation est sans doute à l'origine d'une longue dissension chez les Joumblatt. Pour des raisons difficiles à établir, Ali bey démissionne de son poste en 1923 et quitte Moukhtara[2].

Fayez ibn Hussein Imad est désigné kaïmakam du Chouf. La place de leader traditionnel des druzes étant vacante, il revient, pour la première fois, à une femme de l'assumer. Pour expliquer l'étonnante ascension de Nazira Joumblatt, la plupart des historiens invoquent ses qualités personnelles. Elles auraient été insuffisantes sans un concours de circonstances.

La principale motivation de Sitt Nazira dans son combat pour le leadership, c'est sa volonté de confier, plus tard, la

1. Mohammed Khalil al-Bacha, *Les Druzes éminents* (en arabe), Moukhtara, 1990, t. II, pp. 509-513.

2. *Ibid.*, t. I, p. 386. Selon une autre version, c'est Nazira Joumblatt elle-même qui ne souhaitait pas ce mariage.

relève à son fils Kamal, alors âgé de quatre ans. Elle bénéficie de la bienveillance des autorités mandataires françaises, qui considèrent la montée du nationalisme arabe comme le principal danger. Les Français voient d'un bon œil le conservatisme communautaire de Sitt Nazira, comme sa volonté de compromis quand les enjeux ne sont pas contraires aux intérêts druzes.

Pour Nazira, les Français, comme les Ottomans avant eux, sont un mal inévitable. Elle a besoin d'eux pour renforcer sa position dans le Chouf. Elle doit reprendre la mission de son ancêtre, cheikh Bachir, le « pilier céleste » qui avait tenté d'établir une domination des druzes au Liban avant de le payer de sa vie. S'employant à préparer Kamal à un destin exceptionnel, elle ordonne de le traiter avec les égards dus à son rang, en l'appelant notamment « fils du pilier céleste ».

Sitt Nazira a trente-deux ans à la mort de Fouad bey. Selon l'usage, elle doit recevoir les visiteurs installée derrière un rideau, mais le général Grandcourt, en visite au milieu des années 1920, rapporte qu'elle accueillait les étrangers en robe de velours noir de facture européenne, tout en gardant ses cheveux et son visage voilés. Les invités ne pouvaient apercevoir que ses yeux. Elle salue ses hôtes en français, mais, après les questions d'usage, utilise l'anglais qu'elle maîtrise parfaitement[1].

Sitt Nazira tient des reines orientales sa majesté et la gravité qu'elle met dans chaque geste. Douée d'une curiosité et d'une mémoire peu communes, elle retient le nom de tous ceux qui lui rendent visite. Au début, les plus conservateurs considèrent Sitt Nazira d'un air désapprobateur, grommelant qu'il n'appartient pas à une femme de se mêler des affaires de la communauté. Mais sa fermeté, alliée à une maîtrise de soi et une intrépidité appréciées des druzes, fait céder jusqu'aux plus récalcitrants. La

1. C. Grandcourt, *Au Levant. Histoires de brigands vraies*, Paris, Éditions Victor Attinger, 1936, p. 129.

légitimité du pouvoir de Sitt Nazira devient évidente le jour où le chef religieux des druzes, le cheikh Al-Akl, se met à lui rendre des visites régulières. Bien qu'il ne puisse enfreindre les coutumes séculaires en revêtant les épaules de Sitt Nazira de l'*abaya*[1] noire, symbole du pouvoir temporel, sa présence au palais témoigne de la reconnaissance des droits de Sitt Nazira.

C'est sous son « règne » que Moukhtara devient un des principaux centres politiques du Liban. Dans leurs rapports au Quai d'Orsay, les diplomates français ne manquent jamais d'appeler Sitt Nazira la « Dame du palais ». Chaque fois que le haut-commissaire français rend visite au patriarche maronite dans sa résidence d'été de Beiteddine, il poursuit jusqu'à Moukhtara. Un mot courait dans les salons de Beyrouth : « Être au Liban et ne pas se rendre à Bkerké[2] et Moukhtara, c'est comme aller à Rome sans se rendre au Vatican. »

---

1. Longue cape en poil de chameau qui protège aussi bien du chaud que du froid. Noire avec un liseré richement rebrodé de fils d'or, elle désigne le chef du clan ou de la communauté.

2. La résidence d'hiver du patriarche maronite.

II.

Les bancs de l'école

Un adage druze affirme que le chagrin suscité par la mort d'un proche est comme un morceau de savon : d'abord très gros, il diminue peu à peu pour disparaître tout à fait[1]. Kamal ne se souvient sans doute pas des obsèques de son père, Fouad bey. S'il n'est encore qu'un enfant, Sitt Nazira voit en lui l'héritier du clan. Lorsque les Français décorent Fouad Joumblatt à titre posthume, c'est le commandant militaire du Chouf qui se rend en personne à Moukhtara pour épingler la décoration sur la chemise du jeune bey. L'événement est suivi d'un dîner, au cours duquel Ahmed Takieddine[2] lit un poème composé pour l'occasion, où il compare Fouad bey à un lion et Kamal à un lionceau.

Le petit Kamal passe l'été 1921 avec sa sœur Linda, dans les clairières verdoyantes qui entourent le palais, surveillé en permanence par le fidèle serviteur Issa Khoury, âgé de quatorze ans. Dans l'après-midi, le majordome apparaît immanquablement, signifiant à Issa qu'il est temps de raccompagner Kamal et Linda

1. F. Huxley, *Wasita in Lebanese Context : Social Exchange among Villagers and Outsiders*, Ann Arbor, 1978, p. 27 (Musée d'anthropologie, Université du Michigan, n° 64).

2. Ahmed Takieddine (1888-1935), poète et juriste renommé.

au palais. Certains jours, l'instituteur Khalil Semaan enseigne à Kamal les rudiments de l'écriture arabe et du calcul, mais les études régulières ne commencent qu'en octobre de la même année, avec l'arrivée de Syrie d'une gouvernante, Marie Salloum. Sitt Nazira l'a installée dans la même chambre que Linda. La jeune Syrienne, qui a déjà enseigné à l'école des lazaristes d'Alep, initie Kamal et sa sœur au français et aux mathématiques.

En hiver, lorsqu'il fait nuit dès quatre heures de l'après-midi, il faut allumer bougies et lampes à huile au palais. Début 1924, Sitt Nazira fait venir d'Europe le dernier prodige technique : un générateur diesel. La lumière électrique peut illuminer, pour la première fois, les vieilles voûtes de pierre.

Tout, à Moukhtara, évoque le passé, les légendes qui se transmettent de père en fils. À l'entrée du palais, des gendarmes envoyés par le commandant français de Beiteddine montent la garde. Un peu plus loin se dresse le célèbre escalier que le meilleur cavalier du Chouf, Rafeh Abou Douaïbes Abdel Samad, a escaladé à cheval devant la foule ébahie, déboulant au premier étage où Nassib Joumblatt accordait audience au moutasarrif alépin, Naoum pacha. Impressionné, celui-ci avait, sur-le-champ, libéré Hassan, le fils du cavalier, détenu pour avoir offensé Iskandar Chahine, un chrétien[1].

Kamal passe ses premières années entourées de femmes qui, chacune, marqueront sa destinée. Sa mère, tout d'abord. Comme il a appris dès la plus tendre enfance à ne pas manifester de tendresse excessive, Kamal peut sembler froid et distant. Sitt Nazira est parfois chagrinée par cette réserve, jalousant même sa sœur Chafika à laquelle Kamal est très attaché. Chafika est la montagnarde typique : volontaire, courageuse et décidée.

1. C'est l'une des versions de l'événement rapportée par l'historien druze Mahmoud Khalil Saab dans *Récits et épisodes de l'histoire du Mont-Liban* (en arabe), Beyrouth, 1980.

Son sens de l'économie passe pour de l'avarice auprès des domestiques. La peur de l'avenir semble régler chacun de ses gestes, comme si sa vie n'était qu'une lutte contre le fantôme de malheurs à venir. La plupart du temps, Chafika garde le silence, et ce mutisme la rapproche de son neveu.

Les pressentiments de Chafika se confirment en 1925. Kamal est réveillé en pleine nuit par un bruit inhabituel. Il se dirige vers la porte, aperçoit des hommes armés. « Ne crains rien, nous sommes tes gardiens, lui disent-ils. Ton honorable mère a décidé d'offrir son appui aux Français et elle craint pour toi. » En effet, Sitt Nazira a reçu une lettre anonyme la menaçant de représailles si elle poursuit ses contacts avec les autorités françaises. Inquiète, elle a aussitôt ordonné à ses hommes de confiance de surveiller jour et nuit ses enfants, jusque dans l'enceinte du palais.

Le soulèvement antifrançais, entamé pendant l'été 1925 au Jebel druze, s'étend à l'ensemble de la Syrie en suscitant également des tensions dans le Chouf comme dans d'autres régions du Liban. Une situation prévisible compte tenu des méthodes brutales de la France pour « pacifier » et instaurer un ordre colonial. Durant les cinq premières années de son mandat, la France a imposé la loi martiale en Syrie et au Liban, alors que les généraux qui se succèdent au poste de haut-commissaire sont dotés de pouvoirs illimités et se comportent parfois en véritables dictateurs. Comme nombre de fonctionnaires ont servi dans les colonies françaises du Maghreb, ils traitent de même la population levantine. Le général Gouraud, premier haut-commissaire, et son bras droit, Robert de Caix, considéré comme l'« architecte » de la politique mandataire française en Syrie et au Liban, se targuaient pourtant d'être les héritiers du maréchal Lyautey qui avait assuré le succès de la politique coloniale française au Maroc. Robert de Caix avait même pris comme aide de camp le neveu du maréchal, Pierre Lyautey.

Afin d'asseoir leur contrôle dans les régions de Syrie habitées par les druzes, les Français tirent parti de leur aspiration à l'autonomie et au respect de leur mode de vie traditionnel. Jouant des tiraillements entre les divers clans, ils tentent de rallier une partie des chefs et cheikhs religieux influents en signant avec eux, le 4 mars 1922, un accord donnant à la population du Jebel druze le droit d'élire son gouverneur civil, ainsi qu'un conseil formé des notables locaux. Les Français s'engagent également à ne pas enrôler les hommes du Jebel druze et à ne pas s'ingérer dans les affaires religieuses de la communauté. Ils obtiennent en échange la reconnaissance de leur mandat par les chefs druzes et la possibilité d'envoyer deux conseillers à Soueida pour y installer une petite garnison.

Les Français ne tardent pas à enfreindre cet accord. Au cours de l'année, ils renvoient (en congé maladie) le gouverneur Sélim pacha al-Atrach, élu par les notables druzes, et nomment le major Trenga gouverneur provisoire de la région. En septembre 1923, un autre officier français, le capitaine Gabriel Carbillet, lui succède, d'abord comme gouverneur provisoire, puis permanent. Le comportement arbitraire et féroce de ce dernier, qui veut en finir avec le mode de vie féodal de la communauté druze, suscite la résistance de la population. Les exécutions publiques ordonnées par Carbillet, de même que sa volonté affichée de ne pas tenir compte des traditions de la communauté, sont jugées inacceptables.

À l'aube du 18 juillet 1925, Sultan pacha al-Atrach prend la tête de la révolte druze. En une semaine, les insurgés s'emparent de la région du Jebel druze et, le 2 août, ils mettent en déroute les trois mille hommes du détachement punitif commandé par le général Roger Michaud. La nouvelle de la victoire se répand en Syrie où des groupes de partisans se forment dans différentes régions. Les chefs du très populaire Parti de la Nation, avec à leur tête le docteur Chahabandar, fuient

Damas pour le Jebel druze et s'engagent dans le gouvernement formé par Sultan pacha al-Atrach. En octobre, la révolte est ralliée par les druzes des régions d'Iklim al-Ballan et de Wadi al-Teim sur les contreforts du mont Hermon, à la frontière de la Syrie et du Mont-Liban. Zeïd al-Atrach, le frère cadet de Sultan al-Atrach, est nommé à la tête des détachements appelés à combattre au Liban, avec pour bras droit Fouad Sélim[1], le héros légendaire qui avait combattu les Français au début des années 1920. Il est décidé de s'emparer des régions d'Iklim al-Ballan et de Wadi al-Teim, avant de marcher sur Saïda pour gagner l'aide des chiites peuplant Jebel Amil. Une modification intervient au cours de l'opération, les détachements de Zeïd al-Atrach ayant reçu l'ordre d'attaquer les forteresses de Rachaya et de Hasbaya où sont stationnées deux petites garnisons françaises[2].

Le 3 novembre 1925, les troupes de Zeïd al-Atrach font inopinément irruption dans les environs de Damas. Elles s'y livrent à de brèves escarmouches contre les Français avant de s'évanouir dans la nature la nuit venue, pour réapparaître, deux jours plus tard, à une centaine de kilomètres au sud-ouest, attaquant par surprise les garnisons françaises dans la région de Jebel al-Cheikh. Le 9 novembre, elles s'emparent de la forteresse de Hasbaya, sur les versants de Jebel al-Cheikh et saccagent le village maronite proche de Kaoukaba, puis,

1. Fouad Sélim (1893-1925), qui enseigna au Collège ottoman de Beyrouth, se rallie en 1917 au mouvement du chérif Hussein, et dirige le combat des partisans contre les Français, qui le condamnent à mort par contumace. Lorsque Fayçal est forcé de quitter la Syrie, Fouad Sélim le suit. Ayant rejoint la révolte druze de 1925, il est tué au combat le 5 décembre. Sultan pacha al-Atrach déclare à sa mort : « Fouad est mort, l'esprit de la révolte aussi ; nos espoirs ont disparu avec lui. »

2. Sur les détachements de Zeïd al-Atrach, voir l'ouvrage de l'historien russe Vladimir Loutski, *La Guerre de libération nationale en Syrie, 1925-1927* (en russe), Moscou, 1964, p. 243.

le 22 novembre, prennent d'assaut la forteresse stratégique de Rachaya. Le détachement de Hamzé Derwich, fort de deux mille hommes mais manquant d'armes, est divisé en trois groupes. La garnison française riposte par des rafales de mitrailleuses. Après un assaut de quatre heures, les druzes parviennent à s'emparer de Rachaya au matin du 24 novembre.

Durant tout le mois de novembre, troupes et matériel n'ont cessé d'affluer au port de Beyrouth. À peine débarqués, les détachements algériens et marocains vont se poster à Deir al-Qamar, Jezzine et Nabatié, puis à Marjeyoun où des combats acharnés éclatent le vingtième jour. La population druze du Chouf se solidarise avec les insurgés et des groupes d'hommes armés s'organisent dans la région de Baazaran. Des centaines de jeunes gens rejoignent, en secret, les détachements de Hamzé Derwich, Fouad Sélim, Chakib Wahab, Adel al-Nakadi, Rachid Talih, Hamad Saab et d'autres chefs. De leur côté, les autorités mandataires, soucieuses de ne pas permettre à la révolte de s'étendre au Chouf, organisent des opérations punitives, infligent des amendes à de nombreux villages et vont jusqu'à attiser les conflits intercommunautaires en créant les « phalanges chrétiennes pour la légitime défense ».

Pour faire face aux druzes de Baazaran, le commandant militaire français dépêche d'urgence un détachement de Beiteddine, qui, sur sa route, incendie plusieurs maisons du village de Mazraat el-Chouf, avant d'être immobilisé aux abords de Moukhtara par Nazira Joumblatt. Sitt Nazira persuade l'officier de l'inutilité de toute effusion de sang et s'engage à rétablir l'ordre à Baazaran à sa manière. Grâce à ses contacts avec les notables et les cheikhs et à ses pourparlers avec les clans druzes les plus intransigeants, elle réussit à éviter tout heurt sanglant avec les Français.

Lorsqu'au début de la révolte, un officier de gendarmerie avait été tué à Khaldé, les Français avaient imposé au caza de

Choueifat une amende de 1 000 livres or et de cinquante fusils. À la délégation de notables et de cheikhs mandatée pour lui demander de l'aide, Sitt Nazira avait remis une missive demandant au commandant militaire du Chouf d'atténuer la sanction. Les Français s'étaient exécutés en réduisant l'amende de moitié.

En son for intérieur, Sitt Nazira n'est pas opposée à la révolte. Ses sympathies vont aux rebelles. Loin de persuader les insurgés les plus radicaux de déposer les armes, elle les encourage à demander l'aide des combattants de la région de Ghouta, près de Damas ou du Jebel druze. Dans le même temps, elle s'oppose fermement aux initiatives visant à raviver la flamme de la révolte au Chouf, prévoyant, à juste raison, que les Français ne sauraient tarder à transformer le combat pour les aspirations nationales en un stérile conflit intercommunautaire.

De fait, les autorités françaises annoncent, à la mi-novembre 1925, la création de phalanges de volontaires chrétiens, soit cinq mille hommes conduits par le chef maronite Boutros Karam, dont le grand-père, Youssef Karam, avait pris la tête des rangs chrétiens lors des conflits entre druzes et maronites en 1860. Les autorités mandataires échouent cependant dans leur tentative de mobiliser la majorité des maronites, en dépit de la destruction du village de Kaoukaba par les druzes. Les appels de Zeïd al-Atrach à ne pas « transformer la révolte nationale en guerre religieuse, odieuse par sa nature même et par ses conséquences », ainsi que le mot d'ordre des insurgés : « La religion pour Dieu, la patrie pour tous », accompagnant les appels aux Libanais, sont entendus et acceptés par la majorité de la population chrétienne du Chouf.

Deux jours après la création des « phalanges chrétiennes pour la légitime défense », la plupart des hommes désertent le mouvement. Certains rejoignent même les rangs des rebelles. Selon le *Morning Post* daté du 25 novembre 1925, ce ne sont plus que quelque quatre cents hommes qui, sous le commandement de Boutros Karam, épaulent moins les soldats français qu'ils ne se rendent coupables de crimes contre la population civile. Ainsi, à Hasbaya, ils attachent douze vieillards à des arbres et les débitent vivants, alors que dans d'autres villages druzes ils s'en prennent sauvagement aux femmes et aux enfants. Rapportant l'attitude de la majorité des maronites du Chouf à l'égard des « volontaires » de Karam, *L'Humanité*, du 24 décembre 1925, souligne qu'ils n'approuvent nullement ces atrocités « inimaginables ».

Les efforts de Sitt Nazira pour convaincre les druzes les plus radicaux que la guerre des partisans déboucherait immanquablement sur des conflits intercommunautaires font d'elle, à son insu, l'intermédiaire entre les Français et les insurgés. Sa délicate position, remarquée par le nouveau haut-commissaire Henri de Jouvenel, qui a pris son poste au début de décembre 1925, conduit ce dernier à lui forger la réputation d'une « amie sincère » de la France au Liban. Cet homme, en six mois au Proche-Orient, a vite fait de se voir taxé de « vantard » et d'« hypocrite ». L'historien libanais Philippe Khoury dit de lui qu'il était « généreux en promesses » et « stérile en actes réels ». Lors de ses nombreuses visites à Moukhtara, il donne l'impression d'une coordination exemplaire entre la représentante de la communauté druze et les autorités mandataires[1].

Dans le même temps, la diplomatie déployée par Sitt Nazira contribue à accroître l'importance de Moukhtara dans la vie politique du Liban. Les représentants de l'administration française, qui ont toujours préféré s'appuyer sur l'establishment maronite, leur allié traditionnel au Liban, doivent désormais en tenir compte. D'un autre côté, l'attitude de Sitt Nazira suscite la défiance, voire l'inimité de certains clans druzes, notamment ceux dont l'appartenance historique en fait des détracteurs et des

1. Philippe Khoury, *Syria and the French Mandate. The Politics of Arab Nationalism, 1920-1945*, Londres, 1987, p. 202.

opposants des Joumblatt. Quelques-uns l'accusent de trahir les intérêts de la communauté druze.

La tension croît au Chouf tout au long de l'année 1926, alors que la défaite des révoltés semble inévitable. Malgré la garde personnelle détachée auprès des enfants, Sitt Nazira reste inquiète.

Kamal a déjà huit ans. Il faut penser à son éducation. Sitt Nazira songe à l'envoyer dans un établissement jésuite de Beyrouth, avant que monseigneur Augustin Boustani la persuade de choisir le collège des lazaristes à Aïntoura, jugé plus tolérant. À la fin de l'été, Sitt Nazira écrit au père Ernest Sarloutte, préfet d'Aïntoura et vieille connaissance des Joumblatt : le départ de Kamal peut être envisagé.

Aux premiers jours d'octobre, Kamal quitte Moukhtara en compagnie de l'inséparable Issa Khoury, auquel Sitt Nazira a donné de strictes directives. Kamal baise la main de sa mère et embrasse sa sœur Linda en larmes, avant de monter en voiture.

Le jeune Joumblatt est attendu par le préfet d'Aïntoura, le père Sarloutte et son assistant Antoine Nakad. Après une brève procédure d'inscription, Kamal est conduit au dortoir, une vaste pièce aux hautes fenêtres qui abrite soixante-dix lits soigneusement faits. S'asseyant doucement sur celui qui lui est réservé, il sent les larmes lui monter aux yeux.

À cinq heures du matin, alors qu'il fait encore sombre, une cloche sonne le réveil. La voix perçante d'un prêtre vient interrompre les sommeils les plus profonds. L'humidité monte du plancher, l'eau glaciale du lavabo brûle les visages, les doigts, figés par le froid, ont du mal à fermer les boutons de chemise. Les élèves ont une demi-heure pour se préparer. À cinq heures et demie, bâillants et transis de froid, petits et grands se réunissent sous les voûtes de l'église néogothique de Saint-Joseph. Le père Sarloutte y célèbre la première messe de la journée.

De six à sept heures, révision des leçons dans des classes à demi éclairées et mal chauffées. À sept heures, petit déjeuner dans le réfectoire à l'étage, puis à sept heures et demie commencent les cours de la journée. Première matière : le français, enseigné par le père Lucien Maronsant. D'autres langues sont au programme à Aïntoura : l'italien, l'anglais, l'arabe, mais les élèves n'ont l'autorisation de communiquer qu'en français. L'arabe est strictement interdit en dehors des cours qui lui sont consacrés et quiconque prononce un mot dans sa langue maternelle est privé de confiture et de fruits aux repas ou tenu d'écrire cinquante lignes de rédaction en plus des devoirs du soir. Après la messe vespérale, les écoliers dînent et, à huit heures, c'est le couvre-feu.

Kamal éprouve des difficultés à s'adapter. Issa a dû louer une chambre dans une maison du voisinage, les personnes étrangères à l'école ne pouvant y habiter. Pour passer plus de temps près de son protégé, il s'est fait embaucher au réfectoire de l'école. Âgé de dix-neuf ans maintenant, il est inséparable de son jeune maître. Sa sollicitude attendrit le père Sarloutte qui, dans une lettre à Sitt Nazira, lui exprime son admiration.

À l'instar des jeunes lettrés de son âge, Kamal dévore les romans à la mode de Pierre Benoît, se passionne pour Victor Hugo, Molière, Racine, les poésies de Lamartine, de Musset et les fables de La Fontaine. En 1928, il obtient son certificat d'études primaires en français et en arabe. Après les vacances d'été à Moukhtara, il retourne à Aïntoura début d'octobre en compagnie d'Issa. Si, au cours de la première année scolaire, il a passé l'essentiel de son temps libre avec son cousin Najib Chams, le neveu de Fouad bey, il s'entoure désormais d'un petit cercle d'amis, dont les plus proches sont Antoine Baroud, Camille Aboussouan et Émile Torbay. Kamal gardera avec Antoine et Camille des relations amicales jusqu'à la fin de sa vie. Quant à Émile Torbay, il se montrera fervent adepte de sa politique et deviendra son camarade de parti. Le plus jeune d'entre eux, Fouad Rizk, est le fils d'Iskandar Rizk, l'ancien chef de la municipalité d'Achkout. Avec son épouse Najla, ils étaient connus pour leur hospitalité et recevaient volontiers les amis de leur fils. La maison des Rizk se trouvant au village d'Aïntoura, les jeunes garçons s'y rendent à pied. Parfois, le père de Fouad met voiture et chauffeur à leur disposition pour parcourir les environs.

L'administration, soucieuse de la forme physique des élèves des lazaristes, avait créé à l'école d'Aïntoura une filiale des Scouts de France où le jeune Joumblatt est admis le 17 janvier 1934 (il en fera partie jusqu'en janvier 1937). Rebaptisée Scouts du Liban en 1935, l'organisation est animée par « M. Hani », sous la conduite duquel les enfants, en uniforme kaki, cravate bleue et sigle brodé, se plient aux exercices de gymnastique dans la cour de l'école. Le dimanche, ils effectuent de longues randonnées jusqu'à Jbeil, Jeïta ou Broummana. Kamal passera chaque année ses vacances de Pâques avec les scouts, sous des tentes installées sur les terres des parents d'élèves d'Aïntoura.

Il est difficile de dire ce qui a poussé Kamal à s'enrôler dans les rangs scouts. Ses amis Antoine Baroud et Émile Torbay se moquent gentiment de lui. Peut-être, à seize ans, s'est-il laissé séduire par un idéal de perfection physique qui va se développer chez lui à l'adolescence.

L'éducation visant à former une élite francophile est confiée aux missionnaires des principaux ordres catholiques. Ce n'est pas un hasard si le slogan d'Aïntoura, gravé en lettres noires sur une plaque de marbre blanc, reprend cette phrase de l'évangile selon saint Matthieu (28, 19) : « Allez, enseignez les nations. » Contrairement à la plupart de ses compagnons, Kamal n'affiche, à l'époque, qu'indifférence pour une carrière politique et, selon les témoignages de ses pairs, il est décidé à se consacrer aux sciences, hésitant entre une carrière d'ingénieur ou de médecin.

À l'été 1936, Kamal termine les programmes français et libanais et obtient la première partie du baccalauréat dans les sections littéraire et scientifique.

Un contemporain évoque sa timidité, sa tendance à la solitude et à la méditation. Certains mettent l'accent sur sa simplicité, voire sa propension à l'ascétisme. D'autres, en revanche, parlent de son charisme de meneur, de chef. Pendant ces années il forme avec ses amis un cercle littéraire et, plus tard, entreprend de collaborer à la revue de Michel Zakkour, *Al-Maarad*, avec Émile Torbey, Antoine Baroud et Camille Aboussouan[1]. En 1937, il crée un périodique manuscrit, *La Revue*, inspiré de la célèbre revue française, *La Revue des Deux Mondes*. Le portrait psychologique de Kamal serait incomplet si l'on ne mentionnait pas sa faculté à forcer le respect des autres. Ses amis et partisans ne cesseront de le vénérer, lui dédiant des poèmes, faisant de lui une légende vivante.

Joumblatt était sans doute le seul à Aïntoura dont la position sociale était déterminée à l'origine, en raison du rôle de sa famille dans la vie politique du Liban[2]. Mais Kamal refuse ce statut : lorsque Sitt Nazira, dans l'une des premières lettres à son fils, énumère dans l'en-tête ses titres officiels, il lui en fait gentiment le reproche et lui demande de l'appeler simplement par son prénom.

En octobre 1936, Kamal entre en terminale. Selon le père Corquet[3], il manifeste un intérêt pour l'histoire du christianisme.

---

1. Michel Zakkour, journaliste renommé et membre du Parti constitutionnel, avait occupé le poste de ministre de l'Intérieur dans le cabinet de Kheireddine al-Ahdab. Il est décédé en 1937.

2. Kamal Joumblatt n'était pas le seul membre de la famille à aller à Aïntoura. Un de ses parents, Talaat Joumblatt, est entré dans ce même collège et, bien qu'étant l'aîné de Kamal, il y a suivi les classes inférieures, étant arrivé plus tard.

3. L'auteur a eu l'occasion, en été 1991, de rencontrer le père Pierre

Outre les évangiles et les ouvrages des penseurs catholiques comme saint Augustin, Albert le Grand et saint Thomas d'Aquin, il étudie les travaux du fondateur de la confrérie lazariste, saint Vincent de Paul. Son apologie de la pauvreté produit une forte impression sur Kamal qui en sera durablement influencé. Cet engouement pour la thématique religieuse ne passera pas inaperçu aux yeux du professeur de philosophie, le père Henri Dalmet. Il conseille à Kamal de se convertir au christianisme et, à sa surprise, se voit opposer un refus poli mais ferme. Le christianisme – et en particulier ses aspects éthiques – ont certes eu une profonde influence sur le jeune Joumblatt, mais ce n'était là qu'un des éléments qui ont contribué à former sa conception du monde. « Je connais les Évangiles mieux que la plupart des moines chrétiens et je les cite souvent, assurera-t-il plus tard, mais cela ne veut pas dire que j'aie pu songer une seule fois à adopter les doctrines de telle ou telle communauté chrétienne[1]. »

Kamal entreprend de mieux comprendre les fondements de la religion druze. Les druzes considèrent qu'un profane a moins de chances de pénétrer leurs mystères que de « discerner la trace d'une fourmi noire rampant sur une plaque de marbre noir au milieu des ténèbres[2] ». Neuf siècles durant, ils ont soigneusement protégé leur religion des infidèles, mais, dès la fin du XVIIIe, on pouvait compter dans les bibliothèques d'Europe pas moins de cent vingt livres druzes sacrés. Au cours des deux siècles suivants on vit publier, dans divers pays européens, des études

---

Corquet à l'hôpital lazariste du Kesrouan. Nombre de faits et d'événements mentionnés dans le chapitre sur Aïntoura reposent sur les souvenirs de cet homme qui enseigna dans la classe de Kamal Joumblatt en 1931-1932.

1. Kamal Joumblatt, *I speak for Lebanon*, Londres, Zed Press, 1982, p. 36-37.

2. Iskandar ibn Yakoub Abkarius, *The Lebanon in Turmoil*, J.-F. Scheltema (éd.), New Haven, 1920 (*Yale Oriental Series*, vol. 7), p. 48, n. 11.

sur l'histoire, la religion et l'ethnographie druzes, où le contenu des *Lettres de la Sagesse* et leurs nombreux commentaires sont notamment analysés.

Kamal Joumblatt ne mentionne nulle part sa première impulsion à l'étude de la religion des ancêtres. Probablement initié dès l'enfance à la religion de ses ancêtres, ce n'est qu'à l'adolescence que Kamal se met à étudier la doctrine de façon systématique. L'analyse minutieuse des *Lettres de la Sagesse* et d'autres sources viendra plus tard. C'est à Aïntoura que Kamal pénètre les arcanes des religions orientales, leur appareil conceptuel complexe et ésotérique, à partir des textes que les orientalistes européens ont écrit à ce sujet.

Kamal fait, durant la même période, deux découvertes qui vont avoir un impact durable : les travaux de Pierre Teilhard de Chardin et la vie du Mahatma Gandhi. Selon Antoine Baroud, la lecture de Chardin n'était pas encouragée par les enseignants d'Aïntoura en raison de ses divergences avec les dogmes catholiques. Les élèves devaient recopier, en secret, les ouvrages interdits. Pour nombre de compagnons de Kamal, la lecture des travaux de Chardin ne fut qu'une mode passagère. Pour Kamal, c'est une révélation. Les disciplines scientifiques, qui l'ont passionné dès les premières classes, expliquent certes les phénomènes naturels, mais les lois de la nature ne peuvent suffire à embrasser la question de l'existence humaine. L'activité spirituelle reste inaccessible à l'analyse et à l'expérimentation. La science et la religion sont indépendantes l'une de l'autre, comme deux formes de conscience sociale qui s'excluent souvent réciproquement. Cela laisse supposer qu'il manque un maillon essentiel pour accéder à une conception totale et cohérente du monde, et ce maillon, aux yeux de Kamal, c'est l'évolutionnisme chrétien de Teilhard de Chardin, basé sur l'idée d'un lien étroit entre science et religion favorisant l'unité de la connaissance humaine.

La seconde découverte qui détermine sa quête intellectuelle et spirituelle est le livre du Mahatma Gandhi, *Ma vie*, qu'il lit pour la première fois à la fin de 1931, à l'âge de quatorze ans[1]. C'est en août de cette année que Gandhi se rend en Angleterre, à bord du *Multan*, pour participer à la conférence de la Table ronde. Kamal suit les faits et gestes du maître indien grâce aux journaux français. Au retour, après une halte en France, chez Romain Rolland, le maître indien prononcera ces paroles aussitôt adoptées avec ferveur par Kamal : « J'ai pu dire dans le passé que Dieu c'est la vérité. Je suis aujourd'hui persuadé que la Vérité c'est Dieu[2]. »

1. Renseignement fourni par Nohad Abou Ayach, chercheur libanais spécialiste de l'hindouisme, lors d'un entretien en 1991.

2. K. Gandhi Kripalani, *A Life*, New Delhi, 1968, p. 135.

III.

En quête de la vérité

À la mi-juin 1937, de retour à Moukhtara après ses derniers examens, Kamal retrouve les délices de la vie au palais. Pourtant, selon l'habitude acquise à Aïntoura, il continue de se lever à l'aube et plonge dans l'eau glaciale du torrent Merched, à la cascade de vingt mètres qui se jette dans un petit lac, à mi-chemin de la route menant à Aïn Qanya. Parfois, il va pêcher sur la rivière Besri, à une bonne heure de marche, ou grimpe au sommet du Chkara.

Sitt Nazira accueille presque tous les jours des hôtes à déjeuner, en particulier le poète Chebli Mallat, un vieil ami des Joumblatt. Son fils Wajdi, du même âge que Kamal, vient de terminer brillamment l'école de droit des jésuites de Beyrouth. Les deux jeunes gens se trouvent des centres d'intérêt communs et se prennent de sympathie l'un pour l'autre. « Nous avons longuement parlé de la poésie et des poètes, se souviendra Wajdi Mallat, et j'avais été vivement impressionné du sérieux avec lequel Kamal discutait de chaque question, ainsi que par sa tendance à l'abnégation et à l'ascétisme[1]. »

À cette époque, c'est le mariage de la sœur de Kamal, Linda,

1. Extrait d'un entretien de l'auteur avec Wajdi Mallat.

qui occupe les conversations. À dix-huit ans, elle représente un parti avantageux. Le plus assidu des prétendants est le juge suprême des druzes, cheikh Melhem Hamdane, qui veut la main de Linda pour son fils Adel. Il se heurte à un refus poli. Sitt Nazira nourrit d'autres plans. Fin 1936, l'intendant des Joumblatt, cheikh Bachir Abou Hamzé, organise à Deir el-Qamar une rencontre entre Sitt Nazira et Ali Joumblatt, en mauvais termes depuis treize ans. Après une longue discussion, leur réconciliation débouche sur le projet d'unir Linda et Hikmat, le fils d'Ali. Les fiançailles ont lieu début 1937. Sitt Nazira a tout lieu d'être satisfaite : lier les deux branches des Joumblatt permet de renforcer les positions de la famille dans la communauté druze. En outre, le mandat de député de Hikmat offre à Sitt Nazira une occasion de défendre sa politique au parlement libanais.

Sitt Nazira est en revanche chagrinée par l'indifférence de son fils à l'égard de la politique. Attendant depuis des années le jour où Kamal deviendra le chef de la communauté druze, elle s'efforce de convaincre son fils que seul le métier d'avocat pourrait lui ouvrir les portes d'une carrière politique digne de lui. Elle appelle à l'aide son vieil ami, l'évêque Augustin Boustani. Kamal finit par céder. Il ne veut pas aller à l'encontre des souhaits de sa mère, bien qu'il soit convaincu de sa vocation : servir son prochain. Il aime s'imaginer médecin ou missionnaire.

Vers la mi-octobre, Kamal Joumblatt prend le bateau pour la France où il ira suivre des cours de droit à la Sorbonne.

Kamal se rend directement au foyer des moines lazaristes, dont l'adresse lui a été remise par le père Sarloutte, avec une lettre de recommandation.

Formé à la vie monacale, Kamal se sent à l'aise dans le bâtiment gris du quartier Montparnasse. Certains de ses compatriotes tentent d'échapper aux contraintes de la société traditionnelle et aux diktats de leurs familles en s'immergeant dans les loisirs et distractions qu'offre Paris. D'autres se jettent dans le remous des ardeurs politiques, les rassemblements de la jeunesse de gauche qui participe aux débats animés de la Mutualité. Kamal ne fait partie ni des uns ni des autres et s'efforce de mener une vie réglée en évitant toute perte de temps.

Les meilleurs professeurs de France enseignent à la Sorbonne. Le cours de droit civil, par exemple, est assuré par le grand juriste, Julliot de la Morandière, suivi par René Capitant. Le professeur de droit constitutionnel, Joseph Barthélemy, se distingue par un caractère emporté et des idées d'extrême droite qui lui vaudront de devenir ministre de la Justice dans le gouvernement du maréchal Pétain. Pendant ses cours, les étudiants s'amusent à lui poser des questions facétieuses qui le mettent hors de lui. Ce qui ne l'empêche pas d'avoir de l'humour. Lors d'un examen, il interrompt un étudiant qui s'embrouille dans sa réponse sur les fonctions d'un ministre sans portefeuille : « Vous êtes beaucoup trop bavard, jeune homme. Un ministre sans portefeuille, c'est un plat de lentilles sans lentilles. »

Durant ses premiers jours à Paris, Kamal mène une vie solitaire. Il n'a pas d'amis et son cercle se limite aux habitués de l'hôtel lazariste. À l'époque, les militants du mouvement estudiantin arabe à Paris se démènent pour attirer l'attention des Français sur le problème des traités franco-syrien et franco-libanais signés par Léon Blum. À la faculté de droit, les camarades de Kamal l'invitent plus d'une fois à prendre part aux travaux de l'Association des étudiants arabes. Halim Abou Ezzeddine, avec lequel Kamal a noué des relations amicales, écrit dans ses mémoires qu'il s'employa souvent à lui parler de politique pour éveiller ses sentiments patriotiques, mais que le jeune Joumblatt esquivait courtoisement la discussion. « J'essayais de le convaincre que le descendant des grands Joumblatt ne pouvait pas rester à l'écart dans un moment si grave pour la nation, mais mes paroles ne semblaient pas avoir d'effet sur lui. À cette époque, la philosophie et la religion constituaient son seul univers, il était hermétiquement sourd à la politique[1]. »

Le sérieux qui distingue Joumblatt, depuis l'enfance, lui offrira une immunité durable contre les tentations du machiavélisme, l'empêchant de prendre parti pour ce qui n'est pas passé au préalable par le crible de la raison et du cœur. Durant son séjour à Paris, il est vrai que Kamal n'a pas rallié ses compatriotes, animés par l'idée d'une renaissance de la nation arabe, courant les réunions, les débats et les meetings. De plus, il ne partage pas les thèses du nationalisme arabe, et les résolutions, rassemblements politiques et autres slogans, constituent à ses yeux un vain babillage. Néanmoins, comme l'on s'en rendra compte plus tard, c'est bien à Paris que sa pensée politique commence à se former, le plus souvent à l'insu de ses condisciples.

En plus des disciplines juridiques et des cours d'économie politique, Kamal assiste à des conférences de sociologie, de psychologie et de morale, profitant ainsi de ses rares moments de loisir pour compléter ses connaissances en philosophie. Les œuvres de Bergson, dont l'évolutionnisme chrétien de Teilhard de Chardin était fortement imprégné, ne furent connues du public qu'au lendemain de la Grande Guerre, si bien que, pendant le séjour de Kamal, il était encore de bon ton de se prononcer sur son célèbre « élan vital » dans les salons parisiens.

Ce qui retient surtout son attention chez Bergson, c'est l'idée que l'intellect humain ne peut qu'étudier les matières inertes, immobiles, car il est foncièrement incapable de pénétrer la « dimension absolue », ou les fondements de tout ce qui est.

1. Ces détails de la période parisienne de Kamal Joumblatt ont été fournis à l'auteur par l'ambassadeur Halim Abou Ezzeddine, au cours d'un entretien, le 9 juillet 1991.

Aucune des catégories de la pensée humaine ne s'applique avec exactitude aux phénomènes de la vie irrationnelle, rebelle à toute loi. Pour cela, une connaissance véritable de la vie n'est accessible qu'à l'intuition. Ce qui conduit Bergson à affirmer qu'« il est possible d'aller de l'intuition à l'analyse, mais pas inversement[1] ».

De cette tentative bergsonienne de relier par l'intuition la science à la métaphysique, de compléter les limites de la pensée rationaliste par une pénétration mystique des aspects les moins tangibles de l'être, Kamal tire la confirmation de ses propres recherches. Il n'en est pas moins impressionné par la conception bergsonienne de l'Histoire qui donne un rôle central aux héros, part active de l'élite appelée à transformer le monde. Selon Bergson, l'Histoire est créée par l'« élan vital », par la volonté et l'énergie de personnalités hors pair. Une idée dont Kamal retrouve les échos dans les ouvrages de Carlyle, Renan, Toynbee et d'autres penseurs européens. Elle prendra tant d'ampleur chez lui que, par la suite, son principal critère d'évaluation d'un système social concernera sa capacité à former une élite douée de réflexion.

Il reste que, durant sa période parisienne, l'horizon intellectuel de Kamal Joumblatt est encore en grande partie délimité par les idées chrétiennes. Ses priorités morales coïncident toujours avec les principes d'abnégation et d'amour actif de l'humanité, propres à saint Vincent de Paul et inculqués aux élèves d'Aïntoura. Il est surtout admiratif des premiers temps du christianisme, de l'esprit de justice et d'égalité qui imprégnait la vie austère des premières communautés chrétiennes. Relisant la Bible, il revient sans cesse au *Sermon sur la montagne*, qu'il considérera plus tard comme la principale source du socialisme européen. Toutefois, si ce texte marque bien un point de départ

1. H. Bergson, *Introduction à la métaphysique*, Paris, 1903.

des idées socio-éthiques de Kamal, il ne peut apporter une réponse à nombre de questions qui le tourmentent à l'époque : le monde est-il connaissable ? Quel est le rôle de la raison dans la connaissance et quelles sont ses limites ? Quel est le rapport entre science et religion dans l'appréhension des mystères de l'être ?

Les ouvrages des grands penseurs européens, dont les conclusions encyclopédiques font le bilan des sciences théoriques et appliquées, lui apparaissent comme les plus dignes de foi. Pascal, tout d'abord, qui révèle au jeune Joumblatt ses deux hypostases : d'une part, celle du savant rationaliste qui jette les bases de la théorie de la probabilité, père de l'hydrostatique et inventeur de la première machine à calculer ; de l'autre, l'adepte de l'austère doctrine janséniste, proche de l'ascétisme des premiers chrétiens. Kamal en vient tout naturellement ensuite aux ouvrages de Descartes et de Leibniz, puis à l'étude des systèmes philosophiques de Kant et de Hegel, avant de revenir à la philosophie catholique de son temps. Des néo-augustiniens, il porte son choix sur Maurice Blondel, créateur d'une « philosophie de l'action » intuitive, qui affirme entre autres que la science est incapable de pénétrer l'essence des choses sans l'apport de la religion. Parmi les néothomistes, la préférence de Kamal va à Jacques Maritain : sa thèse selon laquelle la liberté ne peut être atteinte sans une fusion avec le Créateur concorde avec ses propres idées.

Outre la philosophie, Kamal consacre son année parisienne à l'étude des sciences sociales. Il assiste en particulier aux conférences du professeur Noël sur l'essence des doctrines économiques les plus importantes de l'Histoire. Au programme, les théories d'Adam Smith et David Ricardo, les idées des socialistes utopistes, Saint-Simon, Owen et Fourrier, la conception économique de John Stuart Mill et *Le Capital* de Marx.

Les idées sociales et politiques du jeune Joumblatt ne seront pas seulement le fruit de ses lectures. Le Front populaire est encore au pouvoir en France et, malgré la démission de Léon Blum en juin 1937, le pays connaît l'effervescence du mouvement ouvrier et des partis de gauche, les idées socialistes enflamment des milliers de gens. L'été 1936 a vu le Front populaire adopter trois lois : la semaine de quarante heures, les contrats collectifs et les congés payés. Dès le mois d'août, plus de six cent mille ouvriers et employés ont pu se rendre en vacances, pour la première fois.

« Ces événements ont produit sur [Kamal Joumblatt] une impression très forte, se souvient Halim Abou Ezzeddine. C'est vraisemblablement à Paris qu'il a reçu ses premières leçons de socialisme[1]. »

Mais la vie parisienne est aussi marquée par la montée du péril fasciste et la résistance de la population à cet égard. L'Espagne est déjà en proie à la guerre civile, et l'Allemagne nazie se prépare à des offensives sanglantes. Dans ce contexte, les formations démocratiques françaises se donnent pour tâche la lutte contre les fascistes locaux.

Les marches militaires émises par Berlin envahissent les ondes des radios européennes, et la guerre paraît imminente. À tel point que nombre de parents d'étudiants libanais les pressent de rentrer au pays. C'est ce que fait Nazira Joumblatt, dès le printemps 1938, mue par son instinct maternel et à l'écoute des pronostics des responsables de l'administration mandataire. Mais Kamal préfère attendre de passer ses examens. Le 23 mai 1938, il obtient deux diplômes, en sociologie et en morale, qui mettent un terme à l'étape parisienne de sa vie. Une étape de quelques mois, où Kamal Joumblatt aura connu un développement intellectuel crucial.

C'est à la faculté de droit de l'université Saint-Joseph à Beyrouth que Kamal poursuit ses études. Cette faculté d'où

1. Entretien du 9 juillet 1991.

sortira l'élite politique du Liban était alors considérée comme une filiale de la faculté de droit de l'université de Lyon, qui envoyait chaque automne à Beyrouth un jury spécialisé pour le concours d'entrée. Kamal, après son année à la Sorbonne, s'y inscrit grâce à un simple transfert le 11 septembre 1938.

Tout en n'étant toujours pas particulièrement attiré par les études de droit, Kamal n'a manifestement aucun mal à suivre les cours de la faculté, encore qu'Edmond Naïm se souvienne qu'il donnait l'impression de quelqu'un d'inabordable, d'introverti[1]. Il consacre le plus clair de son temps à la lecture et n'abandonne ses livres que pour aller à la plage Saint-Simon, avec son ami cheikh Kamil Abou Hamzé.

Ce dernier, rentré d'Amérique Latine en 1934, après un séjour de près de dix ans, est à bien des égards une personnalité hors du commun. D'abord du fait de son appartenance au célèbre clan des Abou Hamzé de Khraibé, héritiers de père en fils de la fonction d'intendant chez les Joumblatt. Doué d'un don de clairvoyance, cheikh Kamil devine le passé et prédit l'avenir, il sait conjurer le mauvais sort en traçant sur des bouts de papier des formules connues de lui seul, qui protègent des malédictions ou du mauvais œil. C'est avec cheikh Kamil Abou Hamzé que Kamal, en 1938, apprend à conduire et qu'il devient végétarien. L'automne venu, les deux amis se lèvent à quatre heures du matin et vont pêcher ensemble dans les environs de Moukhtara. Rentrant dès les premiers rayons du soleil, ils se livrent à un jeu de rimes à deux voix. Parfois, le cheikh récite de mémoire les poèmes mystiques de Mehieddine ibn al-Arabi ou de Omar ibn al-Fared, encore inconnus de Kamal, car les poètes soufis arabes n'étaient pas au programme d'Aïntoura.

La vie de Kamal Joumblatt entre 1938 et 1941 est la période qui a été la moins analysée. Toutefois, en recoupant les souvenirs

1. Entretien avec Edmond Naïm, à Beyrouth, le 19 avril 1999.

de ses contemporains, on peut dire que c'est à cette époque qu'il aborde sérieusement, pour la première fois, la tradition religieuse des druzes. Et, sans pour autant faire formellement partie des initiés, il plonge dans les arcanes de la doctrine ésotérique. Il est solidement épaulé par cheikh Abou Youssef Farid Abou Hamzé, tôt initié à l'herméneutique alors qu'il enseignait l'arabe à l'école secondaire de Rachaya, et détenteur d'une collection unique de manuscrits religieux druzes. C'est sous sa tutelle que Kamal va assimiler, ligne après ligne, les textes sacrés des *Lettres de la Sagesse.* Leur collaboration intellectuelle se poursuivra durant plus d'une décennie, jusqu'à la mort de cheikh Abou Youssef, en 1965[1].

Une autre personne contribue, durant ces années, à former le jeune Joumblatt : Hikmat bey, son cousin et l'époux de sa sœur Linda. Alors que Kamal se trouve encore à Paris, Hikmat Joumblatt occupe le poste de ministre de l'Agriculture dans le cabinet de Kheireddine al-Ahdab et, à partir du 21 mars 1938, dans celui de l'émir Khaled Chéhab. Peu après le retour de Kamal, le gouvernement démissionne et Hikmat bey attendra fin janvier 1939 pour faire partie du deuxième cabinet d'Abdallah al-Yafi, en tant que ministre des Postes, Télégrammes et Télégraphes. Entre-temps, Hikmat bey a vécu à Moukhtara, travaillant à une histoire fondamentale des druzes dont il avait le projet depuis plusieurs années.

Hikmat bey est le premier à guider Kamal dans l'histoire et la généalogie des Joumblatt, en particulier la vie de son légendaire aïeul cheikh Bachir au début du XIXe siècle. L'érudition de Hikmat est sans limite.

Les premiers pas de la carrière politique d'Hikmat bey semblent avoir été dirigés en coulisses par Nazira Joumblatt. Elle

1. Entretien avec la veuve de cheikh Bachir Abou Hamzé, à Khraibé (Chouf), le 28 janvier 1992.

continuait ainsi à renforcer la position de Moukhtara avec l'appui des autorités mandataires et du clergé maronite. Elle n'appréciait pas Émile Eddé et son Bloc national, ni les destouriens de Béchara al-Khoury, l'éternel rival d'Eddé. Le ressentiment de Sitt Nazira envers Béchara al-Khoury avait des causes profondes. Au siècle précédent, pendant la guerre entre les deux Bachir qui avait pris fin avec la tragédie de Moukhtara, la famille de Béchara al-Khoury collaborait avec l'émir Bachir Chéhab, dont le proche conseiller n'était autre que son grand-père, Béchara du même nom. Pendant la Première Guerre mondiale, le gouverneur ottoman Jamal pacha avait ordonné d'exiler et de tuer le père de Béchara al-Khoury, cheikh Khalil. Seule l'intervention de l'émir Chakib Arslane avait permis d'annuler la sentence. Depuis, les Khoury ont maintenu d'étroites relations avec le clan des Arslane, prenant ainsi le parti des Yazbek dans leur rivalité avec les Joumblatt. Au début des années 1930, Béchara al-Khoury contribua à faire élire l'émir Majid Arslane comme député du Chouf, aidé par le président de la Chambre, Mohammed al-Jisr. Lorsque l'alliance de Béchara al-Khoury et de l'émir Majid Arslane sera devenue un facteur de poids dans les luttes politiques du Liban, la sage Nazira n'exprimera pas son mécontentement. Elle fera même preuve, en public, d'une affection maternelle envers Majid, persuadée que le maintien de l'équilibre entre les Joumblatt et les Arslane éviterait les tensions au sein de la communauté druze.

Kamal partage les orientations politiques de sa mère. La question de la suppression du mandat français ne se pose pas avec la même acuité qu'en Syrie et la rivalité entre le Bloc national et le parti du Destour est surtout motivée par la lutte pour le pouvoir. Kamal – comme la plupart des hommes de sa génération – perçoit la France à travers le prisme de la langue et de la culture, qui participent de son univers intérieur.

Les quelques divergences avec sa mère, source d'un sérieux

conflit ultérieur, tournent autour de la question sociale. Les préoccupations du jeune Joumblatt sont peu compatibles, aux yeux de Sitt Nazira, avec ses origines aristocratiques. Son intérêt pour les problèmes de la population du Chouf, où le chômage s'est aggravé dans l'entre-deux-guerres, ses propos sur la nécessité de venir en aide aux démunis, s'accordent certes à la tradition druze de prêter assistance aux membres de la communauté, mais, lorsque Kamal annonce son dessein de créer des ateliers assurant aux ouvriers un salaire quotidien garanti de 12 à 25 piastres et des récompenses en nature, Sitt Nazira s'irrite. Kamal distribue des billets de 5, 10 et 25 piastres, qu'il dessine lui-même. Cette « monnaie joumblatiste » jette la confusion dans le commerce local. Sitt Nazira s'entend demander par les hôtes de Moukhtara si son fils fonde au Liban des phalanges ouvrières, à l'exemple des coopératives françaises de Fourrier.

À Beyrouth, bien qu'il ne soit question en ce début 1939 que de l'imminence de la guerre et de l'évolution des événements en Europe, de façon inattendue un décret du haut-commissaire Gabriel Puaux suspend la constitution et instaure la loi martiale. En dépit de l'absence de tout ennemi en armes, le décret du 21 septembre sème la panique chez de nombreux Libanais. Pour se plier aux exigences des autorités mandataires, les habitants repeignent en hâte les ampoules électriques et les phares d'automobile en bleu, tirent les rideaux à la tombée de la nuit et se tiennent prêts à courir vers les abris souterrains à la moindre alerte. Les derniers passants s'éclipsent des rues sombres de Beyrouth dès huit heures du soir, alors que la ville était habituée à veiller jusqu'à l'aube.

Le haut-commissaire Puaux et le général Weygand, commandant en chef de l'armée française au Proche-Orient, font leur possible pour garder la situation en main. Les journaux publient tous les jours lois, décrets et dispositions visant à empêcher le chaos ou tentant, pour le moins, de freiner la baisse catastrophique du niveau de vie. Cependant, aucune loi sur les normes d'approvisionnement, aucun décret sur la limitation des prix, des stocks de blé, de sucre ou de riz admissibles par famille ne sont en mesure d'enrayer le règne du marché noir, qui profite tant aux grossistes qu'aux fonctionnaires corrompus.

Sous le coup de la censure militaire, instaurée par le général Weygand et renforcée par le général Mittelhauser, venu le remplacer en mai 1940, les Libanais ne peuvent écouter que les émissions radiophoniques de Paris, Londres et Berlin, où ils puisent des informations contradictoires sur les opérations militaires en Europe. En juin 1940, la capitulation de Paris provoque la stupéfaction. Les habitants musulmans du quartier de Basta ne cachent pas leur joie, alors que la détresse règne dans les villages maronites du Mont-Liban. Les nationalistes et les communistes apprennent la nouvelle depuis les prisons où ils ont été jetés dès le début du conflit. Si les premiers y voient l'espoir d'un changement favorable, pour les autres, au contraire, c'est l'effondrement de leurs rêves.

À Moukhtara, la nouvelle de l'armistice de Compiègne est accueillie avec regret. Bien que les autorités mandataires aient essayé, au début de la guerre, de faire croire que rien n'allait vraiment changer au Liban, Nazira Joumblatt comprend qu'il ne s'agit que de sauver les apparences. Pour Kamal, la capitulation est l'occasion de méditer sur l'impuissance des démocraties européennes : l'une après l'autre, elles ont plié sous la botte hitlérienne.

Malgré les difficultés, la vie doit suivre son cours au Liban. Kamal termine ses études à l'université en octobre 1940 et se voit solennellement remettre son diplôme. Avant d'ouvrir son propre cabinet d'avocat, il lui faut suivre un stage. Aussi commence-t-il à fréquenter, dès l'automne 1940, le cabinet de Camille Eddé, situé dans le quartier de Sanayeh, à Beyrouth. Maître Eddé et Isabelle, son épouse, invitent de temps à autre Kamal chez eux. C'est avec délice qu'il écoute leurs souvenirs d'Égypte où les Eddé avaient été contraints d'émigrer durant la Première Guerre mondiale.

Au printemps 1941, la situation change. Déjà en février, une mission allemande a débarqué au Proche-Orient, et les premiers avions allemands ont atterri sur les pistes syriennes début avril. En Irak, les agents fascistes œuvrent à attiser les sentiments anti-britanniques, avant que l'opposition, conduite par Rachid Aali al-Kilani et quatre colonels de l'armée, ne réalise un coup d'État. En février 1941, l'Allemagne envoie un corps expéditionnaire commandé par Rommel et épaulé par des troupes italiennes. Après avoir occupé la Grèce et attaqué la Crète, les nazis s'étendent dans le Proche-Orient.

Le gouvernement anglais décide d'attaquer, en collaboration avec la France libre, les troupes de Vichy en Syrie et au Liban. Le dimanche 8 juin 1941, les avions britanniques surgissent dans le ciel de Beyrouth, lançant des tracts dans lesquels le général Catroux proclame la volonté de la France libre de mettre fin au mandat et de proclamer l'indépendance du Liban. Sans préciser de date. Les hommes politiques accueillent cette initiative avec scepticisme.

Ce même jour, les troupes anglaises, épaulées par le petit contingent français du général Catroux, entrent en Syrie et au Liban. À leur grand étonnement, elles se heurtent à une résistance farouche de l'armée du général vichyste Henri Dentz. L'opération dure trente-quatre jours, au cours desquels les Beyrouthins subissent les premiers bombardements nocturnes de l'aviation britannique. Lors des alertes, Kamal entrouvre les rideaux de la fenêtre pour observer dans le ciel noir les traces des obus. Comme les combats gagnent en intensité, le président de la République Alfred Naccache déclare Beyrouth « ville ouverte ». Cette mesure suscite l'admiration des Libanais, mais manque coûter la vie à son auteur. Le général Dentz, furieux, veut le fusiller pour trahison. Sans doute a-t-il oublié qu'un an plus tôt, comme gouverneur militaire de Paris, il avait proclamé la capitale française « ville ouverte » et l'avait livrée sans combat aux troupes allemandes.

L'entrée des Alliés à Beyrouth, le 16 juillet, entraîne pour les Libanais une amélioration de leur vie. La loi martiale est abolie en ville et en banlieue. Les petits vendeurs chargés de journaux refont leur apparition dans les rues. L'approvisionnement et les médicaments commencent à arriver au Liban par le biais de l'armée britannique. La forte présence militaire permet à des milliers de chômeurs de retrouver du travail.

L'éviction de l'administration vichyste crée une situation étrange. La ville est envahie de troupes britanniques, mais les questions de sécurité restent du ressort des Français. Ceux-ci ont eu un rôle minime, sinon symbolique, dans la libération de Beyrouth, puisqu'un seul bataillon de la France libre a pris part aux combats. Le général de Gaulle indique néanmoins, à tout moment, que les Français ont l'intention de conserver leurs privilèges en Syrie et au Liban. En juillet 1941, il se rend à Beyrouth et, bien qu'il y affirme que la France libre est prête à rendre son indépendance au Liban, les hommes politiques, lucides, gardent à l'esprit l'expression du patriarche Hoayek : « La France restera encore longtemps un soleil qui éclaire de loin mais qui brûle de près[1]. »

Le 26 novembre 1941, Kamal, comme des dizaines de milliers de ses compatriotes, assiste à la cérémonie officielle de proclamation de l'indépendance. Dès l'aube, les foules se sont mises en marche vers la place des Canons où, devant le Petit Sérail au-dessus duquel flotte le drapeau tricolore libanais orné d'un cèdre, se tient la garde d'honneur composée de gendarmes libanais et de soldats de la France libre. À 11 heures,

1. Mounah SOLH, *Anatomie du maronitisme politique* (en arabe), Beyrouth, 1978, p. 25.

l'automobile du général Catroux arrive. La fanfare joue *La Marseillaise*, suivie de l'hymne national libanais. Après avoir salué la garde, Catroux se dirige vers l'entrée du palais où l'attend le président Naccache. Félicitant ce dernier par un bref discours et les Libanais qui voient leurs aspirations nationales se réaliser, le général s'exclame : « Vive la France ! Vive le Liban ! »

La majorité des Libanais, cependant, accueillent l'indépendance sans enthousiasme excessif. Cette insatisfaction est due au fait que Catroux a annoncé que les négociations concernant le futur traité devraient se baser sur l'accord franco-libanais de 1936. Elle est due aussi à l'insistance que la France met à garder une position privilégiée au Liban. Grande est la déception des unionistes, favorables à une réunification avec la Syrie et qui voient dans la déclaration de Catroux un refus de la France libre de laisser Libanais et Syriens choisir eux-mêmes de vivre ensemble ou séparément. Nombre d'hommes politiques estiment que le traité avec la France aurait dû être ajourné jusqu'à la fin de la guerre, lorsque de premières élections libres pourraient se tenir au Liban.

Alfred Naccache, que la France libre a laissé à son poste de président, constitue un gouvernement mené par Ahmed Daouk. Le nouveau cabinet se forme, comme à l'accoutumée, selon le principe confessionnel : Hamid Frangié, représentant des maronites du Liban-Nord, se voit confier le portefeuille du ministère des Affaires étrangères ; Hikmat Joumblatt prend en charge le ministère de la Défense. Il n'est guère fait pour ce poste, d'autant plus que le Liban ne dispose pas de ses propres forces. Sitt Nazira ne manque pas de railler son gendre qu'elle surnomme le « général sans armée ».

La situation économique se dégrade à nouveau à partir de fin 1941. Le café, dont le prix n'excédait pas une demi-livre au début de la guerre, est revendu, illégalement, 5 livres le kilo. Certaines denrées disparaissent des étagères, comme les allumettes et le savon. On commence à manquer de pain. Plus la situation économique s'aggrave, plus la corruption prend de l'ampleur. Des fortunes fabuleuses s'édifient aux dépens d'une population toujours plus pauvre, ce qui provoque colère et indignation chez Kamal Joumblatt.

Mû par les mêmes sentiments que son père Fouad bey durant la Première Guerre mondiale, il crée une coopérative dans le Chouf en 1942, afin d'acheter du blé en Syrie et en Palestine. En même temps, il installe à Moukhtara un laboratoire de chimie où, par électrolyse, il peut obtenir la soude caustique nécessaire à la confection du savon.

L'aide aux nécessiteux est alors sa principale préoccupation. Elle sera le thème de sa première intervention publique, chez le cheikh Hussein Talih, à Baaqline, lors de la visite du général Catroux dans le Chouf. S'adressant au délégué général de la France libre au nom des Joumblatt, il expose l'ensemble des problèmes sociaux urgents. Alors qu'il termine son discours, il entend un des Français accompagnant Catroux souffler à Hikmat bey : « Votre cousin est socialiste. » Le fonctionnaire français a vu juste. Mais l'insistance de Kamal à venir en aide aux défavorisés n'a rien d'exceptionnel. Moukhtara s'est toujours distingué par l'assistance aux membres de la communauté dans le besoin.

IV.

Et que vive Kamal !

Le samedi 5 juin 1943, à 3 heures du matin, Hikmat Joumblatt rend son dernier soupir à l'hôpital Attié de Beyrouth. Un léger abcès, de prime abord inoffensif, a dégénéré en septicémie. Seule la pénicilline aurait pu le sauver, mais il ne s'en trouvait ni dans les pharmacies de la ville ni dans les entrepôts de l'armée britannique. La femme du président Émile Eddé a dû aller jusqu'en Palestine pour en trouver, mais lorsqu'elle est revenue avec le remède, il était trop tard.

Les obsèques de Hikmat Joumblatt ont lieu le lendemain à Moukhtara. La cérémonie funèbre, à laquelle assistent des milliers de gens, est conduite par le ministre des Affaires étrangères, Jawad Boulos.

Au son des cloches de l'église grecque-catholique de Moukhtara, le cercueil est déposé dans la tombe. En regardant la silhouette élancée de Kamal, debout parmi les siens, le cheikh Chahine al-Masri, du village de Salim, aura ces mots : « Le roi est mort. Vive le roi ! »

La vie de Kamal Joumblatt prend un tournant décisif. En dépit des exhortations de sa mère et de son entourage, il hésite encore quelque temps, interrogeant ceux dont il estime l'opinion. Parmi ces derniers, Najib Aboussouan, le père de son ami Camille et vieil ami de Moukhtara à qui Sitt Nazira demande toujours conseil. Premier président de la Cour de cassation de l'histoire du Liban, plusieurs fois ministre de la Justice et de l'Education, Najib bey est un homme cultivé, connu pour son aptitude à trouver des solutions simples et judicieuses aux problèmes les plus compliqués.

« Donnez-moi un conseil, Najib bey, lui demande Kamal. On me demande de prendre les commandes de Moukhtara, mais je ne m'y sens pas disposé et je n'en ai pas envie. J'aurais voulu terminer l'École polytechnique de Paris pour acquérir les connaissances qui me permettraient de mieux servir le Liban.

– Qui d'autre que toi pourrait parler au nom des druzes ? Moukhtara est l'assise de leur existence et le berceau de leur glorieux passé. Donne-moi des noms ! Qui y aurait-il ?

Kamal cite plusieurs noms. Bien, fait Najib bey. Notons-les sur un papier. »

Le vieux juge, qui a de vastes relations dans la société libanaise, connaît bien la plupart des personnages mentionnés. « Voici la liste, à toi de décider, dit-il à Kamal. Est-ce que cet homme te représente, est-ce qu'il représente tes idées et tes opinions ? Ou bien celui-ci ? Est-ce qu'il aura ton calme, ta discipline et ta sagesse ? »

Kamal, répond d'une voix à peine audible : « J'ai compris, Najib bey. Vous m'avez convaincu. Je dois accepter mon destin, même si je ne suis pas d'accord. »

Kamal retrouve son ami Camille et, retenant un instant sa main dans les siennes, lui explique que la pire des choses vient de lui arriver : il va devoir se consacrer à la politique[1].

Peu de temps après, Kamal Joumblatt prête solennellement

1. Cet épisode a été raconté à l'auteur par Camille Aboussouan lors d'une entrevue à Paris, le 6 mars 1995. Voir également à ce sujet *L'Orient-Le Jour*, 28 février 1995.

serment en tant que chef de la communauté. La pesante abaya noire jetée sur ses épaules, ses mains en retenant les pans, il pénètre dans la salle où les délégations druzes, venues des régions du Chouf et du Metn, se sont réunies pour présenter leurs respects au nouveau chef et lui affirmer leur dévouement.

Quelques jours après les funérailles, une lettre du général Catroux – transféré début juin à Alger comme commissaire aux Affaires islamiques –, destinée au nouveau délégué général Jean Helleu, arrive à Moukhtara : « Hikmat bey, écrit Catroux, honorait une famille justement réputée pour son authenticité, la valeur de ses hommes, et la fidélité à l'amitié franco-libanaise. Et, mieux que tout autre, j'ai pu apprécier sa sagesse et sa haute conception du devoir alors qu'il était ministre[1]... »

Ayant lu la lettre, Kamal réfléchit. Après l'enterrement, il a été question qu'il se présente aux élections législatives. Il sait que sa mère a débattu de la question avec le docteur Hitti, médecin de la famille, et avec Raymond Eddé, qui ont tous deux passé la nuit à Moukhtara après les funérailles. Les élections ont lieu en août. De son côté, le général Catroux, en soulignant la fidélité du défunt Hikmat bey à l'amitié franco-libanaise, plaçait d'ores et déjà Kamal parmi les partisans du Bloc national d'Émile Eddé.

L'orientation profrançaise du nouveau chef des druzes paraît d'autant plus naturelle que, durant les vingt dernières années, Nazira Joumblatt a patiemment affermi l'influence politique de Moukhtara, tant auprès des autorités mandataires que du clergé maronite et de l'élite politique de cette communauté. En dépit de la véhémence d'Émile Eddé, qui a mis en péril sa carrière politique, ses relations avec Sitt Nazira sont restées

1. Télégramme de Catroux daté du 11 juin 1943. Archives de K. Joumblatt au Centre national de documentation et de recherche de Baaqline.

amicales. Entre le Bloc national et Moukhtara existe un lien de compréhension et de soutien.

Dès la proclamation de l'indépendance, les destinées du pays se sont trouvées au centre d'une polémique. En 1943, Émile Eddé revient à la politique après deux années sabbatiques et son Bloc national reprend sa confrontation traditionnelle avec le parti du Destour de Béchara al-Khoury.

Nombreux étaient ceux qui, dans les années 1930, voyaient dans la rivalité entre Émile Eddé et Béchara al-Khoury un conflit personnel. À présent, deux conceptions de l'avenir du Liban s'opposent. Le Bloc national incarne la tendance conservatrice de l'establishment maronite et aborde l'indépendance avec prudence, insistant sur la préservation des liens traditionnels avec la France. La crainte des chrétiens est de voir le Liban submergé par une vague panarabe qui risquerait de faire d'eux une minorité. Kamal Joumblatt se sent davantage attiré par la position de Béchara al-Khoury, qui prône une indépendance du Liban complète et sans réserve . Contrairement à Eddé qui tient le Liban pour la patrie des chrétiens, tout en ne cachant pas son aversion pour le nationalisme arabe, al-Khoury comprend que la seule garantie de survie politique d'un Liban indépendant réside dans la collaboration entre chrétiens et musulmans, sur la base d'un consensus.

La formule proposée par le parti du Destour a été élaborée au début des années 1940 par les frères Kazem et Takieddine Solh, issus d'un puissant clan sunnite. Ils ont été soutenus par leur cousin, Riad Solh. Cet accord, tacite et non écrit, qui se verra qualifié par la suite de « pacte national », souligne que les chrétiens renoncent à isoler le Liban du monde arabe pour l'associer à l'Occident, en reconnaissant clairement son appartenance arabe. De leur côté, les musulmans doivent abandonner l'idée d'unir le Liban à la Syrie ou à tout autre État arabe. Les deux parties s'accordent à considérer le Liban comme un pays du monde arabe, tout en lui reconnaissant un « caractère spécifique » lui permettant de préserver de solides liens avec la civilisation occidentale. Les responsables libanais s'engagent à observer la neutralité dans les affaires internationales, y compris interarabes. Le pacte établit que le Liban ne doit adhérer à aucune alliance entre pays arabes, ni prendre parti pour l'un contre l'autre.

L'été 1943 donne lieu à des débats sur la composition confessionnelle du futur Parlement. Dès le mois de mars, les Français écartent du pouvoir le tandem Alfred Naccache – Sami Solh, pour désigner Ayoub Tabet comme président de la République et le charger de préparer les élections. Ce dernier n'est guère apprécié des milieux politiques de Beyrouth. En juillet, Tabet outrepasse ses prérogatives et signe un décret accordant des droits électoraux aux émigrés libanais, chrétiens dans leur grande majorité. Cette mesure, destinée à gonfler artificiellement l'électorat chrétien, s'accompagne d'un projet visant à porter à cinquante-quatre le nombre des parlementaires, avec trente-deux places réservées aux chrétiens et les vingt-deux autres partagées entre sunnites, chiites et druzes. La décision arbitraire d'Ayoub Tabet suscite l'indignation parmi les hommes politiques musulmans. Réunis d'urgence à Beyrouth, les notables sunnites et druzes exigent des mandataires français l'abolition du décret présidentiel et menacent de boycotter les élections. L'émir Majid Arslane, indigné, promet de faire feu sur Tabet s'il ne revient pas sur sa décision.

Malgré la pression des Français et les conseils de ses proches, Tabet refuse de faire marche arrière. Il dresse des listes électorales comprenant les partisans notoires du mandat français. Dès son retour au Liban début juillet, Catroux réclame la démission de Tabet en faveur de Pétro Trad, un notable grec-orthodoxe dont la candidature à la présidence n'est pas contestée par les musulmans. Le conflit prend fin quand les Français obtiennent, avec la médiation de l'ambassadeur britannique, sir Edward Spears, l'accord des musulmans pour la répartition des sièges au Parlement : soit trente pour les chrétiens et vingt-cinq pour les musulmans.

Les élections se dérouleront en deux tours, le 29 août et le 5 septembre. Le Petit Sérail, siège de la présidence de la République, est devenu une foire d'empoigne où défilent les candidats. Trad ne repousse personne, dispense de bonnes paroles, prend soin d'éviter toute décision. Le scrutin, malgré les efforts des autorités mandataires, donne une nette victoire au parti du Destour, avec 53,6 % des suffrages[1]. Les partisans du mandat français n'ont pu l'emporter qu'à Beyrouth, où à peine un quart des inscrits se sont rendus aux urnes, et dans la région maronite du Mont-Liban[2].

Début septembre, Kamal Joumblatt est élu au Parlement. Pendant ce temps, la candidature à la présidence donne lieu à de multiples intrigues en coulisse. Les autorités mandataires françaises et les représentants britanniques menés par le général Spears, en dépit de leur échec aux élections législatives, ne perdent pas l'espoir de voir gagner leur vieil ami, Émile Eddé pour les uns, Béchara al-Khoury pour les autres. Quelques jours avant le scrutin, sir Edward Spears tente une ingénieuse manœuvre. Feignant un compromis, il dit à Helleu lors d'une conversation privée : « Retirons les candidatures d'Émile Eddé et de Béchara al-Khoury, je pense que Camille Chamoun nous conviendrait mieux à tous deux. »

La proposition des Britanniques prend les Français au dépourvu. Camille Chamoun, quarante-trois ans, est un homme politique de Deir el-Qamar. En tant que bras droit de Béchara al-Khoury au Destour, il est encore plus inacceptable que ce dernier aux yeux des Français. De plus, Chamoun n'a jamais caché ses sympathies pro-anglaises. On murmure qu'il travaille pour

1. N. A. Ziadeh, *Syria and Lebanon*, Londres, 1957, p. 72.
2. E. Spears, *Fulfilment of a Mission*, Archon, 1977, p. 222.

le compte des services de renseignements britanniques. Pendant quarante-huit heures, les Français cherchent fiévreusement une solution. Au matin du 18 septembre, ils choisissent un moindre mal en acceptant la candidature de Béchara al-Khoury.

Le 21 septembre, Béchara al-Khoury est donc élu président par le Parlement avec quarante-quatre voix. Kamal Joumblatt et ses collègues du Bloc national n'ont pas cru bon de voter[1]. Mais Kamal ne peut ignorer l'enthousiasme des Libanais fêtant leur premier président.

Deux jours plus tard, le Premier ministre Riad Solh annonce la composition du « premier gouvernement constitutionnel indépendant », avec Habib Abi Chahla (grec-orthodoxe), Camille Chamoun (maronite), Majid Arslane (druze), Sélim Takla (grec-catholique) et Adel Osseirane (chiite). Dans son programme, il propose d'abolir les articles de la Constitution accordant aux autorités mandataires des droits privilégiés.

Alors que la majorité de la population considère l'indépendance comme le résultat d'un compromis entre les communautés maronite et sunnite, Kamal Joumblatt rappelle dans son premier discours au Parlement que l'indépendance du Liban, dans ses frontières actuelles, ne s'est réalisée qu'une fois, sous le règne du grand émir druze Fakhreddine al-Ma'an. Lorsque le territoire s'est réduit au Mont-Liban, il est revenu aux gouverneurs druzes, pendant deux siècles, de garantir aux Libanais « bien-être, indépendance et dignité ». Ensuite, après avoir souligné que le Grand Liban est la patrie des chrétiens, des sunnites, des druzes

1. Il existe une autre explication à l'absence de Joumblatt au Parlement. Béchara al-Khoury rapporte dans ses mémoires que les autorités françaises avaient interdit à Hikmat Joumblatt et, par la suite, à Kamal Joumblatt toute collaboration électorale avec les destouriens. Cf. les mémoires de Béchara al-Khoury, p. 200-201 et 255-256 ; et aussi Dr Khalil Ahmed Khalil, *Kamal Joumblatt : la révolte d'un émir des temps modernes* (en arabe), Beyrouth, 1984, p. 69-70.

et des chiites, Joumblatt salue le caractère arabe du nouvel État indépendant, en exprimant sa conviction que l'« arabité » sera apte à assurer l'unité nationale. Enfin, il annonce son intention d'accorder la confiance au cabinet de Riad Solh.

En déclarant vouloir retirer de la Constitution les articles assurant à la France une position privilégiée, le gouvernement ne pouvait qu'entrer en conflit avec les autorités mandataires. Kamal Joumblatt se range aux côtés de Riad Solh, bien qu'Émile Eddé, Georges Akl et d'autres figures du Bloc national se soient prononcés contre le gouvernement.

La première réaction du Comité français de libération nationale (CFLN), qui siège à Alger, arrive le 5 novembre dans l'après-midi. Le texte, se référant aux « engagements internationaux » signés par la France (apparemment le mandat instauré par la Société des Nations), annonce posément l'impossibilité pour le CFLN d'admettre les amendements constitutionnels décidés unilatéralement par le Parlement libanais. Le Comité exprime l'espoir de voir le peuple libanais comprendre la légitimité de son attitude qui, précise-t-il, ne se trouve pas en contradiction avec la volonté française de rendre au Liban sa totale indépendance.

Joumblatt, comme la plupart des Libanais, est déçu. Le cabinet Solh annonce qu'en vertu de l'article 76 de la Constitution assurant l'autonomie législative du Liban, il a élaboré et soumis des amendements au Parlement dans le but d'abolir les articles incompatibles avec l'indépendance totale et internationalement reconnue du pays.

Craignant que le communiqué français puisse être suivi d'une suspension de la Constitution et de la dissolution du Parlement – comme cela s'était déjà produit dans un passé récent –, les députés libanais prennent les devants et demandent, le 8 novembre, que l'indépendance du Liban soit considérée comme un « fait accompli », avant le retour d'Alger du délégué général Jean Helleu. Les députés Émile Eddé et Georges Akl suggèrent de ne pas voter la proposition du gouvernement, mais d'en débattre au sein des commissions. La majorité des députés s'opposent à leur proposition et les deux figures du Bloc national quittent l'hémicycle en signe de protestation.

Kamal Joumblatt est l'un des quarante-huit députés qui votent en faveur des amendements constitutionnels. L'article I de la Constitution ne mentionne plus la puissance mandataire, ni la Société des Nations, mais proclame la souveraineté du Liban. Dans les articles suivants, les clauses incompatibles avec la souveraineté du pays sont également supprimées. De plus, les articles concernant la puissance mandataire sont annulés, alors que les pouvoirs des organes représentatifs libanais se voient élargis.

Début novembre, Joumblatt et d'autres députés reçoivent de la délégation française au Liban une invitation officielle aux cérémonies de l'armistice du 11 novembre. Un défilé militaire est prévu à l'occasion, en présence du président Béchara al-Khoury, du Premier ministre Riad Solh, des membres de son gouvernement, des députés et des chefs de missions diplomatiques. Mais les événements vont prendre un tour imprévu. À son arrivée à Beyrouth, à l'aube du 9 novembre, le délégué général Helleu décide de « punir » les députés et les ministres en les écartant des cérémonies auxquelles n'assisterait que le président libanais. Dans la matinée du 10 novembre, la sonnerie du téléphone retentit chez Joumblatt, qui se trouve dans la maison d'Edmond Rabbath à Furn el-Chebbak : un officier de liaison l'informe de l'annulation de l'invitation du 11 novembre. En réponse, le président al-Khoury refuse de prendre part aux cérémonies et le gouvernement ordonne à la gendarmerie libanaise de ne pas participer au défilé. Les ambassadeurs accrédités à Beyrouth, au cours d'une réunion avec la représentation britannique, à l'invitation d'Edward Spears, décident eux aussi le boycott.

Le jeudi 11 novembre, Kamal Joumblatt est réveillé par des

coups de feu et le bruit d'avions volant à basse altitude au-dessus de Beyrouth. Son chauffeur, Sami Nammour, l'informe que la ville grouille de tirailleurs sénégalais. Vers 8 heures, des haut-parleurs installés dans les rues diffusent le communiqué extraordinaire du délégué général français : d'une voix saccadée, Helleu annonce la suspension de la Constitution, la dissolution du Parlement et la désignation d'Émile Eddé à la tête du nouveau gouvernement.

En arrivant près du Parlement, Joumblatt apprend l'arrestation, à l'aube, du président, du Premier ministre, de deux membres du gouvernement, Camille Chamoun et Sélim Takla. Un peu plus tard, la nouvelle tombe que le ministre de l'Économie, Adel Osseirane, et le député Abdel Hamid Karamé sont également mis aux arrêts.

La majeure partie des députés se rassemble devant le Parlement, place de l'Étoile. Le président Sabri Hamadé tente de pénétrer dans l'enceinte, en expliquant à un officier de la sûreté en civil que les parlementaires sont là pour répondre à leur devoir constitutionnel. « De quel droit constitutionnel parlez-vous monsieur, rétorque l'officier, puisque la Constitution est suspendue et le Parlement dissous ? »

Au seuil de l'édifice, les députés débattent. La confusion s'étend en ville où d'incroyables rumeurs circulent. Certains jurent avoir vu le président et les ministres dans le quartier du port et en concluent qu'ils vont être expédiés à Alger. D'autres rapportent que les détenus ont été escortés jusqu'à la forteresse de Rachaya. Le désordre est aggravé par l'absence de communications téléphoniques, les autorités françaises ayant ordonné de les suspendre.

À 13 h 15, Helleu reprend la parole sur les ondes. Il explique les mesures prises par les Français et déclare qu'elles ont pour but de mettre fin au complot du gouvernement libanais contre la France et ses intérêts au Proche-Orient. « Les Français sont devenus fous, s'exclame l'ambassadeur irakien, Tahsine Kadri. Si l'armée britannique ne s'en mêle pas, le sang va couler à Beyrouth[1]... »

Le jour même, les soldats sénégalais ouvrent le feu dans plusieurs quartiers de la capitale pour tenter de disperser les manifestations de mécontentement, faisant plusieurs victimes. Les Beyrouthins, loin de se laisser intimider, voient leur détermination à défendre l'indépendance se renforcer.

Émile Eddé se retrouve quasiment seul durant ces journées. Il lance un appel radio aux Libanais, leur enjoignant de garder leur sang-froid et leur calme. Nulle institution, nul magasin n'ouvre dans la capitale. Seuls les marchands du quartier de Gemmayzé tiennent boutique. On les dit soudoyés par Eddé, les habitants les boycottent.

Malgré les tentatives désespérées d'Émile Eddé de former un gouvernement, la tâche s'avère impossible. Lorsque l'un de ses proches s'indigne du fait qu'il ait trop vite accepté de prendre la tête du nouveau cabinet, le président du Bloc national s'exclame : « Si c'était moi le président de la République et que les Français et leurs soldats sénégalais étaient allés chez Béchara al-Khoury lui proposer de me remplacer, après m'avoir jeté en prison à Rachaya, je suis sûr qu'il aurait agi exactement comme je l'ai fait[2]. »

Le soir du 11 novembre, Habib Abou Chahla, Majid Arslane et le président de la Chambre, Sabri Hamadé, réfugiés dans le petit village de Bchémoun, s'autoproclament « gouvernement provisoire ». L'émir Majid Arslane, qui n'a pas apprécié avoir

1. *The Political History of Lebanon, 1920-1950*, vol. II, *Documents of French Mandate and World War II, 1936-1943*, Walter L. Browne (éd.), Documentary Publications, Salisbury, North Carolina, USA, 1977, p. 273.

2. Iskandar Riachi, *Les Dirigeants du Liban tels que je les ai connus* (en arabe), Beyrouth, 1961, p. 184.

été dans le cabinet Solh un ministre de la Défense dépourvu d'armée, se sent à présent dans son élément. Il s'emploie à former des volontaires et à creuser des tranchées autour du village de montagne : pour la presse beyrouthine, l'émir druze édifie sa ligne Maginot.

Ayant refusé de collaborer avec Eddé, Kamal Joumblatt signe la pétition rédigée par un groupe de députés et de notables contre l'arbitraire des Français, à l'adresse des ambassadeurs des pays occidentaux, des rois, émirs et chefs d'États arabes. « En cette période difficile, écrira-t-il plus tard, nous avions tendu la main au parti du Destour, aux leaders libanais, et même à nos adversaires politiques, pour contribuer à libérer le pays de la domination étrangère, aider le gouvernement provisoire de Bchémoun et libérer les détenus de Rachaya. »

Pendant ce temps, à Msaïtbé, le domicile de Saëb bey Salam, qui a créé la compagnie aérienne libanaise, est devenu l'un des centres du Mouvement national. Bien que les Français aient bloqué les chemins d'accès du village, plaçant dans les ruelles postes de garde, chars et voitures blindées, le gouvernement libanais « de réserve » s'y réunit quotidiennement, avec pour mission de remplacer le gouvernement de Bchémoun si les Français arrêtaient ses membres.

Il est composé de Kamal Joumblatt, de Saëb Salam, du banquier Henri Pharaon ainsi que d'autres notables. En collaboration avec Hamid Frangié, figure de proue zghortiote et nordiste, et Gabriel Murr, ministre des Affaires sociales, Joumblatt participe aux négociations visant à éliminer l'administration fantoche d'Émile Eddé. Avec Jamil Talhouk, un notable druze, il se joint au Mouvement national, constitué lors d'une réunion chez Saëb Salam.

Durant ces journées, Beyrouth et d'autres villes du pays deviennent le théâtre de nombreuses manifestations contre les Français. Malgré le couvre-feu décrété, dès le premier jour de la crise, nuit et jour les foules se réunissent devant les missions étrangères et les ambassades arabes, afin de mobiliser l'opinion mondiale. La tentative des autorités françaises de faire apparaître les désordres comme le fruit d'une confrontation entre chrétiens et musulmans est vite désamorcée par le patriarche maronite Antoine Arida et le mufti sunnite Toufic Khaled. De son côté, le gouvernement britannique, inquiet, accroît sa pression sur le général de Gaulle. Il exige le rappel immédiat du délégué général Helleu et la libération du président al-Khoury et des ministres emprisonnés à Rachaya. En cas de refus, Londres menace d'intervenir militairement dans le conflit, ce qui entraînerait le maintien d'un contrôle franco-anglais sur le Liban jusqu'à la fin de la guerre.

Les États-Unis, l'Union soviétique et les gouvernements de plusieurs pays arabes approuvent les Britanniques. De Gaulle, qui dans un premier temps avait refusé de céder, se voit contraint de faire marche arrière et dépêche à Beyrouth son envoyé personnel, le général Catroux.

Le soir du 21 novembre, Kamal Joumblatt et des milliers de Libanais apprennent par la BBC que la direction du CFLN a décidé, sur recommandation de Catroux, de libérer le président libanais et ses ministres, qui seront rétablis dans leurs fonctions, et de rappeler le délégué général Helleu. La nouvelle provoque une liesse générale. Le 22 novembre, vers midi, des cortèges de Beyrouthins se mettent en marche vers le Petit Sérail, sur la place des Martyrs, en agitant le nouveau drapeau libanais : rouge, blanc, rouge, en bandes horizontales, avec un cèdre vert au centre de la partie blanche. Le président Béchara al-Khoury, le Premier ministre Riad Solh et les ministres emprisonnés à Rachaya font une entrée triomphale dans Beyrouth. Le 23 novembre, le général Yves Chataigné, nommé délégué général provisoire, annule les décisions et les dispositions prises antérieurement par Helleu.

Le 24 novembre, l'entrée solennelle de l'émir Majid Arslane à Beyrouth met un point final à la crise. Le « gouvernement de Bchémoun » ayant rempli sa mission, le gouvernement Solh peut reprendre le pouvoir. Il est entendu que les habitants de Bchémoun seront exemptés d'impôts pour l'année 1943, en reconnaissance de leurs mérites, et qu'une école gratuite sera aménagée dans la maison ayant servi de résidence au gouvernement provisoire.

À vingt-six ans, Kamal Joublatt apparaît comme le défenseur de l'indépendance. Au prestige du nom s'ajoute maintenant la réputation d'un homme politique lucide, volontaire, indépendant dans ses jugements. « Dès ses jeunes années, constate l'écrivain libanais Karim Pakradouni, Kamal Joumblatt évoquait un gentilhomme français du XVIIe siècle qui aurait fait de vastes lectures dans tous les champs du savoir. C'était un fait inhabituel dans le milieu superficiel des politiques libanais. La culture encyclopédique de Joumblatt ne pouvait que susciter l'étonnement et le respect de son entourage[1]. »

La question économique est, début 1944, l'un des principaux soucis du gouvernement de Riad Solh. Contrairement à la Première Guerre mondiale qui avait conduit les finances libanaises au bord de la catastrophe, la Seconde Guerre eut certaines retombées profitables. Les Alliés ont réalisé d'énormes investissements pour leurs infrastructures militaires : au moins 76 millions de dollars entre 1940 et 1944. La présence des contingents britannique et français a assuré du travail à près de trente mille Libanais, pour la construction de routes, de positions stratégiques et d'autres activités liées au secteur militaire. En

1. L'auteur a utilisé ici et plus loin les matériaux d'un long entretien avec Karim Pakradouni, le 19 octobre 1991 à Beyrouth.

revanche, une inflation de plus de 12 % s'observe entre 1939 et 1945, alors que le salaire des ouvriers n'a que doublé[1].

Le gouvernement doit reconvertir l'économie de guerre en économie de paix. Le cabinet Solh élabore, dès janvier-février 1944, un plan quinquennal. Kamal Joumblatt prend une part active aux débats. Au printemps de 1944, dans une conférence sur les ondes d'*Al-Chark* (Radio Orient), il expose sa vision de la politique économique. Il insiste sur le fait que l'argent public est la propriété de l'État, et non celle des gouvernants ou des fonctionnaires. Dans le passé, comme à l'époque des émirs maanides et chéhabites, il n'était pas rare que le gouverneur d'un pays de la région fût considéré comme propriétaire des terres de l'État car, dans la conscience juridique, il n'existait pas de frontière entre ces deux formes de propriété. L'habitude de se servir dans les caisses de l'État à des fins personnelles s'était ancrée au sommet de la hiérarchie d'État dans la plupart des pays d'Orient. Joumblatt se souvient qu'un ministre syrien lui confiait son amertume de voir cet héritage médiéval toujours de mise en Syrie et au Liban. Et Joumblatt de poursuivre : « J'aimerais que le Liban prenne en exemple la pratique en vigueur dans plusieurs pays modernes, où l'argent de l'État est réparti en fonction du programme de développement économique[2]. »

Kamal Joumblatt suggère d'instaurer un « impôt sur les revenus de guerre », c'est-à-dire sur les fortunes réalisées grâce à l'approvisionnement des troupes alliées et qui sont estimées à plus de 100 millions de dollars.

Contrairement à de nombreux députés dont l'horizon se

1. Cf. Ch. Issawi, *Economic Development and Political Liberalism in Lebanon* (in *Politics in Lebanon*, éd. par L. Binder, New York-Londres-Sydney, 1966).

2. *Al-Anba'*, 13 mars 1944.

limite à l'hémicycle, le jeune Joumblatt se rapproche d'Albert Adib, rédacteur en chef de la revue *Al-Adib*, dont il va devenir l'un des plus brillants rédacteurs. Albert Adib fait partie des intellectuels libanais dont les idées se sont formées au cours des années 1920-1930. Bien qu'il soit né au Mexique et qu'il ait fait ses études en Égypte, dès son retour au Liban, en 1933, il fonde la radio *Al-Chark* suivie, en 1942, du magazine socio-politique, *Al-Adib*, qui va réunir l'intelligentsia libanaise. Cette revue, de nette orientation pro-arabe, publie des auteurs aussi renommés qu'Abdallah al-Alaïli, Mahmoud Amine al-Alam, Salah Labaki, Salah al-Assir, Saïd Akl et Michel Aflak[1].

Le rapprochement entre Kamal Joumblatt et Albert Adib a sans doute été favorisé par le fait que la famille de ce dernier, les Neemé, originaires de Deir el-Qamar, a des liens de parenté avec la famille de Camille Chamoun, proche de Joumblatt.

L'activité intellectuelle de Joumblatt, au milieu des années 1940, est aussi marquée par la collaboration, avec son ami de classe Camille Aboussouan, à l'édition de la revue *Les Cahiers de l'Orient* et à la fondation du Pen Club. Deux projets qui remontent à l'époque d'Aïntoura, quand Joumblatt et ses amis discutaient avec ferveur de la création d'un parti, d'une revue et d'un club, destinés à servir la société et le pays.

« Mme Evelyne Bustros, née Tuéni, Kamal Joumblatt et moi-même, avions décidé de créer un Pen Club, se souvient Camille Aboussouan, et nous avions soumis le projet aux autorités pour autorisation officielle. Comme l'autorisation tardait à venir, Kamal avait demandé à mon père d'intervenir auprès de Riad Solh, en ce début de janvier 1945. Ce dernier cumulait à l'époque les postes de Premier ministre et de ministre de l'Intérieur : "Oui, Nagib bey, la demande d'autorisation est bien

1. Fondateur du parti Al-Baas au pouvoir en Syrie et en Irak depuis les années 1970.

devant moi, répond Solh, mais j'ai une remarque à faire : Kamal bey est druze, Sitt Évelyne est grecque-orthodoxe et Camille est latin ; il n'y a pas de maronite parmi eux." Mon père lui assura que les maronites, qui comptent bon nombre d'écrivains de premier ordre en arabe et en français, en feraient certainement partie. "Je vous ai déjà trouvé une brillante candidature, dit Solh. Si vous l'acceptez, je suis prêt à vous apporter moi-même l'autorisation dûment signée. – Parfait, répliqua mon père, quel est le nom de ce maronite ? – Il s'appelle Takieddine Solh[1]..." » Takieddine Solh, musulman sunnite, était proche des milieux chrétiens et en particulier des maronites. À l'instar de Kamal Joumblatt, c'était un homme de dialogue, aussi sociable que moderne ; il devint Premier ministre en 1973.

Vingt-quatre hommes de lettres deviennent membres du Pen Club libanais : les historiens Jawad Boulos et Fouad Frem Boustani, le philosophe René Habachi, les poètes Charles Karam et Hector Khlat, Salaheddine al-Munajid, l'un des meilleurs experts en manuscrits arabes, etc. Lors de la réunion fondatrice, au domicile de Camille Aboussouan, Kamal Joumblatt est élu président à l'unanimité.

Fin 1945, Aboussouan et Joumblatt entreprennent de publier *Les Cahiers de l'Orient (Dafatir al-Shark)*, dans le but de faire découvrir la pensée orientale aux lecteurs occidentaux, tout en présentant aux Libanais les récents acquis de la culture occidentale. Cette revue, que Camille Aboussouan tient pour « la plus importante de l'époque », voit vite sa réputation s'affirmer, comme en témoignent les signatures d'André Gide et Tahā Hussein, Michel Chiha et Charles Corm. L'édition de la revue occupe Joumblatt plusieurs heures par jour. C'est dans *Les*

1. Entretien de l'auteur avec Camille Aboussouan, le 6 mars 1995, à Paris. Cf. *L'Orient-Le Jour*, 1er mars 1995. Evelyne Bustros, née Tuéni, est un écrivain libanais célèbre qui a publié plusieurs livres en France.

Cahiers de l'Orient qu'il publie une série d'articles, sur le thème de la « nouvelle démocratie », exposant ses conceptions sociales.

Un des thèmes qui agite la société libanaise en 1944, c'est la création de la Ligue des États arabes, dont l'idée fut prônée dès l'automne 1943 par le Premier ministre égyptien Mustapha Nahhas pacha. Vers la fin de la Seconde Guerre mondiale, lorsque l'organisation future du monde arabe est débattue tant par les Arabes que par les puissances coloniales, surgissent plusieurs projets. En 1943, l'émir Abdallah ibn Hussein avance l'idée d'une « Grande Syrie », réunissant la Syrie, le Liban, la Transjordanie et la Palestine. De son côté, le Premier ministre irakien Nouri al-Saïd propose un plan dit du « Croissant fertile » impliquant l'ajout de l'Irak aux quatre pays susmentionnés. Ces deux projets ayant été élaborés avec le concours de la Grande-Bretagne, les forces nationalistes de Beyrouth et de Damas accusent celle-ci de chercher à étendre son influence grâce aux régimes monarchiques d'Irak et de Jordanie, qu'elle contrôle. Pour leur part, certains hommes politiques maronites rejettent les projets jordanien et irakien, tout autant que l'initiative égyptienne de création d'une Ligue des États arabes : à leurs yeux ces formules menaceraient le Liban de se voir absorbé par ses voisins arabes, économiquement plus puissants.

Pendant l'été 1944, Kamal Joumblatt, en accord avec les opposants à une « Grande Syrie » ou à un « Croissant fertile », rejette la thèse de l'« absorption ». Il estime que la coopération avec les pays arabes, dans le cadre d'une ligue commune, peut répondre aux intérêts nationaux du Liban. C'est avec méfiance qu'il écoute les propos emphatiques des plus fervents partisans de l'unité arabe, et il ne manque pas de souligner que le protocole de création de la Ligue, signé le 28 septembre 1944, renferme nombre d'incohérences. Prenant la parole au Parlement, quelques jours avant la signature du protocole, Kamal bey Joumblatt dénonce, une fois de plus, l'idée d'« absorption » qui ne représente pour lui qu'un argument spécieux, apte à renforcer les tendances séparatistes au sein de la société libanaise[1]. « Notre union et notre cohésion autour de l'indépendance du Liban, déclare-t-il, sont la garantie la plus efficace pour préserver notre indépendance en tant qu'État. En ce qui concerne l'unité arabe, nous ne la concevons aujourd'hui que sous la forme d'une coopération optimuale avec les pays arabes[2]. »

Dans le numéro de décembre 1944 de la revue *Al-Adib*, il écrit : « La conception de ligue internationale règle le problème le plus complexe et le plus délicat du Proche-Orient, à savoir la question de concilier l'idée d'une coopération politique entre les pays arabes à celle de l'indépendance propre à chacun de ces pays... Cela promet bien des avantages pour l'idéologie libanaise. Car l'appel à l'unité arabe, et l'idée même de cette unité, considérée naguère comme menaçant l'entité du Liban, se voient aujourd'hui incarnés par une organisation qui garantit au Liban son indépendance. Le spectre de l'assimilation, qui effrayait tant de Libanais, s'est maintenant évanoui[3]. »

En janvier et février 1945, *Al-Adib* publie un autre essai de Kamal Joumblatt intitulé « Notre avenir économique », que l'auteur définit comme étant « la première tentative d'esquisser les orientations principales de l'activité économique de la Ligue des pays arabes dans l'après-guerre[4]. »

Joumblatt estime que le gouvernement devrait opter pour l'« économie orientée », comme l'a conçue le Premier ministre français Paul Reynaud. L'analyse des pays développés l'amène à la conclusion qu'un rôle accru devrait être dévolu aux coopératives

1. Dr Khalil Ahmed Khalil, *Kamal Joumblatt : la révolte d'un émir des temps modernes*, *op. cit.*, p. 96.

2. *Ibid.*

3. *Ibid.*

4. *Al-Adib*, décembre 1944, p. 5.

de production et de consommation, en prenant l'exemple de l'Union soviétique où le mouvement coopératif s'étendait, à l'époque, à soixante-quinze millions de gens, soit 44,5 % de la population[1].

Il propose que l'État fasse l'inventaire des terres abandonnées ou non exploitées, ainsi que des biens en déshérence, dans le but de les répartir entre les nécessiteux. À ce genre de propriétés « mortes », il adjoint notamment les terres du *wakf*[2], très répandues dans le monde arabe. Afin de créer une réserve de propriétés destinées à être redistribuées, il suggère également d'étatiser certaines des plus grandes propriétés, de manière à ce que la nouvelle répartition des richesses permette d'instaurer peu à peu le principe d'égalité économique, civile et politique. « La réforme économique ne peut donner les résultats souhaités que si elle va de pair avec une législation sociale appropriée, et inversement, écrit-il. La réforme sociale doit avoir pour objectif d'instaurer la justice sociale au plein sens du terme. Les temps du paternalisme sont bien révolus et les ouvriers réclament aujourd'hui, non pas la charité, mais la justice et l'équité[3]. »

La République libanaise a entamé l'ultime année de guerre en ayant obtenu de grands succès dans sa lutte pour l'indépendance. Au cours de 1944, presque toutes les prérogatives du délégué général français ont été transférées au gouvernement libanais, et seules les troupes spéciales restent du ressort des Français. La France continue toutefois d'insister pour que la Syrie et le Liban signent des accords affirmant son « rôle privilégié » au Proche-Orient, sans dissimuler le fait que ce serait là sa condition pour mettre fin au mandat et évacuer ses soldats.

1. *Ibid.*
2. Terrains appartenant aux clergés des communautés religieuses.
3. *Al-Adib*, janvier 1945, p. 3.

Confrontée à la résistance des Syriens et des Libanais, elle cherche à faire une démonstration de force, à la veille des pourparlers prévus le 19 mai 1945. Le matin du 17, le croiseur *Jeanne d'Arc* débarque dans le port de Beyrouth mille deux cents tirailleurs sénégalais, sans en avoir informé le gouvernement libanais. Ce défi déclenche une vague d'indignation au Liban et en Syrie. En réponse aux nombreuses manifestations antifrançaises à Damas, les Français bombardent la ville les 29 et 30 mai, causant de nombreuses victimes et de vastes destructions. L'indépendance des deux pays se voit à nouveau mise en péril. La crise est surmontée grâce à l'intervention des Britanniques. Le 30 mai, le Premier ministre Winston Churchill adresse à Charles de Gaulle un ultimatum réclamant un cessez-le-feu immédiat avec le repli des soldats français dans leurs casernes. Parallèlement, le soutien de Londres encourage Syriens et Libanais à de nouvelles actions énergiques contre le mandat français. Le 21 juin 1945, les gouvernements des deux pays adoptent une déclaration commune destituant les Français de tous les postes à responsabilité et transférant les troupes spéciales sous le commandement des deux États.

La « crise de mai » montre au gouvernement libanais la nécessité de former une armée nationale. De son côté, Kamal Joumblatt a pressenti que l'indépendance si rudement acquise devrait être défendue les armes à la main. Le 3 février 1945, il a déclaré au Parlement : « Pour que la mission libératrice puisse être accomplie, nous avons besoin d'une armée forte. » Notant que les premiers pas du Liban dans l'arène internationale ont été sa participation à la définition des statuts de la Ligue des pays arabes, il souligne que le pays devra, face à la révision nécessaire de ses rapports avec la France « sous une forme ou une autre », envisager une coopération militaire avec les États arabes.

Joumblatt revient sur la question en mai, lorsque les événements mettent à nu la vulnérabilité du Liban face à la menace d'une intervention étrangère. Prenant de nouveau la parole devant les députés le 22 mai 1945 au plus fort de la crise, il déplore la non-existence de l'entraide militaire dans les statuts de la Ligue et appelle encore une fois à créer une armée libanaise. D'autres parlementaires émettent des avis analogues et un vote majoritaire décide d'allouer 5 millions de livres libanaises à la création de forces armées nationales. Dans les premiers jours du mois d'août, les troupes spéciales sont placées sous le contrôle du gouvernement, qui nomme à la tête de la nouvelle armée le colonel Fouad Chéhab, un descendant du clan des émirs Chéhab.

Kamal Joumblatt juge toutefois qu'un président, un gouvernement et une armée ne suffisent pas à imposer le Liban en tant qu'État indépendant. Il faut, selon lui, instaurer un État de droit, respectueux de l'esprit et de la lettre des lois. Cela implique l'existence d'une opinion publique qui empêche les intérêts communautaires et claniques de prévaloir sur les intérêts nationaux.

Fin 1945, quelques députés conduits par Abdel Hamid Karamé, une influente personnalité sunnite de Tripoli, créent un front d'opposition appelé d'abord Bloc indépendant, puis Bloc des réformateurs. Le 23 janvier 1946, une délégation du Bloc composée d'Abdel Hamid Karamé, Kamal Joumblatt, Alfred Naccache et Henri Pharaon rencontrent le président Béchara al-Khoury pour lui remettre leurs principales revendications. Pour ce groupe d'opposition, la priorité devrait aller à l'élaboration d'amendements constitutionnels visant à améliorer la loi électorale, pour la rendre plus conforme aux modèles en vigueur aux États-Unis, en Angleterre et dans d'autres pays européens. Cette réforme aurait pour but de mieux représenter au Parlement les différentes couches de la population, notamment les syndicats. Il serait également prévu un Conseil consultatif permanent des syndicats œuvrant conjointement avec le Parlement. Afin d'en finir avec l'embauche excessive du personnel, vu que les postes administratifs sont alloués selon l'allégeance aux personnes, le Bloc des réformateurs propose d'adopter une « loi sur l'emploi », dotée d'un règlement précis et détaillé concernant chacun des organismes et institutions de l'État. De même, il est suggéré de décentraliser les services et départements, en accordant plus de droits aux fonctionnaires des régions. Pareil système pourrait éviter à des milliers de gens d'avoir à se rendre à Beyrouth pour leurs formalités, tout en mettant un terme à la corruption des hauts fonctionnaires de la capitale. Une autre exigence importante de l'opposition consiste à élaborer une loi sur l'indépendance des organes de la justice, premier pas vers la séparation effective des pouvoirs, base de toute société démocratique.

Le président al-Khoury est favorable à une réforme de la société. Du reste, le mot « réforme » est sur toutes les lèvres. Toutefois, en homme politique aguerri, le président libanais sent le danger pour le système. Les revendications de ces influents notables constituent un ballon d'essai pour le fauteuil de Premier ministre, alors que les failles dans le cabinet Solh annoncent sa fin prochaine.

Les premiers mois de 1946 se passent dans un calme relatif. La société libanaise s'intéresse surtout aux pourparlers de Paris, tenus sous l'égide des Nations unies, à propos du retrait des troupes françaises et britanniques de Syrie et du Liban. L'orage ne gronde que le 8 mai, lorsque les chefs de l'opposition divulguent le texte de leurs réformes dans le journal *Saout el-Ahrar*, sans l'avoir préalablement soumis au président, au gouvernement ou au Parlement.

L'audace du Bloc des réformateurs suscite l'indignation des députés favorables au président. Le lendemain de la publication de l'article, une escarmouche a lieu dans l'hémicycle entre Kamal Joumblatt et l'émir Majid Arslane. L'échange verbal manque de prendre une tournure tragique quand, à la suite d'une réplique du président de la Chambre, Sabri Hamadé, à l'encontre de Joumblatt, cheikh Najib Abou Hamzé, qui accompagne ce dernier, dégaine un pistolet et le braque sur Hamadé. Il est immédiatement arrêté et conduit à la prison el-Ramel, tandis que l'Assemblée vote l'expulsion de Kamal Joumblatt de la salle. Quittant l'hémicycle exaspéré, ce dernier prononce la fameuse phrase qui décontenance ses collègues avant de faire le tour du Liban : « Je m'en vais maintenant, mais je reviendrai par la force des armes[1]. »

Il ne sera pas facile d'apaiser le conflit entre Joumblatt et Arslane, d'autant plus qu'il a provoqué une tension au sein de la communauté druze. Une délégation de druzes syriens conduits par l'émir Hassan al-Atrach (le deuxième mari de Linda après la mort de Hikmat bey, devenant ainsi le beau-frère de Kamal Joumblatt) quitte Jebel el-Arab en direction de Beyrouth, pour s'informer de la médiation offerte par l'émir Adel Arslane. Ce dernier, à en juger par les notes de son journal, a pris la défense de Joumblatt et condamné la violence excessive de l'émir Majid. Le conflit est finalement réglé, mais Joumblatt, y voyant un acte concerté du pouvoir, n'envisage pas de faire marche arrière. Le 14 mai 1946, il publie, dans le journal *Al-Bachir*, un « communiqué à la nation » exposant à nouveau sa vision de la situation et justifiant les réformes prônées par l'opposition.

Le gouvernement, le Parlement et les rédactions des principaux quotidiens reçoivent des centaines de lettres soutenant les réformes. Kamal Joumblatt expliquera les raisons de la « trêve » observée néanmoins par les députés réformateurs : « Nous avions délibérément gelé le mémorandum des réformes, par crainte de créer une pression sur le gouvernement qui le pousserait à

1. Cf. Farès Eshtai, *Le Parti progressiste socialiste et son rôle dans la politique libanaise 1949-1975* (en arabe), 1989, vol. I, p. 135.

accepter la proposition britannique de signer un traité de défense commune, analogue à celui conclu entre l'Angleterre et l'Irak. Car le colonialisme est habile à tirer un avantage, même indirect, des actes les plus sincères et les plus désintéressés pour atteindre ses propres objectifs, surtout quand le pouvoir n'est pas occupé par des hommes de principe[1]. »

Kamal Joumblatt doit également tenir compte de la pression de sa mère qui ne dissimule pas son inquiétude et même son mécontentement, face à l'intransigeance de son fils vis-à-vis du régime et du président de la République. Aux yeux de Sitt Nazira, l'association de son fils à l'opposition est absurde, voire dangereuse. Elle est contraire à la règle du jeu que Moukhtara observe depuis un quart de siècle. L'assise d'un chef traditionnel est limitée et éphémère, si elle se borne au cercle de sa communauté religieuse, estime-t-elle ; seul un poste influent au sein de l'État peut permettre à ce chef de défendre les intérêts de sa communauté dans le chœur pluriconfessionnel du Liban.

Profitant de ce que le président al-Khoury a enfin quitté Beyrouth pour la résidence d'été de Beiteddine, début août 1946, Sitt Nazira écrit une lettre à son fils pour le convaincre de rendre une « visite de courtoisie » au chef de l'État : « Je pense, mon chéri, qu'une visite au président en ce jour serait appropriée [...]. Ton conflit avec le président a atteint un tel point qu'il risque de dégénérer en une hostilité ouverte. » Comme souvent par le passé, Sitt Nazira se réfère à l'opinion de l'évêque Augustin Boustani, en qui Kamal semble avoir gardé confiance. Adversaire convaincu des destouriens, monseigneur Boustani avait beaucoup œuvré, lors des élections de 1936, en faveur du Bloc national et de son chef Émile Eddé, face à Béchara al-Khoury. Les événements de 1943 ont profondément modifié

1. Kamal Joumblatt, *De la pratique politique. Introduction à un quart de siècle de combat*, 1987, p. 45.

les idées du prélat maronite. Le président Béchara al-Khoury note dans ses mémoires qu'en été 1946, il avait « attendu avec impatience ma venue au palais de Beiteddine pour démontrer sa sympathie et sa haute estime envers notre action[1] ».

Monseigneur Boustani se réjouit tant de l'accueil chaleureux du palais, qu'il se rend le 12 août à Moukhtara pour informer Sitt Nazira des sentiments favorables du président à l'égard des Joumblatt, tout en lui conseillant de persuader Kamal de se rendre lui-même à Beiteddine.

Kamal Joumblatt écoute les conseils de sa mère et demande audience au président al-Khoury. Craignant toutefois d'être mal compris par ses collègues de l'opposition, il publie, la veille de la rencontre, un article où il souligne ne vouloir « admettre aucun marchandage avec qui que ce soit à propos des prochaines élections[2] ». Al-Khoury, piqué au vif, annule aussitôt l'audience. Kamal Joumblatt arrive à Beiteddine quelques jours plus tard, sans s'être fait annoncer. Il est accompagné de l'émir Hassan al-Atrach, d'Habib Abou Chahla, d'Henri Pharaon et du chef du parti phalangiste, Pierre Gemayel.

Béchara al-Khoury reçoit ses hôtes avec une hospitalité appuyée. Il réprimande paternellement Joumblatt, qui « devait avoir la tête dans les nuages », en lui conseillant de toujours agir en fonction des exigences de son rang social. « Nous devons garder les pieds sur terre, lui dit-il. Vous pouvez aider le nouveau pouvoir et le soulager de l'énorme fardeau qu'il assume si vous participez de façon efficace à la renaissance du Liban. » Béchara al-Khoury note dans ses mémoires : « Nous nous sommes séparés dans les meilleurs termes. De nouvelles relations avec Moukhtara étaient devenues possibles[3]. »

1. Béchara al-Khoury, *op. cit.*, part. I, p. 267.
2. *Ibid.*
3. *Ibid.*

La rencontre de Beiteddine est le prologue, non pas à la collaboration, mais à une confrontation qui aboutira à la démission du président en 1952.

C'est fin 1946 que le vieux rêve de Nazira Joumblatt prend enfin corps. Le 14 décembre, Riad Solh forme le « gouvernement des géants », dans lequel Kamal Joumblatt se voit attribuer à la fois les portefeuilles de l'Économie nationale, de l'Agriculture et des Affaires sociales.

Certes, en sa qualité de chef druze, Kamal cherche à faciliter la candidature des fils de sa communauté aux postes de responsabilité, tout comme il considère de son devoir de défendre les intérêts des druzes s'il les estime injustement lésés ; mais, contrairement à la plupart de ses collègues fidèles au principe du « dévouement personnel » ancré dans l'establishment libanais, le ministre Joumblatt estime que le critère principal de nomination ou de promotion d'un fonctionnaire réside dans ses qualités et son niveau professionnels.

L'habitude prise par nombre de personnalités influentes de se faire escorter de gardes du corps, ou *kabadaï*, a aussi le don de l'irriter. Il s'afflige de la retrouver, non seulement chez le frère du président, Sélim al-Khoury, dont les liens avec des financiers douteux sont notoires, mais aussi chez le Premier ministre Riad Solh. Dès son premier jour au ministère, Joumblatt dit à son chauffeur Sami Nammour : « Je tiens à te mettre en garde contre toute attitude qui pourrait nuire à ma réputation et à la tienne. N'espère pas que Kamal Joumblatt te défendra ou te protégera si quelque chose arrive. Il y a assez de kabadaï comme ça dans le pays[1]. »

1. Extrait des souvenirs de Sami Nammour, Archives de K. Joumblatt à Baaqline.

La corruption dans la société libanaise n'est un secret pour personne. Comme ministre de l'Économie, Joumblatt peut en prendre la mesure et, dès les premiers jours de son mandat, il entame la lutte. Son intransigeance sème la panique chez les fonctionnaires. Les Libanais racontent avec admiration d'incroyables histoires sur ses irruptions au service des douanes, où l'apparition de sa longue silhouette, drapée d'un manteau noir dont les pans flottaient au vent, suffisait à effrayer les fonctionnaires coupables.

1946 prend fin sur un heureux événement : quelques jours après Noël, le dernier soldat français quitte le sol du Liban. Pour Nazira Joumblatt, l'année qui vient de s'écouler est celle de la consécration de son fils.

V.

La foi dans la vie

L'un des habitués de Moukhtara au milieu des années 1940 est Amine Nakhlé, fils du poète Rachid Nakhlé, l'auteur de l'hymne national libanais. Bien qu'Amine bey soit de seize ans l'aîné de Kamal, ils partagent nombre d'intérêts : ils sont tous deux députés, passionnés de poésie, d'histoire et de philosophie.

C'est à Nakhlé que Sitt Nazira Joumblatt demande un jour de l'aider dans une affaire qu'elle nourrit en secret. Un soir de décembre 1944, alors que les deux amis sont confortablement installés dans leurs fauteuils, Amine bey se met à évoquer les charmes de la vie de famille, un sujet qu'il n'avait encore jamais abordé. Kamal vient d'avoir vingt-sept ans et la question ne le laisse pas indifférent.

Amine Nakhlé suggère une visite à l'émir Hassan Arslane, oncle de deux jeunes filles ravissantes, May et Mimi, filles de l'émir Chakib. Nakhlé conseille à Kamal de prêter attention à May, l'aînée.

Quelques jours plus tard, peu avant le nouvel an, les deux amis sonnent à la porte de l'émir Arslane. Amine Nakhlé, qui connaît bien les Arslane, embrasse l'oncle Hassan par trois fois et lui présente Kamal. Quoique déconcerté par cette visite inopinée, l'émir Hassan fait montre d'une grande hospitalité et s'enquiert, comme le veut la coutume, de la santé des uns et des autres. Une fois le sujet épuisé, un silence s'installe dans la pièce.

« Comment les princesses se portent-elles ? demande Amine. Ne s'ennuient-elles pas trop sans leur père ?

– Elles sont à l'école maintenant, répond l'émir. »

La conversation traîne encore une demi-heure jusqu'à l'arrivée de May et de Mimi qui, réjouies de la visite des deux hommes, insistent pour les garder à déjeuner. Âgée de seize ans, la belle May fait forte impression sur Kamal.

L'émir Hassan a évidemment compris ce que cachait la visite du jeune Joumblatt. Aussi, lorsque s'ébruite dans les salons de Beyrouth la nouvelle de rencontres secrètes entre Kamal et May, ordre est intimé à la jeune fille de cesser tout contact avec lui. Le père de May, l'émir Chakib Arslane, en fervent panarabe, a passé la majeure partie de sa vie en exil. Considérant les Joumblatt de Moukhtara comme des partisans des Français, l'idée d'une alliance avec eux lui semble sacrilège. Son frère, Adel Arslane, va jusqu'à promettre de tuer sa nièce si elle ose se lier à Kamal Joumblatt.

La résistance des Arslane aurait probablement tenu face à un mariage politique voulu par Sitt Nazira, mais les événements se compliquent du fait que Kamal et May sont sérieusement épris l'un de l'autre.

May est alors en terminale à la mission laïque française, et Kamal l'attend souvent à la sortie pour la raccompagner près de chez elle sans se montrer. Lorsque leur romance devient un secret de Polichinelle, ils cessent de se cacher pour partager ensemble quelques heures de bonheur en montagne.

En 1947, Kamal Joumblatt est encore locataire de l'appartement d'Edmond Rabbat, à Furn el-Chebbak. Il se lève à l'aube, prend une douche glacée été comme hiver, après quelques exercices de yoga. Il consacre ses premières heures à la lecture et, bien qu'il dispose de l'électricité, préfère lire à la lueur des bougies qu'il considère plus adaptée à l'œil humain. Après avoir passé le reste de la matinée au ministère, il rentre vers quatorze heures, généralement accompagné de fonctionnaires ou de visiteurs avec lesquels il discute affaires durant le déjeuner.

Au printemps 1947, le pays vit dans l'attente des élections parlementaires. Les listes électorales sont composées de candidats regroupés autour des chefs traditionnels. Les concurrents du Mont-Liban, Ahmed al-Barjawi, Chahid al-Khoury et le docteur Youssef Hitti, se rendent souvent chez Joumblatt. Mais l'hôte le plus assidu de Moukhtara est Camille Chamoun, qui jouit de la bienveillance de Sitt Nazira. Aux discussions animées qui durent souvent au-delà de minuit participent également cheikh Abdallah al-Alaïli, Farid Gebrane, Kamel al-Abdallah, Anwar al-Khatib, Fouad Rizk, Chaker Chaïban et d'autres partisans qui seront les fondateurs du parti à venir. Joumblatt ne se contente pas de discuter avec eux. Comme il ne conçoit pas qu'une société démocratique puisse se créer au Liban sans un contrepoids au pouvoir bicéphale de Béchara al-Khoury et de Riad Solh, il cherche à trouver la parade. Cette dernière pourrait prendre corps dans une alliance électorale de l'opposition qui servirait d'assise à un vaste mouvement en faveur des réformes.

Kamal Joumblatt noue contact avec des hommes politiques et des responsables de partis qui sont, en dépit de leurs vues divergentes et parfois nettement opposées, convaincus de la nécessité des réformes. Ses rencontres avec l'élite intellectuelle du Liban visent à mettre en lumière ce qui pourrait servir de base à un compromis capable de transcender les barrières religieuses. Déjà, au printemps 1945, Kamal Joumblatt avait rendu visite à l'un des chrétiens les plus érudits, Michel Chiha. Spécialiste de droit constitutionnel, celui-ci avait été, au milieu des années 1920, l'un des principaux artisans de la Constitution, avant de se distinguer comme l'un des promoteurs de l'« idée libanaise » accordant au Liban un rôle de pont entre l'Orient et l'Occident. Par la suite, Joumblatt aura souvent des controverses avec Chiha dont il critique les théories et l'impassible pragmatisme, mais leurs différences conceptuelles n'empêcheront jamais Kamal de respecter son savoir encyclopédique et sa profondeur intellectuelle. Après son premier entretien avec Chiha, Joumblatt écrit d'ailleurs dans son journal : « J'ai rendu visite à Michel bey Chiha, une grande personnalité cultivée et très active, que j'ai beaucoup appréciée. Il réunit deux qualités : la culture et le travail. L'éducation jésuite[1]. »

Parmi les penseurs que Joumblatt rencontre dans sa quête d'un consensus idéologique figurent aussi le poète Saïd Akl, de Zahlé, Antoun Tabet, un militant actif des « Partisans pour la paix », mouvement formé après la Seconde Guerre mondiale, Nicolas Chaoui, le secrétaire général du Parti communiste libanais, Nehmat Tabet, un des dirigeants du Parti national social syrien (PNSS), Pierre Gemayel, le chef du Parti des kataëb (phalangistes) et, enfin, l'économiste et penseur Maurice Gemayel.

La première tentative de créer une alliance électorale d'opposition, Kamal Joumblatt l'a engagée un an avant les élections. Au début de l'été 1946, Pierre Gemayel, Nehmat Tabet, Abdallah Kobressi et d'autres membres du Parti national social (PNS) se sont réunis au domicile de Maurice Gemayel. La discussion a permis de mettre au jour plusieurs positions communes. D'autant plus qu'en l'absence du chef du parti, Antoun Saadé, en exil, l'aile modérée du PNS, conduite par Nehmat Tabet, exclut de son programme l'idée d'une « grande Syrie » pour proclamer son appartenance libanaise. Quelques efforts supplémentaires

1. Dr Khalil Ahmed Khalil, *Kamal Joumblatt : la révolte d'un émir des temps modernes*, *op. cit.*, p. 76.

semblent suffire à ce qu'un puissant bloc électoral surgisse sur l'échiquier libanais : le triangle Joumblatt-Kataëb-PNS.

Toutefois, à mesure que la date des élections se rapproche, les événements prennent Joumblatt à contre-pied. Antoun Saadé, rentré au pays début mars 1947, insiste pour exclure du parti le courant modéré, afin de repartir sur les rails du radicalisme politique. Le projet de « triangle » électoral vole en éclats, mais, loin de se décourager, Joumblatt élabore une nouvelle tentative d'alliance avec les phalangistes et Camille Chamoun. Néanmoins, dès les premiers contacts, Joumblatt remarque que ces derniers semblent plutôt motivés par leurs intérêts personnels.

L'échec à forger une alliance électorale contraint Kamal Joumblatt, malgré ses sombres pressentiments, à participer à la liste de coalition du Mont-Liban, dont la majorité est constituée de destouriens. Nul n'ignore que le Parlement, dominé par le Bloc national depuis 1943 grâce à l'appui des Français, ne convient plus au président al-Khoury qui brigue un second mandat. Pour l'obtenir, il faut que les deux tiers des députés votent en faveur des amendements constitutionnels, ce qui signifie que le président et son entourage vont tout mettre en œuvre pour favoriser la plus large victoire de leurs partisans. En conséquence, rien n'assure que les premières élections du Liban indépendant se dérouleront démocratiquement.

Le 25 mai 1947, le scrutin, dans cinq circonscriptions, confirme les pires craintes de Joumblatt. Au moyen d'intimidations, d'achat de voix et de nombreuses fraudes lors du dépouillement, le président al-Khoury s'assure quarante-sept sièges sur cinquante-cinq. Le nouveau Parlement compte désormais vingt-cinq propriétaires fonciers, dix-sept avocats, neuf médecins, un ingénieur et un journaliste qui ne jouit pas trop de la confiance de l'opinion publique (vingt autres membres du Syndicat de la presse avaient présenté leur candidature). Béchara al-Khoury semble avoir atteint son but ; il peut désormais briguer un second mandat.

Les abus ont toutefois suscité une vague d'indignation dans le pays. Le décompte des voix n'est pas terminé dans certaines circonscriptions, qu'une commission de recours composée d'Amine Nakhlé, Farid al-Khazen et Muhammad al-Ghoutaimi commence à instruire les nombreuses plaintes d'électeurs. La réaction de la presse est rude. Les quotidiens annoncent leur intention de boycotter le nouveau Parlement, réclament sa dissolution et la tenue de nouvelles élections. Le régime ne songe évidemment pas à renoncer à sa victoire. Les divergences surgies dès la veille des élections au sein du « gouvernement des géants » finissent par diviser les ministres en deux camps. Le chef du gouvernement Riad Solh tente d'arguer de l'imperfection de la loi électorale héritée du mandat français, mais sa voix est noyée par les clameurs indignées de l'opposition.

Le mardi 27 mai 1947, Kamal Joumblatt et Camille Chamoun annoncent leur démission du gouvernement. Le 30, ils organisent avec Abdel Hamid Karamé, Alfred Naccache, Omar Beyhum et l'évêque Ignatios Moubarak, une rencontre des forces de l'opposition à l'École de la sagesse, à laquelle assistent des représentants des Kataëb, du Parti communiste libanais et du Bloc national. Les leaders de l'opposition soumettent la politique du régime à une vive critique, avant de lancer un appel à une grève générale à Beyrouth.

Au cours de l'été 1947, les opposants réunis chez Omar Beyhum annoncent la création du Bloc de libération nationale, avec Abdel Hamid Karamé comme président élu et Omar Beyhum comme secrétaire général. Le Bloc comporte également des hommes politiques connus tels Habib Trad, Jawad Boulos et Alfred Naccache. Kamal Joumblatt, qui en est l'un des fondateurs, écrira par la suite qu'il s'agissait avant tout « de sauver la réputation du pays[1] ». C'est à cette fin que les chefs de l'opposition vont réclamer la dissolution du Parlement et l'adoption d'une nouvelle loi électorale garantissant le respect des procédures démocratiques, autant que les choix des citoyens.

Le 29 novembre 1947, l'assemblée générale des Nations unies adopte la résolution 181/(11) qui divise la Palestine en deux États, l'un juif et l'autre arabe. Les représentants de trente-trois nations votent en faveur de la résolution, treize contre, et dix s'abstiennent, dont la Grande-Bretagne. En vertu de cette décision, l'État hébreu se voit octroyer un territoire de 14 100 km^2 pour 1 008 800 personnes, et l'État arabe, de 11 100 km^2 pour 758 520 personnes. La réaction du monde arabe est des plus négatives. En Palestine, le Comité arabe supérieur publie un manifeste dénonçant la résolution de l'ONU, appelant à la grève générale et à l'instauration de l'état d'urgence, tout en rejetant la responsabilité sur le gouvernement britannique si la situation venait à s'envenimer. La réaction de la Syrie n'est pas moins rude. À Damas, les manifestants bombardent de pierres les ambassades des États-Unis, de France et de Belgique, et les volontaires s'inscrivent sur les listes des camps d'entraînement à travers le pays. Les manifestations de Damas débouchent sur des heurts sanglants entre la jeunesse nationaliste et les communistes, l'Union soviétique étant favorable à la résolution onusienne.

À Beyrouth, les manifestations de protestation sont conduites par les étudiants de l'université américaine et d'autres établissements d'études supérieures. Ils exigent du gouvernement qu'il crée des bureaux de recrutement de volontaires et qu'il leur distribue des armes. Les manifestants arrachent la plaque de

1. Kamal Joumblatt, *Critique de la doctrine du PSNS* dans *Ad-Dar at-Takaddumiya*, éd. 3, mars 1987, p. 153.

cuivre à l'entrée de l'ambassade des États-Unis et lancent des pierres sur l'édifice. Le bureau de la compagnie américaine Tapeline, à l'hôtel Métropole, est pris d'assaut.

Kamal Joumblatt partage l'indignation de ses compatriotes. Il perçoit la résolution des Nations unies comme une violation du droit international. Dès la Seconde Guerre mondiale, le destin de la Palestine lui paraissait lié à ce qu'allait devenir l'ordre mondial, après la fin du conflit. Il n'a jamais douté de l'effondrement des empires coloniaux, mais alors qu'au Liban et en Syrie, les événements ont débouché sur l'indépendance, il n'en est pas allé de même en Palestine. L'abolition du mandat britannique risquait fort de déboucher sur une aggravation de la confrontation entre les populations arabe et juive, voire sur un conflit armé. Le renvoi de la question palestinienne aux Nations unies n'a pas dissipé ses inquiétudes. Edmond Rabbat et Kamal Joumblatt, après une étude juridique, sont arrivés à la conclusion qu'aucun article du droit international ne donne aux Nations unies le pouvoir de créer de nouveaux États. Et comme la naissance des États s'était faite, tout au long de l'Histoire, dans la violence, il leur était difficile de croire que la tentative onusienne de créer deux nouveaux États en Palestine pourrait se terminer sans effusion de sang[1].

Une autre question alimente les inquiétudes de Joumblatt. La constitution de deux États en Palestine crée, selon lui, un dangereux précédent pouvant encourager les isolationnistes libanais à réaliser leur vieux rêve d'un État chrétien. Dès 1946, le représentant du patriarche maronite auprès de la diaspora libanaise aux États-Unis avait adressé un mémorandum à l'ONU demandant la création d'un État chrétien au Liban[2].

1. Voir les entretiens du Dr Edmond Rabbat conservés dans les Archives de K. Joumblatt.

2. *Politics in Lebanon*, *op. cit.*, p. 151.

Le 5 août 1947, l'évêque maronite Ignatios Moubarak avait suggéré à la commission spéciale des Nations unies pour la Palestine que le Liban, comme la Palestine, devienne un foyer des minorités au Proche-Orient. Il avait formulé le souhait de voir un Foyer national chrétien au Liban, à l'image du Foyer national juif instauré en Palestine[1]. Sa proposition faisait écho aux projets des dirigeants hébreux à l'égard du Liban, que Ben Gourion qualifiait de « talon d'Achille de la coalition arabe ». « La suprématie musulmane dans ce pays est artificielle et peut être aisément surmontée, écrivait dans son journal, en date du 21 mai 1947, le futur Premier ministre israélien. Il conviendrait d'y créer un État chrétien, dont la frontière sud serait la rivière du Litani. Nous pourrions signer un traité d'alliance avec un tel État. Nous sommes capables d'écraser la Transjordanie en détruisant la Légion arabe et en bombardant Amman. Ensuite, ce sera la Syrie qui tombera. Et si l'Égypte ose nous attaquer, nous bombarderons Port-Saïd, Alexandrie et Le Caire. De cette façon, nous remporterons la guerre et vengerons nos ancêtres des pharaons assyriens et chaldéens[2]. »

Une fois la résolution de partage de la Palestine adoptée, la guerre ne semble plus pouvoir être évitée. Les premiers coups de feu retentissent à Jérusalem. Écoutant les déclarations guerrières et les menaces tonitruantes des chefs arabes, leur promesse de « jeter les juifs à la mer », Kamal Joumblatt met en garde ses compatriotes contre une sous-estimation de l'adversaire. Dans un article publié le 5 décembre 1947, par *Le Télégraphe* de Beyrouth, il souligne que la situation en Palestine est bien plus grave qu'il ne le semble à la plupart des hommes politiques arabes.

L'inquiétude de Joumblatt augmente à mesure qu'approche la

1. *Ibid.*
2. Cf. *Middle East International*, octobre 1973.

date du retrait des troupes britanniques de Palestine, prévu pour le 15 mai 1948. Bien que les responsables de sept pays affirment, lors de la réunion de la Ligue arabe en décembre 1947 au Caire, leur volonté de faire obstacle à la création d'une entité juive en Palestine, les efforts en ce sens paraissent bien peu efficaces[1]. Les accords du Caire stipulent que les États membres de la Ligue doivent réunir un million de guinées (livres égyptiennes) et armer trois mille volontaires afin de lancer immédiatement des opérations en Palestine. Mais l'argent promis n'arrive que lentement, tandis que les volontaires venus des pays arabes s'entassent dans un camp des faubourgs de Damas, en attendant les armes et les munitions. Finalement, la Ligue arabe ne réunit que 10 % de la somme prévue et son secrétaire général, Abdel Rahman Azzam pacha, envoie aux pays arabes dépêche sur dépêche, pour enjoindre rois et présidents de tenir parole.

Kamal Joumblatt saisit l'imminence de la catastrophe. Les dirigeants arabes croient compenser l'absence d'actions concrètes par un verbiage politique et des gestes théâtraux. Alors que le QG de l'Armée du salut de Fawzi al-Kaoukji, à Damas, n'a même pas d'appareils de télécommunication pour garder le contact avec ses commandants sur le terrain, le roi Farouk d'Égypte offre à celui-ci un cheval blanc pour son entrée triomphale à Tel Aviv !

Joumblatt est offusqué. L'arrogante condescendance des politiciens arabes à l'égard des juifs lui semble déplacée, témoignant de leur étroitesse d'esprit et de leur incapacité à analyser lucidement la situation. Les unités de partisans arabes remportent, certes, quelques succès, au début de 1948, prenant même le contrôle de certaines voies de communication importantes ; mais l'absence de direction commune, en plus des divergences des pays arabes sur la nature de la lutte en Palestine et de ses objectifs, rendent leur victoire problématique, pour ne pas dire impossible.

1. L. Collins et D. Lapierre, *Ô Jérusalem !*, Paris, Robert Laffont, 1998, p. 71.

En mars 1948, le délégué américain auprès de l'ONU déclare qu'étant donné les circonstances, la Maison-Blanche tient pour irréalisable le partage de la Palestine prévu par la résolution de l'assemblée générale et propose donc de placer ce territoire sous la tutelle des Nations unies. Un appel au cessez-le-feu entre les belligérants est lancé par le Conseil de sécurité.

Pour nombre d'hommes politiques arabes, c'est un gain de temps en faveur de leurs initiatives diplomatiques. Kamal Joumblatt considère, quant à lui, cette réaction à la proposition américaine inadéquate, voire dangereuse. Le 9 avril, il prend la parole au Parlement libanais pour exposer sa position. Selon lui, les sionistes ont amplement mis à profit les cinq mois et demi avant le retrait des troupes britanniques pour se préparer à la guerre. Quant aux discussions sur une révision éventuelle de la résolution onusienne, elles vont également dans le sens des intérêts sionistes puisque, à ses yeux, elles ne servent qu'à endormir la vigilance des Arabes, à la veille de la proclamation de l'État d'Israël.

Contrairement aux autres politiciens et dirigeants arabes, Joumblatt reste lucide. Il ne cesse de répéter à Edmond Rabbat : « Le malheur des Arabes, c'est qu'ils sont confrontés au peuple le plus fort et le plus intelligent de l'Histoire, celui dont l'intellect s'est imprégné de toutes les qualités de la civilisation occidentale[1]. » Cependant, comme la plupart de ses compatriotes, il ne doute pas que les armées arabes soient à même de battre les troupes non professionnelles des sionistes en Palestine, à condition d'unir leurs forces. C'est dans cet état d'esprit qu'il juge possible un voyage en Europe, fin avril 1948, pour régler des questions personnelles.

1. Voir les entretiens du Dr Edmond Rabbat conservés dans les Archives de K. Joumblatt à Baaqline.

Kamal Joumblatt s'envole pour la Suisse, fin avril 1948. La princesse May Arslane l'accueille à Genève et, le lendemain, le 1er mai 1948, le notaire de la mairie des Eaux-Vives appose sa signature au bas du certificat de mariage[1]. Après un mois de lune de miel, les jeunes époux se rendent en France.

Londres est l'escale suivante. Contrairement à Paris, ils se retrouvent prisonniers d'un programme établi minute par minute. Chaque matin, escortés par un colonel qu'ils ont vite baptisé « notre ami de l'Intelligence Service », les jeunes mariés visitent la Tate Gallery, l'observatoire astronomique de Greenwich, se promènent dans Hyde Park et assistent à des sessions de la Chambre des pairs. Une surprise agréable attend Kamal Joumblatt au British Museum, où le directeur des Antiquités l'accueille par ces mots : « Bienvenue au représentant de la plus ancienne doctrine religieuse sur terre ! » Pour les chercheurs de la bibliothèque qui les attendaient dans la grande salle, Joumblatt improvise une conférence sur l'histoire des druzes et de leur religion, avant de répondre à leurs questions[2].

Nadim Dimechkié, conseiller de l'ambassade du Liban, remet un jour aux Joumblatt une invitation pour assister à la réception annuelle du roi George VI, au palais de Buckingham. Kamal, qui ne supporte pas les cérémonies officielles, tente de refuser, mais il lui faut céder aux instances de May.

Enfin, au milieu de l'été, les Joumblatt partent pour Rome où les attend Charles Hélou, l'ambassadeur du Liban au Vatican depuis près de dix-huit mois, grand amateur de lettres et d'arts.

Lorsque les Joumblatt rentrent au Liban, début août, ils constatent l'échec de la guerre-éclair des Arabes en Palestine. Fin 1948, la défaite est inévitable, laissant les capitales arabes

1. Entretien avec Mme May Joumblatt, le 28 avril 1988, à Moukhtara.

2. Extrait des mémoires de Sami Nammour, conservés dans les archives de K. Joumblatt à Baaqline.

déconcertées. Le flot d'exilés palestiniens vers les pays arabes prend une dimension tragique. D'après l'ONU, la première guerre israélo-arabe a chassé 726 000 Palestiniens de leurs foyers, dont 104 000 trouvent refuge au Liban. Les Israéliens ont, en outre, franchi la frontière libanaise et occupé un vaste territoire comprenant une vingtaine de villages[1].

Kamal Joumblatt est atterré par l'ampleur de la catastrophe et renforcé dans sa conviction de l'inanité du régime en place au Liban. Il estime que le Premier ministre ne s'est pas montré à la hauteur, tout comme les autres dirigeants arabes. Riad Solh n'a pris aucune initiative pour conjuguer les efforts des Arabes. Cette inaction, que Joumblatt juge criminelle, est à ses yeux une des causes essentielles de la tragédie.

Durant l'été 1948, un froid s'installe dans les relations entre Joumblatt et Solh. Lors d'une réception chez Youssef Hitti, Kamal Joumblatt avoue avoir fait semblant ne pas remarquer le Premier ministre[2]. « Lorsque les troupes sionistes ont franchi la frontière libanaise, écrit-il dans son journal le 6 janvier 1949, j'ai été fortement inquiet des conséquences, craignant que les sionistes ne poursuivent leur promenade jusqu'à la rivière du Litani, jusqu'à Saïda et même plus loin encore. J'ai eu l'honneur de rencontrer le président de la République, il m'a paru inquiet. Mais ses ministres démentaient les informations sur l'avancée des sionistes, dans leurs déclarations. J'ai proposé au président de mobiliser les civils libanais de nature indomptable, les habitants du Chouf par exemple, les druzes en particulier, et la population du Hermel, pour qu'ils aillent renforcer l'arrière-garde de l'armée libanaise et former un deuxième front, au cas où l'ennemi percerait le premier. Je me suis également porté volontaire...

1. J. H. Davis, *The Evasive Peace. A Study of Zionist-Arab Problem*, éd. par J. Murray, Londres, 1968, p. 53.

2. Kamal Joumblatt, *Œuvres choisies* (en arabe), s.l., 1977, p. 27.

Son Excellence m'a vivement remercié en faisant l'éloge de mon patriotisme, de ma fermeté, de mon abnégation, etc. Mais il m'a fait remarquer que tout cela était inutile, vu les armes et les techniques sophistiquées utilisées dans les guerres actuelles. Il a ajouté que le gouvernement ne disposait pas d'armes pour mener à bien une telle tâche. J'objectai que la plupart de ceux qui répondraient à cet appel avaient des fusils, que l'on ne manquait que de munitions, et je demandai à Son Excellence de bien y réfléchir. "Kamal bey, a-t-il répondu, que peut faire un fusil, aujourd'hui, face à des mitrailleuses et autres armes modernes ?" J'ai répondu qu'il avait raison, mais qu'il nous fallait quand même essayer. Il m'a remercié une fois de plus et je me suis retiré[1]. »

Le 27 janvier 1949 voit la fin de la guerre. Les Arabes ont perdu. Comme l'écrit Sami Solh dans ses mémoires : « Suite à la défaite des pays arabes dans cette première bataille en Palestine, il était évident que les régimes régnant dans la région disparaitraient à jamais ou, du moins, que les gouvernements tomberaient. Mais la défaite dans cette partie du monde semble instaurer les gouvernements et les protéger.[2] »

Kamal Joumblatt déclare devant le Parlement le 25 janvier : « Il est fort déplorable que le chef du gouvernement continue de tenir le même langage et le même raisonnement, qui ont perdu la Palestine [...]. L'irruption à la frontière du Liban, l'occupation d'une partie de notre territoire et le retrait de l'armée libanaise, sans tirer un seul coup de feu, vers des positions fixées au préalable, n'ont aucun précédent dans l'Histoire. C'est une question qui porte atteinte à l'honneur de tout citoyen libanais qui connaît le sens du mot "honneur" [...]. La guerre

1. *Ibid.*, p. 27-28.

2. Sami Solh, *En appeler à l'histoire* (en arabe), Beyrouth, Dar An-Nahar, 1970, p. 90.

menée par le gouvernement libanais n'a été qu'une comédie [...]. Elle n'a rien à voir avec les promesses faites aux États arabes d'aller ensemble jusqu'au bout [...]. Cela dit, le Liban n'aurait jamais pu accomplir son devoir militaire, car selon les rapports officiels, ses soldats ne disposaient de munitions que pour pouvoir tenir cinq ou six heures[1]. »

Joumblatt voit désormais les pays du Proche-Orient faire partie des sphères d'influence des puissances occidentales, soucieuses de maintenir leurs intérêts coloniaux dans la région. « J'aurais tant voulu, s'exclame-t-il à l'adresse de Riad Solh, que vous soyez dans l'avant-garde des combattants pour les terres arabes, comme à l'époque où se préparait l'accord Sykes-Picot[2] ! » En conclusion, il réclame la dissolution de la Ligue des États arabes au profit d'une organisation qui réunirait la plupart des pays du Croissant fertile, liés par des relations politiques et économiques étroites. Cette organisation n'accueillerait que des régimes républicains et des monarchies constitutionnelles, aptes à garantir les libertés et les droits fondamentaux de leurs citoyens. « Il convient ensuite, ajoute Joumblatt, que les pays arabes nationalisent les compagnies pétrolières et prennent le contrôle de toute ressource économique pouvant devenir la proie des monopoles internationaux. Le moment est venu, par ailleurs, de tourner le regard vers l'Orient, où l'on assiste au rassemblement des peuples d'Asie constituant plus de la moitié de l'humanité[3]. »

Riad Solh est ulcéré. « Lorsque la boucherie avait cours, réplique-t-il à Joumblatt, j'aurais tellement voulu vous entendre proposer quelque chose de concret », faisant allusion au fait qu'au plus fort de la guerre, Joumblatt se trouvait hors du pays. Un

1. *Al-Bairaq*, 28 janvier 1949.
2. *Ibid.*
3. *Ibid.*

silence tendu s'installe dans la salle. « J'étais absent », se contente de répondre sèchement Joumblatt avant de quitter la tribune[1].

Quarante-huit heures auparavant, Kamal Joumblatt avait, par voie de presse, exhorté les dirigeants du Bloc de libération nationale à former un gouvernement fort, capable de surmonter la crise. Il proposait de convoquer un conseil consultatif, formé de tous les partis et organisations du pays afin qu'ils exposent au gouvernement leur point de vue sur la situation[2]. Les propositions de Joumblatt ne sont pas soutenues par les chefs de l'opposition qui cherchent à éviter tout conflit avec les hommes influents des pays arabes. L'attitude évasive du Bloc de libération nationale déçoit Joumblatt sans pour autant l'étonner.

Dans son article « La corruption et les réformes », Kamal Joumblatt définira, plus tard, les deux types de Libanais partisans des réformes. D'un côté, ceux qui en font une question d'honneur et de devoir et, de l'autre, les « chanceux » de la société qui font primer toujours leurs propres intérêts. Ces derniers désirent se mettre au service du régime, le temps d'obtenir des privilèges pour leurs personnes. Mais comme le régime n'est pas en mesure de satisfaire tout le monde, ceux qui s'estiment lésés, d'une manière ou d'une autre, peuvent toujours passer dans le camp de l'opposition. « Nul plus que le Libanais intéressé, note Joumblatt non sans sarcasme, n'a le don de déchiffrer les "signes astraux", et son "flair politique" est un sixième sens qui n'arrête pas de se développer[3]. »

La renaissance nationale ne peut se faire, d'après lui, que si le pouvoir est assumé par des hommes d'un style nouveau,

1. Farès Echtaï, *Le Parti socialiste progressiste et son rôle dans la politique libanaise 1949-1975* (en arabe), Al-Dar al-Taqaddoumiya, 1989, I, p. 181.

2. *Le Télégraphe*, 12 janvier 1949.

3. Kamal Joumblatt, *La Vérité sur la révolution libanaise*, Beyrouth, Al-Dar al-Taqaddoumiya, 1987, p. 12.

libres de tout préjugé et de tout dogme. La revue *Al-Adib* publie dans son numéro de janvier un article de Joumblatt symboliquement intitulé « La foi dans la vie », où, partant de la tragédie palestinienne, il tente de trouver une issue à l'impasse : « Notre erreur majeure, c'est de toujours regarder vers le passé que nous avons érigé en idole [...]. Les peuples arabes et orientaux ne pourront pas renaître et trouver la voie du salut s'ils ne s'imprègnent pas de l'espoir et du désir de s'élever au-dessus des idoles, de surmonter les croyances traditionnelles, les divisions nationales et raciales. Ils n'obtiendront rien s'ils ne conduisent pas leur esprit vers ce qui est au-delà du passé, au-delà de toute philosophie, de toute science, et qui n'a d'égal que l'inspiration et la révélation... Ceci est la foi dans la vie[1]. »

1. Kamal Joumblatt, *Conversations sur la liberté*, Beyrouth, Al-Dar al-Taqaddoumiya, 1987, p. 38.

VI.

L'harmonie de la flamme et de la cire

Dans son journal du 10 mai 1948, Béchara al-Khoury écrit : « Kamal Joumblatt fait parfois preuve d'un surprenant sens des réalités, mais d'autres fois, il part dans le monde de l'imaginaire. » Pour le doyen de la politique libanaise, ces deux aspects sont incompatibles. Il n'est pas le seul à juger quelque peu « excentrique » le comportement du dirigeant druze. Alors que certains saluent son attitude imprévisible et l'âpreté souvent explosive de ses jugements, d'autres s'indignent de sa propension à violer les règles du jeu. Un jour, dans un accès de colère, le chef du parti musulman des Najjadé, Adnan al-Hakim, le qualifie même de « chef illégitime » devenu, en raison de son instabilité psychologique, une calamité pour les Arabes[1].

De fait, Kamal Joumblatt se distingue de ses pairs. Son ascétisme, sa pratique du yoga, son régime strictement végétarien semblent défier une société saisie par la fièvre de la consommation et par un insatiable esprit épicurien. La haute société déplore jusqu'à sa manière de s'habiller, jugée trop négligée.

À leurs yeux son goût pour la poésie est non moins fantasque. De plus, alors que la logique voudrait qu'un chef tel que Kamal Joumblatt s'occupe essentiellement de la défense des intérêts de

1. D. Gordon, *Lebanon : The Fragmented Nation*, Londres, 1980, p. 157.

ses partisans, il se comporte comme s'il était personnellement responsable de tout ce qui se passe dans le pays, voire dans le monde. Bien plus que de la « chute » de l'aristocratique Joumblatt dans la classe moyenne, dont font partie les journalistes, ses détracteurs s'indignent du contenu de ses articles.

Dans la seconde moitié des années 1940, le Cénacle libanais est une tribune qui exerce une forte influence sur l'intelligentsia. Fondé en 1946 par un groupe de jeunes intellectuels, dont l'écrivain Michel Asmar, il a pour but de faire participer l'élite à la renaissance du pays. Joumblatt, qui a beaucoup de considération pour Asmar, fréquente le domicile de ce dernier, rue Trabaud. Début 1947, Michel Asmar lui propose de donner une série de conférences au Cénacle, qui vient de s'installer rue du Liban. La première allocution de Joumblatt, publiée plus tard sous le titre de « Ma mission de député », fait salle comble. Alors qu'il conclut : « Au Liban, seul l'État de droit peut nous gouverner », ses paroles sont couvertes par les applaudissements. Lorsqu'il quitte la tribune, le public, debout, lui fait une ovation[1].

Les jeunes intellectuels perçoivent chez ce chef druze l'empreinte d'un politicien de type nouveau. Ils reconnaissent en lui, comme le dit Michel Asmar, le « héraut de leurs plus belles aspirations[2] ». L'existence de Kamal Joumblatt sera placée sous le signe de jugements opposés : « calamité » imprévisible et « enfant terrible » pour certains, il est pour d'autres sincère et désintéressé, agissant par foi et par conviction[3].

La lutte contre la corruption et les réformes sont les deux thèmes qui sous-tendent la vie politique du Liban depuis 1861, date considérée comme le prélude de son histoire moderne.

1. Kamal Joumblatt, *Conversations sur la liberté*, *op. cit.*, p. 95.
2. *Ibid.*, p. 69.
3. Conférences au Cénacle libanais. Parution I, 31 mars 1947.

Kamal Joumblatt estime que le problème de la corruption est lié aux organes du pouvoir, aucun effort pour éradiquer les abus et appeler à la réforme n'ayant jamais abouti.

Fin 1946, le journal *Saout al-Ahrar* demande à Joumblatt d'analyser la situation au Liban. Le 3 janvier 1947, son article « Mes vœux pour la nouvelle année » est publié à la une.

« Jusqu'à présent, déplore-t-il, les Libanais n'ont pas su créer de mouvement politique et social digne de ce nom, défini par une vision philosophique universelle et profonde de la vie. Un tel mouvement contribuerait, d'un côté, à diffuser les bases idéologiques correctes d'une réforme indispensable que le peuple peut adopter ; de l'autre, il permettrait d'organiser et de mobiliser les masses qui créeront ainsi, grâce à leur poids et à leur influence au sein de la société, un pouvoir fort, capable de promouvoir et d'imposer les réformes, vu que les réformes sont, en fin de compte, toujours imposées [...]. »

Kamal Joumblatt songe déjà à créer un parti qui pourrait proposer une « doctrine universelle de la vie et de l'existence ». Camille Aboussouan se souvient que, lors de ses études à Aïntoura, Joumblatt avait autour de lui un cercle d'amis qui voulaient créer leur propre parti. À l'époque, il s'agissait moins d'un parti politique que d'un club œuvrant à une renaissance culturelle du Liban[1]. Comme l'explique Aboussouan : « Le parti que nous concevions n'était pas socialiste. C'est plus tard que notre idéologie évoluera dans ce sens, lorsque nos études de droit nous feront découvrir que la grande bourgeoisie était entièrement isolée des classes moyennes et du peuple, et qu'il nous fallait remédier à cette aberration[2]. »

Kamal Joumblatt signale dans une de ses dernières publications que de nombreuses idées ayant nourri sa doctrine du

1. Entretien de l'auteur avec Camille Aboussouan, à Paris, en mars 1995.
2. *L'Orient-Le Jour*, 28 février 1995.

socialisme progressiste sont nées pendant la Seconde Guerre mondiale, qu'elles ont été le fruit de ses lectures et de ses méditations lors de son passage à la Sorbonne[1]. Dans une interview accordée à la *Revue du Liban*, le 31 décembre 1944, il déclare qu'après l'effondrement des systèmes parlementaires de la région, il espérait voir naître, comme en France, en Italie ou dans la République de Weimar, une « nouvelle forme de démocratie » qui allierait discipline et liberté, ordre et développement, tradition et progrès, religion et laïcité, socialisme et propriété privée et, à un niveau plus élevé, idéalisme et réalisme, spiritualité et politique.

Kamal Joumblatt s'emballe un temps à l'idée d'un parti présidé par le Premier ministre Riad Solh et, à la demande de ce dernier, il en ébauche le programme. À cette fin, il participe à plusieurs réunions chez Nazem Akkari – kaïmakam du Chouf dans les années 1930, avant de diriger le secrétariat du gouvernement à partir de 1944. Mais l'enthousiasme de Joumblatt s'érode à mesure que croît la prudence du Premier ministre.

Infructueuse également la tentative de créer, avec l'ancien président Alfred Naccache, le « Parti du peuple », conçu comme une fraction parlementaire réformiste, indépendante du Bloc national et du Destour. Selon Joumblatt, l'échec est dû au fait que les aînés, manquant de fermeté et de dynamisme, se sont montrés incapables de s'arracher aux idées isolationnistes traditionnelles pour formuler un programme de réformes cohérent.

Ces premiers revers ne découragent pas Joumblatt, conscient désormais qu'il doit chercher ses partisans, non dans la classe politique, mais parmi les intellectuels libanais.

1. Kamal Joumblatt, *Vers un socialisme plus humain* (en arabe), Beyrouth, Al-Dar al-Taqaddoumiya, 1987, p. 23-24.

Les historiens considèrent que Kamal Joumblatt a entamé la création de son propre parti en 1946. Toutefois, d'autres témoignages attestent que, dès 1945, lors de la préparation des premiers *Cahiers de l'Orient*, Kamal Joumblatt et Camille Aboussouan jetaient les bases d'un mouvement politique. Émile Torbey, leur ami d'Aïntoura, se joint à eux au domicile de Camille Aboussouan, à Dhour Choueir. C'est à l'automne 1945 qu'une première version des statuts d'un parti est élaborée, où l'empreinte des réflexions de Joumblatt sur une « démocratie nouvelle » – bien qu'encore fort éloignée du socialisme – est évidente. « Cette première version, se souvient Aboussouan, prônait les principes généraux de la protection des gens les plus défavorisés... C'était déjà beaucoup pour l'époque[1]. »

Fin 1945, Camille Aboussouan, qui prépare une thèse de doctorat sur les génocides, a l'occasion d'assister au procès de Nuremberg. Les autorités mandataires ne donnant qu'aux militaires le droit d'entrée en Allemagne, le général de Gaulle confère, par décret spécial, le grade de capitaine à Aboussouan, qui sera ainsi le seul témoin libanais de cet événement capital. Comme il devait se rendre d'abord à Paris, Kamal bey lui demande : « Prends avec toi le projet des statuts et montre-le au professeur Maxime Rodinson. Ses remarques nous seront d'une grande importance[2]. » Maxime Rodinson, professeur à l'École pratique des hautes études, accueille avec intérêt la sollicitation de Joumblatt. « Il nous a conseillé d'engager notre parti dans la voie des partis socialistes et communistes européens, se souvient Aboussouan. Personnellement je n'étais pas d'accord, et Kamal s'est montré hésitant. Nous voulions éviter le communisme dans son application brute et puissante à la soviétique. En fin de compte, Kamal a créé son parti en se basant sur les besoins de la

1. *L'Orient-Le Jour*, 28 février 1995.
2. *Ibid.*

société libanaise, mettant à la disposition des classes déshéritées une structure assez rigoriste [...]. C'est par sa défense des pauvres qu'il a attiré l'attention des hommes politiques et d'une bonne partie de la masse populaire[1]. »

En mai 1947, après avoir démissionné du « gouvernement des géants », Kamal Joumblatt retrouve quelques-uns de ses partisans dans la région montagneuse de Sannine, pour passer l'été à arrêter les statuts du nouveau mouvement. Le professeur Saïd Hamadé, titulaire de la chaire d'économie à l'université américaine de Beyrouth et secrétaire général du conseil supérieur de l'Économie auprès du gouvernement libanais, propose « plusieurs versions réussies, avec des orientations socialistes[2] ». Le professeur Joseph Najjar, non moins réputé dans les milieux académiques, « a apporté une grande contribution à la partie économique et culturelle des statuts », selon Joumblatt[3].

Plusieurs personnes d'horizons politiques différents, unies par l'idée d'une transformation radicale de la société libanaise, travaillent sur la formulation méthodologique de ce qui devait se nommer le « Mouvement libanais ». Certains, comme Joseph Donato, secrétaire général du ministère du Travail, ou Farid Gebran, responsable syndical, insistent sur le principe de la justice sociale, considérant que le Mouvement libanais devra mettre en exergue la lutte en faveur des couches les plus défavorisées. D'autres considèrent qu'à l'instar des civilisations occidentales, la priorité doit être accordée aux valeurs humaines en général. Dans ce concert de voix divergentes se distingue celle des nationalistes libanais, comme Saïd Akl, l'émir Raïf Abillama, Salah Labaki, Jean Naffah et Toufic Ibrahim Rizk.

Le Mouvement libanais a été la première tentative d'union

---

1. *Ibid.*
2. Kamal Joumblatt, *Vers un socialisme plus humain*, *op. cit.*, p. 24.
3. *Ibid.*

de l'intelligentsia progressiste. Mais les « discussions de Sannine » n'aboutissent qu'à un simple communiqué. Bien que le Mouvement libanais ait repris dans ses revendications sociales certains des principes de la « démocratie nouvelle » prônés par Joumblatt, il n'y est pas question de socialisme. En revanche, une grande place est faite à la phraséologie humaniste, largement agrémentée de sauce nationaliste.

Pour Kamal Joumblatt, ce texte éclectique ne peut servir d'assise à une organisation politique efficace. Quoique, en principe, le Mouvement libanais ne soit qu'une association, certains amis de Joumblatt, en particulier Michel Doumit et Farid Gebran, continuent d'insister sur la nécessité de créer un parti politique. Joumblatt hésite. En 1947, l'idée lui semble prématurée : la mise en place d'un parti doit être précédée par l'élaboration d'une idéologie apte à réunir les forces vives de la société. Les textes du Mouvement libanais sont revus : le terme « social » est ajouté au nom du Mouvement et certains articles, jugés « trop régionaux » par Joumblatt, sont modifiés ; les statuts sont également complétés par un article proclamant que le but du Mouvement social libanais est de « mobiliser tous les talents et les éléments dévoués, dans une action politique, idéologique, sociale et scientifique, en vue de former l'homme idéal, le citoyen exemplaire, et de renforcer l'entité du Liban en tant qu'État entièrement indépendant, ayant la place qui lui revient parmi les autres États[1] ».

Fin mars 1948, Kamal Joumblatt et Fouad Rizk déposent une demande d'inscription officielle du Mouvement social libanais auprès du ministre de l'Intérieur, Riad Solh. Le mémorandum est également signé par Philippe Boulos, Joseph Najjar, Youssef Bouji, Toufic Ibrahim Rizk, Georges Fillipidès, Jean Naffah,

1. Kamal Joumblatt, *Un quart de siècle de combat* (en arabe), Beyrouth, Al-Dar al-Taqaddoumiya, 1987, p. 120.

Jamil Sawaya et Farid Gebran. Toutefois, aussitôt formé, le Mouvement social libanais voit partir le groupe des nationalistes libanais (Saïd Akl, Toufic Rizk, Salah Labaki et Jean Naffah) qui refusent l'idée d'une collaboration avec les États arabes, alors que d'autres membres désapprouvent la perspective de voir le Mouvement se transformer en parti politique avant-gardiste. En outre, la guerre qui se déclare en Palestine au printemps 1948 relègue au second plan cette initiative.

Dès la fin de 1948, Kamal Joumblatt se remet au travail, entouré d'un nombre restreint de partisans. L'un de ses meilleurs amis, Fouad Rizk, l'aide à mettre au point la version définitive des statuts, qui sera ultérieurement appelée « constitution » du parti. Il épure le texte, en le rendant précis et clair. Avocat brillant, son érudition s'étend aux domaines les plus inattendus. Il a, en particulier, une prédilection pour les sciences occultes, maintenant le contact avec les néopanthéistes, fidèles aux traditions de la fraternité de la Rose-Croix. Kamal bey manifeste un vif intérêt pour les exercices mystiques de Rizk. Il s'étonne toujours de ses dons de télépathe. Un jour, au quatrième mois de la grossesse de May, Fouad Rizk annonce : « Tu accoucheras d'un fils, le 7 août, à 7 heures du matin. » Au moment prédit, May Joumblatt mettra au monde un garçon prénommé Walid[1].

Cheikh Abdallah al-Alaïli est le bras droit de Kamal Joumblatt. Diplômé d'Al-Azhar et de l'université Fouad 1er, au Caire, il est versé dans la philologie arabe et l'étude de la culture musulmane. Dans sa jeunesse, il avait rallié le mouvement soufi Al-Faydiya, qui exhortait à l'harmonie entre les valeurs de l'islam et les réalités de l'époque. Rentré au Liban au milieu des années 1930, al-Alaïli se jette à corps perdu dans la politique. En 1936, il participe à la création de la Ligue d'action nationale prônant

1. Entretien avec Mme May Joumblatt, à Moukhtara, le 28 avril 1988.

la libération du joug colonial et l'unification des pays arabes. Au milieu des années 1940, il contribue à la fondation du parti l'Appel national. Joumblatt connaît vraisemblablement al-Alaïli depuis le début des années 1940, le cheikh ayant eu des relations amicales avec Hikmat bey. Leur collaboration ne prend corps que quelques années plus tard, lorsque al-Alaïli publie son célèbre pamphlet « J'accuse », suscitant des remous dans les milieux politiques libanais.

Le 6 mai 1946, en effet, lors de la commémoration annuelle des victimes de l'arbitraire ottoman, place des Martyrs à Beyrouth, Joumblatt écoute la diatribe d'al-Alaïli contre le régime. Sa critique de la corruption de la classe dirigeante est si bien argumentée que le président Béchara al-Khoury, se lève à plusieurs reprises. Seuls les impératifs du protocole le contraignent à écouter jusqu'au bout la tirade du cheikh Abdallah. À peine la cérémonie terminée, Joumblatt demande à rencontrer al-Alaïli. Après les élections de mai 1947, les deux hommes se retrouvent régulièrement aux réunions du Bloc de libération nationale et, à partir de l'automne 1948, al-Alaïli devient le premier assistant de Kamal Joumblatt. « Kamal bey m'a donné un document qui contenait les principes essentiels, se souvient al-Alaïli, il m'a demandé de les commenter en y apportant les ajouts nécessaires. Par la suite, nous avons discuté les propositions à partir desquelles, grâce à son énorme potentiel intellectuel et culturel, Kamal bey a mis au point le texte définitif des statuts du parti progressiste qui devait voir le jour en 1949[1]. »

Albert Adib est un autre proche de Joumblatt durant la phase finale de la création du parti. Descendant des Neemé maronites, adepte de l'arabité, il publie dans sa revue *Al-Adib*, au milieu des années 1940, les principes du « parti de la conscience arabe ». Les convictions panarabes d'Albert Adib le conduisent dans les rangs

1. Entretien avec cheikh Abdallah al-Alaïli à Beyrouth, le 30 avril 1991.

de la Ligue d'action nationale, dont il restera membre jusqu'à l'annonce de la création du Parti socialiste progressiste. Albert Adib, qui a été l'un des premiers à être mis au courant du projet de Joumblatt, est aussi l'un des premiers à réclamer haut et fort une orientation socialiste au nouveau parti.

Kamal Joumblatt, dès 1945, s'est vivement intéressé aux problèmes du mouvement ouvrier qui venait de naître au Liban. Il a fait la connaissance du président du syndicat des commerçants, Farid Gebran, à qui il propose une collaboration : « Je suis d'accord, mais à condition que le parti s'occupe en priorité des pauvres et vise essentiellement à améliorer leur condition. – C'est exactement ce à quoi j'aspire, réplique Joumblatt[1]. » Peu après, Gebran quittait le Parti des kataëb dont il était le trésorier, pour lier son sort au Parti socialiste progressiste (PSP). Son expérience de responsable syndical s'avérera utile.

Doyen des fondateurs du PSP, Georges Hanna, âgé en 1949 de cinquante-huit ans, est médecin de son état, passionné depuis toujours de littérature et de politique. Dans les années 1940, il avait été l'un des fondateurs du Congrès national, réunissant l'avant-garde de l'intelligentsia libanaise. À cette époque, séduit par le marxisme, il s'était rapproché du Parti communiste libanais, bien qu'affirmant n'en avoir jamais été membre. En 1947, Georges Hanna est en Union soviétique. À son retour, il publie une apologie du socialisme stalinien, provoquant la démission du rassemblement de nombre de membres du Congrès national, soucieux de ne pas passer pour des « agents de Moscou ». À l'été 1948, Hanna est l'un des promoteurs du bureau permanent pour la Palestine qui vient en aide aux réfugiés palestiniens du Liban. Certains

1. Entretien de l'auteur avec Farid Gebran à Beyrouth, le 25 avril 1994.

historiens préfèrent ne pas inclure Georges Hanna parmi les fondateurs du PSP, lui reprochant d'avoir quitté le parti avant même sa proclamation officielle. D'autres se réfèrent à ses mémoires, *Avant le crépuscule*, dans lesquelles il ne mentionne pas sa participation à l'élaboration des textes du PSP. Tout ceci n'enlève rien à l'apport intellectuel du marxiste Georges Hanna dans la gestation de la doctrine du socialisme progressiste. Kamal Joumblatt s'intéresse aux idées de Marx, quoiqu'il critique régulièrement l'idéologie communiste et les méthodes de construction du socialisme en URSS et qu'il rejette la lutte des classes.

La liste des « pères » du PSP serait incomplète sans Jamil Sawaya. Dans les années 1930, il avait participé à la fondation du Parti national social syrien, avant de devenir membre du directoire, aux côtés de Neemat Tabet et de Ma'moun Ayas, lorsque le chef du parti, Antoun Saadé, avait été contraint à l'exil. Rentré au Liban au printemps 1947, ce dernier accuse Sawaya de trahison et l'exclut. En réalité, Sawaya reproche à Saadé un extrémisme mettant en péril le statut légal du parti. Le rapprochement avec Joumblatt permettra à Sawaya de réviser nombre de ses idées et de s'atteler à la création d'un nouveau parti.

Enfin, l'avocat Jean Naffah, le médecin Raïf Abillama, le poète Saïd Akl, notamment, ont apporté leur contribution, quoique des désaccords idéologiques les aient poussés à renoncer au dernier moment.

Le 24 février 1949, Kamal Joumblatt, Abdallah al-Alaïli, Georges Hanna, Albert Adib, Fouad Rizk et Farid Gebran, adressent au ministère de l'Intérieur une requête formelle pour la création du « Parti du progrès social » : « L'objectif de ce parti, est-il indiqué, est de parvenir par tous les moyens légaux, à la construction d'une société basée sur les principes de la démocratie pour faire régner concorde sociale, justice, prospérité, liberté et paix. Ceci, en assurant le respect des droits de l'homme tels que proclamés par les Nations unies dont, entre autres, le Liban[1]. »

Le 19 mars, Kamal Joumblatt reçoit l'autorisation officielle. Le parti s'appellera finalement Parti socialiste progressiste, sur la proposition d'Albert Adib.

Au même moment, la défaite dans la guerre de Palestine a plongé la société dans le désarroi et le pessimisme.

De 1947 à 1949, Joumblatt rencontre à trois reprises Antoun Saadé, le chef du Parti national social syrien. Quoiqu'il critique les thèses principales de sa doctrine, Saadé lui propose de devenir le « deuxième homme » de son parti. Le chef des nationalistes syriens au Liban cherche à utiliser le prestige de Joumblatt pour étendre son influence dans la communauté druze. L'obstination de Saadé et son penchant pour les risques inutiles rendent impossible le dialogue entre les deux hommes. Joumblatt écrira plus tard avoir eu, à l'époque, le pressentiment de la « fin romantique » qui attendait Saadé[2].

En dépit des affaires liées à son propre parti, Joumblatt s'emploie à consolider les forces de l'opposition et, dès janvier 1949, il participe à l'action du Bloc de libération nationale. Les échos de son intervention du 25 janvier au Parlement à peine calmés, il critique le gouvernement dans un discours prononcé le 6 mars face à une foule de trois mille personnes, devant le domicile de Sami Solh à Bourj Abi Haïdar. Proposant de délaisser paroles et déclarations en faveur de l'« action directe », il est ovationné par les Beyrouthins, las du verbiage des politiciens.

D'un autre côté, la nouvelle du coup d'État de Hosni Zaïm, à Damas, parvient à Beyrouth à la fin du mois de mars. Le colonel insurgé a mis aux arrêts le président Choukri Kouatli et le

1. Kamal Joumblatt, *Un quart de siècle de combat, op. cit.*, p. 121.

2. Kamal Joumblatt, *La Vérité sur la doctrine du parti national social syrien*, Beyrouth, Al-Dar al-Taqaddoumiya, le 3 mars 1987, p. 139.

Premier ministre Khaled al-Azm, avant de dissoudre l'Assemblée nationale et d'annoncer l'établissement d'un « ordre nouveau », à la manière d'Atatürk. Le putsch militaire en Syrie suscite une onde de choc dans les milieux politiques libanais. Alors que le Beyrouth officiel, désarçonné, tarde à reconnaître le nouveau régime, la rue accueille avec enthousiasme chaque mesure adoptée par Hosni Zaïm. Sans attendre d'être reconnu par les autorités libanaises, ce dernier invite les dirigeants de l'opposition à Damas et, comme pour narguer le gouvernement de Béchara al-Khoury, organise à la frontière l'accueil en grande pompe des représentants du Bloc de libération nationale. Lors de la réception à l'hôtel Al-Charq, Kamal Joumblatt est placé à la droite de Hosni Zaïm. Sans préambule, comme pour une affaire depuis longtemps entendue, celui-ci annonce à ses hôtes qu'il est prêt à leur fournir des armes pour renverser le régime de Béchara al-Khoury et Riad Solh.

« Nous étions foudroyés par la proposition de Hosni Zaïm, écrira plus tard Joumblatt. Feu Abdel Hamid Karamé était troublé, lui qui n'aimait pas ce genre de propos et qui détestait toute forme de violence [...]. Il s'est retourné vers moi, puis s'est adressé à Zaïm : "Il y en aurait peut-être d'autres qui s'y connaissent mieux que nous-mêmes dans ces choses-là." Personnellement, je n'admettais pas la possibilité d'un recours aux méthodes violentes [...]. Tout en m'efforçant de cacher ma confusion, j'ai dit que nous allions y réfléchir. J'essayais d'éviter un "non" franc et catégorique pour ne pas courroucer notre hôte [...]. Et, pour détendre l'atmosphère, j'ai fait observer que je ne m'estimais pas non plus spécialiste de la question[1]. »

Par la suite, Hosni Zaïm enverra plusieurs fois ses émissaires à Beyrouth pour tenter d'inciter, en vain, l'opposition libanaise à renverser le régime par la force.

1. *Ibid.*, p. 155.

La cérémonie de présentation officielle du Parti socialiste progressiste a lieu le 1er mai 1949. Vers dix-sept heures se retrouvent chez Joumblatt, près du Musée national, différents hommes politiques en vue, des personnalités de la société, du monde culturel et de nombreux journalistes. Comme ils ont été conviés à « prendre le thé », certains déclarent, sarcastiques, que le premier parti socialiste du Liban est né lors d'une réception bourgeoise. Cette plaisanterie vexe Joumblatt. Un an plus tard, célébrant le premier anniversaire du PSP, il soulignera que, si le parti est bien né dans une « réception bourgeoise », il a démontré qu'il est réellement de nature socialiste.

Le choix du 1er mai n'est évidemment pas dû au hasard : le jour de la fête des travailleurs est issu d'une longue tradition au Liban, remontant au régime ottoman. Le 1er mai 1907, les membres du cercle de la Jeunesse libre, qui réclamaient des réformes libérales dans le cadre de la constitution ottomane, avaient organisé une manifestation à Raouché à laquelle s'étaient rendus des centaines de Beyrouthins. Les autorités ottomanes avaient tenté d'arrêter les instigateurs du rassemblement, mais la foule les en avait empêchées. La célébration devient légale pendant le mandat français. Le 1er mai 1925, le Parti du peuple libanais organise au cœur même de Beyrouth, au théâtre Cristal, une grande réunion en présence de délégations venues de Bikfaya, Antelias, Hadeth et Chiyah.

« La fête des ouvriers est aussi la nôtre, déclare Joumblatt à la conférence de presse du 1er mai 1949. C'est un grand honneur pour nous d'inscrire dans les annales de cette fête l'annonce de la création de notre parti [...] Nous pouvons avoir des ennemis sur le plan du combat idéologique, déclare-t-il, mais ce sont également les ennemis de l'évolution, du progrès et de la vie elle-même[1]. »

1. Kamal Joumblatt, *Un quart de siècle de combat*, *op. cit.*, p. 132.

Mais la création du PSP n'est pas du goût de tout le monde : à peine la nouvelle parvenue à Moukhtara, Nazira Joumblatt, indignée, se met en route vers la capitale. Sa colère est dirigée, en premier lieu, contre le cheikh Abdallah al-Alaïli qu'elle accuse d'avoir influencé son fils. Dans un entretien avec l'auteur, al-Alaïli relate : « Elle était très énervée et son air redoutable en disait long sur son état d'esprit. C'était la première fois que je rencontrais cette grande dame de la politique. "Alors que mon fils est à la tête de l'immense bloc historique des Joumblatt, pourquoi le décrivez-vous progressiste, socialiste et autres ?" Nous avons eu un long entretien. Ce jour-là, je lui ai abondamment expliqué le but du parti, jusqu'à ce qu'elle soit convaincue. La rencontre a eu lieu au domicile de Kamal bey, derrière le Musée national [...]. Ensuite, Sitt Nazira m'a invité à Moukhtara et je n'ai pas tardé à m'y rendre pour y passer une semaine[1]... »

La visite de cheikh al-Alaïli à Moukhtara permet d'atténuer un moment le conflit, mais elle demeure incapable de briser le malentendu entre la mère et son fils. Accoutumée à ce que la puissance et l'influence de Moukhtara procèdent des bonnes relations avec le pouvoir, Sitt Nazira vit douloureusement une confrontation entre Kamal et le régime. Plus terrible encore est, à ses yeux, l'attachement de son fils aux idées socialistes. Celles-ci lui semblent mettre en péril le leadership des Joumblatt. Quand une branche du PSP s'installe à Moukhtara, en 1950, Sitt Nazira s'indigne de voir les chefs locaux du parti se comporter souvent, envers Kamal, de façon contraire à l'étiquette ancestrale. Un jour qu'elle descend l'escalier, elle se heurte à l'un des jeunes partisans qu'elle ne connaît pas :

« Savez-vous où est le camarade Kamal ? » demande-t-il. Sitt

1. Entretien avec cheikh Abdallah al-Alaïli à Beyrouth, le 30 avril 1991.

Nazira répond froidement : « Depuis que Kamal est devenu un camarade, j'ai du mal à dire où il se trouve. »

Le terme « camarade » est en effet en usage depuis la fondation du parti, mais le proche entourage de Joumblatt ne peut s'empêcher de l'appeler Kamal bey, comme de coutume. Convaincu de la nécessité de supprimer les titres féodaux, Joumblatt fait d'abord mine de se fâcher, puis il finit par se résigner, comprenant qu'il restera le « bey » pour la plupart des druzes.

Le 9 juin 1949, le quartier de Gemmayzé, à Beyrouth, est le théâtre de l'affrontement sanglant entre les Phalanges libanaises et les nationalistes d'Antoun Saadé. Profitant de la complicité des policiers qui se sont éclipsés à dessein, les phalangistes saccagent le siège d'*Al-Jil al-Jadid*, le journal des nationalistes syriens. Il s'ensuit une perquisition du bâtiment, au cours de laquelle les forces de sécurité prétendent découvrir des plans de casernes et d'édifices gouvernementaux : Saadé est accusé de préparer un coup d'État. Le gouvernement décide de dissoudre le Parti national social syrien et nombre de ses responsables sont mis aux arrêts. Antoun Saadé réussit à s'enfuir à Damas, où il est accueilli à bras ouverts par Hosni Zaïm.

Les appréhensions de Joumblatt commencent à prendre corps. Zaïm décide, en effet, de miser sur Saadé, lui promettant des armes et des hommes pour renverser le régime libanais. Enflammé par la perspective de s'emparer du pouvoir, ce dernier perd la tête. Les nationalistes ne cachent plus les préparatifs du coup d'État.

En quête d'alliés, Antoun Saadé s'adresse de nouveau à Joumblatt et lui demande une entrevue. Leur troisième et dernière rencontre a lieu au « chalet suisse », près de Jdeidet el-Metn. Saadé se montre fébrile, certain du succès de son plan. Joumblatt essaie, en vain, de lui faire entendre que la situation ne se prête guère à des actes irréfléchis, et que les Libanais, quoique indignés par la corruption du régime, ne le soutiendront pas.

Saadé n'en démord pas, croyant que son appel suffira à dresser contre le régime les membres du Parti national social. « Vous verrez qu'il n'y aura pas plus d'une dizaine de personnes à vos côtés, lui dit Joumblatt [...]. Je connais vos partisans mieux que vous, et j'espère qu'ils ne vous entraîneront pas dans une aventure vouée à l'échec[1]. »

Arrêté dans la nuit du 6 au 7 juillet 1949 sur l'ordre de Hosni Zaïm, le chef des nationalistes syriens est remis aux mains du chef de la Sécurité libanaise, l'émir Farid Chéhab, au poste-frontière de Masna. Selon les plans élaborés par Zaïm, Saadé aurait dû être fusillé au cours d'une prétendue tentative d'évasion, mais Chéhab n'ayant pas voulu endosser une telle responsabilité a préféré ramener le captif à Beyrouth, où les rumeurs de l'arrestation se sont répandues à la vitesse de l'éclair[2].

Kamal Joumblatt apprend la nouvelle au matin du 7 juillet. Il demande aussitôt une entrevue au président al-Khoury. Kamal bey, bouleversé, rapporte au président de la République les rumeurs selon lesquelles Antoun Saadé serait exécuté sans procès. Bien que ne partageant pas les idées du chef des nationalistes, il fait part de sa conviction que le procès de Saadé doit être public. Béchara al-Khoury assure que Saadé sera jugé pour le crime qu'il a commis et non pour ses idées[3].

Au moment de l'échange, le sort de Saadé est déjà tranché. Le tribunal militaire, convoqué à la hâte, l'accuse de trahison d'État et le condamne à mort par une sentence que le président de la République signe le soir même. Transporté sous escorte dans une cellule de la prison Ramel, il est conduit à l'aube du 8 juillet

---

1. Kamal Joumblatt, *La Vérité sur la doctrine du parti national social syrien*, *op. cit.*, p. 158.

2. Najem Hachem, *Les Derniers Jours de Saadé* (en arabe), Beyrouth, 1999, p. 70.

3. Béchara al-Khoury, *Vérités libanaises* (en arabe), t. III, p. 242.

devant le peloton d'exécution sur un terrain sablonneux, entre la mer et la route côtière du quartier Ouzaï[1].

Joumblatt est sous le choc. Il ne doute plus qu'il s'agit d'un complot. Après l'exécution, il écrit au gouvernement, en sa qualité de député : « Je demande, en mon nom et au nom de toute une génération consciencieuse et loyale, à ce que le gouvernement soit mis en examen sur les circonstances mystérieuses qui ont entouré la liquidation de M. Antoun Saadé, président du Parti national social syrien, qui était un "homme de doctrine", fondateur d'une importante école idéologique et l'artisan d'une renaissance sans pareille en Orient[2]. » Mais la censure interdit à la presse de publier la lettre du député, et les parlementaires décident, à la majorité des voix, de s'abstenir de discuter l'« affaire Saadé ».

Joumblatt rédige deux autres requêtes de mise en examen du gouvernement tout aussi infructueuses. Le refus de la procédure judiciaire prévue par la loi est, à ses yeux, synonyme de crime délibéré, un crime auquel le Premier ministre Riad Solh se serait prêté, estime-t-il, pour se venger d'un adversaire politique. La vision d'un règlement de comptes personnel ne lui paraissant pas convaincante, Kamal Joumblatt arrive à la conclusion que les fils du complot s'étirent au-delà du Liban. L'assassinat du chef des Frères musulmans Hassan al-Banna en Égypte, les répressions contre des figures politiques et sociales en Iran et en Irak, la dissolution de partis politiques et la persécution de leurs dirigeants en Syrie et, enfin, l'élimination de Saadé : ces événements ne forment-ils pas une chaîne conduite par une main aspirant à gérer le Proche-Orient comme elle l'entend ? Riad Solh n'est-il pas le docile exécutant d'une volonté étrangère ? À ce sujet, Sami Solh écrit dans ses mémoires : « J'ai senti au cours de

1. Najem Hachem, *Les Derniers Jours de Saadé*, *op. cit.*, p. 75.
2. Sami Solh, *J'en appelle à l'histoire* (en arabe), p. 95.

mon entretien avec Riad qu'en son for intérieur il ne souhaitait pas que la situation se détériore en aboutissant à ce douloureux résultat. Mais il semble qu'il ait été dépassé, au dernier moment, par des circonstances majeures[1]. »

Les requêtes de Joumblatt finissent par trouver un écho dans l'opinion, sans pour autant obtenir le soutien des députés. La plupart d'entre eux, élus par les votes frauduleux de mai 1947, sont aux ordres du président al-Khoury, qui parviendra à réviser la Constitution pour légaliser son second mandat et être réélu en juin 1948.

Bien que le comité des partis de coalition formé par l'opposition en 1949 réclame la dissolution de l'Assemblée législative, Kamal Joumblatt et ses collègues préfèrent utiliser cette tribune pour critiquer le régime et promouvoir leurs propres projets. Au début de décembre 1949, Joumblatt soumet au Parlement une proposition de loi sur l'« enrichissement illicite », prévoyant de contrôler les revenus des employés du service public : tout fonctionnaire, quel que soit son rang, devrait obligatoirement déclarer ses revenus et en prouver la provenance. Joumblatt ne doute pas que sa proposition sera repoussée par la majorité des députés qui, par là même, se démasqueront aux yeux de l'opinion, confirmant que la corruption reste la principale source d'enrichissement des hauts fonctionnaires.

C'est fin 1949 que le conflit entre Kamal Joumblatt et le Parlement atteint son apogée. La cause du nouveau scandale est l'arrestation par les services de Sécurité du journaliste Georges Naccache, rédacteur en chef du quotidien en langue française *L'Orient*, sans que le ministre de la Justice, Charles Hélou, en ait été informé. La détermination de Hélou, qui donne aussitôt sa démission, attire l'attention des Libanais sur l'arbitraire des autorités. Prenant la parole à la séance parlementaire du

1. *Ibid.*, p. 95.

21 décembre, Joumblatt tente de donner à l'événement une large résonance. Il appelle le ministre Hélou à expliquer les raisons de sa démission devant les députés, ce qui suscite le vif mécontentement de la majorité des parlementaires. Alors qu'il tente de monter une seconde fois à la tribune, Joumblatt est privé de parole et la présidence du Parlement décide son expulsion pour un délai de dix jours.

En dépit du temps et des efforts consacrés aux batailles politiques, Kamal Joumblatt connaît une période de créativité au tournant des années 1940-1950 : « Après la création du parti, je me suis retrouvé en proie à un prosélytisme imprégné de conscience existentielle, qui me poussait à diffuser les principes du parti. J'ai eu le sentiment qu'un monde nouveau était tout proche, à portée de main, nous allions l'atteindre d'un instant à l'autre et la terre en serait transfigurée, l'homme ancien en serait transformé[1]. »

À la manière d'un prédicateur en ce temps, Joumblatt rêve de révéler aux gens la vérité qu'il a lui-même découverte au cours de ses années de quête éthique et intellectuelle. Au début des années 1950, il publie une série d'articles exposant les différents aspects de sa doctrine, multiplie les conférences, les interventions dans les manifestations, les conversations autour d'une tasse de café chez les villageois... « La meilleure expérience s'est avérée être quand, en compagnie des fondateurs et des membres du Parti, j'ai parcouru un très grand nombre de villages dans la plupart des régions du pays. Nous allions parfois de maison en maison prêcher la doctrine du Parti. Nous avons sillonné le caza de Jbeil, par exemple, la vallée de la Békaa... Je me souviens encore avec émotion de ce travail simple et naïf qui, pourtant, avait une grande force d'action. Je me rappelle qu'un homme âgé,

1. Kamal Joumblatt, *De la pratique politique* (en arabe), Beyrouth, Al-Dar al-Taqaddoumiya, 1987, p. 47.

du village d'Akoura, pleurait en écoutant nos paroles imprégnées d'un esprit prophétique, à l'instar des prédicateurs apportant de nouvelles idées [...]. Le parti et ses concepts se diffusaient à une allure étonnante à travers le Liban, dans toutes ses grandes villes, tant et si bien que plus de quinze mille personnes en sont devenues membres en moins de deux ans[1]. »

Les idées prônées par Joumblatt représentent la quintessence de sa vision des arcanes de l'être et de l'univers, où la vie et la matière se fondent dans une harmonie indissoluble, à l'image de l'« harmonie de la flamme et de la cire ». En dépit de la conception habituelle qui veut qu'un parti politique soit, avant tout, un instrument de lutte pour le pouvoir, dans l'esprit de Joumblatt, le Parti socialiste progressiste doit être une sorte d'académie platonicienne, une école pour former les nouvelles élites capables d'atteindre un stade décisif dans l'évolution du monde.

En ces temps, le mot « évolution » est sans doute le plus fréquent du vocabulaire de Kamal Joumblatt. De Teilhard de Chardin qu'il a découvert dans sa jeunesse, il restera un fervent adepte jusqu'à la fin de sa vie. Jeune marié, lors de son voyage avec May à Paris, en 1948, il a été introduit par Camille Aboussouan, alors en charge des affaires du Proche-Orient à l'Unesco, auprès des intellectuels français acquis à l'évolutionnisme chrétien de Teilhard de Chardin. Cette même année, la conférence de l'Unesco à Beyrouth a été inaugurée par son premier secrétaire général, Julian Huxley, un éminent savant dont l'ouvrage fondamental, *L'Évolution,* était considéré comme le plus grand acquis des sciences biologiques depuis *L'Origine des espèces* de Darwin. Joumblatt, qui connaît personnellement Huxley, l'invite à se rendre à Moukhtara, accompagné de Jean Guéhenno, de Roger Caille et d'autres délégués. Quelle n'est pas sa surprise quand les cheikhs druzes se mettent à l'entretenir

1. *Ibid.*, p. 24.

de la métaphysique de Platon. Cependant, l'impression la plus profonde, il la gardera de ses conversations avec Joumblatt qui ne partage pas seulement sa conception évolutionniste de l'univers, mais qui lui annonce avoir l'intention d'en faire la base de la doctrine du parti en gestation.

Toutefois, bien que Joumblatt ait repris certaines idées des livres de Huxley, en particulier *Éthique et évolution*, la véritable référence reste pour lui *Le Phénomène humain* de Chardin, en qui il voit l'apôtre d'une vérité qui permet de pénétrer les secrets de la création : « Qu'est-ce que l'évolution ? écrit Chardin. Est-ce une théorie, un système, une hypothèse ? Non, c'est beaucoup plus que cela. C'est l'assise même de toutes les théories, hypothèses et systèmes, qui prétendent relever de la raison et de la vérité. L'évolution est la lumière éclairant toutes les vérités, c'est la ligne courbe où convergent toutes les autres lignes. » En accord avec une telle vision, Kamal Joumblatt fait reposer sa doctrine du socialisme progressiste sur les différents stades du processus évolutif. Laissant de côté les deux premières étapes, liées à la nature inorganique et à la naissance de la vie, Joumblatt concentre son attention sur la phase de l'évolution où la matière, de plus en plus complexe, effectue un bond instantané de l'instinct vers la pensée, faisant surgir l'homme dans l'arène de la cosmogonie. La personnalité humaine, apte à la réflexion, cesse dès lors d'être un simple exemplaire de l'espèce, pour tendre à une perfection infinie, signe même de la « personnalisation ». Le développement continu de la conscience et de la liberté – deux concepts identiques pour Joumblatt – contribue ainsi au perfectionnement de l'homme, faisant de lui le but et le couronnement de l'évolution. Ce qui rejoint également la thèse de Huxley, pour qui l'homme n'est rien d'autre que l'évolution consciente d'elle-même.

La hiérarchie des valeurs du socialisme progressiste confère à l'homme la première place, l'objectif suprême étant, par conséquent, de parvenir à une révélation harmonieuse et accomplie de ses capacités. « La société dans toutes ses institutions – y compris politiques – n'est pas un but en soi, est-il écrit dans les statuts du PSP, mais seulement un moyen de bâtir l'homme. La valeur d'un État, la fertilité ou la stérilité de ses institutions dépendent directement de la façon dont ils servent cet homme[1]. »

L'étape suivante de l'évolution est marquée par l'aspiration des hommes à l'unité, à leur cohésion en tant que collectivités. Cette tendance, qui s'exprime dans l'apparition et la consolidation des communautés humaines, Kamal Joumblatt la définit, à la suite de Teilhard de Chardin, comme une « socialisation » : « Ce processus évolutif de socialisation, extrêmement délicat, implique justement la nécessité du socialisme. Par socialisme, nous entendons la planification des objectifs et des méthodes, la stimulation de l'intérêt à atteindre ces buts, l'initiation des citoyens au travail collectif pour le bénéfice de la société, qu'il s'agisse de production, d'échange ou d'obtention de gains, ainsi que dans les efforts communs pour incarner les valeurs spirituelles[2]... »

Bien que Kamal Joumblatt s'efforce d'exposer, dans une langue simple et accessible, les concepts de la théorie de l'évolution, il n'est compris que d'un nombre restreint d'intellectuels. Pour le public, il convient de s'adresser moins à l'intellect qu'aux sentiments. C'est pourquoi, dans son discours du 1er avril 1950, à l'occasion de l'ouverture du siège du PSP à Beyrouth, rue Badaro, il déclare : « Ceux qui, depuis déjà trois mille ans, sont touchés par la malédiction sur cette terre, c'est justement à eux qu'il revient de changer l'ordre actuel pour instaurer une nouvelle spiritualité. Ils transformeront la malédiction en miséricorde,

1. *Statuts* (en arabe), Beyrouth, 1976, p. 55.

2. Kamal Joumblatt, *La Révolution dans le monde de l'homme* (en arabe), Beyrouth, Al-Dar al-Taqaddoumiya, 1987, p. 16.

l'aliénation en fraternité et amour. Les ouvriers n'ont besoin de personne. C'est aux déshérités et aux persécutés, à ceux qui n'ont même pas de chemise, qu'il revient de libérer le monde[1]. »

En dépit de certains qui l'accusent, dans les salons politiques de Beyrouth, de démagogie et de populisme, Joumblatt soutient que ses principes ne sont pas une invention des socialistes utopistes ou de Karl Marx, mais qu'on les retrouve d'une façon ou d'une autre dans les religions apparues à l'aube de l'humanité. On peut, par exemple, qualifier de socialistes les « communautés apostoliques des premiers temps de l'Église », la « structure » socio-économique de l'islam à ses débuts ou des wahhabites par la suite. Il estime que l'esprit du socialisme imprègne les communautés bouddhistes et confucianistes en Inde et en Chine...

Cette conception, Kamal Joumblatt l'expose dans une conférence intitulée « De la démocratie économique », le 17 avril 1950. « Il est très probable, dit-il, que Marx, Engels, Lénine et d'autres socialistes perçus comme des bourgeois, tels Owen, Fourrier et Saint-Simon, n'auraient pas pu créer leurs théories et œuvrer à les imposer, n'était l'impact intellectuel du *Sermon sur la montagne* en Europe[2]. » Et de regretter que les idées du *Sermon* n'aient pas été déterminantes dans l'histoire ultérieure du christianisme : « Constantin a triomphé. Le vin neuf et pétillant a été versé dans de vieilles outres. Comme dans le cas de toutes les initiatives humaines, la vérité s'est mêlée au mensonge, le grain à l'ivraie, le désintéressement à l'égoïsme. Souvent, c'est le diable qui domine, comme c'est le cas avec le communisme contemporain[3]. »

---

1. Kamal Joumblatt, *Un quart de siècle de combat, op. cit.*, p. 135.
2. Kamal Joumblatt, *La Nouvelle démocratie*, Al-Dar al-Taqaddoumiya, 1987, p. 14.
3. *Ibid.*, pp. 14-15.

VII.

La révolution blanche

Au début de 1951, le principal souci de Kamal Joumblatt est de se préparer aux nouvelles élections. Le Parti socialiste progressiste est devenu une force et ne cesse d'ouvrir des sections dans le pays. Bien que comptant plusieurs chrétiens parmi ses dirigeants, avec des druzes en nombre dans le corps de base, les membres des autres communautés, maronites, orthodoxes, sunnites ou chiites se sentent également attirés par les idées socialistes et l'esprit de laïcité.

Le PSP est en conflit avec le régime. Ses revendications intransigeantes, son impact sur l'opinion et ses succès électoraux ont suscité l'irritation et l'inquiétude des autorités. Afin de paralyser le travail des militants auprès de la population, le régime n'hésite pas à mettre en œuvre des méthodes peu légales : les membres du PSP sont licenciés des institutions d'État, les portes des principaux départements et ministères leur restent hermétiquement fermées et il leur est interdit de servir dans l'armée et la gendarmerie. C'est aussi à l'instigation des autorités que certains notables du pays envoient leurs hommes intimider les adhérents du PSP, allant parfois jusqu'à les rouer de coups.

Les tentatives pour discréditer Joumblatt lui-même sont nombreuses. Nassim Majdalani, le chef du Parti des ghassanides orthodoxe, reçoit un jour un coup de téléphone d'un des députés du Chouf, connu pour ses liens avec le palais présidentiel :

« Vous critiquez tout le monde dans votre journal, dit-il à Majdalani. Mais auriez-vous aussi le courage d'en faire autant concernant Kamal Joumblatt ?

– Bien sûr, répond l'intéressé, à condition d'avoir des raisons sérieuses de le faire. »

Deux jours plus tard, la rédaction du journal reçoit copie d'un procès-verbal rapportant qu'une voiture enregistrée au nom de Kamal Joumblatt a été arrêtée par la police, à la frontière libano-syrienne, avec vingt gallons d'arack à bord. Nullement interdit par la loi, le transport d'alcool n'aurait sans doute attiré l'attention de personne si les taxes douanières avaient été payées sur la marchandise en provenance de Syrie. Or, elles n'ont pas été acquittées. Joumblatt convoque Majdalani chez lui : « Je tiens votre article pour une atteinte à ma dignité, lui dit tout de go Joumblatt en le regardant droit dans les yeux. C'est une offense qui ne se lave que par le sang. »

Majdalani est désarçonné : « Doit-on en arriver là ? Dites-moi ce qui s'est réellement passé, et j'essaierai d'arranger les choses sur-le-champ. »

Dans le numéro suivant, Majdalani tire l'affaire au clair : le véhicule arrêté par la police a effectivement appartenu au leader druze, mais il a été vendu au propriétaire d'une coopérative. Le nouvel acquéreur, en gardant le numéro d'immatriculation de son prédécesseur, pensait profiter de l'immunité parlementaire de Joumblatt. Il s'est rendu en Syrie pour prendre livraison de l'arack[1].

Fin 1950, Kamal Joumblatt a noué ses premiers contacts dans les villages du Metn-Sud et du Chouf, mais la campagne électorale proprement dite ne doit être lancée que le 18 mars 1951, par un grand rassemblement au Barouk. Il existe plusieurs

1. Lors d'une entrevue à Beyrouth, le 16 avril 1991, Nassim Majdalani a raconté avec amusement à l'auteur comment sa première rencontre avec Joumblatt a failli lui coûter la vie.

versions des événements tragiques du Barouk, que Joumblatt qualifiera de « baptême du sang ». Les historiens du PSP affirment que les affrontements avec la gendarmerie ont été planifiés, par le président Béchara al-Khoury en personne, qui a chargé son frère, cheikh Sélim, d'orchestrer en secret les incidents. Selon la version officielle, la responsabilité incombe aux manifestants, accusés par le pouvoir de désordre et de résistance armée aux gendarmes.

Que s'est-il exactement passé, au Barouk, ce dimanche 18 mars 1951 ?

Des témoins rapportent que, dès la veille du rassemblement, des barrages de gendarmes ont été dressés sur la route. D'après la rumeur qui circule, c'est sur ordre du président al-Khoury lui-même que l'officier de gendarmerie Bahige Chahouri a posté un détachement pour empêcher la manifestation. Sentant que la situation pouvait dégénérer, Chahouri essaie de convaincre ses supérieurs de renoncer au plan, mais Sélim al-Khoury insiste sur le respect des directives reçues. Au matin du 18 mars, à l'entrée du Barouk, les gendarmes tentent d'arrêter un car en provenance de Kfar Fakoud, transportant un groupe de jeunes gens avec cinq fusils à bord. Le car force le barrage, Chahouri et ses hommes se lancent à sa poursuite et ne le rejoignent qu'aux abords de la place où se tient le meeting. Les passagers refusent de remettre leurs armes et tentent de s'échapper en se fondant dans la foule. Un violent accrochage s'ensuit, au cours duquel Chahouri est tué. Le capitaine Nassib Sélim riposte en ordonnant à ses gendarmes de tirer sur la foule. Trois militants du PSP tombent sous les balles, Hamzé Abou Alwan, Fayez Fleihan et Melhem Abou Assi. On compte plusieurs blessés.

La nouvelle de l'affrontement sanglant se répand parmi les druzes de Rashaya et de Hasbaya venus à la manifestation. Elle atteint Mdeïrej où les habitants en route pour le rassemblement tentent, sous le coup de l'émotion, de s'emparer du poste de gendarmerie de la place. Une nouvelle effusion de sang est évitée grâce à l'intervention de Joumblatt qui se rend en personne sur les lieux, avant de prendre la tête de la colonne qui se dirige vers Barouk.

Le régime saisit le prétexte de ces événements pour lancer la répression contre le PSP. À la fin du meeting, les forces de Sécurité arrêtent trente-trois militants, puis vingt-cinq autres peu après. Une instruction est ouverte, mais les avocats des accusés parviennent à démonter l'acte d'accusation et obtiennent l'acquittement des prévenus.

Un proverbe libanais dit qu'il faut « garder les bonnes bûches pour les menaces de mars ». Conformément à ce proverbe, les événements tragiques s'enchaînent en mars 1951. Le 6, Nazira Joumblatt, en proie à une crise néphrétique, est hospitalisée d'urgence sur prescription du docteur Hitti. En route vers la capitale, pressentant qu'elle ne reviendra plus à Moukhtara, elle ordonne à son escorte de faire un détour par Beiteddine pour saluer monseigneur Augustin Boustani, « une dernière fois », dit-elle.

À l'hôpital Saint-Charles, le soir du 25 mars, son état s'aggrave brusquement et Linda, redoutant le pire, demande à Nassim Majdalani, présent, de prévenir d'urgence Kamal.

Majdalani se met aussitôt en route pour Furn el-Chebbak et trouve la maison de Joumblatt sombre et déserte, avant d'apercevoir un rayon de lumière filtrer de la porte de la chambre à coucher. Après avoir frappé sans obtenir de réponse, il tourne doucement la poignée. Là, une scène étonnante s'offre à lui : en position du lotus sur une natte, Kamal Joumblatt semble entré en transe alors qu'une bougie finit de brûler près de lui dans un bougeoir de bronze, éclairant de sa lueur vacillante le portrait de Krishna Menon accroché au mur. Ayant senti une présence étrangère, Joumblatt redresse la tête et rencontre le regard étonné de Majdalani.

« Le moment n'est pas à la prière, dit ce dernier, votre mère désire vous voir.

– Je n'irai nulle part, répond-t-il, je suis sûr que ma mère va se rétablir[1]... »

Sur quoi cette assurance se fonde-t-elle ? Nul ne le sait. Les rapports entre la mère et son fils se sont dégradés. Sitt Nazira a emménagé dans l'aile du palais de Moukhtara où habitait Linda. Sa patience est mise à rude épreuve. Kamal bey a distribué ses terres de Sibline à ceux qui les habitent. Vouloir répartir ainsi les possessions familiales ? De la pure démence aux yeux de Sitt Nazira.

À l'hôpital, elle dit à Camille Chamoun venu lui rendre visite : « Je sais que mon fils n'est pas un homme ordinaire mais, en dépit de tout, je t'en prie, sois patient avec lui[2]. » Au *amid*[3] Raymond Eddé, elle adresse ces mots : « Je me meurs et je te confie Kamal, prends bien soin de lui. »

Nazira Joumblatt s'éteint le 27 mars 1951. À Beyrouth, la maison de Melhem Hamdane où Kamal Joumblatt reçoit les condoléances ne désemplit pas. « Qu'Allah lui accorde sa miséricorde, dit l'ancien Premier ministre, Riad Solh, à Kamal Joumblatt en lui serrant la main. Il nous est arrivé d'être en désaccord avec la défunte, vu ses liens avec les Français, mais tout le monde savait que c'était pour préserver sa communauté. »

Les messages de condoléances affluent aussi de l'étranger. Julian Huxley, alors enseignant à l'université d'Indiana, adresse une émouvante missive à Kamal bey : « Je tiens à vous exprimer mes profondes et sincères condoléances. Feu votre mère fut une

1. *Ibid.*

2. S. Mackey, *Lebanon. Death of a Nation*, New York, Anchor Books, 1991, p. 63. Voir aussi D. Gordon, *Lebanon : The Fragmented Nation*, *op. cit.*, p. 156-157.

3. Titre donné au chef du Bloc national, voulant dire le « doyen ».

femme remarquable que j'ai eu l'occasion de connaître et cela m'a laissé, à jamais, un profond souvenir. »

Comme de coutume depuis des siècles, c'est à Moukhtara que les défunts des Joumblatt doivent reposer. Le cortège funèbre s'ébranle de Beyrouth. D'ordinaire, les cercueils sont portés sur les épaules mais, en signe d'honneur particulier, la dépouille de la « Dame du palais » est levée à bout de bras, au-dessus de la foule. La capitale druze l'accueille au son des tambours et des tristes mélodies des pipeaux[1].

Après la mort de Sitt Nazira, les Joumblatt quittent leur appartement chez Edmond Rabbat, pour s'installer au troisième et spacieux étage de la maison de Wadih Ramadan, dans le quartier de Ramel az-Zarif. À l'époque de Sitt Nazira, les visiteurs étaient reçus chaque jour au palais de Moukhtara pour y déposer leurs requêtes, et ceux qui venaient de loin pouvaient s'y restaurer et passer la nuit. Kamal Joumblatt met fin à cette tradition. Il décide de recevoir les mardis et jeudis, à Beyrouth, alors que les salons de Moukhtara restent ouverts les samedis et dimanches. Joumblatt passe donc la semaine à Beyrouth et se rend à Moukhtara le vendredi, consacrant cette journée aux activités spirituelles et à la méditation.

Le régime, soucieux de disperser les forces de l'opposition, augmente le nombre de sièges au Parlement qui passe de cinquante-cinq à soixante-dix-sept, en redécoupant les circonscriptions électorales. À Beyrouth, en avril 1951, les loyalistes constituent la « grande liste » où Henri Pharaon, un parent du président, fait figurer des politiciens aussi influents que Habib Abi Chahla, Amine Beyhum, Charles Hélou, Moses Derkaloustian et Moussa de Freij. Une équipe qui recueillera les deux tiers des voix, battant l'opposition dont la « liste populaire »

1. Les obsèques de Nazira Joumblatt ont été racontées à l'auteur par Amine Sélim Hassan, un nonagénaire de Batloun, le 19 juillet 1991.

est conduite par Mohieddine Nsouli, le propriétaire du journal *Al-Safa*. Sur cette liste, seul Nassim Majdalani a presque obtenu un siège, battu de quelques voix par son rival Habib Abi Chahla, au sein du quota orthodoxe.

Kamal Joumblatt, qui a prévu que l'opposition ne l'emporterait pas à Beyrouth, met l'accent sur le Mont-Liban, où il escompte une victoire. Dans le Chouf, l'opposition présente une liste unique avec, aux côtés de Joumblatt, Camille Chamoun, Salem Abdel Nour, Raji Saad, Chafik al-Halabi, Anwar al-Khatib, Ghassan Tuéni et Fadlallah Talhouk. Dans la circonscription de Baabda-Metn, l'opposition est représentée par Pierre Eddé, Dikran Tosbat et Abdallah al-Hajj. Peu avant la tenue des élections, les candidats ont signé un document où ils s'engagent à soutenir, au Parlement, les projets de loi et les initiatives du Parti socialiste progressiste. En outre, dans le but de détendre l'atmosphère dans le Chouf après le « baptême du sang » du Barouk, Kamal bey décide de rencontrer, début avril, l'émir Majid Arslane. La rumeur court que ses hommes ont trempé dans l'affaire. Joumblatt veut prouver à son rival traditionnel, à la veille des élections, qu'il est capable de « s'élever au-dessus des différends ». La réconciliation s'annonce possible, d'autant que l'émir ne porte pas le régime dans son cœur. Grâce à la médiation des cheikhs Al-Akl, Mohammed Abou Chakra et Mohammed Abed as-Samad, les deux leaders druzes s'entendent pour assurer le respect de l'ordre et de la loi pendant les élections.

Les résultats du Chouf voient la victoire de Kamal Joumblatt et de ses compagnons. Les loyalistes n'obtiennent que quatre des neuf sièges, le reste étant réparti entre les candidats de l'opposition : le PSP est représenté au Parlement par Kamal Joumblatt et Anouar al-Khatib, les trois autres sièges revenant à Camille Chamoun, Ghassan Tuéni et Émile Boustani. Les destouriens, avec des résultats moins bons que d'habitude dans l'ensemble du Mont-Liban, n'obtiennent que quinze sièges sur vingt-trois dans les trois circonscriptions. Il leur a surtout été pénible de n'avoir pu empêcher l'élection de Pierre Eddé dans la circonscription du Metn : celui-ci l'a emporté au second tour sur son rival Pierre Gemayel, le chef des Kataëb, grâce au soutien de Joumblatt qui a persuadé ses alliés du Parti national social syrien dissous de voter pour le candidat du Bloc national. Si le Bloc n'a pu faire triompher que quelques-uns de ses candidats au Metn, à Tripoli et au Koura – mais aucune place au Kesrouan –, il obtient en revanche un triomphe dans le Akkar, où la liste conduite par Sleimane al-Ali remporte les quatre sièges.

Le 20 avril 1951, le quotidien *Al-Anba'* publie un article de Kamal Joumblatt intitulé « Au seuil de la victoire », analysant les résultats électoraux. Il s'y déclare particulièrement fier de l'importante réussite de ses compatriotes du Chouf « dans la bataille pour la liberté ». Mais, selon lui, le succès des forces de l'opposition aurait pu être plus substantiel, sans la trahison de certains notables rétrogrades, l'inertie du Bloc national et l'achat d'électeurs par certains candidats du régime en place. Les élections dans le Chouf prouvent qu'il n'est possible de l'emporter que grâce à la solidarité des partis idéologiques, dont l'action repose sur des principes bien définis et une méthodologie exacte.

Réunis autour de Joumblatt, les hommes politiques qui se sont engagés à soutenir la ligne du PSP au Parlement viennent de différents partis et de diverses orientations : Pierre Eddé, par exemple, représente le Bloc national, Ghassan Tuéni est lié aux nationalistes syriens, alors que Camille Chamoun et Émile Boustani se déclarent indépendants. Le 4 mai, les neuf députés de l'opposition annoncent la création d'une coalition parlementaire, dénommée Front socialiste national, qui se donne Kamal Joumblatt comme secrétaire général et l'idéologie du PSP comme référence. Le programme de ce dernier servira de base aux réformes démocratiques réclamées par le Front.

Le 16 juillet 1951, Riad Solh, en visite à Amman sur

invitation du roi Abdallah de Jordanie, est tué par balles sur la route de l'aéroport. Le président Béchara al-Khoury est aussitôt averti par le roi. Nul ne doute que les nationalistes syriens sont mêlés à l'opération. Solh est dans leur collimateur depuis l'exécution d'Antoine Saadé. Une première tentative d'assassinat avait d'ailleurs eu lieu, le 9 mars 1950, dans le jardin public de Sanayeh, lorsque Touffic Rafih Hamdane, membre du Parti national social dissous, avait tiré plusieurs coups de feu sur la voiture du Premier ministre. Sami Solh, le beau-frère de ce dernier, avait demandé au président syrien Adib Chichakli d'user de son influence pour convaincre les nationalistes de renoncer à leur projet de vengeance. Chichakli avait promis d'intervenir, tout en conseillant à Riad Solh de s'abstenir, dans un premier temps, de voyager à l'étranger[1].

Le Liban est en état de choc. Des foules excitées se rassemblent en scandant des slogans belliqueux, mettent le feu à des pneus, jettent des pierres sur les devantures des magasins. Pour la première fois depuis l'indépendance, il faut recourir aux militaires pour assurer l'ordre en ville.

Les rapports entre Kamal Joumblatt et Riad Solh s'étaient détériorés depuis quelques années. Au Parlement, aucune intervention de Joumblatt n'échappait à la critique du Premier ministre. Considérant Solh comme l'un des responsables de la défaite des Arabes dans la guerre en Palestine, Joumblatt avait même exigé de le faire comparaître devant un tribunal. Leur inimitié était si forte que Solh avait même refusé, un jour, de prononcer le nom de son adversaire – le désignant comme « cet homme-là » – durant le débat parlementaire.

Joumblatt est l'un des premiers à comprendre que la mort de

1. Selon certaines sources, Adib al-Chichakli était au courant du complot contre Riad Solh et avait donné son aval. Cf. Louis Hajj, *Coffres de la mémoire* (en arabe), 1993, p. 25.

Solh met fin à une époque. Le 20 juillet, il publie dans *Al-Anba'* un article sur le défunt rendant hommage à ses mérites dans le combat pour l'indépendance et le définissant comme le maillon reliant l'idée du nationalisme et les idées de réformes. « Rien d'étonnant, écrit Joumblatt, si nous n'avons pas compris bien des choses qu'il faisait, alors que lui-même ne nous comprenait guère. [...] Comme nous tous, comme tout le peuple libanais, Riad Solh a été victime de celui qui ne veut pas de réformes dans cet État[1]. »

En opposant un Premier ministre victime à un président oppresseur, Kamal Joumblatt poursuit un objectif à long terme. Depuis 1943, Béchara al-Khoury et Riad Solh sont indissociables aux yeux des Libanais, leur collaboration incarne le pacte national. La disparition de Solh offre à Joumblatt l'occasion de dénoncer ce mythe. En idéalisant le défunt Premier ministre, il donne à entendre que tout ce qu'il y a eu de bon par le passé est lié à cet homme. De son côté, ayant perdu avec Solh l'appui de l'establishment musulman, le président al-Khoury devient vulnérable. La chute de son régime n'est plus qu'une question de temps.

À l'automne 1951, Kamal Joumblatt se rend en Inde, à l'invitation du Parti socialiste de ce pays avec lequel le PSP collabore, sur la base de la « troisième force ». Fondé en 1934 dans le cadre du Congrès national indien, ce parti, d'abord dénommé Congrès socialiste, a commencé par avoir des relations si étroites avec les communistes que la fusion au sein d'un parti marxiste unique a été envisagée. Vers la fin des années 1940, le parti se dissocie du Congrès national indien, en se proclamant adepte d'un socialisme basé sur la doctrine du Mahatma Gandhi et sur son principe de non-violence.

1. *Al-Anba'*, 20 juillet 1951.

Dans un article publié par *Al-Anba'* sous le titre « Heureuse Inde[1] », Joumblatt écrit : « J'ai été invité par le Parti socialiste indien, afin de connaître de plus près son action et son idéologie, ainsi que pour prendre part à la préparation du Congrès des partis socialistes asiatiques, dans le but de consolider l'idée de la "troisième force" devant mener à la paix. L'objectif de nos rencontres est d'aboutir à la création d'un nouveau type de socialisme qui favoriserait l'essor de la personne humaine, à partir d'une synthèse de ce qu'il y a de meilleur dans l'héritage spirituel de l'Orient et de l'Occident. »

Le voyage de Joumblatt est également un pèlerinage spirituel. Sa première découverte de l'Inde a eu lieu à Aïntoura, lorsque les jeunes scouts imprégnés de l'austère romantisme de Baden-Powell se plongeaient dans l'univers de Kipling. Plus tard, le professeur de philosophie Henri Dalmet fait découvrir aux plus curieux le Mahatma Ghandi ainsi que les autres penseurs indiens. La plupart des camarades de Joumblatt étant de confession chrétienne, leur quête n'allait pas au-delà du christianisme. Les crises existentielles se réglaient dans la pénombre du confessionnal. Kamal, étant druze, a continué d'étendre ses recherches spirituelles. Les racines de son univers plongent dans les mystères de l'Égypte ancienne, dans les doctrines ésotériques des gnostiques et dans la pratique mystique du soufisme. Kamal Joumblatt s'efforce donc de saisir l'unité universelle, l'invisible ciment qui fait la plénitude et l'harmonie de l'être. Ce ciment, il a fini par le déceler dans l'hindouisme, plus exactement dans le Vedanta prônant l'unité intérieure et l'équivalence de toutes les religions. Le jeune Kamal a été ébloui par la thèse du philosophe Swami Vivekananda, qui voit dans le Vedanta l'incarnation de toutes les croyances. Pour cette raison, il peut apparaître comme

1. *Al-Anba'*, 11 janvier 1952.

la forme supérieure de la connaissance, car il recueille même les acquis de la science moderne pour approcher du principe d'unité de l'univers.

En juin 1948, au cours de leur lune de miel, Kamal et May avaient fait la connaissance de Swami Vidjayanand, membre de la mission Ramakrishna chargée de diffuser les idées du Vedanta. Cette rencontre fortuite allait être importante pour Kamal Joumblatt qui écouta attentivement le prédicateur hindou et s'initia au hata-yoga.

Certes, cet engouement pour l'Inde est devenu une mode à l'époque. Rares sont ceux qui s'initient à l'hindouisme à cause d'une nécessité intérieure. Parmi eux, le docteur Roger Godel, un cardiologue qui dirige l'hôpital du Canal de Suez à Ismaïlia. Joumblatt fait sa connaissance à Beyrouth, où Godel se rend régulièrement pour des conférences et des consultations. Bien que Godel soit d'une vingtaine d'années l'aîné de Kamal, ils ne tardent pas à devenir amis. C'est grâce à Godel et à son épouse Alice, une Libanaise de la famille Saab, que Joumblatt découvre le mystique indien Sri Atmananda. Par la suite, il apprendra les détails de la vie d'Atmananda, alias Krishna Menon, à travers les écrits de l'Indien Radja Rao.

C'est entre la fin des années 1940 et le tout début de la décennie suivante que Joumblatt fait la connaissance de Sri Atmananda, dans la salle d'attente de l'aéroport du Caire. Ce dernier vient d'effectuer une tournée en Europe pour présenter le Vedanta. « J'ai été totalement subjugué par son charme incomparable, devait se souvenir Joumblatt. Il paraissait tout-puissant, en dépit de son apparence simple et modeste. Il incarnait une des expressions les plus sublimes de l'Inde à travers les siècles. Ses travaux sont le prolongement des doctrines d'Ada Shankara, de Ramakrishna et d'autres sages. Ses paroles possèdent une exceptionnelle force d'attraction. On aurait dit que la Grèce antique parlait par sa bouche, et quand il parlait de la vérité, cette vérité semblait surgir de ses entrailles, tout comme l'eau surgit d'une source profonde... »

En quittant Beyrouth dans l'après-midi du 12 octobre 1951, Kamal Joumblatt est donc riche de tous ces acquis. Son voyage durera près de trois mois. Ils sont trois à bord de la même voiture : Kamal Joumblatt, Sami Nammour et Youssef Sarkis.

À New Delhi, l'événement le plus important est la rencontre avec Nehru. Bien que Joumblatt ait été convié par un parti opposé au Congrès indien, alors au pouvoir, le Premier ministre lui adresse une invitation à son domicile. Nehru captive Joumblatt. Cet entretien sera à l'origine de leur collaboration dans le cadre du mouvement de solidarité afro-asiatique, auquel Joumblatt accorde la plus grande importance.

Comparée au Liban que l'on peut traverser en quelques heures, l'Inde est si vaste que l'idée de la parcourir en voiture est rejetée. L'itinéraire de Kamal Joumblatt, qui voyagera en train, va tracer un cercle immense : le groupe décide de quitter New Delhi en direction de l'est en longeant le pourtour de la péninsule indienne dans le sens des aiguilles d'une montre, pour revenir, quelques semaines plus tard, par l'ouest. Deux arrêts sont effectués sur le chemin de Calcutta : à Bénarès, la ville sainte des hindouistes, et à Lucknow, choisie par les socialistes pour y tenir leur congrès.

Dans les lettres qu'il envoie au pays, Kamal Joumblatt ne tarit pas d'éloges sur les intellectuels indiens, soulignant qu'ils placent les valeurs spirituelles et morales au-dessus des biens matériels et que leur mode de vie et leur façon de s'habiller ne les distinguent en rien des simples travailleurs. « Mais chez nous, au Liban, constate-t-il non sans amertume, celui qui a en poche, ne serait-ce qu'un certificat d'études, dédaigne le travail du paysan en étalant tout son mépris[1]. »

---

1. *Al-Anba'*, 30 novembre 1951.

Tout à son enthousiasme de décrire les succès dans l'édification d'une vie nouvelle en Inde, il omet de parler de la misère, du chômage, de l'analphabétisme, du taux élevé de mortalité et des discordes religieuses et intercommunautaires. L'expérience indienne, dont il ne voit que les aspects positifs, renforce sa conviction que le socialisme progressiste pourra, tôt ou tard, prendre forme au Liban, comme en Inde. En idéalisant l'Inde, Joumblatt démontre que, pour lui, cet exemple constitue l'idéal à atteindre : l'Inde lui apparaît en effet comme l'incarnation d'une spiritualité exceptionnelle, plus que millénaire. De même, à ses yeux, le Mahatma Gandhi associe à merveille le charisme de l'ascète religieux, l'autorité du maître à penser de la nation et l'indomptable énergie de l'homme politique réformateur. Et c'est avec une grande joie que Kamal Joumblatt accepte la proposition de visiter l'humble demeure de Gandhi, au village de Srinagar, près de Varda.

Connaissant le rude ascétisme du sage indien et son indifférence à l'égard des biens terrestres, Kamal Joumblatt éprouve néanmoins une indicible émotion en franchissant le seuil de la fameuse hutte en torchis : « Je suis incapable d'exprimer les sentiments qui m'ont submergé, écrira-t-il plus tard. J'étais foudroyé par la lumière émanant de la natte au sol, de ce lit des plus simples, de la table où trônent les figurines des trois singes offertes à Gandhi par un sculpteur japonais. L'un se bouche les oreilles pour ne pas entendre les paroles véhiculant le mal, l'autre ferme les yeux pour ne pas voir le mal, le troisième se couvre la bouche des mains pour barrer la route aux mots qui font mal[1]. »

Par-delà les interminables conversations sur le socialisme, sur les réformes et la « troisième force », Joumblatt n'oublie pas la rencontre avec le gourou Sri Atmananda, une des principales raisons de son voyage en Inde. Quoique connaissant assez bien

1. *Ibid.*, 14 décembre 1951.

l'hindouisme, il n'avait lu que les traductions européennes du sanskrit et les travaux des chercheurs français. Kamal Joumblatt arrive à Trivandrum à la mi-novembre. À l'hôtel Palm Road bordé d'arbres fruitiers, il passe les jours les plus heureux de son périple. Il trouve Trivandrum incomparable de beauté, et la lune aux reflets argentés lui apparaît nappée d'un voile magique[1]. Les séances chez Sri Atmananda sont quotidiennes, à raison de deux heures le matin et deux le soir. Le gourou donne son cours autour d'un thème précis, puis une conversation s'engage : « J'écoutais plus que je ne parlais. N'étais-je pas venu là précisément et uniquement pour écouter[2] ? »

Commencées le 23 novembre, les séances se poursuivent jusqu'au 1er décembre. Ce premier cycle, Sri Atmananda le consacre à l'exposé des principes de l'Advaita-Vedanta, la théorie de l'unicité absolue. Joumblatt en connaissait déjà quelques éléments, mais les commentaires du gourou l'amènent à comparer l'importance du Vedanta dans la pensée indienne à celle de la pensée de Socrate dans la philosophie occidentale. Kamal Joumblatt ne craindra pas d'user de tous les superlatifs pour évoquer son maître à penser : « C'est étrange, écrira-t-il ainsi, mais l'Inde n'a jamais vu s'interrompre, pas un seul instant, la chaîne vivante des hommes qui ont pénétré les secrets de l'univers... Les créateurs de la *Bhagavad-Gita*, des Upanishad et du *Brahmasutra* continuent de vivre sur cette terre[3]. »

Par la suite, Kamal Joumblatt fera régulièrement des séjours en Inde. En 1959, l'annonce de la mort de Sri Atmananda le laissera profondément affecté, mais ses pèlerinages se poursuivront dans une volonté de communion avec Brahma qui, tel l'infini, n'a ni commencement ni fin.

1. *Ibid.*, 4 janvier 1952.
2. *Ibid.*
3. *Ibid.*

Après avoir lancé son premier défi public au président Béchara al-Khoury dans l'article nécrologique consacré à Riad Solh, Joumblatt rédige une nouvelle série d'articles. Intitulé « Amenés au pouvoir par l'étranger, ils en seront démis par le peuple », celui publié dans *Al-Anba'* le 30 mai 1952 constitue, comme l'a affirmé Joumblatt lui-même, le prologue de la « révolution blanche » ou la « révolution eau-de-rose ».

Cet article produit une étonnante impression sur l'opinion libanaise. En dix paragraphes seulement, Kamal Joumblatt donne un condensé de la vie politique du pays durant les décennies passées. Sur le canevas des sept jours de la création, l'auteur propose sa propre version de la genèse du Liban moderne. La fonction de « créateur », il l'attribue aux colonisateurs français et britanniques. Jour après jour, ceux-ci imposent leur volonté par le biais du parti du Destour qu'ils ont instauré, transformant les prétendants à des postes d'État en combattants zélés et loyaux à la patrie et à son indépendance. Bien que l'article ne mentionne pas une fois le nom de Béchara al-Khoury, le profil du président apparaît à chaque ligne. Le lecteur libanais n'a jamais lu de portrait aussi humiliant du chef de l'État et de son entourage. Brisant les tabous, Joumblatt lance un défi à ses adversaires politiques. Selon lui, la genèse du régime actuel n'a pas nécessité les sept jours bibliques, six jours ont suffi, le septième restant à venir. Ce septième jour ne sera pas l'œuvre de l'étranger, mais de ceux qui ont réellement à cœur les intérêts du peuple, et qui sont prêts à tous les sacrifices pour les défendre.

Joumblatt observe depuis des années, avec inquiétude et indignation, la métamorphose du président Béchara al-Khoury, « le père la panse » comme l'a surnommé le peuple. Il ne paraît plus se soucier que de la consolidation de son pouvoir. Sa famille baigne dans les scandales et les abus. L'influence de cheikh Sélim al-Khoury, frère du président, est liée à sa fortune basée sur la contrebande de stupéfiants. Son domicile à Furn el-Chebbak est devenu un centre décisionnaire parallèle au palais présidentiel ; c'est là que se règlent les affaires importantes, que sont désignés les hauts fonctionnaires d'État et rédigés les arrêtés ministériels. En 1952, un scandale implique Laura al-Khoury, l'épouse du président, qui s'est rendue à Paris en emportant 100 000 dollars. Interrogé par un député sur l'origine de cet argent, le président répond tranquillement que sa femme « a dépensé cet argent dans l'intérêt de la République libanaise[1] ».

« Il fallait sans doute jeter les miettes de l'État à ceux qui exploitaient le confessionnalisme et que le diable ait sa part aussi, pourquoi pas ? écrit Joumblatt. Mais il aurait convenu de créer une société libanaise affranchie du confessionnalisme et de l'atavisme ; de s'employer à planifier et gérer l'économie, à modifier peu à peu les lois et la Constitution elle-même[2]. »

Lors des élections de 1951, nombreux sont ceux qui estiment qu'un coup fatal a été porté au régime lorsque l'opposition dirigée par Joumblatt a remporté cinq sièges sur neuf dans le Chouf. Mais le président al-Khoury reste persuadé que le soutien de la majorité parlementaire suffit à le prémunir.

L'année 1952 débute par une grève d'avocats réclamant un amendement de la loi sur les statuts personnels. Peu après, la population des régions contrôlées par le Parti kataëb (chrétien) et l'Organisation nationale (sunnite) refuse de payer les factures d'électricité qu'elle juge trop élevées. À peine terminée la grève des avocats, les marchés alimentaires de Beyrouth ferment leurs portes pour une journée et les employés des télécommunications se mettent en grève. Ces derniers étant des fonctionnaires publics, le gouvernement décide de recourir à la force. Les liaisons téléphoniques sont rétablies mais les employés du chemin de fer se mettent en grève à leur tour.

1. S. Mackey, *Lebanon. Death of a Nation*, *op. cit.*, p. 102.
2. Kamal Joumblatt, *La Vérité sur la révolution libanaise*, *op. cit.*, p. 68.

La nervosité des instances dirigeantes se trouve aggravée par l'impasse des pourparlers économiques libano-syriens. Le gouvernement d'Abdallah al-Yafi est incapable de régler une situation qui empire de jour en jour. Les rumeurs de sa démission commencent à circuler, dès février, dans Beyrouth. La réaction de Kamal Joumblatt est pondérée. Il dit à l'un des invités de Moukhtara : « Abdallah bey est sur les dents. S'il se heurte à un problème sans savoir le résoudre, il se noiera dans un verre d'eau, tout homme cultivé soit-il et tout en n'étant pas né d'hier[1]. »

Les rangs des partisans du président al-Khoury s'éclaircissent. Au Parlement, il continue d'avoir l'appui de plus de cinquante députés. Le ralliement d'Abdel Hamid Karamé à l'opposition fait toutefois perdre au régime le centre stratégique de Tripoli. En février 1952, c'est Hamid Frangié, l'influent leader du Nord, qui fait un pas en direction de l'opposition, portant ainsi un nouveau coup au régime puisqu'il s'agit d'un candidat potentiel à la présidence de la République. Plus douloureuse encore pour Béchara al-Khoury est la brouille avec son ami et parent Henri Pharaon, banquier dont les nombreux liens lui ont valu la réputation d'être capable de régler tous les problèmes. Dans son dépit, le président jette de l'huile sur le feu. Après l'article de Joumblatt dans *Al-Anba'*, il ferme le journal et lance contre celui-ci une instruction, ce qui suscite l'indignation des journalistes et contribue, en fin de compte, à consolider le soutien de la presse sympathisante à l'opposition. Désormais relayée par des quotidiens aussi influents que *Le Télégraphe* et *Al-Tayyar* de Nassib Metni, *An-Nahar* de Ghassan Tuéni, *Le Soir* de Dikran Tosbat, l'opposition peut agir sur les esprits et les mobiliser. Selon Joumblatt, ce sera l'un des facteurs du succès de l'opposition lors de la « révolution blanche ».

Le procès d'*Al-Anba'* s'ouvre le vendredi 4 juin 1952. Le

1. Louis Hajj, *Coffres de la mémoire*, *op. cit.*, p. 132.

rédacteur en chef, Élie Moukarzel, est condamné à quatre mois de prison ferme, et le journal se voit interdit de parution pour huit mois. D'autres quotidiens qui avaient reproduit le texte de Joumblatt sont fermés pour un mois. Dès le matin, la foule s'assemble devant le palais de justice, mais les policiers ne laissent entrer que les personnes munies d'invitations, les avocats et les journalistes. Une délégation de cheikhs musulmans n'est même pas autorisée à assister aux audiences. Les slogans antigouvernementaux s'élèvent à l'annonce du verdict. Kamal Joumblatt, Anouar al-Khatib et Abdallah Talhouk sont portés en triomphe jusqu'au siège du Parti socialiste progressiste. La manifestation du 4 juin 1952 est la plus importante à Beyrouth depuis les troubles de novembre 1943.

Le 23 juillet 1952, un coup d'État militaire survient en Égypte. Le renversement de la monarchie et l'arrivée au pouvoir de jeunes officiers révolutionnaires ne font qu'électriser l'opposition libanaise. Dès le 4 août, le Front socialiste populaire décide à l'unanimité d'étendre le combat, et ses chefs annoncent, deux jours plus tard, leur intention d'organiser un rassemblement des partis d'opposition et des organisations de toutes les régions du pays. La date est fixée pour le 17 août, à Deir el-Qamar.

Kamal Joumblatt écrira plus tard que les chefs du Front socialiste n'avaient pas envisagé de réclamer la démission du président al-Khoury, mais qu'il s'agissait de pousser celui-ci à former un gouvernement de réforme pour mettre fin à la corruption et au clientélisme. « Il est difficile de contrôler la roue de la révolution une fois mise en branle, écrit Joumblatt. Surtout quand il n'y a pas d'appareil de parti bien huilé, capable de tenir les rênes au sein même du peuple et pas seulement de l'extérieur[1]. »

Il n'empêche qu'au Liban, la « roue de la révolution » ne

1. Kamal Joumblatt, *La Vérité sur la révolution libanaise*, *op. cit.*, p.15.

s'est pas mise en marche par la seule volonté du peuple et des chefs de l'opposition. La « cuisine » politique libanaise a ceci de particulier que toute décision un tant soit peu importante doit être prise en liaison avec les États étrangers impliqués. La bénédiction de la France et de la Grande-Bretagne était requise, en premier lieu, mais aussi celle des États-Unis qui, depuis la Seconde Guerre mondiale, interviennent activement au Proche-Orient. En 1943, Béchara al-Khoury a été porté à bout de bras au palais présidentiel par les Anglais qui espéraient le voir tenir compte de leurs intérêts dans la région. Al-Khoury n'a pas déçu ses protecteurs dans un premier temps. Mais la conjoncture change, au début des années 1950, lorsque les pays du Proche et du Moyen-Orient sentent le souffle de la guerre froide. La Grande-Bretagne, la France et les États-Unis proposent, en 1951, de créer un commandement militaire unifié au Proche-Orient ou, en d'autres termes, une alliance militaire régionale pour faire face à la « menace soviétique ». Pour la première fois, Béchara al-Khoury déçoit l'Occident : au lieu d'user de son influence pour soutenir l'alliance, il convoque d'urgence une assemblée de l'élite politique du Liban, à laquelle Kamal Joumblatt n'assiste pas car il est en Inde. Avec une sagesse proprement orientale, le président décide de ne pas donner de réponse précise. Ce refus poli, auquel les puissances occidentales ne s'attendaient pas, a été perçu par elles comme une trahison.

Béchara al-Khoury perd dès lors son dernier et sans doute plus fort appui. L'ambassade britannique décide d'ouvrir ses portes aux visiteurs de l'opposition. Londres n'oublie pas l'influence traditionnelle de Damas et donne le feu vert au président syrien, Adib al-Chichakli.

Comme prévu, le rassemblement de l'opposition se tient à Deir el-Qamar, le 17 août. L'autorisation officielle a été obtenue une semaine plus tôt, grâce à Sami Solh, à la fois Premier ministre et ministre de l'Intérieur. Il a obtenu de l'opposition que les orateurs s'abstiennent d'attaques directes contre le président. Une promesse qui pouvait difficilement être tenue, le mot « démission » courant sur toutes les lèvres.

Le cortège du PSP, mené par Joumblatt, arrive à Deir el-Qamar peu après 16 heures, les délégations de la plupart des régions du pays étant déjà sur place. Camille Chamoun et Émile Boustani accueillent les participants à l'entrée de la ville, sous un arc érigé à cette occasion. Devant plus de vingt-cinq mille personnes, Chamoun rappelle que Deir el-Qamar a pris la tête de la lutte armée, en 1840, contre l'émir Bachir Chéhab. Une menace plus que transparente, accueillie par un tonnerre d'applaudissements.

Hamid Frangié, Adel Oseirane, Anouar al-Khatib, Najib Farah et Ghassan Tuéni, les orateurs suivants, n'appellent pas ouvertement à la démission d'al-Khoury, mais Najib Farah exhorte à « démettre les hauts responsables, fût-ce par la violence ». Seul Saïd Akl, l'orateur du Bloc national, appelle avec la spontanéité des poètes à « renverser le gouvernant », à la surprise de la foule.

Kamal Joumblatt est, conformément à l'ordre du jour, le dernier à intervenir. « Il y a la corruption et il y a les réformes, dit-il. Il nous faut détruire pour reconstruire[1]. » Il lit la déclaration des chefs de l'opposition réclamant la démission du président : « Nous, réunis à Deir el-Qamar, le 17 août 1952, en accord avec notre conscience et notre devoir, à un moment décisif pour le pays, proclamons notre volonté solidaire d'agir en commun pour corriger la stipulation constitutionnelle, pour former un pouvoir démocratique et honnête qui garantira les libertés et les droits du peuple, qui en finira avec l'arbitraire et contraindra celui qui répond de tout à céder à la volonté du peuple en quittant son

1. Farès Echtai, *Le Parti socialiste progressiste et son rôle dans la politique libanaise, 1949-1975* (en arabe), vol. II, p. 774.

poste. Afin de réaliser ces objectifs, nous promettons de mettre en œuvre tous les moyens à notre disposition[1]. »

C'est le scandale. Les membres du gouvernement exigent du Premier ministre une punition sévère des organisateurs du meeting de Deir el-Qamar et le frère du président, Sélim al-Khoury, insiste pour que la répression s'abatte sur tous les participants. Sami Solh se contente de menacer de priver certains députés de leur immunité parlementaire pour les traduire en justice. Les ministres décident de se réunir, le 19 août, pour discuter des réformes proposées par le président.

Avec ses proches, Kamal Joumblatt tient des propos mordants au sujet des soucis des ministres. Il expose sa vision des choses au général Fouad Chéhab, commandant en chef de l'armée. Le lendemain de leur rencontre, le général dit au président Béchara al-Khoury, avec une franchise toute militaire : « Ils veulent le pouvoir et une participation maximale de leurs hommes au gouvernement. Ils veulent former une écrasante majorité. »

Le programme de réformes, formulé à la hâte, est rejeté par l'opposition. Le 19 août, le gouvernement adopte pourtant ce programme et, dès le 21, Ghassan Tuéni s'empresse, dans le journal *An-Nahar*, de le qualifier de « manœuvre[2] ».

Kamal Joumblatt consacre la fin du mois d'août à des pourparlers avec les personnalités musulmanes et d'autres alliés potentiels. Particulièrement importantes sont les consultations avec Rachid Karamé et d'autres députés de Tripoli, à l'issue desquelles la fraction parlementaire de cette ville rejoint l'opposition. Joumblatt, en compagnie de Hamid Frangié, Anouar al-Khatib et Abdallah al-Hajj, participe à une rencontre avec les dirigeants du Front populaire, une nouvelle alliance entre les

1. *Ibid.*
2. *An-Nahar*, 21 août 1952.

Kataëb et les partis musulmans de l'Union nationale, du Congrès national et de l'Appel national.

Le 6 septembre, *An-Nahar* publie un article de Joumblatt démontant le programme de réformes proposé par le régime. Une fois encore, il y pose la question de la limitation des pouvoirs du président et du renforcement du rôle du Premier ministre. Selon lui, c'est au Parlement qu'il incombe d'élire le Premier ministre, condition essentielle pour que le pouvoir exécutif soit un outil efficace de la politique intérieure et extérieure, et non un simple appendice du pouvoir présidentiel. Joumblatt ne fait qu'attiser le conflit opposant le président de la République au Premier ministre. Ayant accusé Sami Solh d'être responsable des manifestations antiprésidentielles de Deir el-Qamar, Béchara al-Khoury lui reproche maintenant de s'opposer à l'ouverture d'une instruction judiciaire contre les chefs de l'opposition. La rupture entre les deux hommes semble inévitable.

Elle se produit le 9 septembre, lors d'une session extraordinaire du Parlement, au cours de laquelle le gouvernement doit exposer la version définitive du programme présidentiel de réformes. La tentative du chef du gouvernement d'y introduire quelques petites corrections suscite la colère des ministres restés loyaux au régime. Après de longs débats, il est décidé que le programme sera exposé sans amendements. Montant à la tribune, le Premier ministre soumet à une critique acerbe le président et son régime devenus symboles de corruption et d'injustice. C'est la première fois que le chef de l'État fait l'objet de propos aussi durs dans l'enceinte du Parlement : tolérance de la contrebande et du commerce des stupéfiants, résistance délibérée aux mesures restrictives visant les casinos et les cercles de jeux, tentative de diriger le ministère de l'Intérieur et d'influencer les affaires de la justice, implantation d'un népotisme dont le propre frère du président, Sélim al-Khoury, est l'exemple flagrant, rien n'est épargné au président par son Premier ministre qui conclut en présentant sa démission.

Béchara al-Khoury forme immédiatement un nouveau cabinet de trois membres : Nazem Akkari, Moussa Moubarak et Bassile Trad. Nommé à la tête du gouvernement, Nazem Akkari jouit, certes, d'une vaste expérience, mais il ne fait pas partie des politiciens musulmans les plus écoutés, ni les plus influents. Ni Kamal Joumblatt ni ses collègues ne doutent plus que le président va renouveler ses tentatives de se rallier Saëb Salam. Ce qu'il fait, le 12 septembre, après la démission du gouvernement de Nazem Akkari. La mission s'avère impossible. Ce même 12 septembre, Joumblatt fixe six conditions à la participation du Front socialiste au pouvoir, la principale étant de s'assurer du poste de Premier ministre et des ministères clés. En outre, le Front insiste pour que le gouvernement ait le droit de promulguer des actes législatifs, tout en demandant que le président signe d'avance un décret de dissolution du Parlement dont le Premier ministre pourra faire usage à tout moment.

Les journaux publient les conditions de Joumblatt le 13 septembre. En même temps, le Front socialiste appelle les Libanais à une grève générale, avec le soutien du chef des Kataëb, Pierre Gemayel et des dirigeants des partis musulmans du Front populaire. Commencée le 15 septembre, elle s'accompagne, dès les deux premiers jours, de manifestations quasi ininterrompues, à Beyrouth et dans d'autres villes. Dans les quartiers beyrouthins de Basta et Maarad, la foule renverse des wagons et met le feu aux voitures. Le 17, les leaders de l'opposition réunis chez Raymond Eddé entreprennent de rédiger un mémorandum au président du Parlement, Ahmad al-Assaad, exigeant la démission immédiate de Béchara al-Khoury. « Il faut que notre déclaration soit concise et précise, dit Sami Solh, afin que le peuple puisse la comprendre. » Après concertation avec Kamal Joumblatt, Ghassan Tuéni convoque Louis Hajj, une des meilleures plumes d'*An-Nahar*. Joumblatt, qui est le premier à lire le texte, ne cache pas son admiration : « Nous aurions dû t'envoyer chercher dès le début, dit-il à Hajj en signant le document[1]. »

Le jour même, Saëb Salam transmet au président de la République la « volonté du peuple ». Devant le refus de Béchara al-Khoury, Saëb Salam présente sa démission. Craignant que le président, acculé, ne fasse appel à l'armée, Joumblatt et d'autres chefs de l'opposition se rendent auprès du général Chéhab pour lui demander de rester neutre. « Le rôle de l'armée n'est pas de faire la guerre aux Libanais, leur répond celui-ci. La question est purement politique et ne nous concerne pas[2] », conclut-il.

Dans l'après-midi du 17 septembre, on murmure dans Beyrouth que l'opposition serait un mouvement strictement musulman voulant enlever la présidence aux maronites. Les chefs de l'opposition rejettent ces insinuations en se réunissant d'urgence pour rédiger une déclaration qui annonce que ni le Front socialiste ni ses alliés n'ont le dessein d'élire un président non maronite. Le texte est signé par tous les représentants des partis et mouvements, y compris par Kamal Joumblatt, qui a pourtant une autre opinion à ce sujet.

En effet, Joumblatt songe déjà à briser le monopole maronite sur la plus haute fonction de l'État. Contrairement à une opinion répandue, ce principe ne découle nullement d'une tradition politique car, durant la période du mandat français, seuls trois chefs d'État sur sept ont été maronites. Joumblatt écrira avec amertume dans son livre *La Vérité sur la révolution libanaise* : « On sait qu'une tradition veut que le plus haut poste de l'État soit occupé par une personne qui, de naissance, se rattache à la communauté maronite, même si cette personne est un athée qui

1. Louis Hajj, *Coffres de la mémoire*, *op. cit.*, p. 27.

2. Nicolas Nassif, *Camille Chamoun, le dernier des géants* (en arabe), Beyrouth, Dar An-Nahar, 1988, p. 49-50.

renie son Messie et les Évangiles. Telle est la tradition dans un pays où le confessionnalisme a remplacé la religion. En d'autres termes, c'est un cinquième du Liban qui règne sur le pays par l'intermédiaire de son président, car les maronites ne constituent justement qu'un cinquième de la population libanaise. Un autre cinquième est constitué de sunnites qui gèrent le pays par l'intermédiaire du Premier ministre. Les chiites, les druzes, les orthodoxes, les catholiques, les Arméniens, les Assyriens et les Chaldéens participent au pouvoir en fonction de leur nombre ; certains en ont un cinquième, d'autres un sixième, d'autres encore un dixième ou un vingt-cinquième, voire un trentième de pouvoir, comme si nous vivions tous dans un système de tribus ou de castes[1]. »

Le dénouement de la crise survient le 18 septembre. Béchara al-Khoury convoque le général Chéhab pour un entretien décisif. Selon la version la plus répandue, le président renonce à faire appel à l'armée dans le souci d'éviter un bain de sang : « Je ne permettrai pas de verser le sang des Libanais à la seule fin de préserver mon fauteuil. » Fouad Chéhab a raconté par la suite que, lors de leur dernière rencontre, le président Béchara al-Khoury avait bel et bien exigé de déployer l'armée ; le général avait refusé, soulignant que c'était l'affaire des seules forces de l'ordre et de la gendarmerie.

Toute discussion devenant inutile, le président remet à Fouad Chéhab un décret le nommant chef du gouvernement de transition, ainsi que sa lettre de démission qui semblait avoir été rédigée d'avance. « Monsieur le président, peut-être pensez-vous que je n'ai pas entièrement accompli mon devoir, lui dit à la porte le général. Je déplore que cela se soit passé ainsi[2]. »

---

1. Kamal Joumblatt, *La Vérité sur la révolution libanaise*, *op. cit.*, p. 16.

2. M. C. Hudson, *The Precarious Republic. Political Modernisation in Lebanon*, New York, 1968, p. 107.

VIII.

Camille Chamoun

Après la démission du président Béchara al-Khoury, six personnes au moins se lancent dans la course au poste suprême. Dans les couloirs et les coulisses du Parlement, il est question des candidatures de Camille Chamoun, Hamid Frangié, Charles Hélou et Élias al-Khoury, alors que dans les réunions politiques, Alfred Naccache et Charles Malek sont également pressentis. Certains mentionnent même Élia Abou Jaoudé et Henri Pharaon.

Kamal Joumblatt est conscient que ses collègues du Front et lui-même doivent faire un choix politique important[1]. À ses yeux, le seul candidat adéquat serait le général Fouad Chéhab car il pourrait compter sur une majorité parlementaire et sur le large soutien des milieux chrétiens et musulmans. Les tentatives fréquentes de Joumblatt pour convaincre le général d'entrer en lice se heurtent à un refus total. « Il avait l'air de quelqu'un à qui l'on tendait une coupe amère, écrira-t-il plus tard. On lui offrait la présidence sur un plateau d'argent, mais il s'en détournait[2]. »

1. Kamal Joumblatt, *L'Essence de la révolution libanaise*, Beyrouth, Al-Dar al-Taqaddoumiya, 1987, p. 14.

2. *Ibid.*, p. 18.

À partir du 21 septembre, il devient clair que les parlementaires auront à choisir entre deux candidats : Camille Chamoun et Hamid Frangié. Au début, c'est le seigneur de Zghorta qui semble avoir le plus de chances d'accéder au pouvoir. Outre une majorité de voix au Parlement, Hamid Frangié jouit du soutien de cheikh Boutros al-Khoury, homme influent dans les milieux du commerce et des finances. Cependant, les députés musulmans de Tripoli s'opposent à la candidature de Frangié à qui l'ensemble de la communauté musulmane préfère Camille Chamoun, jouissant à cette époque de la réputation d'être un nationaliste arabe.

Sur la route vers la présidence, Camille Chamoun ne peut ignorer l'ambassade britannique et les autres représentations étrangères. Avant même l'annonce de la démission du président al-Khoury, profitant de ses relations dans les milieux diplomatiques, il se rend en Syrie pour rencontrer le colonel Adib al-Chichakli. Ce dernier donne suite au conseil des Anglais et met tout en œuvre pour rallier à Chamoun la plupart des députés de Beyrouth et un grand nombre de parlementaires du Liban-Nord. Quant aux diplomates anglais, ils réussissent à enlever à Frangié des figures aussi prestigieuses que Habib Abou Chahla, Charles Hélou, Henri Pharaon et Moussa de Freij. Pour assurer le nombre de voix nécessaires, il reste encore à convaincre les députés du Parti du destour, les plus hostiles à Chamoun. Cette mission délicate est confiée à Michel Chiha, qui obtient de cheikh Béchara al-Khoury la promesse de soutenir Camille Chamoun.

Ce dernier n'oublie pourtant pas Kamal Joumblatt et se rend à Moukhtara le 20 septembre. Chamoun promet à Joumblatt que le Front socialiste va connaître son heure de gloire, qu'il ouvrira la porte aux réformes. Il s'engage à ne pas ménager ses efforts pour placer l'ensemble du Chouf sous la coupe de Moukhtara et promet de demander à ses hommes de voter pour la liste de Joumblatt lors des futures élections législatives[1]. Le soir de sa visite, Joumblatt dit à un ami : « Comment contenir les fils de Deir el-Qamar, avec Camille Chamoun comme président du pays[2] ? »

Le lendemain, chez Dikran Tosbat, à Aley, se tient une réunion du Front socialiste, en présence de Pierre Eddé, Ghassan Tuéni, Anwar al-Khatib, Abdallah al-Hajj, Camille Chamoun et Kamal Joumblatt. Bien qu'il ne fasse pas formellement partie du Front, Raymond Eddé est également présent. Confirmant son entretien de la veille avec Joumblatt, Chamoun réaffirme à ses collègues qu'une fois élu président, il s'attacherait à réaliser les principales revendications du programme du Front. Cet engagement est couché sur papier et dûment signé par Chamoun.

La décision de soutenir la candidature de Chamoun est prise à l'unanimité. Les leaders du Front sont persuadés que leur victoire dans la « révolution blanche » leur a ouvert la route du pouvoir. Aussi n'appellent-ils plus à dissoudre le Parlement car celui-ci, quelle qu'en soit la composition, va donner à leur candidat légitimité et crédibilité. Cependant, il est clair que le vainqueur, que ce soit Chamoun ou Frangié, ne l'emportera que par un petit nombre de voix. Comme l'opposition a besoin d'un président fort, il faudrait qu'il soit élu à une écrasante majorité. Réunis en présence de Takieddine Solh et de Kamal Joumblatt, les candidats eux-mêmes décident qu'une commission d'arbitrage constituée de personnalités reconnues procédera à un sondage secret auprès des députés. Le postulant le moins favorisé retirera alors sa candidature en appelant ses alliés à voter pour son rival.

Composée de Kamal Joumblatt, Abdallah al-Yafi et Habib Abou Chahla, la commission d'arbitrage finit par reconnaître un

1. Louis Hajj, *Coffres de la mémoire* (en arabe), *op. cit.*, p. 29.
2. *Ibid.*

léger avantage à Chamoun. Les deux candidats se rencontrent chez l'homme d'affaires Youssef Salem, député du Liban-Sud, pour conclure un accord définitif. Après plusieurs heures d'entretien à huis clos, Hamid Frangié tend la main à Camille Chamoun et le félicite de sa victoire. Les portes du salon sont alors ouvertes, laissant les nombreux photographes s'élancer vers le candidat unique à la présidence du pays.

L'élection se déroule le mardi 23 septembre, alors que le général Chéhab a décrété le couvre-feu à Beyrouth. Camille Chamoun est élu à la quasi-unanimité, par soixante-quatorze voix sur soixante-seize. Après avoir prêté serment, le nouveau président monte à la tribune et Chamoun expose les principales idées du programme du Front socialiste.

À la fin de la séance, des dizaines de députés applaudissent Joumblatt et le félicitent de cette victoire. En rejetant la rivalité séculaire entre Moukhtara et Deir el-Qamar, Joumblatt, aux yeux de beaucoup de Libanais, a contribué de façon décisive à la victoire de Chamoun. Le nouveau président, ayant pour bras droit Moukhtara et pour bras gauche Zghorta, est soutenu par la majorité des chefs musulmans influents. Joumblatt est devenu le deuxième personnage du pays.

L'euphorie de Joumblatt durera peu de temps. Le soir de l'élection, il se rend à Moukhtara pour se préparer à une rencontre officieuse entre les chefs du Front socialiste et le président Chamoun, à Beiteddine, la résidence d'été des présidents. Joumblatt prévoit d'y discuter de la formation du nouveau cabinet. À Beiteddine, il rejoint Émile Boustani, Ghassan Tuéni, Anwar al-Khatib, Dikran Tosbat, Abdallah al-Hajj et Pierre Eddé. Aucun ne doute de la participation du Front au gouvernement. Il ne reste plus qu'à distribuer les portefeuilles.

Le président Chamoun reçoit ses anciens camarades avec cordialité. Kamal Joumblatt s'adresse au président : « Aujourd'hui, nous sommes arrivés au pouvoir, et le moment est venu de penser à la réalisation du programme du Front socialiste. Nous espérons que le premier gouvernement sera formé avec nous, les membres du Front victorieux, et je ne vois pas de raison de procéder autrement. »

Un silence. Puis Chamoun répond : « Il faut voir ce qui se passe. Nous avons gagné, il est vrai, mais vous devez me laisser un peu de temps. » Prétextant une douleur à la jambe, Joumblatt prend congé. Et sortant du palais de Beiteddine, il retient Pierre Eddé par le bras et lui souffle à l'oreille, en français : « Les gens croient que nous avons fait un coup d'État. En fait, ça a été un coup blanc dans tous les sens du mot. Je crains que nous ne soyons obligés de ramener la balle dans notre camp pour tout recommencer. »

Kamal Joumblatt se sent victime d'un marché de dupes. « Je suis conscient d'avoir commis une erreur historique en ayant mal évalué les gens », écrira-t-il plus tard[1]. N'a-t-il pas déclaré plus d'une fois : « La vie politique est une comédie... quiconque n'ayant pas de talent d'acteur ou de metteur en scène n'est pas bon pour la politique[2] ? »

Des dons d'acteur, Joumblatt n'en est point dépourvu. Le lendemain, lors de la réunion du Front socialiste, il échange des plaisanteries avec les membres présents, comme s'il avait oublié l'incident de la veille. Il réitère l'idée de former un « gouvernement révolutionnaire » où la moitié des portefeuilles au moins reviendraient au Front. En outre, l'assemblée exprime le vœu que le prochain gouvernement soit habilité à promulguer des décrets législatifs. Si cette revendication venait à être rejetée, le Front socialiste exigerait la dissolution du Parlement.

La formation du gouvernement échoue par trois fois.

1. Kamal Joumblatt, *L'Essence de la révolution libanaise*, *op. cit.*, p. 35.
2. Kamal Joumblatt, *De la pratique politique*, *op. cit.*, p. 52.

Abdallah al-Yafi, auquel le président Chamoun s'adresse le 26 septembre, refuse de céder aux exigences du Front, trouvant excessif de leur octroyer la majorité ou même la moitié des ministères. Tout comme il juge inacceptable la volonté de Joumblatt de purger les institutions de l'État et de révoquer les représentants des compagnies étrangères. Il trouve aussi « monstrueuse » la proposition de confisquer à la famille al-Khoury l'argent qu'elle a « volé » au peuple. Le radicalisme de Kamal Joumblatt, qui continue d'insister sur le rôle décisif qu'a joué le Front socialiste dans la réussite de la « révolution blanche », terrifie également Saadi al-Mounla qui s'est vu confier ensuite la formation du cabinet. Rachid Karamé, désigné à son tour au poste de Premier ministre, essuie le même échec.

En fin de compte, le président Chamoun adopte l'idée d'un gouvernement extraparlementaire. Le 30 septembre, il charge l'émir Khaled Chéhab de former un cabinet de quatre ministres habilité à promulguer des décrets législatifs pendant six mois. Joumblatt s'abstient de tout commentaire ou critique à l'encontre du président et prend comme cible Abdallah al-Yafi, contre lequel il orchestre, début octobre, une violente campagne de presse. Les premières fissures dans la relation entre Chamoun et Joumblatt ne sont pas encore visibles aux yeux des Libanais, qui continuent de croire que les deux hommes sont du même bord. Dans l'euphorie, nul ne relève la remarque ironique du amid Raymond Eddé prévoyant que « la lune de miel entre le Palais et Moukhtara sera de courte durée ».

Le 4 novembre 1952, le gouvernement de l'émir Khaled Chéhab vote une nouvelle loi électorale comportant plusieurs innovations importantes. Le nombre des députés est réduit de soixante-dix-sept à quarante-quatre, en même temps qu'est aboli le principe dit des « grandes listes », en vertu duquel le pays était divisé en cinq circonscriptions, chacune représentée par plusieurs sièges au Parlement, correspondant en fait à la répartition administrative des anciennes *mohafazat*. Le Liban est désormais partagé en vingt-deux circonscriptions ayant droit à un seul député, et onze autres qui en ont deux. Un scrutin direct est prévu avec vote obligatoire et, pour la première fois, le droit de vote est accordé aux femmes ayant terminé le cycle d'études primaires.

Cette nouvelle loi suscite des réactions diverses dans les milieux politiques. Alors que les partisans des réformes saluent le nombre accru de circonscriptions, nombre de députés, parmi les chefs traditionnels notamment, y voient – et les évènements leur donneront raison – une tentative du président Chamoun d'affaiblir la position de ceux qui, grâce aux « grandes listes », pouvaient former de vastes coalitions électorales et faire élire sans peine leurs alliés. Joumblatt, bien que la nouvelle loi ne soit guère favorable à ses intérêts, déclare qu'il la soutiendra, considérant que c'est là le premier pas du président dans la voie de réformes sérieuses. Par la suite, il reconnaîtra qu'à l'époque il avait cédé à ses émotions et à son idéalisme.

Entre l'automne 1952 et le printemps 1953, Kamal Joumblatt s'interdit toute attaque contre Camille Chamoun, espérant encore que celui-ci finira par inviter le Front socialiste à participer au gouvernement. Depuis septembre 1952, l'enthousiasme est bien retombé, Joumblatt continue de formuler des demandes qui, dans ce contexte, semblent bien trop radicales aux yeux mêmes de ses alliés d'hier. Le leader druze réclame des mesures répressives immédiates contre la famille du président sortant et de son entourage, et appelle à purger les institutions de l'État et l'administration en exigeant que chacun prouve l'origine de ses revenus.

Cependant, le président Chamoun ne songe pas un instant à collaborer avec ceux qui ont favorisé son arrivée au pouvoir. Au contraire, il s'emploie à les diviser pour affaiblir leurs positions. Pendant ce temps, sa popularité au sein des milieux chrétiens ne cesse de croître. Il séduit par son élégance, son physique, son sourire et son aménité.

À l'approche du printemps 1953, Kamal Joumblatt se rend compte que ses espoirs de collaborer avec Chamoun ne reposent que sur du sable. Leur premier affrontement se produit en avril 1953, chez Najib Joumblatt, à Al-Bramia, lors d'une réception donnée en l'honneur du prince héritier saoudien, Saoud ibn Abdel Aziz, en visite au Liban. En présence du président de la République, Joumblatt prononce un discours cordial à l'intention de l'hôte de marque mais, enfreignant l'étiquette diplomatique, termine par cette phrase arrogante et humiliante : « À celui-ci nous avons dit : sois, et il a été. À l'autre nous avions dit : disparais, et il a disparu. » Cette repartie de Joumblatt, qui lui vaudra la réputation de « faiseur de présidents », ne suscite aucun écho dans l'opinion. Bien qu'il ait évoqué cet incident dans un éditorial d'*Al-Anba'*, les principaux journaux libanais passent sous silence cet épisode qui sera parfois mis en doute.

Le 29 avril, le gouvernement de l'émir Khaled Chéhab présente sa démission, après avoir promulgué quelques dizaines de décrets en l'espace de six mois. Les tentatives du président Chamoun pour réformer la structure étatique et l'administration ont déplu à l'establishment politique libanais. Les politiciens traditionnels, dont bon nombre de partisans de l'ancien président Béchara al-Khoury, ne cachent pas leur grogne face à l'épuration entreprise. De son côté, l'opposition de la veille est peu satisfaite de se voir refuser sa participation au pouvoir. Cette situation est ainsi décrite par Michael Hudson, un politologue américain : « Si les réformes n'aboutissent pas sans les notables, il est tout bonnement impossible de conserver un gouvernement sans hommes politiques[1]. »

1. M. C. Hudson, *The Precarious Republic. Political Modernization in Lebanon*, *op. cit.*, p. 279.

Conscient de cette réalité, le président Camille Chamoun confie à Saëb Salam la formation du nouveau cabinet. Pour Joumblatt, la perspective d'une participation directe de l'opposition est une fois de plus ajournée. Aussi propose-t-il aux membres du Front socialiste de voter la défiance, ce que l'opposition fera le 11 mai 1953. Le Front commence pourtant à s'effriter. Émile Boustani et Dikran Tosbat, qui ne partagent pas l'intransigeance de Joumblatt, cessent d'assister aux réunions ; Ghassan Tuéni, en préférant le courant plus modéré, laisse entendre son rejet du radicalisme de Joumblatt. Après le 11 mai, les réunions du Front n'ont plus jamais lieu au complet et, le 30 mai, quand le président Chamoun annonce la dissolution du Parlement, Joumblatt envisage sérieusement de créer une opposition d'un type nouveau, plus active, aussi bien dans la campagne électorale qu'à la nouvelle Chambre des députés.

Les élections de l'été 1953 sont un échec cuisant pour Kamal Joumblatt et le Parti socialiste progressiste. Seul lui-même est élu, avec un faible avantage de 613 voix, ainsi qu'Abdallah al-Hajj, qui est membre du Front socialiste, mais pas du PSP. Bien qu'al-Hajj soit proche de Kamal bey, jouissant de sa confiance, les membres du PSP restent méfiants à son égard. Cheikh Abdallah al-Alaïli, influent idéologue du parti, le qualifie sans détour d'« aventurier politique[1] ». Dans le Chouf, Fouad Rizk est battu par Naïm Moghabghab alors qu'à Beyrouth, Ghassan Tuéni l'emporte sur Nassim Majdalani. La défaite est si évidente que la direction du Parti socialiste progressiste juge inutile de participer au second tour et retire ses candidats.

Joumblatt réagit très vivement à ces résultats : il accuse le pouvoir d'être intervenu dans le scrutin et cite des exemples criants. Le 15 juillet, il déclare aux journalistes que la tragédie électorale du 25 mai 1947 vient de se répéter. Deux jours plus

1. Entretien avec le cheikh Abdallah al-Alaïli, le 30 avril 1991, à Beyrouth.

tard, lors d'une conférence de presse, il fait sensation en affirmant que les services de renseignements britanniques ont tenté de lui proposer un pot-de-vin d'un million de livres libanaises s'il renonçait à critiquer le projet de défense commune. Certes, il n'apporte aucune preuve. Même les sympathisants de Joumblatt sont conscients que les abus n'ont pas outrepassé ce qui a cours d'habitude au Liban. De l'avis de la plupart des observateurs, le nouvel hémicycle traduit assez bien le rapport de forces du pays. Chamoun, si habile à diviser ses adversaires, n'a cependant pas réussi à former un bloc majoritaire qui soit en mesure de dominer.

La véhémence de Joumblatt vient de son dépit et de son amertume. Il se sent pris au piège d'une mythologie qu'il a lui-même créée. Ne cessant d'insister sur le rôle du Front socialiste dans la « révolution blanche », il perd pratiquement le sens des réalités. Il croit que de « larges franges populaires » sont à ses côtés, prêtes à se battre pour des réformes socialistes, et que ce soutien peut lui permettre de régenter le cours des événements, en exerçant une forte pression sur le président. Cette exagération du caractère « révolutionnaire » des masses et de l'importance du Front socialiste finit par lui nuire.

Lors de l'élection pour le siège laissé vacant par le président Chamoun, le amid Raymond Eddé, chef du Bloc national et allié de Joumblatt dans l'opposition, traditionnellement influent dans le Chouf, propose comme candidat Georges Akl. Kamal Joumblatt porte son choix sur Élie Moukarzel, membre du PSP et rédacteur en chef d'*Al-Anba'*. La rivalité entre Joumblatt et Eddé débouche sur un conflit qui menace de saper l'unité des forces de l'opposition dans le Chouf. Les membres du Front socialiste proposent de retirer les deux candidatures pour préserver l'unité, mais les alliés de la veille n'entendent plus la voix de la raison. Peu avant le scrutin, Joumblatt se lance dans une diatribe contre le Bloc national, l'accusant de trahir les intérêts du peuple. Certains estiment que c'est l'obstination de Joumblatt à obtenir un siège de plus pour le PSP qui l'incite à rappeler au président Chamoun sa promesse de soutenir la suprématie de Moukhtara dans le Chouf. En fin de compte, les partisans du président votent pour Moukarzel et assurent sa victoire. Le PSP l'emporte au prix d'un conflit absurde avec Raymond Eddé. « Vos différends pour la candidature à un poste de député font penser à un tir de canon sur un vol de moineaux », dit alors à Joumblatt son vieil ami Ali Bazzi[1]. Quelques années plus tard, Joumblatt se souviendra de cet incident avec regret : « La solidarité aurait mieux valu qu'un conflit, pour tenter d'empêcher le président Chamoun de se défaire trop facilement de ses promesses et de ses engagements », écrira-t-il[2].

Kamal Joumblatt avouera aussi son erreur d'avoir présenté la candidature de Nassim Majdalani face à Ghassan Tuéni, à Beyrouth. La victoire de ce dernier, qui, en d'autres circonstances, aurait pu être aussi celle de Joumblatt, mène le propriétaire d'*An-Nahar* à passer du camp des alliés à celui des adversaires du chef druze. Dans un article publié le 15 juillet, Tuéni déclare que Joumblatt ne peut s'arroger le droit de parler au nom du Front socialiste. Joumblatt fera preuve du même manque de clairvoyance avec Émile Boustani, auquel il avait songé comme candidat du Front dans la circonscription de Deir el-Qamar. En le remplaçant par Philippe Boustani, responsable du bureau des Kataëb à Deir el-Qamar, et neveu de l'évêque Augustin Boustani, le vieil ami de Moukhtara, Joumblatt jette l'influent homme d'affaires maronite dans les bras du président. Dès son élection, Émile Boustani se rend au palais présidentiel et déclare être le fondateur et le chef du Front socialiste, au sein duquel Joumblatt n'a désormais plus de place.

1. Kamal Joumblatt, *De la pratique politique*, *op. cit.*, p. 31.
2. *Ibid.*

Cette déclaration signifie la mort du Front socialiste. Les intérêts de ses membres sont devenus trop divergents. Kamal bey s'attelle dès la fin de l'été et durant l'automne 1953 à la constitution d'une nouvelle opposition. Ses partisans réunis à Moukhtara, le 20 juillet, avancent le projet d'un « Front socialiste populaire » qui fera long feu.

Kamal Joumblatt perd l'initiative. La nouvelle opposition doit trouver une plate-forme neuve. L'occasion se présente quand le Maroc se lance dans la lutte pour l'indépendance. En août 1953, les autorités françaises exilent à Madagascar le « sultan de l'indépendance », Sidi Mohammed Ben Youssef, provoquant une indignation générale dans les pays arabes. Nombre de partis et de mouvements nationalistes arabes du Liban demandent au président Chamoun de condamner énergiquement la politique de la France et, même, de rompre les relations diplomatiques. Le conflit qui s'ensuit entre les nationalistes et le président crée un terrain propice à la réunification des forces de l'opposition. Le PSP, conduit par Joumblatt, s'empresse d'appuyer le mouvement et finit par assumer un rôle clé.

Le 14 octobre 1953, au siège du parti sunnite des Najjadé, à Basta, se tient une réunion à laquelle participent des représentants de plusieurs partis, dont le PSP, le Front populaire, l'Appel national, le Parti national social, l'Union des femmes arabes, le Comité des partisans de la paix, l'Association nationale, l'Organisation de la jeunesse musulmane et quelques organisations de Tripoli. Il est décidé de fonder un « congrès permanent des partis, organisations et syndicats » et de former un rassemblement de soutien au peuple du Maroc. Au plus fort des débats, alors que le représentant du Parti national social, Abdallah Koubroussi, se rend à la tribune, les vitres sont brisées par trois grenades lancées par un inconnu. Elles blessent plusieurs personnes, dont Kamal Joumblatt atteint au cou.

Cet acte perpétré, comme on le saura plus tard, par Rachad

Koleïlat, un des gros bras de Beyrouth, ne sème pas la panique et la réunion se poursuit. Joumblatt ne doute pas que le crime est l'œuvre des autorités. Il y voit un premier avertissement. Il faut répondre à la force par la force. Dès le lendemain, il appelle la foule, réunie au palais de Moukhtara, à entamer un cortège de protestation vers Beyrouth. Au carrefour de Maaser Beiteddine, les forces de l'ordre prennent le convoi pour cible et la voiture de Kamal bey, atteinte par des balles, doit s'arrêter. Joumblatt ordonne à ses partisans de se disperser en leur demandant de ne pas en vouloir aux gendarmes qui représentent l'« instrument de la volonté des autres ». Pour la première fois, c'est une allusion directe au président Chamoun.

En novembre 1953, Kamal et May s'envolent pour la Suisse, puis pour la Yougoslavie où ils séjournent jusqu'à la fin de l'année. De bien mauvaises nouvelles attendent Joumblatt à son retour. Sa sœur Linda lui annonce que son mari, l'émir Hassan al-Atrach, a été arrêté par les hommes d'Adib al-Chichakli. Accusé de complot, il est incarcéré à la prison de Mazzé à Damas. L'affaire se révèle beaucoup plus grave. Le dictateur syrien a non seulement arrêté un groupe de chefs druzes opposés à son régime, mais il a envoyé au Jebel druze des troupes qui ont ravagé la région et massacré des civils. Un exode massif vers le sud du Jebel druze a commencé, tandis que nombre de chefs druzes se sont réfugiés en Jordanie. Le colonel Adib al-Chichakli a toutes les raisons de redouter les druzes : « Mes ennemis sont pareils à un serpent, dit-il. La tête, c'est le Jebel druze, le corps c'est Homs et la queue, Alep[1]. » À la fin de 1953, le « serpent » qui effraie tant al-Chichakli a cessé d'être une métaphore pour prendre corps et devenir une conspiration réunissant les forces politiques

1. Cf. à Patrick Seale, *The Struggle for Syria : A Study of Post-War Arab Politics, 1945-1958*, Londres, Oxford University Press, 1965, p. 273 et suiv.

influentes du pays. Les chefs de l'opposition, s'étant entendus pour agir ensemble dans le cadre du pacte national, préparent une insurrection qui devra commencer dans le Jebel druze.

Le Chouf entre en effervescence. Des milliers de druzes libanais sont prêts à prendre les armes pour venir en aide à leurs frères syriens bien que les cols soient bloqués par la neige. Le docteur Hitti, vieil ami des Joumblatt, se rend à Damas en compagnie de Sami Solh, qui connaît personnellement le colonel al-Chichakli, pour essayer de sauver l'émir Hassan al-Atrach. Les pourparlers avec Adib al-Chichakli n'aboutissent pas, ce dernier étant convaincu que les druzes sont la cause de tous ses maux en Syrie. À peine les deux hommes rentrent-ils de Damas que le colonel change d'avis et ordonne de relâcher al-Atrach.

Les événements de Syrie accaparent Kamal Joumblatt. Début février 1954, lors de la rencontre des notables druzes, où des preuves sur les atrocités commises en Syrie sont présentées aux responsables de la Croix Rouge et à la communauté internationale, Joumblatt attaque le colonel al-Chichakli avec tant de véhémence, que le dictateur ordonne de fermer les frontières syro-libanaises. Le 25 février, al-Chichakli est destitué par un groupe d'officiers, avec à leur tête le capitaine Moustafa Hamdoun, ami et disciple d'Akram Hourani, un des fondateurs du Baas syrien.

Les turbulences politiques à peine calmées en Syrie, une crise éclate au Liban. Le 27 mars 1954, des étudiants organisent une manifestation à Beyrouth contre la tentative des États-Unis d'entraîner les pays d'Asie et du Proche-Orient dans des alliances et coalitions militaires susceptibles de faire face à la « menace communiste ». Au projet d'alliance entre la Turquie et le Pakistan se joindrait par la suite l'Irak. Joumblatt participe activement à l'organisation de la manifestation, ne cessant de rappeler aux Arabes le danger que représente une alliance militaire pro-occidentale. Le samedi matin, les étudiants quittent l'université américaine de Beyrouth en convoi et se dirigent vers la place des Martyrs. Bien que la marche soit pacifique, les autorités l'accueillent aux abords de la place par les tirs des forces de sécurité. Hassan Abou Ismaïl, un jeune responsable de la cellule estudiantine du PSP âgé de dix-neuf ans, est abattu. Plus de trente étudiants sont blessés.

Une telle vague d'indignation soulève Beyrouth que les autorités interdisent toute procession funèbre et tentent de transporter secrètement vers le Chouf le corps de l'étudiant tué. Leur tentative échoue et près de trente mille personnes participent aux obsèques. Joumblatt, dans son discours, donne l'impression d'avoir perdu son propre fils. Trois jours plus tard, au Parlement, il accuse publiquement le Premier ministre Abdallah al-Yafi, non seulement d'avoir donné l'ordre d'ouvrir le feu sur les étudiants, mais d'être également responsable des grenades lancées contre le siège des Najjadé. Furieux, le Premier ministre se lève et interrompt Joumblatt en l'invectivant. Celui-ci s'empare d'un verre d'eau pour le lancer vigoureusement dans la direction du chef du gouvernement, sans l'atteindre toutefois. L'agitation s'empare de l'hémicycle et le président de la Chambre, Adel Osseirane, se voit contraint de suspendre la séance.

Kamal Joumblatt dira plus tard, en parlant de la manifestation sanglante des étudiants de l'université américaine, qu'elle a été le « virage » inaugurant une nouvelle étape dans l'histoire du Liban d'après-guerre. Le PSP a soulevé la question du non-alignement dès l'été 1949, en appelant les peuples d'Asie et d'Afrique, affranchis du joug colonial, à s'unir pour former une « troisième force ». Ce qui, au début, ne semblait qu'une abstraction s'étoffe à mesure que le souffle de la guerre froide se fait sentir au Proche-Orient. À partir de 1954, la résistance aux alliances militaires se transforme en un puissant mouvement social qui, selon la conviction de Joumblatt, doit unir les forces opposées au président Chamoun.

À cette époque, Kamal Joumblatt se méfie aussi bien de l'Est que de l'Ouest. Il insiste pour que la collaboration des pays arabes se fasse avec les deux blocs, sur la base d'un bénéfice réciproque. Lors de ses entretiens avec l'ambassadeur américain Donald Haith, qui lui rend parfois visite à Moukhtara, il n'hésite pas à critiquer la politique extérieure de Washington, son soutien à Israël et aux sionistes, au détriment des pays arabes. Un jour, à déjeuner, l'ambassadeur l'invite aux États-Unis. Joumblatt accepte, à la surprise de certains camarades du Parti. « J'y vais pour faire entendre notre point de vue à tout le monde, explique Joumblatt, car nous n'avons pas peur de divulguer nos opinions [...]. Nous n'avons rien contre aucun peuple ou aucun pays, nous sommes seulement opposés à une certaine orientation ou à une certaine politique extérieure[1]. »

À la mi-mai 1954, Joumblatt, accompagné d'Élie Moukarzel et de Joseph Majdalani part pour New York, via Amsterdam et l'Écosse. Bien que le voyage, qui va durer près d'un mois, soit de nature privée, Joumblatt est reçu comme un hôte officiel. Le programme est chargé en rencontres et réunions. Le dimanche 23 mai, Joumblatt et la délégation sont invités à déjeuner chez le diplomate Archibald Roosevelt, qu'*Al-Anba'* définit par erreur comme le fils du président Franklin Roosevelt. *Al-Anba'* et Joumblatt ignoraient qu'Archibald Roosevelt, cousin du petit-fils du président Theodore Roosevelt, occupait en fait un poste important dans le renseignement américain. Il avait d'ailleurs installé à Beyrouth un réseau de la CIA. En 1953, son cousin et agent, Kurmit Roosevelt, avait mené une opération pour destituer le Premier ministre iranien, Mohamed Mossadegh.

Archibald Roosevelt et son épouse Lucky, d'origine druze, accueillent chaleureusement Joumblatt et ses compagnons. Roo-

1. Kamal Joumblatt, « Vers le crépuscule », éditorial de *Al-Anba'*, 17 avril 1954.

sevelt raconte à Joumblatt comment son cousin Kurmit et lui-même ont été reçus à Moukhtara par Sitt Nazira, en 1944. Joumblatt, qui semble exténué, se montre peu bavard. « Ce n'était pas un convive souriant, se souvient Archibald Roosevelt. Il a à peine échangé quelques mots avec nous ou avec ceux que nous avions invités pour faire sa connaissance. Il est parti brutalement, puis il est revenu en hâte prendre congé de nous, comme si cette idée lui était venue à l'esprit après coup. Il s'est tenu à l'écart pendant tout le repas. C'est un homme sans malice, perdu dans un monde idéaliste qui n'a rien à voir avec le monde des politiciens libanais accrochés à la réalité de la vie quotidienne. »

À son retour des États-Unis, Kamal Joumblatt se jette à corps perdu dans les affaires libanaises. L'été 1954, une nouvelle crise gouvernementale s'annonce. Le cabinet d'Abdallah al-Yafi est sur le point de donner sa démission. La candidature de Sami Solh, pressenti pour remplacer al-Yafi, convient à Joumblatt qui espère deux portefeuilles pour le PSP. Vers la mi-août, il demande à l'un de ses amis d'entamer en son nom des pourparlers avec le président Chamoun. Ce dernier semble n'avoir aucune objection à la formation d'un gouvernement avec le PSP, aux côtés du Bloc national et du Destour. Selon un accord tacite, Kamal Joumblatt et Anouar al-Khatib devraient obtenir les deux maroquins.

Ces espoirs restent vains. La composition du gouvernement, annoncée le 16 septembre, n'accorde pas la moindre place à l'opposition. La perfidie de Chamoun est d'autant plus vexante que le ministère de la Défense est attribué à l'émir Majid Arslane, auquel le pouvoir accorde ainsi des faveurs particulières au détriment de Moukhtara. En octobre 1954, lorsque les druzes élisent Rachid Hamadé comme deuxième cheikh Al-Akl, Chamoun ne résiste pas à la tentation d'infliger une nouvelle humiliation à Joumblatt. Sachant que celui-ci est opposé à la présence de deux chefs religieux chez les druzes et, qu'après la mort du cheikh Abed as-Samad, il a proposé d'abolir cette ancienne tradition, le président transmet ses félicitations au cheikh Rachid Hamadé par l'intermédiaire de l'émir Majid Arslane.

Pour Kamal Joumblatt, ces félicitations sont la goutte qui fait déborder le vase. Il rompt tout lien avec le président Chamoun. « C'est sur nous – comme d'habitude, grâce à Dieu – que se sont abattus les premiers coups, écrira Kamal Joumblatt en se souvenant de cette période [...]. Il avait rallié contre nous certaines figures sunnites et chiites parmi les plus influentes, après avoir enflammé et empoisonné l'opinion publique chrétienne isolationniste, en particulier les maronites, avec sa propagande confessionnelle. Il les appelait ouvertement à s'opposer à Kamal Joumblatt et au PSP qui, prétendait-il, constituaient une "menace constante" pour l'entité du Liban et des chrétiens, ainsi que sur leur influence politique. La sottise de Chamoun et de ses acolytes était telle qu'ils en sont venus à lancer contre nous une véritable croisade qui, aussi difficile à croire, avait pour mot d'ordre l'appel à nos frères chrétiens de se "libérer" des chefs mahométans, tout en les poussant à se venger des druzes, un siècle après les événements de triste mémoire[1]. »

Le président Chamoun n'a pas son égal dans l'intrigue. Jouant habilement des dissensions entre les différents groupes et clans de l'élite libanaise, il sait mettre en place une pyramide du pouvoir où chacun dépend de son bon vouloir. Après s'être débarrassé de tous ceux qui étaient associés au président al-Khoury et aux destouriens, il s'appuie, au début de son mandat, sur le Bloc national et les Kataëb. Ce qui ne l'empêche nullement de courtiser certains des membres les plus conciliants du Destour, dans le but de les utiliser comme contrepoids aux « nationalistes ».

1. Kamal Joumblatt, *L'Essence de la révolution libanaise*, *op. cit.*, p. 70.

Cette politique du « diviser pour régner » est également appliquée aux leaders sunnites, quoique aucun d'entre eux ne puisse se targuer de faire l'unanimité de la communauté depuis la mort de Riad Solh.

L'économie libanaise connaît une véritable expansion, et le niveau de vie des habitants est plus élevé que dans les pays arabes voisins. La loi sur le secret bancaire, adoptée dans le cadre de la conception économique libérale de Michel Chiha, ouvre les portes aux pétrodollars en provenance des États du Golfe. Grâce à l'argent injecté par les rois du pétrole dans le système bancaire, Beyrouth gagne la réputation de capitale financière du Proche-Orient. Le gouvernement encourage le développement du transit et de la réexportation ainsi que du tourisme qui assure au pays une balance des paiements positive. Le pays devient un énorme chantier : l'aéroport international de Beyrouth est agrandi, un nouveau bassin ajouté au port, une autoroute reliant la capitale au centre balnéaire de Maamaltein, la centrale thermique de Zouk Mosbeh. La Cité sportive de Beyrouth voit le jour et de nouvelles centrales viennent améliorer le réseau d'électricité. À l'intention des touristes arabes et étrangers, des festivals artistiques sont organisés à Baalbeck, sur les marches des temples romains, alors que le Casino du Liban ouvre ses portes aux nantis.

Cette flambée des affaires s'accompagne d'une terrifiante augmentation de la corruption. Concussion, clientélisme et népotisme règnent dans l'administration publique. Les détournements de fonds, les dessous-de-table et la contrebande permettent de bâtir des fortunes colossales qui, loin d'être dissimulées, sont étalées au grand jour. Les faubourgs huppés de Beyrouth voient pousser les villas et les palais des nouveaux riches, pour la plupart de hauts fonctionnaires de la Justice et des Douanes, des diplomates, des responsables de la police et de la gendarmerie. La fortune personnelle du président Chamoun ne cesse de croître. « Chamoun a définitivement enterré la pauvreté, dit un jour Joumblatt. Il se fait payer par les entrepreneurs et les concessionnaires, il a obtenu de Victor Moussa mille actions du Casino, tout comme il a empoché les millions envoyés par nos compatriotes d'Amérique aux victimes du séisme[1]. »

La fièvre de la consommation qui s'est emparée des couches dirigeantes écœure Kamal Joumblatt. Le 14 avril 1954, il réussit enfin, avec le soutien de Raymond Eddé, à faire adopter au Parlement la loi exigeant de prouver la source de tout revenu, qui doit, à leur sens, permettre d'arrêter ces enrichissements illicites. Bien que cette initiative Joumblatt-Eddé ne puisse aboutir dans une société minée par la corruption, Kamal Joumblatt ne peut rester insensible à la volonté de l'élite dirigeante de transformer l'État en « vache à lait », alors que les pauvres voient s'aggraver leur condition.

1. Louis Hajj, *Coffres de la mémoire*, *op. cit.*, p. 41-42.

IX.

Le baptême du sang

L'anglophilie du président Chamoun va de pair avec sa réputation de partisan de l'arabisme et de défenseur des droits des Palestiniens. La majorité des musulmans a soutenu sa candidature, l'opposition espérant que son élection renforcera l'entente nationale et permettra de réaliser le programme des réformes. Kamal Joumblatt, après maintes hésitations, finit par accepter de soutenir Chamoun après qu'il a signé un accord l'engageant à préserver l'indépendance et l'intégrité du Liban, à maintenir des relations amicales avec les grandes puissances, sans en privilégier aucune.

Cette politique conforme aux principes du pacte national de 1943 permet le fragile équilibre des forces et des intérêts au Liban. Toutefois, au milieu des années 1950, la politique étrangère du Liban semble se tourner vers l'Occident. « Il est impossible de compter sur les partisans de la vieille école politique, déplore Joumblatt en ce qui concerne Chamoun. Ils ont l'habitude de guetter l'opportunité et d'obéir à leur complexe d'infériorité qui les incite à rechercher tout le temps le soutien des étrangers, leur aide et leurs conseils. La Sublime Porte est toujours la même pour eux, à cette nuance près qu'elle a changé d'adresse en déménageant des rives du Bosphore vers celles de la Tamise et de l'Hudson[1]. »

Lorsque le président Chamoun cherche à rallier le Liban au pacte de Bagdad, approuvé le 24 février 1955 par l'Irak et la Turquie, il suscite une violente indignation chez la majorité des Libanais. Le risque d'affrontements intercommunautaires le contraint à renoncer. « Le Liban n'a pas rejoint le pacte de Bagdad, écrira un des biographes du président Camille Chamoun, mais il en est resté tout près[2]. »

Quant à Joumblatt, sa réaction est brutale et intransigeante. Le 10 mars, à son initiative, le siège du Parti socialiste progressiste accueille les représentants des principaux rassemblements et groupes de l'opposition. Ils condamnent l'alliance militaire irako-turque et réaffirment leur soutien aux principes du pacte national de 1943, interdisant au Liban de prendre part à tout bloc militaire.

Au printemps 1955, Kamal Joumblatt suit avec attention les initiatives diplomatiques du Caire qui s'attelle à organiser une résistance à la politique des alliances militaires au Proche-Orient. Le nouveau régime égyptien instauré par le coup d'État du 23 juillet 1953 ne suscite guère sa sympathie, d'autant que le jeune officier Jamal Abdel Nasser occupe le devant de la scène depuis qu'il a évincé le général Mohammed Nagib en 1954. Joumblatt voit en Nasser un dictateur. À l'automne 1954, le quotidien *Al-Anba'* a même publié un article reprochant aux « officiers libres » la répression du parti Al-Wafd et l'exécution d'activistes musulmans, après la tentative d'assassinat de Nasser, et qualifiant le régime égyptien de dictatorial et de fasciste. Le PSP est également opposé à l'accord anglo-égyptien qui relie

1. Kamal Joumblatt, *L'Essence de la révolution libanaise*, *op. cit.*, p. 35.
2. Nicolas Nassif, *Camille Chamoun, le dernier des géants*, *op. cit.*, p. 78.

l'Égypte à l'Occident, au détriment de sa souveraineté et des intérêts des peuples arabes.

Joumblatt commence à découvrir un côté inattendu de Nasser. Ce dernier a en effet pris la tête du mouvement de refus du pacte de Bagdad et exhorte les États arabes à conjuguer leurs efforts contre la politique des alliances militaires. Les visites successives au Caire de Tito et de Nehru suscitent sa curiosité. Enfin, la conférence de Bandung, d'où cet Égyptien encore peu connu qu'est Nasser revient en dirigeant confirmé du tiers-monde, à l'égal de Nehru et de Chou En-Lai, finit de le convaincre.

Début juin 1955, l'occasion est donnée à Joumblatt de rencontrer le président Nasser. Khaled al-Azm, ministre syrien de la Défense et des Affaires étrangères, et Chaoukat Choukeir, chef d'état-major de l'armée, tous deux proches de Kamal bey, lui demandent de se rendre d'urgence au Caire pour discuter d'un projet d'union des forces armées préparé par leurs soins. « Si mes souvenirs sont bons, dira Joumblatt plus tard, le projet proposait un commandement unique, l'établissement d'un fonds commun de financement militaire et la coordination de l'armement et de l'entraînement militaire. » Conscient de l'importance de cette alliance pour la Syrie, constamment victime des attaques turques et irakiennes, Joumblatt s'envole pour la capitale égyptienne.

Sa rencontre avec Nasser a lieu à Kanater el-Kheyriya, dans la banlieue du Caire. Joumblatt est étonné par la simplicité quasi spartiate du mode de vie du dirigeant égyptien. Dans l'étroite maison aux fenêtres donnant sur le Nil, rien n'est superflu. Seul un vieux bureau occupant une bonne moitié de la pièce attire l'attention. C'est dans cette pièce que Nasser travaille, se repose, prend ses repas et reçoit ses hôtes.

Le travail sur le document présenté par Joumblatt s'achève dès le premier jour, au terme de pourparlers de plus de trois heures. Les quelques remarques et corrections apportées par le président Nasser ont surtout porté sur des détails, sans rien changer au fond. Alors que Joumblatt pense qu'il ne reste qu'à y apposer les signatures des deux parties, Jamal Abdel Nasser lui dit sans grand optimisme : « Nous acceptons ce projet mais, vous verrez, Kamal bey, le gouvernement syrien ne l'approuvera pas et refusera de l'appliquer[1]. » De fait, en dépit des efforts de Chaoukat Choukeir, le gouvernement syrien ne signera qu'en octobre cet accord si nécessaire pour la Syrie.

Joumblatt rencontre à nouveau Nasser avant de rentrer au Liban. Cette seconde entrevue renforce leur confiance réciproque. Nasser parle des réformes qu'il projette et de l'avenir de l'Égypte. Kamal Joumblatt écrira plus tard que le raïs « prônait des idées et des principes devant favoriser l'essor de son pays et assurer au peuple égyptien un développement matériel, culturel et national, sur une base de justice, de fraternité, de solidarité et d'égalité[2] ». Il se rend compte que Nasser – en étudiant et comparant les différents systèmes socio-politiques – n'a pas encore fixé son choix, mais que nombre de ses réflexions le ramènent à sa propre quête. La conversation porte essentiellement sur le socialisme. Nasser laisse entendre qu'il accorde sa préférence au modèle coopératif qui conviendrait mieux, selon lui, à un pays de paysans comme l'Égypte. Joumblatt note que ce qui lui importe surtout, c'est l'aspect spirituel du socialisme. Il en profite pour exposer les principes spirituels de l'idéologie socialiste progressiste, en insistant sur ce qu'il considère de plus valable dans l'expérience des travaillistes anglais, des socialistes indiens et même des régimes des pays communistes.

Fin septembre 1955, l'Égypte brise le monopole des pays occidentaux en signant un contrat d'achat d'armement avec

1. Kamal Joumblatt, *Au nom de l'avenir*, *op. cit.*, p. 148.
2. *Ibid.*, p. 149.

la Tchécoslovaquie. Les cargos soviétiques déchargent chars, canons, armes légères et autre matériel de guerre dans les ports d'Alexandrie et de Port-Saïd. Et dans le ciel égyptien, les pilotes soviétiques testent leurs MIG-15 argentés.

La démarche de Nasser est accueillie avec enthousiasme dans les capitales et les grandes villes arabes où des manifestations de soutien s'organisent. Même Nouri as-Saïd et Camille Chamoun, principaux adversaires de Nasser, jugent bon de lui adresser leurs félicitations. L'initiative se trouve désormais entre les mains des opposants au pacte de Bagdad et, donc, des partisans de l'alliance égypto-syro-saoudienne naissante. La vague pro-égyptienne déferle en particulier sur Damas, incitant le nouveau Premier ministre Saïd al-Ghazzi à signer l'accord syro-égyptien sur l'union des forces armées. Signé à Damas le 20 octobre 1955, cet accord ne sera jamais mis en œuvre, comme l'avait prévu Nasser. Mais sa conclusion témoigne que Le Caire a remporté une victoire sur Bagdad en se ralliant la Syrie.

Kamal Joumblatt apprécie l'événement qu'il qualifie d'historique : « À partir de là, l'homme qui dirige l'Égypte est devenu le héros de la lutte pour la libération nationale de l'ensemble du monde arabe[1]. » Des millions de gens se mettent à écouter *La Voix des Arabes*. De l'Atlantique au golfe Persique, la nation arabe en éveil répète les slogans simples et compréhensibles du Caire, appelant au non-alignement, à une neutralité positive et à la coexistence pacifique des peuples.

L'initiative de Nasser ne manque pas d'avoir un profond impact sur la situation interne au Liban. Joumblatt note avec satisfaction que ceux-là mêmes qui ont soutenu le pacte de Bagdad, en espérant que l'Occident les aiderait à régler le problème palestinien, doivent désormais abandonner leurs illusions. Le patriarche maronite Boulos Méouchi et plusieurs

1. Kamal Joumblatt, *L'Essence de la révolution libanaise*, *op. cit.*, p. 36.

politiciens chrétiens influents se prononcent contre la politique des blocs militaires, signifiant que l'orientation pro-occidentale de Chamoun ne recueille plus de soutien dans la société. S'il s'obstine à rejoindre le pacte de Bagdad, le président ne pourra compter que sur les Phalanges libanaises et les nationalistes syriens.

Le contexte permet une mobilisation des adversaires du président Chamoun pour former un courant unique d'opposition. Kamal Joumblatt a pris, au printemps de 1955, une part active à la rédaction des statuts d'un congrès réunissant, outre le PSP et le Congrès national, le Front populaire, le parti des Najjadé et quelques autres. Cela ne suffit pas à exercer une pression efficace sur le président Chamoun. Dès l'automne 1955, Joumblatt entreprend d'élargir l'opposition en mettant sur pied une coalition avec des partis comme les Kataëb, l'Appel national et le Syndicat constitutionnel. Les premiers contacts avec leurs dirigeants sont prometteurs. Avec les Kataëb, une déclaration commune sur les lignes principales d'une éventuelle collaboration est même signée.

L'influence grandissante de Nasser au sein du monde arabe contraint les architectes du pacte de Bagdad à changer de tactique en optant pour la méthode des complots. Les livraisons de matériel militaire soviétique en Égypte et les pourparlers avec la Syrie à ce sujet contribuent à renforcer l'influence de Moscou dans la région. Cela est particulièrement sensible en Syrie où les communistes, qui avaient énergiquement soutenu le Baas dans sa résistance aux blocs militaires, occupent maintenant l'avant-scène de la vie politique. Khaled Begdach, leur dirigeant, est devenu l'un des hommes politiques les plus écoutés. La crainte des puissances occidentales face à l'« expansion communiste » est d'autant plus forte.

L'Union soviétique, grâce à ses démarches diplomatiques contre la Turquie et l'Irak, apparaît comme un allié dans la lutte pour la libération nationale des peuples arabes. Le non-alignement de la Syrie sur le pacte de Bagdad signifiant son fiasco, l'Irak, la Grande- Bretagne et les États-Unis décident de renverser le gouvernement syrien pour mettre en place des dirigeants pro-occidentaux. Bagdad devient le centre des préparatifs antisyriens. Le plan des services spéciaux occidentaux réserve une place importante au Liban, étant donné que nombre d'opposants au régime syrien s'y sont réfugiés.

Avec la complaisance du président Chamoun, à partir de 1956 les préparatifs au coup d'État syrien s'activent sur le sol libanais. Le noyau du complot est constitué par les chefs du Parti national social syrien (PNSS), avec à leur tête Ghassan Jadid. Ils avaient été accusés d'avoir organisé l'assassinat d'Adnan Malki, chef d'état-major adjoint de l'armée syrienne, en avril 1955, et nombre d'entre eux, en Syrie, avaient été condamnés à mort par contumace. Ils ont à leurs côtés un groupe d'officiers en disgrâce, dont le capitaine Salah al-Chichakli, frère d'Adib al-Chichakli, l'ancien dirigeant syrien. Ce dernier vient secrètement passer quelques jours à Beyrouth, en juillet 1956[1]. Les fils de la conspiration se tissent à l'ambassade irakienne, où les comploteurs reçoivent argent et instructions de l'attaché militaire Mehdi Samraï. Au total, il leur remettra cinq mille armes et plus de 2 millions de livres libanaises en espèces[2]. À l'été 1956,

1. Dans *The Struggle for Syria, op. cit.*, Patrick Seale écrit qu'Adib al-Chichakli avait quitté le Liban car il doutait de la capacité des insurgés à prendre le pouvoir et craignait aussi, en cas d'échec, pour ses proches restés à Homs. Quant à W. C. Eveland, dans *Ropes of Sand. America's failure in the Middle East* (Londres-New York, 1980), il montre de façon probante qu'al-Chichakli n'était pas parti de son plein gré mais qu'il avait été expulsé par le président Chamoun, à la demande de la CIA qui commençait, à cette époque, à préparer une opération contre la Syrie selon un scénario différent.

2. Les sources divergent en ce qui concerne la dimension de l'aide accordée par l'Irak aux conjurés. Kamal Joumblatt avait écrit dans *L'Essence de la*

les combattants du PNSS aménagent un camp d'entraînement dans les montagnes, aux alentours de Beit Mery, duquel sortent rapidement plus de trois cents hommes rompus au tir et au combat à l'arme blanche.

Il est peu probable que Kamal Joumblatt ait su à quel point le président Chamoun était impliqué dans la conjuration antisyrienne. Lors du procès des comploteurs tenu à Bagdad en 1958 après le renversement de Nouri as-Saïd, il apprendra que les Irakiens avaient remis à ce dernier de fortes sommes d'argent en échange de sa coopération. Plus tard encore, après l'assassinat de Joumblatt, grâce aux mémoires de l'agent américain Bill Eveland, on saura que la CIA s'était activée lors du complot contre Damas et que Camille Chamoun en avait été informé. « Les complots contre la Syrie, écrit Joumblatt, visaient à la rallier au pacte de Bagdad pour faciliter l'adhésion du Liban, de la Jordanie et, pourquoi pas de l'Arabie saoudite et du Yémen. De ce fait, l'Égypte, qui prône le non-alignement et décourage la politique des alliances, aurait été complètement isolée au sein de la partie orientale du monde arabe. Par la suite, une pression accrue sur le Maghreb aurait permis de prendre en étau Nasser et d'empêcher la propagation de ses idées[1]. »

Les événements suivent un autre cours. Le 26 juillet 1956, prenant la parole devant la foule depuis le balcon de la bourse du coton à Alexandrie, Nasser annonce sa décision de nationaliser le canal de Suez. Au lendemain de la Seconde Guerre mondiale, un sixième des transports maritimes mondiaux transite par ce canal,

---

révolution libanaise (p. 38) qu'ils avaient reçu quatre mille cinq cents pièces d'armements, dont une bonne partie à prix coûtant. Proche de ce chiffre est l'évaluation d'Abdel Hamid as-Sarrajj, chef du renseignement syrien : cinq mille unités d'armements et 2 250 000 livres libanaises. D'autres estiment à 200 000 dinars l'aide accordée par le pacte de Bagdad pour la réalisation de l'opération (cf. Patrick Seale, *The Struggle for Syria*, p. 273).

1. Kamal Joumblatt, *L'Essence de la révolution libanaise*, *op. cit.*, p. 39.

près d'un quart du commerce extérieur de la Grande-Bretagne et 8 % du pétrole américain. La Compagnie générale du canal maritime de Suez est la plus grande entreprise internationale, dont le conseil d'administration réunit des capitaux anglais, français et américains. Toutefois, les actions sont réparties de telle sorte que la décision finale revient à Londres. Depuis 1875, lorsque le Premier ministre britannique Disraeli rachète au khédive Ismaïl Pacha les actions de l'Égypte dans la Compagnie, l'Angleterre n'a plus lâché le contrôle du canal, le considérant comme l'instrument essentiel de sa politique au Proche Orient et en Asie.

La nouvelle de la nationalisation du canal s'abat comme la foudre sur les capitales occidentales. Nul ne doute que les gouvernements britannique et français voudront régler ce conflit par la force et faire d'une pierre deux coups : récupérer le canal et en finir avec le régime de Nasser qui menace sérieusement leurs intérêts vitaux dans la région. « Les pressions économiques et politiques ne semblaient pas suffire pour arrêter Nasser, écrira dans ses mémoires le Premier ministre anglais Anthony Eden. Il nous fallait d'emblée consolider nos mesures par des opérations militaires[1]. »

Arrivée avec du retard au Liban, la presse occidentale suscite un mélange d'indignation et d'inquiétude chez Joumblatt. Les principaux quotidiens anglais citent Eden qui, dans son intervention au Parlement, traite le président égyptien de « dictateur fasciste ». Faisant écho au Premier ministre britannique, le *New York Times* qualifie Nasser de « Hitler du Nil ».

Joumblatt observe, sceptique, la vague d'euphorie nationaliste qui déferle sur les pays arabes. En réponse aux menaces occidentales, le gouvernement syrien déclare soutenir l'Égypte et menace, en cas d'agression, de saboter les oléoducs de

1. *Les Mémoires de Sir Anthony Eden*, Londres, Full Circle, 1960, p. 427.

la compagnie pétrolière de l'Irak en territoire syrien. Des foules de manifestants se rassemblent dans le stade municipal de Damas, insultant les agresseurs et lançant des slogans de soutien à Nasser. Les jeunes communistes et baasistes se portent volontaires dans les détachements de « résistance populaire », prêts à repousser les « menées des forces de l'impérialisme réactionnaire ». L'enthousiasme des radicaux de tous bords est décuplé par l'annonce de livraisons d'armes soviétiques en Syrie et par les propos sur l'union imminente avec l'Égypte, dont le projet a été élaboré par une commission *ad hoc*, sous la direction du ministre des Affaires étrangères syrien, Salaheddine Bitar, membre du nouveau gouvernement d'Union populaire.

Cet esprit révolutionnaire irrite et effraie Kamal Joumblatt. Le 3 août 1956, il envoie à Nasser un télégramme de félicitations pour lui affirmer son soutien. Il souligne que si l'Égypte verse les dédommagements requis et garantit la liberté de navigation sur le canal, la démarche du raïs est parfaitement légitime, en accord avec le droit international. Le jour même, *Al-Anba'* publie un article de sa plume dans lequel il qualifie la situation de très dangereuse. Il appelle Nasser à faire preuve de clairvoyance et de courage, pour éviter toute action inconsidérée à laquelle le pousseraient les nationalistes radicaux. Joumblatt ne parvient pas à dissimuler son inquiétude face à une crise internationale grave, aux conséquences funestes, qui pourrait conduire vers une troisième guerre mondiale. Il fait toutefois l'éloge du président égyptien qui, à ses yeux, est « un des rares dirigeants où un esprit sage et constructif allie l'intrépidité révolutionnaire, l'humilité du croyant et la lucidité d'un homme qui appréhende le monde avec son cœur[1] ».

Kamal Joumblatt s'emploie, à la fin de l'été et au début de l'automne, à mobiliser l'opinion libanaise en faveur de l'Égypte.

1. *Al-Anba'*, 3 août 1956.

Le 10 août, il signe au nom du PSP la déclaration du congrès des partis et organisations, appelant les pays arabes à résister par tous les moyens politiques, économiques et militaires à l'agression imminente. Presque tous les jours, il prend la parole dans les manifestations organisées à travers le Liban, exhortant à l'unité et à la solidarité avec le peuple égyptien, contre les étrangers qui, durant des décennies, ont pillé ses richesses. Les autres dirigeants du PSP – Choucrallah Nasrallah, Farid Joubrane et Anwar al-Khatib – sont présents à ses côtés. Lors d'un rassemblement dans un des quartiers de Beyrouth, l'appel d'al-Khatib à considérer l'agression contre l'Égypte comme une guerre déclarée au monde arabe tout entier, est accueilli par des ovations.

L'agression tripartite contre l'Égypte commence avec l'invasion par Israël de la péninsule du Sinaï dans la nuit du 30 octobre 1956. Le lendemain, l'Angleterre et la France bombardent les aérodromes militaires égyptiens. Le 5 novembre, les troupes israéliennes occupent presque tout le Sinaï, tandis que les troupes anglo-françaises débarquent près de Port-Saïd pour s'emparer, au sud, d'un large secteur du canal de Suez.

Le monde arabe répond à l'agression par un mouvement de solidarité sans précédent avec l'Égypte. Rassemblements et manifestations de protestation se succèdent dans l'ouest de Beyrouth. Des portraits de Nasser surgissent dans les quartiers musulmans. Les manifestants demandent au gouvernement d'interdire l'accès des ports libanais aux navires anglais et français, ainsi que celui de l'aéroport international de Beyrouth à leurs avions. Une rupture des relations diplomatiques avec Londres et Paris est même réclamée. Les autorités instaurent l'état d'urgence dans l'ensemble du pays et renforcent la censure. L'armée se voit confier la tâche de rétablir l'ordre.

Au mois d'août, lors de la fête de la Vierge à Deir el-Qamar, le président Chamoun avait déclaré que la nationalisation du canal de Suez était le droit légitime de l'Égypte, et il appelait l'Occident à s'abstenir de tout recours à la force. Certains y avaient vu son intention d'abandonner la ligne pro-occidentale. Ces espoirs se dissipent vite. L'heure de vérité sonne lors du sommet arabe convoqué à Beyrouth à l'initiative de Camille Chamoun. Le jour de l'ouverture, il appelle les Arabes à s'unir face au danger. Ce n'était que de belles paroles dictées par sa tactique du « juste milieu ». Le refus de rompre les relations diplomatiques avec l'Angleterre et la France est perçu comme une trahison, et contribue à isoler le Liban au sein du monde arabe et à fonder sa réputation de satellite des puissances occidentales.

Le président Chamoun ayant tranché en faveur d'une collaboration avec l'Ouest, la situation interne du Liban se détériore. Le Premier ministre Abdallah al-Yafi et le ministre d'État Saëb Salam présentent leur démission. La crise gouvernementale s'aggrave avec la scission de la société libanaise entre partisans et adversaires d'une rupture avec la Grande-Bretagne et la France. Observant avec angoisse les polémiques qui se règlent souvent à coups de poing, Joumblatt se rend compte que le pays approche d'un seuil dangereux : lorsque les divergences politiques auront des connotations religieuses, il ne sera plus possible d'éviter la violence et le recours aux armes. Selon lui, il suffirait d'un geste symbolique pour détendre les relations entre chrétiens et musulmans, comme le renvoi des ambassadeurs de France et de Grande-Bretagne, sans nécessairement rompre les relations diplomatiques. Mais les efforts de Joumblatt pour en convaincre le président restent vains.

Après avoir consulté le commandant en chef de l'armée, Fouad Chéhab, et les participants du congrès des partis et organisations, Kamal Joumblatt invite les plus influents des notables musulmans et chrétiens à se réunir dans la résidence du patriarche maronite, afin de rassurer l'opinion en montrant que les divergences politiques ne doivent pas générer la haine, encore moins les affrontements intercommunautaires. Voyant l'hésitation d'une partie des chefs musulmans, Joumblatt s'emploie à les convaincre de la sincérité et du sérieux des efforts déployés par le patriarche Boulos Méouchi pour sauvegarder l'unité nationale. La tension diminue peu à peu dans la capitale comme dans le reste du pays.

Joumblatt n'est cependant pas dupe. Le feu continue de couver. La situation est d'autant plus explosive que le nouveau gouvernement de Sami Solh, formé le 18 novembre 1956, témoigne de la volonté du président Chamoun de poursuivre la même politique. De plus, en désignant l'ambassadeur Charles Malek au ministère des Affaires étrangères, il ne fait plus de doute que le Liban donne la priorité au rapprochement avec les États-Unis, lesquels ne cachent pas leur intention de remplir le vide qui vient d'apparaître au Proche-Orient après l'échec de l'agression tripartite contre l'Égypte.

En janvier 1957, le président Eisenhower demande au Congrès de lui accorder le pouvoir de faire intervenir l'armée américaine au Proche-Orient, afin de défendre tout pays susceptible d'être agressé par un quelconque État contrôlé par le communisme international. En même temps, il réclame un crédit de 200 millions de dollars pour aider ces pays à développer leurs économies et leurs armées. Le « plan Eisenhower » reçoit l'aval du Congrès le 9 mars et, trois jours plus tard, son envoyé spécial, James Richards, entame la tournée des capitales proche-orientales pour convaincre les gouvernements des pays arabes de soutenir la nouvelle initiative américaine.

Contrairement à l'Égypte et à la Syrie qui le rejettent, le plan est bien accueilli par les milieux dirigeants libanais. Les pourparlers entre Richards et Chamoun, entre le 14 et le 16 mars, aboutissent à un communiqué conjoint réaffirmant la volonté de coopérer dans le cadre défini par Eisenhower. Outre les garanties d'une intervention de Washington au cas où le

Liban se trouverait en butte à une menace extérieure, le président Chamoun se voit promettre une aide financière pour moderniser les forces armées du pays.

Le consentement au plan Eisenhower rompt les derniers liens entre Camille Chamoun et Jamal Abdel Nasser. Au début de l'été 1957, une campagne de propagande est orchestrée par les radios du Caire contre le président libanais qui, à l'instar de Nouri as-Saïd et du roi Hussein, est accusé de trahir les intérêts de la nation arabe. À présent que le nassérisme est assimilé à une lutte pour l'unité et la renaissance de la nation arabe, chaque mot de Nasser est tenu pour vrai. Le conflit entre Camille Chamoun et Le Caire contribue à scinder la société libanaise : alors que le nombre des adeptes de Nasser ne cesse de croître dans les quartiers musulmans de Beyrouth, la vague panarabe montante suscite de plus en plus d'inquiétude dans les milieux chrétiens, en premier lieu chez les maronites qui s'apprêtent à la confrontation.

En réponse au plan Eisenhower, les dirigeants musulmans influents et certains des chefs chrétiens passent du côté de l'opposition. Le 4 avril 1957, alors que le Parlement ratifie le communiqué libano-américain, Abdallah al-Yafi, Rachid Karamé, Ahmed al-Assaad, Sabri Hamadé, Maarouf as-Saad et Hamid Frangié renoncent, en signe de protestation, à leur mandat de député et quittent l'hémicycle. Quelques jours plus tôt, les animateurs de l'opposition avaient adressé au président de la République un mémorandum que Chamoun avait refusé de recevoir, sous prétexte que le texte avait déjà été publié dans les journaux de Beyrouth. Les signataires décident de constituer un Front d'union nationale, pour lutter contre le régime.

À la surprise générale, Kamal Joumblatt, qui s'était solidarisé avec les opposants en signant le mémorandum, révise dès le lendemain sa position et se démarque publiquement du document. Il explique que ni lui-même ni les dirigeants du PSP n'ont eu l'occasion d'en lire le texte. Quelques jours plus tard, au domicile de Fouad Ammoun, Joumblatt rencontre Abdallah al-Yafi et Saëb Salam pour discuter des perspectives de l'opposition. Il a tôt fait de s'éloigner du Front d'union nationale, affirmant même qu'il est inexistant. Il en résulte une situation des plus étranges : le PSP participe aux travaux du Front en la personne de Nassim Majdalani, mais Joumblatt garde ses distances, allant jusqu'à critiquer de temps à autre les opposants. De même, son attitude envers le plan Eisenhower demeure confuse, ses articles tout comme ses interventions publiques ne permettent pas de dire s'il réprouve l'initiative du président Chamoun ou s'il la soutient.

De nombreuses sources, y compris au PSP, indiquent que durant cette période et jusqu'aux élections législatives de 1957, Kamal Joumblatt préfère s'abstenir de critiques directes envers le président Chamoun, lui manifestant même, par moments, une loyauté inhabituelle. Comme le notera un historien, Joumblatt et son parti semblent être en trêve vis-à-vis du régime et, de ce fait, leur opposition à la politique pro-occidentale de Chamoun perd de son acuité et de sa force. D'ailleurs, l'absence de Kamal Joumblatt à la manifestation organisée le 30 mai par le Front d'union nationale est très remarquée. Les chefs de l'opposition y réclament le remplacement du cabinet Sami Solh par un gouvernement plus neutre, apte à superviser les prochaines élections. Ce jour-là, les forces de l'ordre ouvrent le feu sur les manifestants, faisant cinq tués et trente-deux blessés, dont Nassim Majdalani et Saëb Salam.

Le changement dans la politique de Joumblatt ne signifie pas un rejet de ses principes stratégiques, ni une révision de ses positions. Ce repli vient surtout de sa crainte, face à des passions chauffées à blanc, d'une scission confessionnelle source de sanglants conflits intercommunautaires. À la veille des élections, Joumblatt veut éviter tout affrontement avec le régime, toute attaque directe contre le chef de l'État, considérant que cela pourrait lui nuire dans le Chouf où une bonne moitié des électeurs sont chrétiens, qui plus est partisans du président Chamoun.

Le mandat présidentiel de Camille Chamoun doit prendre fin en 1958. Mais, fort d'un allié aussi puissant que les États-Unis, il commence à préparer sa réélection. À cette fin, il doit disposer d'un Parlement docile, où l'influence de l'opposition sera réduite, voire inexistante. C'est pourquoi il propose un amendement de la loi électorale pour porter le nombre des députés de quarante-quatre à soixante-six et découper les circonscriptions de façon à assurer un avantage aux candidats du régime. À la veille des élections, les ambassades et les services spéciaux étrangers redoublent d'activité, usant de tous les moyens pour assurer le succès des politiciens qui collaborent avec eux. Par le passé, aucune élection n'a échappé aux manipulations de cette sorte, mais l'ingérence étrangère est cette fois d'une ampleur sans précédent. L'ambassadeur américain Donald Haith va jusqu'à examiner, en personne, la liste des candidats pour en rayer les noms qui lui déplaisent. La section beyrouthine de la CIA se voit confier la mission de faire échouer les députés ayant démissionné pour protester contre le plan Eisenhower. Des sommes importantes venant de fonds spéciaux sont allouées dans ce but. L'agent américain Bill Eveland se rend quotidiennement au palais présidentiel, avec un sac rempli de livres libanaises qu'il remet en mains propres au président Chamoun. Le Premier ministre, Sami Solh, ne dédaigne pas non plus l'influence américaine qu'il utilise pour affaiblir les positions de ses adversaires dans la communauté sunnite[1].

Les élections de 1957, en deux tours, sont le théâtre de fraudes si flagrantes que les deux ministres chargés de les contrôler sont

1. W.C. Eveland, *Ropes of Sand. America's Failure in The Middle East*, *op. cit.*, p. 250.

contraints de présenter leur démission. Soucieux de faire échouer ses adversaires, le président Chamoun a recours aux forces de Sécurité et à la gendarmerie pour intimider les électeurs, et à des bandes de gros bras qui ne se gênent pas pour user de la menace physique. Plus de cinquante personnes sont victimes de la violence provoquée par les autorités. Dans le Chouf, où les listes de Chamoun et de Joumblatt sont concurrentes, la duperie prend une ampleur particulière. Antoine Achkar, alors simple membre du Parti socialiste progressiste, se souvient qu'à Deir el-Qamar des personnes décédées – dont les noms n'avaient pas été rayés des listes par des fonctionnaires corrompus – ont voté pour les candidats de Chamoun. « Les urnes électorales étaient placées à dessein aux étages, ajoute Achkar, et non au rez-de-chaussée, car on savait que la pudeur des femmes druzes faisait qu'elles n'aimaient pas gravir les escaliers. En conséquence, moins de 40 % des femmes druzes ont pris part au scrutin[1]. »

Les résultats mettent les Libanais en état de choc. Le président Chamoun a dépassé toutes les limites. Les candidats de l'opposition sont battus presque partout, y compris les plus importants : Kamal Joumblatt, Saëb Salam, Abdallah al-Yafi et Ahmed al-Assaad. Le président Chamoun ne s'attendait apparemment pas à ce que les choses aillent si loin. Que vaut sa majorité s'il reste, hors de l'arène parlementaire, des personnalités dont un seul mot suffit à faire sortir la moitié du pays dans la rue ?

Moukhtara entre en ébullition en apprenant l'échec de Kamal Joumblatt. Comme toujours en temps de danger chez les druzes, le palais s'emplit d'hommes en armes. Les uns sont munis de fusils de chasse, les autres ont précipitamment sorti de leur cachette les fusils utilisés lors de l'insurrection de 1925. Kamal Joumblatt essaie en vain de téléphoner à Beyrouth, mais au bout

1. Entretien avec Antoine Achkar à Baaqline, le 14 mai 1991.

de plusieurs tentatives il se rend compte que quelqu'un, sous le coup de la colère, a coupé les fils. Tout lien avec le monde extérieur est rompu. La rumeur circule qu'une foule indignée barre certaines routes du Chouf et avance vers les postes de gendarmerie. Bien que les autorités fassent preuve de sang-froid en ne répondant pas aux invectives, le danger que la situation dégénère croît d'heure en heure.

La nuit, Kamal Joumblatt quitte discrètement le palais pour se rendre à Beyrouth. Il sait que sa présence dans la capitale, où il peut être appréhendé à tout moment, est le moyen le plus sûr d'empêcher les gens du Chouf de sombrer dans la violence, par peur de le mettre en danger. Kamal Joumblatt écrira plus tard qu'à ce moment il était arrivé à la conviction que l'insurrection était inéluctable. À la fin du mois de juin, il reprend contact avec le Front d'union nationale et participe activement à ses travaux. À l'époque, l'opposition n'a ni armes ni hommes militairement entraînés pour faire face aux sections loyalistes constituées par le régime. Joumblatt dépêche donc d'urgence Amine Abou Fakhreddine à Damas, où il est accueilli par Abdel Hamid Sarraj, le chef des services de Sécurité syriens. Ce dernier lui demande de porter à Joumblatt une somme d'argent, transférée sur son compte par Nasser. Mais Joumblatt oppose un refus catégorique : « Dis à nos frères syriens que mes hommes sont prêts à sacrifier leur vie, mais pas pour des biens matériels. Nous n'acceptons d'argent de personne, mais nous serions reconnaissants s'ils nous aidaient en armes et en munitions. »

En juin 1957, l'arrivage d'armes et de munitions de Syrie est organisé. Les chargements de contrebande emballés dans de pesants ballots sont acheminés à dos de mules par des chemins de montagne difficiles d'accès, jusqu'à Deir el-Achayer, dans le sud de la vallée de la Békaa. Là, à partir d'une base de transit secrète aménagée par Chebli Agha al-Aryane, un des partisans de Joumblatt, les armes sont envoyées par petits lots dans le

Chouf, de même qu'à Beyrouth où elles sont réceptionnées par les hommes de Saëb bey Salam et d'autres chefs musulmans de l'opposition.

L'atmosphère du Chouf reste tendue. Des altercations entre loyalistes et joumblattistes se terminent souvent par des effusions de sang. Au mois d'août se produit la première échauffourée sérieuse, quand les hommes de Joumblatt tentent de faire sauter le pont de chemin de fer de Dahr el-Baïdar. Le peloton de gendarmes lancé à leur poursuite est accueilli par une fusillade nourrie. L'échange de tirs ne cesse qu'avec le siège de la région par les forces de Sécurité qui, toutefois, ne pourront faire aucun prisonnier druze.

Les autorités réagissent à l'incident de Dahr el-Baïdar par une campagne de presse et une série de provocations dirigées contre Kamal Joumblatt lui-même. Le 21 août, les forces de l'ordre, à la recherche d'un prétendu lot d'armes, font irruption chez Béchara Dahane, à Sofar, où Joumblatt se trouve ce jour-là. Elles ne s'en iront qu'en raison du rassemblement des habitants de Sofar venus s'enquérir de la sécurité de Joumblatt. Le même jour, les gendarmes encerclent le palais de Moukhtara, réclamant la reddition de trois partisans sous peine de prendre le palais d'assaut. Le pire est évité grâce à l'émir Hassan al-Atrache qui parvient à raisonner les autorités.

Dès le lendemain des élections, Kamal Joumblatt entreprend une offensive médiatique contre la reconduction du mandat du président Chamoun. Pendant tout l'été, le quotidien *Al-Anba'* publie des chapitres de l'ouvrage du célèbre penseur maronite, Youssef Saouda, sous le titre, « La Réélection : un acte de haute trahison ». En 1936, Saouda a été à l'origine du Mouvement du pacte national libanais avec pour slogan la sauvegarde de l'indépendance et la coopération entre les pays arabes. Le journal espère susciter un écho dans les milieux maronites.

La situation explosive dans le Chouf pousse plusieurs hommes politiques, ainsi que des personnalités religieuses, à faire se réconcilier Kamal Joumblatt et le régime ou, tout au moins, à obtenir une trêve. Les efforts du cheikh Al-Akl des druzes, de Mohamed Abou Chakra, et de l'émir Hassan al-Atrache parviennent à réduire la tension au sein de la communauté druze où les partisans de l'émir Majid Arslane ont dès le départ rallié le camp des loyalistes. Par la suite, d'autres personnalités entrent en scène, tels Khalil Takieddine, ancien ambassadeur du Liban au Caire, les ministres Charles Malek et Jamil Mekkaoui, le banquier Henri Pharaon et le chef des Kataëb, Pierre Gemayel. Un accord est conclu début septembre 1957, quand le président Chamoun accepte certaines exigences de Joumblatt, notamment de calmer l'ardeur de Naïm Moghabghab, son plus chaud partisan dans le Chouf. Les échauffourées cessent, mais Joumblatt, qui ne nourrit aucune illusion sur l'intention réelle des autorités, est persuadé que Camille Chamoun a uniquement besoin d'un répit pour refaire ses forces et frapper.

Il a raison. Quelques jours plus tard, un peloton de gendarmes accompagnés d'agents des forces de sécurité en civil font irruption dans la région de Deir el-Achayer. Ils sont arrêtés par les hommes armés du leader de Rachaya, Chibli Agha al-Aryane, qui a pour ordre de ne pas laisser les gendarmes arriver jusqu'aux dépôts d'armes, quoi qu'il advienne. Après une fusillade de quatre heures, ces derniers se retirent sans avoir accompli leur mission.

La bataille de Deir el-Achayer, qui a fait des morts et des blessés dans les deux camps, rompt la trêve. Vers la fin de 1957, Beyrouth est secouée par une série d'explosions revendiquées par des groupes extrémistes, le gang d'Ibrahim Mouneymné et l'Organisation de libération de la patrie occupée. Des explosions de diverse puissance surviennent dans les bureaux des journaux pro-gouvernementaux, comme *An-Nahar, Al-Hayat, Al-Jarida* et

Sada Loubnan, ainsi que dans les bureaux de *The Voice of America* et à l'ambassade de Jordanie. Alors que les autorités déclenchent une répression massive, nul ne doute que les voies de compromis sont épuisées et que le Liban glisse dans le chaos.

Le 1er février 1958, la République arabe unie est instaurée. La rumeur sur l'union prochaine entre l'Égypte et la Syrie circulait depuis le début de l'année, et la naissance de ce nouvel État provoque une bouffée unioniste parmi les musulmans. Si Joumblatt apprécie ce premier essai d'intégration de l'histoire arabe contemporaine, il ne partage pas l'engouement des milieux musulmans pour l'adhésion du Liban à la République unie. Début mars, Kamal bey se rend à Damas à la tête d'une délégation pour féliciter le président Nasser qui vient d'arriver dans la capitale syrienne. Le 9, en présence de Nasser, il prononce un discours dans lequel il insiste sur la particularité du Liban, où diverses confessions et mouvements politiques cohabitent et collaborent dans le cadre du pacte national. Il assure qu'il n'y a aucune contradiction entre l'idée d'un Liban indépendant et l'idée arabe, la meilleure preuve en étant la contribution apportée par de grands esprits libanais à la renaissance de la culture arabe. Selon Joumblatt, l'un des grands mérites de la révolution égyptienne laïque est d'avoir rejeté dès le départ le confessionnalisme politique et d'avoir clairement séparé les fonctions de la religion de celles de l'État. « Par notre aspiration à la vérité et à l'égalité, précise-t-il, nous sommes tous musulmans, et nous sommes tous chrétiens dans la fraternité et l'amour[1]. »

En mars 1958, les partisans du président Chamoun au Parlement redoublent d'activité pour assurer sa réélection. Car, pour pouvoir inscrire à l'ordre du jour l'amendement de la Constitution, il faut l'accord des deux tiers des députés, puis l'aval des trois quarts des parlementaires. Les ambassadeurs occi-

1. Kamal Joumblatt, *Un quart de siècle de combat, op. cit.*, 1987, p. 262.

dentaux, et surtout Robert McClintock, le nouvel ambassadeur américain, appuient énergiquement la reconduction du mandat du président Chamoun.

Cependant, une forte opposition prend corps. Hormis les chefs du Front d'union nationale, un groupe d'hommes politiques et d'hommes d'affaires se désignant comme la « troisième force », s'oppose à l'amendement. Ce groupe, constitué de personnalités influentes, insatisfaites de la politique du régime aussi bien que du président Chamoun lui-même, comprend entre autres Henri Pharaon, Charles Hélou, Ghassan Tuéni, Youssef Salem, Gabriel Murr, Georges Naccache et Youssef Hitti. Le patriarche maronite Boulos Méouchi, qui refuse la politique visant à isoler le Liban du monde arabe, est également opposé à Chamoun. « Nous autres maronites, sommes une goutte d'eau dans l'océan musulman, dit Méouchi. Nous devrions, soit vivre avec eux dans l'amour et la paix, soit quitter le pays ou disparaître[1]. »

En mars et avril 1958, Joumblatt continue d'entretenir d'étroits contacts avec les forces opposées à Chamoun. Une délégation du PSP rend visite au patriarche maronite dans sa résidence de Bkerké, avec un convoi de trois cents voitures arborant les drapeaux du Parti. Le 18 mars, Kamal bey participe à une séance du Congrès national réuni chez Henri Pharaon. Les participants, environ quatre-vingts personnes, réaffirment leur attachement à l'indépendance du Liban, selon les principes du pacte national, et se prononcent contre la réélection de Camille Chamoun. Henri Pharaon est élu président du Congrès, alors que les postes de vice-président et de secrétaire général échoient respectivement à Abdallah al-Yafi et à Kamal Joumblatt.

Au début du mois de mai, le pays est nettement partagé en deux camps, sans possibilité de compromis, chacun possédant le

1. *An-Nahar*,12 et 13 février 1958.

nécessaire pour se lancer dans la lutte armée. C'est alors que, dans la nuit du 7 au 8 mai, des inconnus tirent sur Nassib Metni, un journaliste de gauche connu, propriétaire du journal *Le Télégraphe*, qui venait de sortir de prison où il avait purgé une peine pour offense au chef de l'État. Contrairement au bruit répandu par ses ennemis, le maronite Nassib Metni n'était pas communiste, mais il avait adopté des idées socialistes modérées. Fervent opposant au régime, il critiquait dans son journal la politique étrangère du président et ses plans pour renouveler son mandat. Alors que l'opposition accuse du crime les autorités libanaises, les loyalistes font courir la rumeur qu'il est l'œuvre du KGB. Les services secrets syriens sont aussi évoqués. Plus tard, dans ses mémoires, Sami Solh parlera de leur implication dans ce crime comme d'un fait établi[1].

L'assassinat de Metni bouleverse le pays et l'opposition décide de déclencher les hostilités. Le 9 mai, le Front d'union nationale, les leaders tripolitains de l'opposition et les représentants du congrès des partis et organisations publient une déclaration conjointe où ils rendent le régime responsable de la vague de provocations et de meurtres et appellent la population à la grève générale. En signant cette déclaration, Kamal Joumblatt, comme les autres chefs de l'opposition, est persuadé qu'il suffira de trois jours pour renverser le gouvernement[2].

Le 9 mai, Tripoli est la scène des premiers heurts sanglants. Les tentatives des forces de sécurité pour disperser une manifestation, après le prêche du vendredi à la mosquée Omar, débouchent sur des désordres qui s'étendent rapidement à d'autres régions. Vers la fin de la journée, onze morts et des dizaines de blessés sont dénombrés. À Beyrouth, des affrontements entre la police et les manifestants, dans les

1. Sami Solh, *J'en appelle à l'histoire*, *op. cit.*, p. 173.
2. *Ibid.*, p.171.

environs du collège sunnite des Makassed et dans les quartiers musulmans de Msaytbé et de Bourj Abi Haydar, font les premières victimes. La nouvelle du sabotage de l'oléoduc de la compagnie pétrolière irakienne arrive du nord du pays.

Au matin du 12 mai, les leaders du Front d'union nationale se réunissent pour dresser un premier bilan : malgré la cinquantaine de morts et plus de deux cents blessés, le président Chamoun refuse de démissionner. L'opposition opte pour la lutte armée sur la totalité du territoire. À la fin de la réunion, Joumblatt se rend à Moukhtara, déjà prête au combat. Le soir même, il appelle le commandant de la garnison de Beiteddine pour lui proposer de rendre les armes, mais celui-ci refuse. Kamal bey donne l'ordre à ses hommes de se préparer à l'assaut. Sous le couvert de l'obscurité, les insurgés s'emparent de positions avancées sur les collines au sud-est de Beiteddine, alors que leur état-major s'installe dans l'évêché déserté. Dans la nuit, les hommes de Joumblatt coupent les lignes téléphoniques reliant Beiteddine à Beyrouth et essaient de bloquer les accès au palais présidentiel. Le lendemain, un groupe commandé par Ali Oud, le maire de Ras-Beyrouth, se lance à l'assaut du palais qui a reçu en renfort des unités de gendarmerie et des combattants du Parti national social syrien. À l'issue d'une fusillade, les forces rebelles parviennent à pénétrer dans la ville où les attend un groupe d'assaut posté devant l'église de Beiteddine, à proximité du palais. La victoire semble proche quand un avion surgit. Volant en rase-mottes au-dessus des collines, il pique sur les positions rebelles, les contraignant à l'abandon. Le lendemain, Ali Oud entreprend un nouvel assaut sans plus de succès.

Dès le début de l'insurrection, les armes arrivent de Syrie en grandes quantités. Le 12 mai, les douaniers de Masna', à la frontière syrienne, arrêtent le consul général de Belgique à Damas, Louis de San, qui tente de faire passer dans sa voiture un important lot d'armes et de munitions. Dans la nuit du

12 au 13 mai, une unité druze venant de Deir el-Achayer attaque Masna', dynamite les bureaux de la douane et de la sûreté générale, faisant cinq morts, puis se replie vers la frontière syrienne. L'opération a été planifiée par Chibli Agha al-Aryane et conduite par Khouzaï Agha al-Aryane, Salman Abou Hamzé et Sami Atallah[1].

Dès les premiers jours, Kamal Joumblatt se trouve confronté à un grave problème. L'émir Majid Arslane, qui jouit traditionnellement du soutien d'une partie des druzes, se dit résolu à soutenir le régime par les armes. Le 15 mai, les rebelles se heurtent, près de Batloun, à une unité formée de chrétiens et de druzes commandés par Naïm Moghabghab et Salah Joumblatt, qu'un feu nourri contraint à reculer. Mais l'émir Majid se lance à la rescousse des loyalistes à la tête de trois cents druzes armés. Grâce à l'intervention du cheikh Mohammed Abou Chakra, qui envoie ses hommes rencontrer l'émir Majid à Batloun, le conflit fratricide entre druzes est évité. Joumblatt envoie une lettre à l'émir, le priant de préserver l'esprit de fraternité et d'amitié entre les druzes et de prévenir à tout prix l'effusion du sang. À la grande déception des partisans du président Chamoun dans le Chouf, l'émir Majid Arslane préfère la paix à la guerre et retourne dans sa résidence de Khaldé, le 18 mai 1958.

Petit à petit, Joumblatt crée dans le Chouf une administration comprenant tous les services nécessaires pour assurer les besoins de la population et maintenir l'ordre. À la tête du tribunal et du parquet, il place des chrétiens, ainsi que dans les comités préposés aux finances, à la santé, à la presse et à la propagande. Pour la première fois dans le Chouf, le principe de la représentation confessionnelle est supprimé, remplacé par un modèle de gouvernement laïque où les responsables sont nommés selon

1. Iskandar Riachi, *Les Dirigeants du Liban tels que je les ai connus*, *op. cit.*, p. 191.

leurs convictions et leurs qualités personnelles. Un modèle qui, selon Joumblatt, devra servir de base à la reconstruction de l'État.

À la fin de la première semaine de l'insurrection, l'opposition contrôle une bonne partie du territoire libanais. En dehors des quartiers musulmans de Beyrouth, où les réseaux des insurgés convergent vers la demeure de Saëb bey Salam, les militants tiennent une grande partie de la Békaa, du Akkar, et tout le littoral au nord de Tripoli. Alors qu'un calme relatif règne dans le Chouf, les premiers jours de juin voient des explosions meurtrières retentir dans la capitale. À Tripoli, les groupes d'opposants menés par Rachid Karamé soutiennent de furieux combats contre les loyalistes dans les quartiers de Tébbané et Kobbé, alors que dans le nord de la Békaa, fief de Sabri bey Hamadé, les insurgés chiites sont aux prises avec les hommes du PSN.

Étrangement, le président Chamoun, à la veille de l'insurrection, se refusait à la croire possible. « Leurs menaces de rébellion sont, comme toujours, des phrases creuses qui ne m'en imposent point », dit-il à l'un de ses adjoints. À partir du 12 mai, quand il s'avère qu'un réel danger menace le régime, le gouvernement libanais entreprend d'internationaliser ce conflit interne. L'attaque du poste de douane de Masna', lancée à partir du territoire syrien, donne à Beyrouth un prétexte pour accuser la République arabe unie d'ingérence dans ses affaires. Le 13 mai, une note de protestation est remise au gouvernement de la RAU, tandis que Charles Malek, ministre des Affaires étrangères, accuse, lors d'une conférence de presse, Le Caire et Damas des désordres dans le pays. Le 21 mai, le président Chamoun – qui depuis le début des événements n'a fait aucune déclaration officielle – réitère publiquement les accusations portées contre Le Caire, en annonçant que les multiples actes d'ingérence dans les affaires libanaises de la part de la RAU seront bientôt soumis à l'appréciation de l'opinion mondiale. Le jour même, le gouvernement libanais dépose à la Ligue arabe une plainte contre la RAU et, le lendemain, une plainte similaire est envoyée au conseil de sécurité de l'ONU.

Le recours aux organisations internationales indigne l'opposition. Le 25 mai, la direction du Front d'union nationale envoie un télégramme à Dag Hammarskjöld, secrétaire général de l'ONU, lui demandant de s'abstenir de statuer sur la plainte du Liban, basée sur des faits mensongers dans le seul but de ruiner les relations de bon voisinage avec la RAU. Le 26 mai, Kamal Joumblatt envoie un télégramme en son nom propre au secrétaire général de l'ONU, soulignant le caractère purement interne des événements du Liban et l'assurant de l'inutilité de les voir exposés devant une instance internationale[1].

Convaincu de la nécessité de poursuivre la révolution jusqu'à la chute du régime, Joumblatt ne voit pas d'un bon œil la reprise des tentatives de médiation, à la fin du mois de mai, entre le président Chamoun et les chefs de l'opposition. L'initiative des frères Raymond et Pierre Eddé, qui proposent au président de démettre Sami Solh et de nommer provisoirement le général Chéhab Premier ministre, suppose le maintien de Camille Chamoun à la présidence, ce qui la rend inacceptable pour Joumblatt. La position, bien plus radicale, du patriarche Méouchi qui demande au président de renoncer à ses prérogatives et de quitter le pays, laissant les pleins pouvoirs au général Fouad Chéhab, lui semble plus appropriée. Le 26 mai, de Moukhtara, Joumblatt fait une déclaration de presse, dans laquelle il souligne que « la révolution populaire ne cessera que si le président de la République se désiste de son poste[2] ». La résolution du conseil de sécurité d'envoyer des observateurs internationaux au Liban le pousse à déclarer encore plus fermement qu'il est prêt à « marcher sur Beyrouth [...]. La

1. *Al-Siyasa*, 27 mai 1958.
2. *Ibid.*

mobilisation dans la montagne est presque totale. Et c'est aussi le cas de l'unification de la direction de l'insurrection dans les différentes régions du pays[1] ».

De fait, une armée insurrectionnelle, que Kamal bey préfère désigner sous le nom de « forces populaires », se constitue dans le Chouf. Chaque jour, des hommes de toutes confessions arrivent d'Aley, des montagnes reculées, du Metn, du Liban-Sud et de la Békaa pour se joindre aux forces de Joumblatt. Les druzes que Chibli Agha al-Aryane envoie de Rachaya à Moukhtara sont rejoints par des membres des partis arméniens de gauche et par les chrétiens libanais des villages environnants. L'arrivée à Moukhtara de cent cinquante hommes en armes depuis Deir el-Qamar est un événement. Philippe Boustani, un allié de Joumblatt venu avec eux, annonce qu'un groupe de notables maronites, Fouad Ammoun et Philippe Abou Nader en tête, a l'intention de faire don aux forces populaires d'une importante quantité de denrées alimentaires et de cigarettes. Les choses se passent moins bien avec le « commandement unifié » de la révolution. Les chefs de l'opposition ont beau parler de coordonner leurs actions, ils n'en agissent pas moins séparément, dispersant ainsi les forces des insurgés au lieu de les rassembler pour porter le coup décisif au régime de Camille Chamoun.

Au cours de la deuxième semaine du mois de juin 1958, Kamal Joumblatt décide de prendre le Chouf entièrement sous son contrôle, pour y créer une tête de pont en vue d'une offensive sur Beyrouth. Le 9 juin, quatre groupes d'insurgés font simultanément marche sur la petite bourgade de Freydis et l'encerclent. D'importantes forces loyalistes se trouvent à Freydis, sous le commandement de Naïm Moghabghab et, de ce fait, bloquent la route stratégique de Barouk-Aïn Zhalta. Le 10 juin, les habitants de Barouk, qui comptent nombre de

1. *Al-Siyasa*, 6 août 1958.

partisans de Joumblatt, capitulent, épargnant aux deux parties des pertes inutiles. Le 12 juin, les combattants des forces populaires se lancent à l'assaut de Freydis avec succès. Les gendarmes, retranchés avec les hommes de Moghabghab, n'ont pu garder leurs positions malgré l'appui de la force aérienne et s'enfuient, laissant 60 morts sur le terrain.

Après la chute de Freydis, les insurgés poussent leur offensive jusqu'à la route stratégique de Beyrouth-Damas. À Azounié, près du sanatorium arménien, ils sont confrontés à des unités de l'armée libanaise, restée neutre jusque-là. Après un engagement de courte durée, Joumblatt contacte le général Fouad Chéhab. Une trêve est signée à Sibline, où Joumblatt s'engage à garantir la libre circulation des civils et le transport des vivres vers Beiteddine et Deir el-Qamar, tandis que l'armée lui accorde de conserver le poste de passage de Batloun et de ne pas augmenter le nombre de gendarmes à Beiteddine. Ceux-ci se voient interdire de circuler avec leurs armes en dehors des limites de la ville.

L'accord entre en vigueur le 15 juin. Ce même jour, conformément à la résolution du Conseil de sécurité du 6 juin, un groupe d'observateurs de l'ONU arrive au Liban. Le lendemain, trois inspecteurs supervisent à Beyrouth les travaux de la commission. Joumblatt, satisfait de la situation créée par la chute de Freydis, accueille la nouvelle calmement et même avec humour : les observateurs se conduisent comme des touristes, passant leurs journées à se dorer au soleil sur les plages tant appréciées de l'ambassadeur américain Robert McClintock. L'inspecteur Galo Plaza, fils du président de l'Équateur, à peine arrivé à Beyrouth, se rend au casino et, pris par le jeu, oublie son rendez-vous avec le président Chamoun qui l'attend au palais présidentiel. Joumblatt a l'occasion de faire la connaissance d'un autre inspecteur, l'Indien Radjeshwar Dayal. Venu lui rendre visite à Moukhtara, il est passionné de yoga et des enseignements soufis des anciens Indiens. Les deux hommes s'entretiennent longuement de l'Inde et de l'hindouisme, discutent des faits et méfaits du régime totalitaire de l'Union soviétique, où Dayal a été en poste comme ambassadeur, avant de conclure sur la politique de Chamoun que tous deux trouvent déraisonnable et néfaste pour le Liban. Mais ils n'ont même pas le temps de convenir du travail des observateurs dans le Chouf.

Le 25 juin 1958, le président Chamoun annonce que ses pouvoirs constitutionnels lui permettent de demander une intervention militaire étrangère, en vertu de l'article 51 de la charte des Nations unies. Le bruit court à Beyrouth qu'un document lui accordant ces pouvoirs a été signé par les ministres du cabinet Sami Solh et remis à l'ambassade des États-Unis. Inquiet de la déclaration de Chamoun, Kamal Joumblatt décide de lancer l'offensive sur la capitale, sans attendre que les chefs beyrouthins de l'opposition, enlisés dans une molle guerre de position, comprennent qu'il est nécessaire de resserrer les rangs pour porter le coup de grâce au régime.

Le village de Chemlane, situé dans la région d'Aley qui domine Beyrouth non loin de l'aéroport international, est choisi comme cible. Le général Chawkat Choucair, nommé à la tête des forces insurrectionnelles par Joumblatt, met au point le plan de l'opération. Le 30 juin, les insurgés avancent par petits groupes de Kfarhim vers Chemlane et, le lendemain, ils occupent les hauteurs. Les combats de Chemlane sont particulièrement âpres, les insurgés devant affronter les hommes bien entraînés du Parti national social. Mais ni l'artillerie ni l'appui aérien dont bénéficient les loyalistes n'empêchent les forces populaires de prendre le village en étau. Toutefois, au moment où elles s'apprêtent à donner l'assaut, l'armée intervient une fois de plus et les forces populaires sont contraintes de se replier.

Joumblatt est furieux : l'inaction de Saëb Salam et des autres chefs de la capitale, qui n'ont pas bougé pour aider les rebelles du Chouf, alors qu'ils sont à dix kilomètres de Beyrouth, lui démontre la valeur réelle de ses alliés. « Ils sont régis par une mentalité rétrograde et des habitudes bourgeoises, dit-il avec amertume. Il semble que chacun des chefs de l'opposition se soit taillé un petit morceau du Liban et cherche à y asseoir une domination sans partage[1]. » Dans une entrevue accordée à un reporter de l'*Associated Press*, Joumblatt critique les leaders beyrouthins de l'opposition, leur manque d'organisation et de régularité, et avoue avoir été obligé de battre en retraite à cause des lourdes pertes essuyées durant l'opération[2].

Le putsch irakien du 14 juillet 1958, qui renverse la monarchie et le régime dictatorial de Nouri as-Saïd, précipite le dénouement du drame libanais. L'ambassadeur américain Robert McClintock se rend au palais pour informer le président Chamoun que, conformément à l'article 51 de la charte des Nations unies et en réponse à sa requête de mai, le gouvernement de Washington dépêche la VIe Flotte et un contingent de Marines pour aider au maintien de la paix au Liban. Au même moment, la Grande-Bretagne fait débarquer ses troupes en Jordanie. La réaction des États-Unis, alarmés par la conjoncture au Proche-Orient, est rapide comme l'éclair : le 15 juillet, les Marines débarquent sur les plages désertes d'Ouzaï, en banlieue de Beyrouth. En quelques heures, les environs de la ville sont transformés en un gigantesque camp militaire. Le gros des forces de débarquement s'installe dans les oliveraies des alentours de l'aéroport international qui accueille les avions de transport militaires venant d'Allemagne, avec des forces américaines supplémentaires. L'amiral James Halloway, commandant des forces américaines au Liban, donne l'ordre aux Marines d'éviter toute altercation avec les Libanais. Il leur prescrit d'ouvrir le

1. Kamal Joumblatt, *Essai sur la politique libanaise. Réalités et perspectives*, Beyrouth, Al-Dar al-Taqaddoumiya, 1987, p. 12.

2. Sami Solh, *J'en appelle à l'histoire*, *op. cit.*, p.186.

feu uniquement en cas d'attaque des combattants pro-nassériens de Basta ou si les unités de Joumblatt descendent de leurs montagnes pour tenter d'investir la capitale.

Le débarquement américain soulève une vague d'indignation dans l'opposition. Le Front d'union nationale et le congrès des partis et organisations le qualifient d'agression contre le Liban, alors que Saëb Salam appelle les insurgés à chasser les « hôtes indésirables » les armes à la main. Tout aussi radical, Joumblatt annonce que Camille Chamoun a « lancé sa dernière flèche » en invitant les Américains. Il demande à l'armée libanaise de se joindre au peuple et de combattre les envahisseurs en compagnie des volontaires des pays arabes voisins.

Le 17 juillet, le président Eisenhower dépêche au Liban Robert Murphy, l'adjoint du secrétaire d'État, pour y étudier la situation de près et trouver la solution convenant le mieux aux États-Unis. Ayant réalisé la nécessité d'un nouveau président qui convienne à toutes les parties du conflit, pour sortir le pays de l'impasse, les Américains ne misent plus sur Chamoun. À son arrivée à Beyrouth, Murphy ne se rend pas directement au palais, préférant s'installer dans le quartier musulman de Msaïtbé qui servira, comme le note Raymond Eddé, de plaque tournante dans ses pourparlers. Ses entretiens avec Saëb Salam, Abdallah al-Yafi et Hussein Aoueini le confortent dans sa conviction que les consultations avec l'opposition sont dans la bonne voie. Un autre axe des efforts diplomatiques de Murphy se situe à Tripoli, où le diplomate américain s'entretient avec Rachid Karamé. Enfin, à Iqlim el-Kharroub, sa rencontre avec Joumblatt est décisive. En plus des chefs de l'insurrection, Murphy débat de la situation du pays avec le patriarche maronite Boulos Méouchi, les deux leaders de la Troisième Force, Henri Pharaon et Raymond Eddé, Émile Boustani, tout juste rentré du Caire, et, bien évidemment, le commandant en chef de l'armée, le général Fouad Chéhab.

Bien que Murphy insiste, dans tous ses entretiens, sur

la candidature du général Fouad Chéhab, nombre de ses interlocuteurs ne partagent pas cet avis. Dans les réunions politiques, la candidature de Youssef Hitti, avec l'appui des chefs de la Troisième Force et de plusieurs dirigeants du Front d'union nationale, est abordée. Kamal Joumblatt, qui appuyait Youssef Hitti, finit par se laisser convaincre par Murphy, à condition que Fouad Chéhab œuvre à un rapide retrait des soldats américains, qu'il entame l'application des réformes et donne à l'opposition l'opportunité de participer efficacement au pouvoir. Plus tard, Joumblatt précisera que le PSP espérait obtenir le portefeuille de l'Intérieur, un deuxième ministère et le poste de vice-Premier ministre dans le nouveau gouvernement[1]. Pour soutenir la candidature de Chéhab, Murphy avance l'argument que le commandant en chef de l'armée est aussi le candidat du Caire : « Nasser estime que l'entente sera possible si Fouad Chéhab est élu président de la République », dit-il à Rachid Karamé[2]. En fin de compte, seul Abdallah al-Yafi ne se ralliera pas à la candidature du général Chéhab.

Fouad Chéhab est élu le 31 juillet 1958, par une majorité de quarante-huit voix contre sept pour Raymond Eddé. Ce dernier, qui ne nourrissait aucune ambition présidentielle, voulait, en posant sa candidature, couper court aux ragots qui ne manqueraient pas de circuler sur des « élections organisées à l'ombre de la Sixième Flotte[3] ».

Les chrétiens ne dissimulent pas leur mécontentement. Ils sont nombreux à considérer le général Fouad Chéhab comme un traître en raison de sa neutralité en 1958 et de son refus d'utiliser

1. *Al-Hayat*, 29 juillet 1958.

2. Elias al-Deiri, *Qui fait les présidents ?* (en arabe), Institut universitaire d'études et d'édition, 1982, p. 64.

3. *Ibid.*, p. 341.

l'armée contre les insurgés. Effrayés par la vague d'arabisme, ils sont persuadés que l'insurrection n'a pour autre but que de rattacher le Liban à la fédération égypto-syrienne. La perspective d'être dissous dans une entité musulmane lève dans ces milieux un tel vent de panique que ceux-là mêmes qui se rangeaient dans le camp des adversaires de Chamoun et le blâmaient d'avoir fermé les yeux sur la corruption en font soudain un héros national, immolé sur l'autel de l'indépendance.

L'été prend fin avec les discussions au sujet du nouveau Premier ministre. Les dirigeants du Front d'union nationale, qui veulent un gouvernement composé des leaders de l'insurrection, suggèrent Rachid Karamé. Cette proposition soulève les objections des politiciens chrétiens. Les députés qui ont voté pour Chéhab la repoussent, et le chef des Kataëb, Pierre Gemayel, menace d'appeler ses partisans à la grève. Il ne fait aucun doute que les phalangistes et leurs alliés, mécontents de la tournure des événements, songent à prendre leur revanche. L'occasion se présente à quelques jours de l'entrée en fonction officielle du président Chéhab, avec l'enlèvement par des inconnus de Fouad Haddad, rédacteur au journal phalangiste *Al-Amal.* À peine Gemayel déclare-t-il la grève pour le 22 septembre que les rues de Beyrouth se hérissent de barricades entre les quartiers Est et Ouest ; des tirs sporadiques sont échangés entre des groupes armés chrétiens et musulmans.

Selon l'usage, la cérémonie de passation de pouvoirs a lieu le 23 septembre. Ce jour-là, sous un ciel bleu et un soleil rayonnant, les quartiers musulmans retentissent de salves tirées en l'honneur du nouveau président, alors que Beyrouth-Est salue l'événement en sonnant le glas. Le 24 septembre, le président Chéhab signe le décret de nomination de Rachid Karamé au poste de Premier ministre et lui confie la tâche de former le gouvernement. Les phalangistes répondent par une rébellion qu'ils baptisent eux-mêmes « contre-révolution ». Ce même jour, sur la place des Martyrs en plein centre de Beyrouth, un accrochage se produit entre les combattants des Kataëb et les groupes armés de l'opposition, faisant de nombreuses victimes malgré l'intervention de l'armée. Le désordre gagne les régions du Kesrouan et du Metn, puis s'étend à Zahlé qui se divise aussitôt selon les confessions, alors que la presse relate des cas d'enlèvements et de tortures d'otages.

La position de Joumblatt vis-à-vis des rebelles est sévère. Soutenant le cabinet Karamé, auquel participent quatre membres du Front d'union nationale, trois représentants de la Troisième Force et un ministre indépendant, il affirme que la contre-révolution phalangiste est le fait de l'ancien président Camille Chamoun et que l'autorité doit user de la force pour la mater. Selon lui, il suffit de deux ou trois cents soldats et de quelques blindés des forces de sécurité pour mettre fin à l'effusion de sang. Joumblatt invite Gemayel à ne pas se laisser entraîner dans le complot contre-révolutionnaire de Chamoun, le prévenant que l'opposition dispose de vingt mille fusils qui agiront résolument pour rétablir l'ordre et la légalité, en cas de nécessité. Et si les députés refusent de voter la confiance au cabinet Karamé, il propose de dissoudre le Parlement et de former un gouvernement avec des membres du Front d'union nationale doté du pouvoir d'édicter les lois jusqu'à l'élection d'une nouvelle assemblée législative.

À la déception de Joumblatt, les leaders du Front ne profitent pas de l'occasion pour retourner la situation à leur avantage. Pensant satisfaire tout le monde, ils optent pour une solution de compromis, obtenant un gouvernement où les portefeuilles ministériels sont partagés par moitié entre chrétiens et musulmans. Le nouveau cabinet – où les deux figures de l'insurrection, Rachid Karamé et Hussein Aoueini, sont aux côtés du chef des Kataëb, Pierre Gemayel, et du leader du Bloc national, Raymond Eddé – répond parfaitement au slogan pacificateur énoncé par

Saëb Salam : « Ni vainqueurs ni vaincus. » Et, dans l'esprit du président Chéhab, la nature de ce gouvernement contribue à la réconciliation nationale et à la stabilité.

Vers la mi-octobre 1958, la vie reprend son cours. Le couvre-feu est levé graduellement et, fin octobre, le dernier soldat américain quitte le sol libanais.

Kamal Joumblatt ne partage pas l'engouement général pour le nouveau cabinet Karamé. Cette gestion des « deux moitiés » lui rappelle le régime des deux kaïmakan qui avait été le prélude, il y a bien longtemps, à une série de conflits intercommunautaires sanglants. Il n'admet pas non plus l'idée selon laquelle il n'y a « ni vainqueurs ni vaincus », n'y voyant que « l'invention inepte d'hommes qui rêvent de temps révolus[1] ». De leur côté, les leaders du Front semblent s'accommoder du système confessionnel, leur unique souci étant d'élargir la représentation musulmane au sein du cabinet ministériel et de l'État.

Malgré tout, Kamal bey est optimiste. Confirmant la maxime d'Ibn Tammam, « les arguments du glaive ont plus de poids que les arguments du verbe », l'insurrection a créé une situation différente de celle qui suivit la « révolution blanche » de 1952. Six ans plus tôt, le Front socialiste ne bénéficiant pas d'un vaste soutien populaire, Chamoun avait pu revenir sur sa parole et écarter de la scène politique ceux qui l'avaient porté au pouvoir. Or, désormais, l'opposition dispose de plusieurs milliers de partisans en armes, mais aussi du soutien de la révolution de libération nationale qui s'étend dans le monde arabe et au-delà. Après une analyse de l'insurrection de 1958, Joumblatt en arrive à la conclusion qu'en dépit de ses défauts et manquements, elle révèle l'aspiration du peuple libanais à une refonte radicale, et prépare le terrain pour l'abolition du confessionnalisme politique et l'adoption d'un modèle laïque d'État.

1. Kamal Joumblatt, *Essai sur la politique libanaise...*, *op. cit.*, p. 13.

À l'occasion d'une conférence donnée à l'automne 1958, Joumblatt parle ouvertement des conséquences du refus du nouveau régime de mener une action résolue contre Camille Chamoun. Profitant du laisser-aller des autorités, l'ancien président se montre en public entouré de gardes du corps armés. De plus, à en croire des rumeurs persistantes, il prépare une contre-révolution pour le printemps suivant. Tout d'abord, convaincu de la nécessité d'un châtiment rigoureux pour Chamoun, Joumblatt réclame sa mise en jugement ou son exil, avant de se rendre compte qu'un jugement ferait de Chamoun un martyr, tout en augmentant le nombre de ses partisans au sein de la communauté maronite. C'est la raison pour laquelle, dans ses discours, il met désormais l'accent moins sur la personne de Chamoun, qu'il propose simplement d'ignorer, que sur son idéologie de guerre communautaire. Ainsi conviendrait-il de fermer les éditions dirigées par Chamoun, ou celles qui colportent ses idées, de lui interdire, par voie administrative, toute activité politique ou sociale, et de limoger les fonctionnaires qui lui sont restés liés ; enfin, le gouvernement doit mettre résolument le holà aux activités des agents étrangers, qui ont fourni armes et argent aux organisations libanaises chargées de fomenter les conflits communautaires.

Kamal Joumblatt ne se montre pas moins intransigeant envers le Parti social national, interdit en 1949 mais qui a retrouvé un statut légal lorsqu'en été 1958 il a rejoint les Kataëb et le Tachnak arménien pour combattre avec les loyalistes. En effet, le 18 septembre, soit à cinq jours de la fin de son mandat, Chamoun a donné une nouvelle licence au PSN, permettant à ce parti d'agir à visage découvert de se doter de cellules et de filiales dans de nombreuses régions du Liban. Joumblatt s'inquiète surtout du fait que des membres du PSN soient restés en place dans les administrations, qu'ils enseignent dans les écoles, soient nommés à la tête des municipalités, élus maires dans les villages, qu'ils occupent de hautes fonctions jusque dans les services de la sûreté. Joumblatt demande que sa licence lui soit retirée, ses organes de presse fermés et ses membres désarmés.

Il prêche dans le désert. En réalité, beaucoup de politiciens chrétiens redoutent qu'un affaiblissement de Chamoun et, à plus forte raison, le désarmement des combattants du PSN ne renversent le rapport des forces à l'avantage des musulmans. Aussi les adversaires les plus sûrs de l'ancien président, tout en abondant dans le sens de Joumblatt, font-ils leur possible pour garder les choses en l'état.

Pour Kamal Joumblatt, le problème fondamental du Liban repose sur l'absence de conscience nationale, les citoyens ne s'identifiant que selon leur appartenance religieuse. Certes, après des siècles de cohabitation, les Libanais de confessions différentes ont beaucoup de choses en commun. Mais l'essence de leur existence reste régie par leur communauté religieuse, pour laquelle ils placent au-dessus de tout les intérêts politiques et économiques, déterminant ainsi leur attitude vis-à-vis de l'État et de la région. Selon Joumblatt, en cette seconde moitié du XXe siècle, l'isolationnisme communautaire persistant au Liban est le résidu d'un héritage anachronique qui entrave le développement du pays.

X.

Le bey et l'émir

Le 27 juillet 1959, un meeting est organisé à Aïn el-Maasser en l'honneur du président Chéhab. Alors que Kamal Joumblatt prononce le discours de bienvenue, arrive le député Naïm Moghabghab, proche de Chamoun et farouche adversaire de Joumblatt dans le Chouf. L'apparition de Moghabghab, que les druzes tiennent pour un ennemi, suscite l'indignation. Il est accueilli par une tempête d'imprécations et de menaces. Lorsqu'il dégaine son pistolet, des hommes bondissent d'une voiture garée à proximité, le jettent à terre et le rouent de coups de pieds. Le député est battu à mort.

La presse accuse Kamal Joumblatt et Chebli al-Aryane d'incitation au meurtre. *Le Soir*, journal francophone appartenant à Dikran Tosbat, le vice-président du syndicat de la presse, est particulièrement virulent. Son éditorialiste, Kesrouan Labaki, rend responsable Joumblatt et exige des poursuites à l'encontre d'*Al-Anba'*, qu'il estime être à l'origine de la tragédie en raison de ses incessantes polémiques contre Naïm Moghabghab. *An-Nahar* accuse Joumblatt d'héberger les criminels à Moukhtara.

Le 31 juillet, Joumblatt, tout en déplorant la mort de Moghabghab, estime qu'il n'aurait jamais dû se présenter à un tel rassemblement. Nassim Majdalani publie lui aussi une déclaration au nom du Parti socialiste progressiste. Chacun attend la réaction du président. Évitant soigneusement tout propos tranché, il s'accorde un long moment de réflexion. À la mi-août, la campagne dirigée contre Kamal Joumblatt diminue d'intensité. L'assassinat de Moghabghab perd de son actualité. Il sera considéré, selon l'expression d'un écrivain libanais, comme la première victime immolée par le président sur l'autel de l'unité nationale[1].

Kamal Joumblatt apprécie la position du président Chéhab. Le 12 août 1959, il précise ses relations avec le président de la République : « Nous soutiendrons le régime actuel durant les six prochaines années et plus, en ce qui concerne le président en personne. Nous lui apporterons aide et soutien et lui marquerons notre amitié et notre solidarité dans toutes les conditions et en toutes circonstances. Nous serons ce que nous avons toujours été, car nous ne pouvons oublier la main généreuse tendue pour défendre nos prises de position en ce qui concerne nos principes nationaux et les réformes auxquelles nous croyons [...]. Nos relations avec le président seront toujours imprégnées d'amitié, de reconnaissance, d'estime et de respect[2]. »

Le général Fouad Chéhab fait partie du petit nombre d'hommes politiques libanais estimés par Joumblatt. Aristocrate – ses ancêtres ont régné au Liban pendant près d'un siècle et demi –, Chéhab place l'intérêt de l'État au-dessus de sa personne. Son intégrité s'incarne dans une forme d'ascétisme et un dédain des biens matériels.

Ayant hérité, en septembre 1958, d'un pays divisé, Chéhab rassemble dans son gouvernement des figures influentes de la

1. Raji Achkouti, *Kamal Joumblatt dans la vie et dans l'Histoire*, Beyrouth, 1989, p. 39.

2. *An-Nahar*, 13 août 1959.

communauté musulmane. Le président a su mettre fin aux massacres. Un pas décisif dans la consolidation de son pouvoir est effectué lors de sa rencontre avec le président Nasser, le 25 mars 1959, sous une tente dressée à la frontière libano-syrienne. Le Liban appuie la politique arabe et étrangère de la République arabe unie, en contrepartie de la garantie de non-ingérence donnée par Le Caire concernant les affaires intérieures libanaises.

L'armée, qu'il porte progressivement à quinze mille hommes, est le seul appui solide de Chéhab. En 1958, il prend des mesures pour agrandir et renforcer le « deuxième bureau », service de sûreté constitué à partir des services de renseignement militaire. Il place à sa tête le commandant Antoine Saad, un homme énergique et ambitieux originaire de Zghorta, et le renforce de plusieurs officiers musulmans. Au début, le deuxième bureau œuvre à régler les conflits internes au Akkar et dans la vallée de la Békaa, il participe à l'élimination des bandes criminelles et au désarmement des troupes constituées par les chefs régionaux. Toutefois, avec le temps, le bureau s'ingère de plus en plus dans la politique en mettant sous surveillance les mouvements et groupes radicaux, en même temps qu'il tisse des liens avec les chefs informels des quartiers de Beyrouth.

Chéhab est désormais à même de lancer la réforme administrative, axe de son programme de rénovation qui doit faire du Liban un État moderne. En juin 1959, le gouvernement prend une série de décrets. Un conseil de la fonction publique est institué pour surveiller les nominations et promotions, et organiser le recrutement par concours des différentes administrations. Un département d'inspection centrale est créé.

Qualifiant ces réponses d'événement majeur, Joumblatt insiste sur la nécessité de débarrasser les organismes de l'État des fonctionnaires fidèles à l'ancien régime et convaincus de corruption.

Il s'inquiète, en revanche, de la situation politique. Il

est persuadé qu'un État moderne ne peut se construire sur le modèle archaïque des deux kaïmakam. Le maintien du confessionnalisme politique à travers un gouvernement composé pour moitié de chrétiens et pour moitié de musulmans exclut l'amalgame des Libanais en une nation unique. « Nous disons "cette patrie" avec de l'amertume, écrit Joumblatt dans un de ses articles, car nous sommes sur le point de la voir se transformer en une fédération de communautés religieuses et n'être plus, dans ce sens, la patrie de personne[1]. »

Joumblatt ne cesse de répéter qu'on ne verse pas le vin nouveau dans de vieilles outres. Dans une déclaration datée du 3 mars 1959, il prévient une fois encore qu'en perpétuant le régime des deux kaïmakamats chrétien et musulman, la société sera inévitablement poussée vers une scission profonde qui enterrera l'unité nationale. « Nous ne pourrons trouver une solution radicale, efficace et définitive à la crise, affirme-t-il, tant que nous serons prisonniers du cercle vicieux du confessionnalisme politique[2]. » L'issue, il la voit dans la constitution d'un nouveau gouvernement formé de représentants des milieux nationalistes ou, du moins, dans le renforcement du gouvernement en place par des représentants des partis et des mouvements nationalistes et socialistes.

Mais, selon lui, ce n'est là qu'une des conditions de la normalisation. Celle-ci restera une chimère tant que le gouvernement ne livrera pas bataille aux tenants du régime précédent qui exacerbent les contradictions communautaires et préparent de nouvelles provocations avec les armes et l'argent de l'étranger. Kamal bey assure que l'origine de la crise libanaise réside beaucoup moins dans le conflit entre chrétiens et musulmans, que dans la lutte entre les partisans du confessionnalisme

1. Kamal Joumblatt, *Un quart de siècle de combat, op. cit.*, p. 301.
2. *Ibid.*, p. 270.

politique et ceux de la société laïque et civile. Il estime nécessaire d'édicter une loi condamnant à de lourdes peines de prison – et jusqu'à la peine capitale – ceux qui attisent les conflits religieux ou incitent à la suppression physique des membres des autres communautés. Il propose aussi de licencier les fonctionnaires ayant servi plus de vingt-cinq ans dans les administrations publiques, dans les municipalités de Beyrouth et de province, pour pourvoir aux postes vacants en proportion rigoureuse de la représentation confessionnelle. Après quoi, il conviendrait d'abolir le principe du confessionnalisme, en fixant à la transition un délai de cinq ans. Les nominations et les promotions ne se feraient plus que sur concours.

Une crise gouvernementale éclate début octobre 1959, provoquée par la démission du ministre de l'Intérieur, Raymond Eddé. La démission du amid, qui s'était fait une réputation d'adversaire infatigable et incorruptible de la criminalité, fait suite, semble-t-il, à une gifle qu'Antoine Saad, le chef du « deuxième bureau », a infligée à Philippe Kheir, membre du Bloc national, en raison de propos inconvenants à l'encontre du président Chéhab. Eddé ne ménage pas ses critiques à l'endroit de l'armée et du deuxième bureau. Dans les milieux proches du gouvernement, on attribue cette démission à la jalousie qu'Eddé nourrit à l'égard de l'influence croissante de Pierre Gemayel. Chéhab, en effet, qui espère utiliser les Kataëb pour asseoir son régime, préfère ostensiblement ce dernier aussi bien à Eddé qu'aux autres politiques chrétiens. Suite à la démission du *amid*, cinq nouveaux ministres d'horizons différents sont nommés. Quoique cet élargissement lui apparaisse comme un « retour à une situation libanaise normale », Kamal Joumblatt souligne qu'il ne soutiendra le gouvernement qu'à condition qu'il purge l'État et entame la mise en place concrète de l'ensemble des décrets législatifs.

À partir du début de 1960, les élections à la Chambre sont au centre des discussions politiques. Le 20 avril, le Parlement approuve les amendements à la loi électorale déposés par le gouvernement. L'innovation est l'accroissement du nombre des députés, qui passe de soixante-six à quatre-vingt-dix-neuf. Le changement concerne aussi les circonscriptions qui se retrouvent délimitées par les districts administratifs, les caza, sauf pour Beyrouth où l'on en désigne trois. En outre, certains des amendements sont appelés à empêcher les abus qui, en 1957, avaient permis à Chamoun de renverser ses adversaires politiques et de faire élire un Parlement « de poche ».

Le scrutin se déroule en quatre étapes, de juin à juillet 1960. Il est, en gros, favorable à Joumblatt. Pour la première fois depuis 1949, le PSP devient le premier parti du Parlement, avec huit députés. À part Joumblatt, deux autres membres de la direction du PSP, Nassim Majdalani et Farid Joubrane, sont élus, les cinq autres mandats revenant à des alliés du Parti.

Toutefois, le grand vainqueur des élections de 1960 est naturellement le président Fouad Chéhab. Bien que les principaux protagonistes du conflit de 1958 soient représentés au Parlement, les partisans de Chamoun sont en minorité, alors que plus des deux tiers des sièges reviennent aux forces politiques ayant pris fait et cause pour le régime. C'est alors que le président accomplit une démarche qui déconcerte le pays : le 20 juillet, annonçant que sa mission d'instauration d'ordre et de stabilité est terminée, il remet officiellement sa démission à Sabri Hamadé, le président du Parlement.

Des manifestations en faveur du président se déroulent à Beyrouth et dans quelques autres villes. Le président du Parlement, les chefs des coalitions parlementaires et les hommes politiques les plus influents joignent leurs efforts pour tâcher de convaincre le président Fouad Chéhab de revenir sur sa décision. Cédant à leurs suppliques, il retire sa démission et réintègre le palais présidentiel, dissout le gouvernement d'Ahmed Daouk et désigne Saëb bey Salam comme Premier ministre.

Fin juillet, Joumblatt rencontre Salam pour négocier sa participation au gouvernement. Il déclare ne pas être candidat de sa communauté, mais du parti qu'il préside. Kamal Joumblatt propose un programme en seize points qu'il soumet au président de la République. La réunion dure près de sept heures. Le président Chéhab accepte quatorze des suggestions mais rejette l'application de la loi votée en 1954 : « D'où tenez-vous votre fortune ? », et la proposition de réviser la loi électorale pour porter le nombre de députés de quatre-vingt-dix-neuf à cent vingt et un. La discussion est également âpre sur la composition du nouveau cabinet. Joumblatt cède.

Dans ce gouvernement de dix-huit ministres, le plus large que le Liban ait connu, Joumblatt se voit confier le portefeuille de l'Éducation. L'orthodoxe Nassim Majdalani qui, dans la hiérarchie du Parti, suit le président du PSP, est nommé vice-Premier ministre et ministre de la Justice, prenant le pas sur Joumblatt dans la hiérarchie du pouvoir. Occuper le poste de vice-Premier ministre est traditionnellement le privilège de la communauté orthodoxe, et un homme politique druze ne peut briguer plus d'un portefeuille ministériel. « Que le chef de mon parti ne puisse être que ministre et moi, bras droit du chef du gouvernement, me plaçait parfois dans des situations inconfortables. C'était là un des paradoxes du système confessionnel libanais », rapporte Majdalani[1].

Le 28 février 1960, au cours de l'assemblée générale tenue par le PSP, Kamal Joumblatt avance le concept de « loyauté positive » vis-à-vis du régime chéhabiste. Le président peut compter sur le soutien du PSP, mais il n'en va pas de même en ce qui concerne

1. Entretien avec feu Nassim Majdalani, à Beyrouth, le 16 avril 1991.

le gouvernement. Le parti se montrera coopératif ou non selon la politique menée.

La décision de Joumblatt de participer au gouvernement vient de sa conviction qu'une collaboration avec le président réformateur lui donnera la possibilité de réaliser quantité de changements qui n'avaient pu se faire lors de l'insurrection de 1958. L'historien libanais Ahmed Khalil écrit : « Au début des années 1960, Kamal Joumblatt espérait récolter les fruits d'une longue période de lutte nationale à l'ombre de la nouvelle conjoncture dans le monde arabe, à savoir : l'union de l'Égypte et de la Syrie (1958-1961) et la présence de Gamal Abdel Nasser, leader reconnu de l'Orient arabe pour sa politique nationale et ses positions fermes[1]. »

Au début des années 1960, Joumblatt ressent une déception à l'égard de ses anciens alliés de l'opposition. Quand il pense à la « révolution blanche » de 1952 et à la dernière insurrection, il prend conscience que son espoir de réforme de la société au moyen du Front socialiste ou, plus tard, du Front d'union nationale, est mort-né. À partir de l'automne 1958, Joumblatt consacre beaucoup de temps à la réorganisation du parti dont il veut faire l'école d'une élite. L'état-major du PSP, installé dans l'immeuble de Moustafa Kamouriyé, dans le quartier de Zoukak el-Blat, ne désemplit pas.

Au début des années 1950, le PSP, en plein essor, reçoit dans ses rangs des milliers de personnes instruites et cultivées, de toutes confessions, qui trouvent dans les idées du socialisme progressiste une assise intellectuelle. Le nombre des adhérents atteint dix-huit mille. Il s'en faut de peu pour que le PSP se transforme en un mouvement libanais global, au-dessus des barrières confessionnelles. Sous le mandat de Camille Chamoun,

1. Dr Khalil Ahmed Khalil, *Kamal Joumblatt : la révolte d'un émir des temps modernes*, *op. cit.*, p.153.

un grand nombre de chrétiens le quittent, et quelques années plus tard, il ne reste plus que dix ou douze mille membres. Le PSP a surtout souffert du départ, en octobre 1956, de cinq de ses dirigeants chrétiens appartenant à son élite intellectuelle, Gebrane Majdalani en tête. Le reflux des chrétiens se poursuit les années suivantes, pour culminer durant l'été de 1958, quand plusieurs hauts responsables du Parti préfèrent n'être qu'observateurs au moment de l'insurrection.

Au début des années 1960, le parti s'enfonce dans la crise. Sa participation au gouvernement Salam sème la confusion dans ses rangs. Beaucoup pensent que le temps est venu pour le PSP, enfin hissé au pouvoir, de régler les problèmes personnels. Il ne se passe plus de jour sans que l'un ou l'autre ne vienne demander une attestation ou une recommandation à Kamal bey.

Alarmé par cette dérive, Kamal Joumblatt convoque une assemblée générale extraordinaire pour la fin août 1960. Une organisation précaire contraint à reporter la réunion au 27 novembre. Pour la première fois, l'absentéisme des responsables est tel qu'un quorum ne peut être atteint pour un quelconque scrutin. Il faut attendre le 8 janvier 1961 pour qu'il soit possible de discuter de la situation au sein du Parti. Joumblatt s'efforce d'expliquer que la coopération avec le régime et la participation au gouvernement ne remettent pas en question les objectifs et les tâches à long terme du PSP. Il reproche aux responsables de refuser tout effort pour emboîter le pas au mouvement syndical et ouvrier, alors en plein essor, et les invite à s'immuniser contre les « tentations du pouvoir ». « Dans ce Parti, nous devons renoncer à l'opportunisme, aux arrangements et aux compromis dans leurs connotations politiques courantes et viles, déclare-t-il. Pour certains camarades, le Parti socialiste progressiste est devenu quelque chose comme un mouvement réformiste, dans l'esprit du mémorandum des notables que nous avons proclamé en 1946 ou, encore, une espèce de comité de salut national, de front socialiste, ou de front d'union nationale. Certains d'entre nous ont oublié que nous sommes un mouvement authentiquement révolutionnaire, au cas où, bien sûr, nous rassemblerions notre potentiel et dirigerions notre énergie à l'acquisition de notre objectif, sans ménager nos forces, ni nos moyens, ni même nos vies si les circonstances l'exigent. Ce mouvement révolutionnaire ne peut que l'emporter. La victoire est aussi inévitable que le résultat d'une équation algébrique[1]. »

Au mois d'août 1960, Joumblatt a emménagé dans les bureaux du ministère de l'Éducation nationale. Ses obligations ministérielles, ses réunions, ses nombreux voyages l'accaparent tant, qu'il est physiquement incapable de consacrer aux affaires du Parti autant d'attention qu'auparavant. De plus, dès les premiers jours, Joumblatt s'est trouvé en butte à l'animosité de certains employés du ministère. « Nassim Majdalani et moi ne sommes pas à envier, dit-il à ses proches. Les partisans du confessionnalisme ne sont jamais aussi unanimes que lorsqu'il s'agit de s'acharner contre les quelques réformes que nous tâchons de mettre en œuvre. Dans ce sens, nous sommes tous deux des soldats réunis dans une tranchée de première ligne. »

Contrairement aux pays européens et même aux pays arabes voisins, où la plupart des établissements scolaires sont gérés par l'État, plus de 60 % des écoliers libanais fréquentent des établissements privés. Quoique les enseignants soient formellement tenus de suivre des programmes communs, cette règle s'applique avec plus ou moins de bonheur dans le secteur public, alors que dans les écoles privées, ce sont les idéologies religieuses propres à chaque communauté qui modèlent l'esprit des élèves.

Le problème s'aggrave encore en raison des inégalités de niveau de vie entre les communautés et les zones géographiques. Les écoles privées prodiguent, certes, un enseignement de

1. Kamal Joumblatt, *Un quart de siècle de combat*, *op. cit.*, p. 291-292.

meilleure qualité, mais il est beaucoup plus cher que celui offert par les écoles publiques ; elles sont donc essentiellement fréquentées par les enfants aisés des communautés chrétiennes. Ainsi, l'on trouve un plus grand nombre d'écoles privées dans les régions à prédominance chrétienne que dans les régions musulmanes, au niveau de vie moins élevé, où les parents envoient leurs enfants dans les écoles de l'État. Dans les zones économiquement attardées comme le sud du Liban, le nord de la vallée de la Békaa ou le Akkar, dont les populations sont principalement composées de chiites et de sunnites démunis, les écoles privées ne sont qu'une utopie, tandis que les établissements publics se comptent sur les doigts. Chrétiens, catholiques et maronites, en premier lieu, ont donc plus de chances de décrocher un poste, exacerbant ainsi le mécontentement, voire la haine sociale des autres communautés.

Le clivage confessionnel se prolonge dans l'enseignement supérieur. Le positionnement culturel et politique est souvent à ce point divergent que les élèves sortant de l'université jésuite française, l'USJ, à laquelle l'élite politique libanaise accorde sa préférence, trouvent difficilement un langage commun avec ceux de l'université américaine, l'AUB, fondée en 1866 par les protestants, pour diffuser au Liban et au Moyen-Orient les idées libérales anglo-saxonnes.

Lors de la première réunion au ministère, Joumblatt, usant d'un vocabulaire militaire, se dit prêt à faire exploser ce système de l'intérieur, avec des « mines patriotiques », pour détruire l'esprit francophile qui l'imprègne.

Sur le plan pratique, il veut étendre le réseau des écoles publiques, surtout dans les régions défavorisées, et unifier les programmes scolaires en prêtant une attention particulière à l'histoire qui est à l'origine de toute identité nationale. Lors d'une conférence de presse, le 5 janvier 1961, il expose son projet de scolarisation primaire gratuite. Parallèlement, il s'emploie à mettre au point un programme pour créer des écoles d'enseignement technique, destinées en premier lieu aux couches démunies, ainsi que des projets relatifs à la formation et au perfectionnement des enseignants.

Ces initiatives rencontrent l'opposition du ministre des Finances, Pierre Gemayel. Le chef du Parti phalangiste voit dans l'idée d'unifier les programmes scolaires, un empiètement sur la liberté de l'enseignement qui est, selon lui, un des piliers du libéralisme libanais. La polémique s'installe jusqu'au sein du ministère de l'Éducation nationale, où plusieurs fonctionnaires nommés en application du quota maronite se montrent solidaires de cheikh Pierre Gemayel.

Ses dix mois au ministère de l'Éducation, Joumblatt les passe dans une lutte épuisante. Chaque question qu'il soulève en conseil des ministres rencontre l'opposition de Pierre Gemayel et, lorsque la discussion se fait dangereusement vive entre les deux hommes, c'est le Premier ministre Saëb Salam ou le président de la République lui-même qui doivent intervenir. En janvier 1961, Pierre Gemayel et Camille Chamoun s'insurgent contre la décision de l'université arabe d'ouvrir une faculté de droit, où les principales disciplines juridiques seront enseignées en arabe. Toute velléité d'arabiser l'enseignement dans le secondaire et, de surcroît, au niveau de l'enseignement supérieur, alerte les politiciens pétris d'Occident. L'université arabe, ayant été fondée en 1960 comme filiale de l'université d'Alexandrie, est associée au nationalisme arabe.

Kamal Joumblatt réagit avec fermeté et sang-froid. Sa riposte au puissant syndicat des avocats, qui menace de se mettre en grève pour une durée indéterminée, consiste à proposer au gouvernement de restreindre le monopole de la jurisprudence. Et, une fois la grève entamée, il réclame la dissolution du syndicat. L'affaire durera plusieurs mois mais, en fin de compte, les opposants qui prétendaient interdire la formation de juristes de langue arabe perdent la partie. À l'été de 1961, le gouvernement autorise la faculté de droit d'enseignement arabe, qui devra toutefois se placer sous l'autorité de l'université libanaise.

La dispute entre Joumblatt et Gemayel s'avère plus âpre encore sur la position du gouvernement libanais par rapport au président Nasser. L'establishment chrétien pro-occidental conserve ses préventions contre Nasser, pour ne pas dire son aversion, et ce malgré les relations chaleureuses établies avec Le Caire – au lendemain de la rencontre historique des deux présidents – qui ont assuré au Liban, et pour des années, la stabilité internationale nécessaire à l'accomplissement des réformes. Suite à une interview accordée par le Premier ministre Saëb Salam au quotidien égyptien *Al-Joumhouria*, dans laquelle il qualifiait son gouvernement de « prolongation naturelle à la révolution libanaise », tout en confirmant son attachement au nationalisme arabe, l'indignation s'exprime dans les milieux politiques chrétiens. Surtout lorsque le Premier ministre déclare que le cœur des Libanais appartient à la République arabe unie.

Le lendemain, Pierre Gemayel demande des explications officielles au Premier ministre et menace de démissionner. La réaction du Bloc national est encore plus tranchée : une motion de censure est déposée contre le gouvernement et il faut l'intervention du président Chéhab pour apaiser les passions. L'accalmie est de courte durée. La confrontation au sein du gouvernement reprend de plus belle en octobre 1960, à l'initiative de Gemayel cette fois : dans un de ses articles, il met en doute la réelle approbation de l'opinion publique en Syrie en ce qui concerne l'union avec l'Égypte et la politique nassérienne. Un mois plus tard, dans le courant de sa campagne anti-nassérienne, Gemayel ranime une polémique pratiquement éteinte sur le soutien accordé par certaines puissances étrangères aux insurgés libanais lors des événements de 1958, accusant sans ambages les anciens chefs de la révolution d'avoir reçu de l'étranger armes et argent.

Kamal Joumblatt relève le gant et, dans une série d'articles véhéments publiés par *Al-Anba'*, critique la politique étrangère du gouvernement et accuse le régime d'avoir fermé les yeux sur les agissements des partisans de l'ancien président Chamoun, des nationalistes syriens et des Kataëb qui collaborent avec eux sur certains points. De même, il lance des flèches contre le ministère des Affaires étrangères, qu'il considère pro-occidental, et qui tente de réorienter la politique étrangère libanaise des États-Unis vers la France. Il critique fortement cette dernière sur la guerre d'Algérie, déclarant qu'il est dans les intérêts nationaux du Liban d'épauler la lutte émancipatrice du peuple algérien contre ses colonisateurs. Lorsque Joumblatt apprend que la délégation libanaise à l'ONU a voté contre l'admission de la Chine populaire, sa réaction n'est pas moins vive. Il interprète la démarche de la diplomatie libanaise comme une violation du principe de neutralité.

Comme en écho à l'intervention de Saëb Salam, l'année précédente, Kamal Joumblatt écrit dans un télégramme de félicitations à Nasser à l'occasion du troisième anniversaire de la RAU : « Pour vous accueillir, le Liban étendrait ses montagnes et ses plaines[1]. » Dans les premiers jours de mars, il se rend en Syrie à la tête d'une délégation pour rencontrer Nasser qui, de son côté, riposte aux tentatives des Kataëb, des nationalistes syriens et de certains politiciens libanais et dénonce leur conspiration contre l'union. Le 2 mars, Joumblatt estime que le président Nasser « s'est exprimé en authentique responsable libanais[2] ».

1. *An-Nahar*, 25 février 1961.
2. *An-Nahar*, 3 mars 1961.

Le 20 mai 1961, Saëb Salam forme un second cabinet dans lequel Joumblatt se voit confier deux portefeuilles : la Planification et les Travaux publics. Les mesures de socialisation de l'économie prises en Égypte suscitent l'admiration de Kamal Joumblatt. Il estime qu'elles coïncident avec les principes du PSP. « C'est exactement cet esprit expérimentateur, tenant compte des conditions égyptiennes et du caractère de son peuple, qui a déterminé le modèle associant nationalisation, planification et initiative privée, à l'instar de celui qui prévaut en Inde et dans certains pays de l'Europe de l'Est[1]. »

Tout en applaudissant aux décrets socialistes de Nasser, Joumblatt n'oublie pas la Syrie où des réformes analogues sont en cours, sans qu'elles tiennent toutefois compte des conditions locales, suscitant le mécontentement, non seulement de la bourgeoisie et des propriétaires fonciers, mais aussi de larges franges populaires. Joumblatt, qui a de nombreuses relations dans ce pays, est conscient de la tension provoquée par l'intransigeance du conseiller Abdel Hakim Amer. Kamal bey est particulièrement alarmé par les rumeurs concernant l'émergence d'un esprit antinassérien au sein de l'armée, où de nombreux officiers ayant des accointances avec le Baas ont été démobilisés ou rétrogradés et mutés en Égypte.

La sécession de la Syrie, suite au coup d'État du 28 septembre 1961, ne surprend pas Joumblatt. Dans les premiers jours d'octobre, la direction du PSP critique les événements de Syrie, les estimant contraires à la lutte pour la libération nationale et aux principes du socialisme coopératif proclamé par la RAU. Kamal Joumblatt comprend que le retrait syrien renverse le rapport des forces dans le monde arabe et porte un coup irréparable aux forces nationalistes progressistes au Liban et dans

1. Kamal Joumblatt, *Au nom de demain*, Beyrouth, Al-dar Al-Taqaddoumiya, 1987, p. 159.

les autres pays de la région. Les éditoriaux d'octobre du quotidien *Al-Anba'*, où Joumblatt expose ses vues sur les causes et les conséquences possibles des événements en Syrie, sont empreints de pondération, les remontrances à l'adresse de Nasser modérées. Pour Joumblatt, l'une des erreurs de Nasser a été d'interdire les partis progressistes, le Baas en premier lieu, « qui aurait pu jouer un grand rôle dans la propagation de l'esprit du socialisme[1] » et apporter aux dirigeants de la RAU un soutien efficace pour briser la résistance de la bourgeoisie et des féodaux. L'autre erreur est la dépolitisation de l'armée qui, dégarnie d'officiers membres du Baas, s'est retrouvée aux mains des séparatistes. Les trois années de sécheresse qui ont laissé les paysans exsangues ont ajouté au drame syrien.

Joumblatt n'incite ni à boycotter ni à isoler les instigateurs du coup d'État. Au contraire, il estime qu'il convient d'éviter que les « forces impérialistes » ne profitent de la situation pour prendre pied en Syrie. « Le mouvement de Damas n'est pas une défaite au sens littéral, écrit-t-il, mais plutôt une régression inconsciente et impulsive[2]. » Toutefois, il ne dissimule pas ses pressentiments : « La Syrie ne pourra atteindre la stabilité que si la conjoncture dans les pays voisins y concourt. Quant à nous-mêmes, au Liban, il nous faut rester éveillés pour assurer la stabilité, car de très graves événements nous attendent, d'ici le printemps[3]. »

La désintégration de la RAU sème le désarroi et la dissension dans les rangs du mouvement national arabe au Liban. Kamal Joumblatt milite pour un mouvement de soutien à Nasser et à la RAU, qui rassemblerait les forces favorables à la libération nationale et au socialisme. Au début d'octobre 1961, le Front arabe progressiste est fondé, avec comme adhérents, outre le

1. *Al-Anba'*, 14 octobre 1961.
2. *Al-Anba'*, 21 octobre 1961.
3. *Ibid.*

PSP, le mouvement des nationalistes arabes, ainsi que Maarouf Saad et plusieurs députés, écrivains et journalistes proches de Joumblatt. L'initiative reste sans résultats. L'activité du Front se limite à quelques déclarations condamnant les séparatistes et à quelques appels à la solidarité et à l'union, sans trouver d'écho dans la société. Au début de 1962, le Front disparaît de l'horizon politique.

À l'automne 1961, après la démission du second cabinet Salam, dans le nouveau gouvernement formé par Rachid Karamé, Joumblatt se voit confier le portefeuille de l'Intérieur.

Deux semaines après la sécession de la Syrie, les dirigeants du Parti social nationaliste syrien, réunis clandestinement chez Assad Achkar, décident un putsch militaire au Liban. Ils mettent dans la confidence Camille Chamoun, Sleiman al-Ali, Jawad Boulos, Fouad Lahoud et quelques autres adversaires du régime. Aucun de ces « alliés » n'accepte de participer au complot. Le deuxième bureau est informé des préparatifs des conspirateurs dès le premier jour. Dans la nuit du 30 au 31 décembre, lorsque le bataillon commandé par le capitaine Fouad Awad sort de Tyr pour gagner Beyrouth, les dispositions ont déjà été prises dans la capitale pour mater la rébellion [1].

Une vague d'arrestations déferle sur le Liban. La répression ne frappe pas les seuls membres du PSN, mais aussi nombre de personnes suspectées de collaboration ou simplement de sympathie pour les insurgés. Les routes se hérissent de barrages et de postes de contrôle. On parle de torture pratiquée par le deuxième bureau.

Le PSP condamne le complot. Des dizaines de druzes se précipitent, les armes à la main, pour défendre Moukhtara.

1. *Al-Wasat*, n° 151, 19-25 décembre 1994, p. 26 ; mémoires de Sami Khatib.

Le journal *Al-Anba'* déclenche une campagne contre les nationalistes syriens, dévoilant leurs liens avec les partisans de Chamoun et leurs complices à l'étranger. Kamal bey souligne que la tentative de coup d'État au Liban s'inscrit dans un complot plus vaste, comprenant aussi le putsch en Syrie et les événements du Congo, d'Algérie et du Kurdistan irakien.

« Je me trouvais au courant de la plupart des affaires secrètes, dira-t-il plus tard en se rappelant cette période. Avec les événements, j'ai fini par réaliser ce qui s'était passé dans l'hypocrisie du secret. Car au Liban, on rencontre artifices et mensonges à tout moment. Mais il suffit de regarder une personne dans les yeux et d'observer ses mains, pour que l'intuition, qui permet de presque lire dans les pensées, fasse distinguer des détails qui généralement échappent aux gens ordinaires, superficiels, alors que le temps qui passe montre bien que l'essentiel se cache précisément dans ces détails[1]. »

Les réalités auxquelles il est confronté éveillent en lui colère et dégoût. L'argent dont les riches pays pétroliers de la péninsule arabe inondent le Liban engendre le mythe d'un Beyrouth florissant, d'un « Monte-Carlo arabe ». S'employant à détruire le mythe d'un paradis terrestre, Joumblatt oppose à ce Beyrouth de la richesse et de la prospérité l'image d'une ville-comptoir du capitalisme, d'une nouvelle Babylone cosmopolite, nageant dans le vice et la débauche. « La liberté absolue se distingue par la contrebande sous tous ses aspects ; non seulement la drogue et les cigarettes, mais aussi les films obscènes et la publicité amorale qui ruinent la conscience des enfants, des adolescents, et qui dépravent jusqu'aux adultes. La télévision n'est pas un mal moindre que tous ces cabarets, ces boîtes de nuit et ces lieux de plaisir de la côte. Tout cela, pour que le Libanais vive comme un Européen évolué – et l'évolution n'a pas là son vrai sens –,

1. Kamal Joumblatt, *Au nom de demain*, *op. cit.*, p. 249.

qu'aucune honte n'affecte et qui ne voit nul mal [...]. C'est contre cette liberté phénicienne que je lutte, car j'estime qu'elle mène le Liban à la perdition, tout comme elle a déjà tué la morale, la religion et l'État[1]. »

La guerre contre la « nouvelle Babylone » est déclarée en décembre 1961, lorsque le rock et autres danses modernes sont interdites dans les discothèques et les bars de Beyrouth. Les tenanciers se voient intimer l'ordre d'éclairer plus vivement les pistes de danse et d'en proscrire l'accès aux mineurs. Début 1963, Joumblatt fait interdire Johnny Hallyday, « père » du twist, la danse à la mode du moment : la police libanaise le retient à l'aéroport de Beyrouth, annule son visa et l'invite à quitter le pays. Tous les disques de rock et de twist sont confisqués et leur importation interdite.

Dans l'été de 1962, Joumblatt impose une censure sévère sur les films étrangers et, début 1963, il confie au ministère de l'Intérieur l'élaboration d'un projet de loi relatif au contrôle de la production cinématographique et des programmes télévisés, en recommandant d'inclure des membres du clergé dans les commissions d'experts. Une « liste noire » est ainsi dressée où, au côté des œuvres pornographiques, est consigné tout ce qui peut être considéré comme amoral ou indécent. Le ministère interdit strip-tease et danses érotiques dans les salles de spectacle de Beyrouth et prend des mesures draconiennes pour lutter contre la prostitution. Entre 1962 et 1963, cent seize maisons closes ferment leurs portes au Liban, tandis que leurs propriétaires passent devant les tribunaux. En mars 1963, Joumblatt met en route la rédaction d'un projet de loi augmentant la responsabilité pénale pour l'usage et la vente de stupéfiants. La peine de prison minimale pour ce délit est portée à trois ans fermes.

Il ne s'est jamais senti aussi las, ni aussi seul dans son combat

1. *Ibid.*, p. 84-85.

contre le « mal ». En 1963, il remarque avec amertume que chaque initiative lui demande d'énormes efforts pour vaincre la résistance des tenants du passé. « N'était-ce l'amitié dénuée de tout intérêt qui me lie à la personne du président, bien avant son élection déjà, et à la politique qu'il s'applique sans relâche à mettre en œuvre, j'abandonnerais l'exercice du pouvoir et ne resterais jamais un instant de plus au centre de cette gestion à connotation ottomane », confesse-t-il dans un article de cette époque[1].

Pourtant, en quelques années à peine, le pays se dote d'un réseau routier moderne, l'électricité éclaire certaines régions pour la première fois, des travaux d'adduction d'eau sont menés à terme, des écoles et des hôpitaux construits. La loi de 1963 instituant la sécurité sociale marque un gigantesque pas en avant, même si elle ne sera réellement appliquée que deux ans plus tard. Kamal Joumblatt note que c'est bien la première fois dans l'histoire du Liban qu'à la tête de l'État se trouve un homme sincèrement dévoué à moderniser l'administration, pallier les inégalités et instituer un système de sécurité sociale.

En 1963, la rumeur court que Fouad Chéhab a l'intention de se porter candidat à un second mandat. Jusque-là, la politique pratiquée par l'émir Chéhab avait détourné de lui une partie des chrétiens, mécontents de la tendance arabe du régime et de ses affinités avec Nasser. Petit à petit, les forces opposées à Chéhab s'organisent avec, à leur tête, des chefs de file aussi peu compatibles que Camille Chamoun et Raymond Eddé. Un rôle important est tenu par Ghassan Tuéni, dont l'influent journal *An-Nahar* critique sans cesse le pouvoir, allant jusqu'à attaquer de front le tout-puissant deuxième bureau. Le patriarche maronite Boulos Méouchi affiche son soutien à la ligue montée contre Chéhab. En 1958, le patriarche avait pris position contre

1. *Ibid.*, p. 251.

Chamoun et appuyé l'élection de Chéhab, mais en 1961, il a changé d'attitude. Le général ne lui a pas manifesté assez d'estime et n'a pas pris l'avis de Bkerké lors de décisions importantes. Le regroupement des opposants obtient l'adhésion de Saëb Salam, qui n'a pas oublié sa destitution du poste de Premier ministre en 1961. En 1963, et malgré l'inimitié entre Salam et Chamoun, on prétend que l'ancien Président va oublier sa rancœur et aider Saëb bey aux élections législatives.

Kamal Joumblatt ne s'inquiète pas outre mesure de l'alliance qui s'organise contre le président Fouad Chéhab. D'après ses estimations, l'opposition ne peut espérer bloquer l'amendement constitutionnel nécessaire à la reconduction de Chéhab. D'un autre côté, la popularité croissante de Chamoun dans les milieux maronites affaiblit la position de Pierre Gemayel, auquel les chrétiens reprochent sa coopération avec le régime, alors que les phalangistes eux-mêmes ne dissimulent pas leur déception du chéhabisme. Cette conjoncture augmente le poids du PSP qui sera, en cas de réélection de Chéhab, le principal pilier du pouvoir.

L'intervention du deuxième bureau au cours des législatives de 1964 n'empêche pas les candidats de l'opposition de progresser. Mais Joumblatt l'a prévu, les partisans du président conservent la majorité. Le PSP a huit élus qui forment un groupe nommé Front de la lutte nationale. Joumblatt soutient l'initiative de Rachid Karamé pour renouveler le mandat du président Chéhab. Tout porte à croire que l'amendement rassemblera facilement les deux tiers des voix nécessaires.

Le refus du président Fouad Chéhab de se représenter surprend ses partisans. Vingt-deux députés, et notamment le président du Parlement, Kamel al-Assaad, arguent du refus du président pour déclarer caduque l'idée même de la convocation d'une session extraordinaire en vue d'amender la Constitution. La défection du Mouvement d'unité nationale, fraction d'al-Assaad, ramène le camp des loyalistes à cinquante-six députés, ce qui est insuffisant pour adopter l'amendement.

Cherchant une issue à cette impasse constitutionnelle, Rachid Karamé, Kamal Joumblatt, Sabri Hamadé et les autres partisans de Chéhab, déploient des efforts énergiques pour convaincre le président de revenir sur sa décision, tout en faisant pression sur Kamel al-Assaad en le menaçant de boycotter le scrutin présidentiel. Cette attitude, aux termes de la Constitution, conduirait à la dissolution du Parlement.

Fin juillet, la seule solution consiste à trouver un autre candidat à la présidence. Comme d'habitude, les puissances étrangères se mêlent au jeu. Le président Chéhab propose la candidature de Charles Hélou, après en avoir informé le président Nasser, par l'intermédiaire de l'ambassadeur d'Égypte Abdel Hamid Ghaleb.

Le 16 août, une majorité parlementaire de cinquante-six députés, réunis à l'hôtel Carlton de Beyrouth, annonce la candidature de Charles Hélou. La veille du scrutin, Hélou rend une visite informelle à Joumblatt à Msaïtbé, à 6 heures du matin. Vers sept heures, Hélou sort de chez Joumblatt avec sa bénédiction, ce qui lui ouvre la voie à la présidence [1]. Le 18 août, il est élu président de la République, par quatre-vingt-douze voix contre cinq.

---

1. Raconté à l'auteur par Joseph Abi Khalil al-Kahhali, assistant de Joumblatt, lors d'une interview à Beyrouth, le 5 octobre 1999.

XI.

Des inquiétudes à l'espoir

Avant même d'accéder au pouvoir, Charles Hélou se rend à Alexandrie où, à la demande du président Nasser, se réunit d'urgence le deuxième sommet des chefs d'État arabes pour discuter de la décision d'Israël de creuser un canal de dérivation qui permettrait de capter les eaux du Jourdain et de fertiliser le désert du Néguev. Le contentieux sur les ressources en eau du bassin du Jourdain date de 1959, quand Tel-Aviv a annoncé un système d'irrigation généralisée en Israël. Il atteint son apogée à l'automne de 1963, après un échange de menaces entre l'État hébreu et la Syrie qui a suscité des incidents frontaliers et mis les deux pays au bord de la guerre. Au premier sommet arabe de janvier 1964, et malgré les pressions exercées par la Syrie pour inciter les États arabes à régler le conflit par les armes, Nasser insiste pour une solution pacifique consistant à construire un système de déviation des affluents au nord du Jourdain, tout en limitant le débit d'eau vers Israël. Rachid Karamé rejette l'initiative des Égyptiens et des Syriens de placer des troupes au Liban pour le protéger des attaques israéliennes et réclame pour son pays une aide financière, afin de développer ses propres forces armées. Toutefois, au sommet d'Alexandrie de septembre 1964, la coopération militaire se trouve remise sur le tapis et Charles Hélou, cédant à la pression de l'Égypte et de la Syrie, donne son accord à la participation du Liban au commandement arabe uni.

Le Liban se retrouve donc au nombre des pays en confrontation avec Israël alors que, durant de longues années, il a tout fait pour se tenir à l'écart des problèmes de la région. La reconnaissance officielle de l'Organisation de libération de la Palestine par le sommet d'Alexandrie consolide cette implication. Charles Hélou vote pour les deux résolutions, en insistant toutefois sur le fait que l'OLP n'installera pas de bases en territoire libanais, et que tout Palestinien qui s'enrôlera dans ses troupes devra définitivement quitter le pays. Le Liban vient de s'engager dans le conflit israélo-arabe et va s'enliser dans le problème palestinien.

Pour maintenir le régime dans la ligne des réformes commencées par Chéhab, et poursuivre une politique étrangère alignée sur celle de Nasser, il semble capital à Joumblatt de coopérer avec le président Hélou et le bloc parlementaire chéhabiste du Nahj, mené par Rachid Karamé. Toutefois, il n'est plus question de « loyalisme positif » envers le régime. Plus Joumblatt réfléchit à sa propre expérience au sein du gouvernement et de l'opposition, plus il tend à croire à l'inutilité du jeu politique traditionnel, avec ses quotas confessionnels et ses alliances au sommet. Quels que soient le ministère ou la fraction parlementaire qu'il dirige, il ne sera jamais qu'un puissant seigneur féodal, dont les prérogatives se limitent à la place attribuée à la communauté druze dans le système libanais. Ainsi se voit-il conforté dans l'idée de trouver de nouveaux alliés, au sein des partis nationalistes et gauchisants.

Les premières tentatives de collaboration de Joumblatt avec les partis laïques remontent au début des années 1960. En quête d'une issue à la crise que connaissait le PSP à cette période, il s'était intéressé au mouvement syndical et ouvrier, où le Parti communiste occupait une position dominante. En 1962, le PSP aide à la fondation du Front de libération ouvrière, qui acquiert un statut légal grâce à Joumblatt, alors ministre de l'Intérieur. « L'unité de la gauche pour laquelle nous militons, déclare-t-il en 1965 dans une entrevue accordée à l'hebdomadaire *Al-Hourriya*, présuppose la coopération de toutes les organisations, tous les partis, syndicats et individus, qui croient aux idées du socialisme et à l'émancipation nationale [...]. Il n'est pas du tout nécessaire que tous soient à cent pour cent socialistes, il importe actuellement qu'ils approuvent l'approche des solutions socialistes[1]. »

Le revirement du président Nasser en faveur des communistes est l'un des facteurs dominants dans la réunification des partis de gauche du Liban. En mars 1964, les communistes qui croupissaient dans les prisons égyptiennes sont libérés et obtiennent la permission de participer à la vie politique. Dans certains cas, ils sont autorisés à adhérer à l'union socialiste arabe. En mai de la même année, au lendemain de la visite de Khrouchtchev, la coopération égypto-soviétique se développe et les partis communistes des pays arabes cessent leur confrontation avec le président Nasser. Le PC libanais confirme sa position en faveur de la RAU, en laquelle il voit désormais la force motrice du monde arabe. Lors du plénum du comité central de mars 1965, le PC se prononce en faveur d'une coopération avec le PSP et le mouvement nationaliste arabe.

C'est lors d'un rassemblement au cinéma Byblos de Beyrouth, le 18 juillet 1965, que la gauche donnera la mesure de sa cohésion nouvelle, en s'insurgeant contre la proposition de loi préparée par le gouvernement de Hajj Hussein Aoueini, pour garantir les investissements américains au Liban.

À la fin de l'été 1965 survient la « crise des pommes ».

1. *Al-Anba'*, 31 juillet 1965.

Les pommes sont la principale marchandise d'exportation du Liban et assurent les profits des centrales agricoles d'achat, de transport, de stockage et de commercialisation. Au milieu des années 1960, plus de quatre millions de pommiers sont dénombrés au Liban et la récolte annuelle culmine à cent vingt mille tonnes[1]. Cette surproduction permet aux détenteurs du monopole de la commercialisation d'imposer des conditions d'achat désavantageuses aux producteurs, pour l'essentiel de petits fermiers ne disposant pas de moyens de transport ni de chambres froides pour la conservation. Les gros commerçants passent donc dans les plantations avant les vents de septembre qui dénudent les arbres, et achètent les meilleures récoltes pour une bouchée de pain. Tout ce qui n'est pas vendu est destiné à pourrir sur place. 60 % au moins des agriculteurs de Nabeh As-Safa, du Kesrouan et du Metn produisant des pommes, de nombreuses familles sont ruinées d'année en année.

Pour donner à la crise des pommes une envergure nationale, le PSP et les partis de gauche qui lui sont associés organisent, le 26 septembre 1965 à Btekhniyé, un village du Haut-Metn, un rassemblement regroupant environ quinze mille personnes. Kamal Joumblatt expose les moyens de résoudre le problème selon les « principes socialistes » qui consistent en une participation active de l'État à l'achat, la conservation et la commercialisation des pommes et autres produits agricoles, doublées d'un strict contrôle des prix d'achat et de vente. Ce meeting, à l'instigation du Front des partis et personnalités nationalistes et progressistes, suscite un fort mécontentement dans les milieux conservateurs qui ripostent en organisant leur propre rassemblement antisocialiste, le 30 octobre à Safa, pour la défense de l'« économie libre ».

Regroupant le PSP, le PCL et le Mouvement des nationalistes

1. N. Livanov, *Le Liban*, Moscou, Éditions Mysl, 1966, p. 26-27.

arabes, rallié par le Front de libération ouvrière et quelques politiciens indépendants situés dans l'« aile gauche » du bloc du Nahj, parmi lesquels des personnalités célèbres comme Maarouf Saad et le général Jamil Lahoud, le Front constitué en septembre 1965 n'a aucune qualité officielle, car la majorité des adhérents représentent des partis et des organisations illicites, qui agissent dans la clandestinité ou dans une semi-légalité. Ils sont acquis aux idées socialistes et dévoués au nationalisme arabe dans son acceptation nassérienne.

La tempête menace début 1967. Le conflit entre Damas et Tel-Aviv s'envenime depuis janvier 1965, date à laquelle la Syrie a mis en chantier un canal de dérivation des eaux du Yarmouk, en réponse au réseau d'irrigation réalisé en Israël. En mars 1965, puis en mai et juillet 1966, Israël bombarde les chantiers syriens au nord du lac de Tibériade. Les incidents frontaliers se multiplient. Le 7 avril 1967, un affrontement a lieu à la frontière israélo-syrienne, avec recours aux blindés et à l'aviation des deux côtés. Ce jour-là, les avions militaires israéliens apparaissent pour la première fois dans le ciel de Damas. Nasser riposte en exigeant le retrait du Sinaï des forces de maintien de la paix de l'ONU, pour les remplacer par des troupes égyptiennes. Le 22 mai, il annonce son intention de bloquer l'accès du golfe d'Aqaba aux navires israéliens et ajoute : « Les Juifs menacent de nous faire la guerre. Nous leur disons : "À la bonne heure. Nous sommes prêts pour la guerre"[1]. »

Début 1967, Kamal Joumblatt a attiré l'attention du gouvernement sur le danger que court le Liban. Il insiste pour instaurer un service militaire obligatoire, mobiliser la population et l'entraîner au maniement des armes, déployer des unités de défense civile et bâtir des abris et des fortifications à la frontière

1. N. Israel Safran, *The Embattled Ally*, Cambridge (Massachusetts) et Londres, The Belknap Press of Harvard University Press, 1978, p. 388.

avec Israël. Il estime urgent de former une brigade composée des Palestiniens se trouvant au Liban, qui combattrait dans les rangs de l'armée libanaise en cas de conflit. Le 25 mai 1967, il adresse une circulaire aux membres du PSP les engageant à se porter volontaires au premier appel. Dans sa conférence de presse du 2 juin, la veille de la guerre, Joumblatt souligne que la cause du conflit est, non pas la fermeture du golfe d'Aqaba, mais l'occupation de la Palestine. Il propose d'entreprendre une action résolue contre les intérêts américains et britanniques au Liban, de bloquer leurs capitaux en cas d'appui à Israël dans sa guerre contre les Arabes.

La déconfiture des armées égyptienne et syrienne est un coup terrible pour Joumblatt[1]. Alors que Beyrouth-Ouest est secoué par des manifestations de soutien à Nasser, il écrit dans *Al-Anba'* : « Nous avons perdu une bataille qu'il était impossible de ne pas perdre, car les États-Unis ont fourni à Israël tout le matériel nécessaire, alors que l'aide de l'Union soviétique aux Arabes n'était pas à la hauteur[2]. »

La suite des événements convaincra Joumblatt de son erreur sur ce dernier point. Le 10 juin, le jour où paraît l'éditorial, l'Union soviétique annonce la rupture de ses relations diplomatiques avec Israël et entreprend de ravitailler massivement l'Égypte en matériel et équipements militaires. La presse occidentale annonce l'arrivée au Caire des premiers groupes d'instructeurs militaires soviétiques et l'octroi au président Nasser d'une aide économique exceptionnelle. Au cours d'un entretien, l'ambassadeur soviétique Serwar Azimov assure à Joumblatt que Moscou est décidé à ne pas laisser torpiller les deux régimes progressistes d'Égypte et de Syrie.

---

1. Louis Hajj, *Coffres de la mémoire*, *op. cit.*, p. 132.
2. *Al-Anba'*, 10 juin 1967.

Lors d'une conférence de presse le 16 juin 1967, Kamal Joumblatt modifie son appréciation en affirmant que la prochaine bataille contre Israël ne saurait tarder et que cette fois les Arabes vont l'emporter. Joumblatt invite les « pays amis » – l'Union soviétique et les pays socialistes – à poursuivre leur aide matérielle, morale et politique, aux peuples arabes. Une réflexion plus approfondie le conduit à la conclusion que les Arabes doivent cesser de rejeter la conséquence de leurs actes sur les autres. Lors d'une visite au Caire, en juillet 1967, il déclare à l'hebdomadaire égyptien *Rose al-Yussuf* que la faiblesse des Arabes réside dans une mentalité axée sur le verbe, leur passion pour des slogans, perçus comme des incantations magiques.

Au lendemain de la guerre, le Front des partis nationalistes et progressistes se fissure. Kamal Joumblatt en rend les communistes responsables. La division du Mouvement des nationalistes arabes affecte l'unité du Front. Dès 1966, les chefs du mouvement appartenant à la gauche radicale s'étaient opposés à Nasser sur la question de la guerre au Yémen et, après juin 1967, ils critiquent le régime égyptien et annoncent leur rupture. Vers septembre, les activités du Front cessent pratiquement.

La catastrophe de juin 1967 génère pessimisme et défaitisme, ainsi qu'une profonde déception vis-à-vis des régimes progressistes arabes. L'humiliation de la guerre des Six Jours entraîne le déclin du nassérisme.

Après juin 1967, l'ascension du mouvement de la résistance palestinienne commence. Les premières actions armées des Palestiniens aident des millions de personnes, aux quatre coins du monde arabe, à surmonter l'abattement dans lequel les a plongés l'affront et à reprendre foi dans la capacité des Arabes à résoudre, comme au bon vieux temps, leurs problèmes les armes à la main. L'OLP devient un des principaux partenaires du jeu politique arabe. En mars 1968, après la « bataille de la dignité », quand les forces palestiniennes résistent victorieusement à l'armée israélienne dans la vallée du Jourdain, la célébrité de l'OLP devient telle que tout dirigeant arabe désireux de s'assurer un soutien populaire doit désormais compter avec elle. Nasser ne fait pas exception. Avant 1967, c'est à peine si Yasser Arafat pouvait espérer rencontrer Sami Charaf, le chef de cabinet du président égyptien. En 1968, c'est Nasser lui-même qui cherche à s'afficher en public avec le chef de l'OLP et l'emmène dans la délégation qui l'accompagne à Moscou.

En 1968, l'armement des Palestiniens dans les camps de réfugiés au Liban va bon train. Bien que les opérations des *fedayin* soient centrées sur la Jordanie, les dirigeants de la résistance palestinienne trouvent que le Liban est un lieu stratégique pour le déploiement de la guerre de partisans. Si, en 1967, seules deux attaques armées ont été menées à partir de ce pays, en 1968, on en compte vingt-neuf et, dans le courant de l'année suivante, cent cinquante. Vers la fin des années 1960, plus de 235 000 Palestiniens s'établissent en territoire libanais, ce qui permet de recruter de nouveaux combattants[1]. Dans la région d'Arkoub, au sud-est du Liban, où des bases de fedayin s'installent durant l'hiver 1968-1969, des renforts en hommes, armes et munitions parviennent régulièrement de la Syrie voisine. Le gouvernement libanais, contraint d'emboîter le pas à la politique arabe, n'oppose pas d'obstacles à l'activité de la résistance palestinienne. Et même si, jusqu'en 1969, il conserve un certain contrôle sur les camps de réfugiés, dans lesquels il dispose de postes du service de sécurité et d'agents du deuxième bureau, l'armement et la préparation militaire des Palestiniens se font pratiquement au vu et au su de tout le monde. La résistance palestinienne jouit, il est vrai, du soutien de 80 % des

1. R. Brynen, *Sanctuary and Survival : The PLO in Lebanon*, Boulder, Westview Press, 1990.

Libanais. Chez les sunnites, dans les milieux étudiants radicaux et les partis de gauche, le soutien est total. Les obsèques de Khalil Jamal, le premier Libanais tué en mission en avril 1968, portent témoignage de cette évolution. Le Premier ministre Abdallah al-Yafi, le mufti cheikh Hassan Khaled et des représentants des principaux partis politiques participent à l'immense cortège funèbre.

Autre impact majeur des événements de juin 1967 sur le Liban : la montée, à droite, d'une puissante opposition chrétienne au Nahj. Les premiers contacts des futurs chefs de l'opposition, en l'occurrence Camille Chamoun, Raymond Eddé et Pierre Gemayel, ont eu lieu en février 1967. Ils décident de coordonner leurs efforts aux élections législatives et de créer une alliance entre leurs partis. La défaite de Nasser, qui a sapé les positions chéhabistes et divisé les partis de gauche, donne à la nouvelle « alliance tripartite » des chances de réussite. Dans la seconde moitié de 1967, celle-ci parvient à rassembler une grande partie de l'électorat chrétien au nom de la lutte contre la « dictature » et la toute-puissance du deuxième bureau, d'autant que la coalition des conservateurs bénéficie du soutien de l'Église maronite.

Aux élections du printemps de 1968, l'alliance tripartite réalise un excellent résultat, qui surprend même le deuxième bureau qui s'était en vain efforcé de mettre des bâtons dans les roues des candidats de l'opposition[1]. Le Parti national libéral de Camille Chamoun obtient sept sièges au Parlement, les Kataëb de Pierre Gemayel neuf et le Bloc national de Raymond Eddé double sa représentation, par rapport aux élections de 1964, avec six sièges. En comparaison, les résultats du PSP apparaissent plus que modestes : le Parti ne remporte que sept sièges, même s'il continue avec ses alliés chéhabistes de représenter la majorité.

Kamal Joumblatt considère les élections comme une

1. *Al-Wasat*, n° 339, 27 juillet-2 août 1998, p. 36.

« catastrophe » et y voit le début d'une contre-révolution. La victoire des conservateurs menace de raviver les divisions confessionnelles dans le Mont-Liban, ce qui ferait l'affaire d'Israël qui, depuis longtemps déjà, mûrit des projets de démantèlement du Liban en une constellation de mini-États. L'ambassadeur américain William Porter ne dissimule pas sa sympathie pour l'alliance tripartite.

Les élections de 1968 révèlent l'unité de la droite chrétienne conservatrice et l'incapacité du régime à faire face à la situation. Face à la polarisation de la société, le président Hélou se trouve pris entre deux feux et fait un choix tacite en faveur de l'alliance tripartite pour tenter de se laver de l'accusation d'« otage du chéhabisme » qui l'accompagne depuis son élection. Pour Kamal Joumblatt, le rôle peu reluisant du deuxième bureau contribue au déclin du chéhabisme et à l'affaiblissement de l'État pour la défense duquel il avait été créé. Le chef du PSP n'a jamais considéré le deuxième bureau avec sympathie. Il y pressent une menace contre la démocratie. Maintenant que le navire du chéhabisme fait naufrage, il se permet de critiquer ce service secret de l'armée, de condamner les actions dirigées contre les hommes politiques liés à Chéhab et à sa politique de réformes. Joumbatt cite la chasse menée par le deuxième bureau contre Saëb Salam, qui a fini par pactiser avec Chamoun, son plus farouche ennemi, et par se solidariser avec l'alliance tripartite. Même résultat avec le patriarche maronite Boulos Méouchi, adversaire virulent de Chamoun, en 1958, mais gagné à sa cause dix ans plus tard.

Par ailleurs, Joumblatt considère que la résistance palestinienne doit être épaulée, qu'elle devient un facteur d'union des forces nationalistes et progressistes du pays. Repoussant toute solution pacifique du problème de la Palestine, le PSP réclame, en 1968, la reconnaissance du droit des Palestiniens à la résistance armée et, conjointement avec les autres partis et organisations populaires, appelle à la création d'un mouvement libanais de soutien à la résistance palestinienne. En novembre 1968, lors de la commémoration de la déclaration Balfour, Kamal Joumblatt proclame que la lutte armée des Palestiniens s'avère être le principal souci des Arabes et demande au gouvernement d'abolir les restrictions aux opérations de fedayin.

À partir de fin 1968, la question de la liberté d'action des fedayin à partir du territoire libanais se trouve au cœur de la polémique entre les différentes forces politiques. En novembre, les étudiants des universités libanaise et arabe organisent une manifestation, à Beyrouth, pour protester contre la répression que subissent les combattants palestiniens en Jordanie. Les étudiants en littérature française, qui voulaient rejoindre le mouvement, rencontrent une farouche opposition des phalangistes. Une sanglante bagarre s'ensuit, qui fait plusieurs blessés graves. L'un des instigateurs de l'affrontement est Béchir Gemayel, fils de Pierre Gemayel alors ministre de l'Intérieur. Joumblatt exige une enquête et le châtiment des coupables. Les autorités font la sourde oreille. Deux jours plus tard, les responsables des cellules estudiantines de gauche de l'université arabe organisent un sit-in devant l'Unesco, résidence temporaire du Parlement libanais en travaux. Les manifestants retirent le drapeau libanais flottant sur le bâtiment et accrochent un immense portrait de Nasser sur la façade.

Les affrontements entre les étudiants favorables à la lutte armée des Palestiniens et leurs condisciples phalangistes ne cessent pas. Un étudiant nommé Bassam Merhy trouve la mort lors d'une rixe à Tripoli. Tandis qu'une délégation des partis nationalistes et progressistes de Tripoli rencontre le président Charles Hélou, Kamal Joumblatt réclame la démission du gouvernement et l'instauration du service militaire obligatoire. Grâce aux efforts de médiation de nombreuses personnalités, le conflit dans les milieux étudiants se calme tant bien que mal. Comme signe de réconciliation, le 16 novembre 1968, une délégation formée des deux factions fleurit le tombeau du soldat inconnu.

La trêve ne dure pas. Le 26 décembre 1968, les combattants du Front populaire de libération de la Palestine attaquent un avion de ligne israélien à l'aéroport d'Athènes. Tel-Aviv riposte par une première action de représailles d'envergure contre le Liban. Le 28 décembre, un commando israélien débarque à l'aéroport international de Beyrouth et dynamite treize appareils de la compagnie libanaise Middle East Airlines. Le gouvernement libanais porte plainte devant le conseil de sécurité de l'ONU, qui désigne une commission d'enquête. De son côté, le roi Hussein de Jordanie propose de convoquer un sommet arabe.

Dans un article publié par *Al-Mouharrir* le 31 décembre et intitulé « Le scandale des scandales », Joumblatt rend le président Hélou responsable de l'événement pour n'avoir rien entrepris en vue de renforcer la capacité de défense du pays. Il note que le président et son équipe, qui n'ont pas cru bon d'acheter des armes à l'Union soviétique, pensaient que les puissances occidentales ne laisseraient jamais Israël agresser le Liban.

Kamal Joumblatt, comme beaucoup de Libanais, comprend que l'attaque israélienne encourage les forces opposées à la présence des combattants palestiniens à leur déclarer la guerre, ce qui aura inévitablement pour conséquence des heurts entre les Libanais eux-mêmes : « Pour la quatrième fois de l'histoire moderne du Liban, nous sommes placés devant un choix décisif. Soit l'État cesse d'intervenir pour bloquer l'éclosion d'un courant populaire national et progressiste, soit nous devons nous attendre à une vague de violence qui déferlera inéluctablement sur le Liban et atteindra son apogée dans les prochaines années[1]. »

1. *Al-Anba'*, 11 janvier 1969.

Début 1969, les étudiants de quatre universités du Liban lancent une grève en guise de protestation contre l'incapacité du régime à protéger le pays des attaques d'Israël. Avec pour mot d'ordre « Liberté à la lutte armée des fedayin », le mouvement gagne Saïda, Tyr et d'autres villes, avant de dégénérer en désordres populaires, auxquels les leaders radicaux des organisations de jeunesse donnent le nom de « révolution des étudiants », par analogie avec les révoltes estudiantines de 1968 dans les pays d'Europe occidentale et aux États-Unis.

Au printemps 1969, Israël semble avoir atteint le but qu'il s'est fixé : la polarisation de la société libanaise progresse à pas de géant. Le 7 mars, à Broummana les responsables de l'alliance tripartite, inquiets du radicalisme de gauche au sein des communautés musulmanes et de leur solidarité avec le mouvement de la résistance palestinienne, dénoncent la « menace communiste et sioniste » qui plane sur le pays et réclament le déploiement des forces de l'ONU à la frontière libano-israélienne. La réunion de Broummana, qui considère les événements internes du Liban comme une confrontation entre chrétiens et musulmans, est le point de départ de la division du pays.

En avril 1969, et pour la première fois depuis la défaite de juin, Kamal Joumblatt parvient à réunir les partis et les organisations nationalistes et gauchisantes du pays. Le rassemblement s'opère sur la base d'un soutien au mouvement de la résistance palestinienne. À la réunion du 21 avril 1969, la formation du Rassemblement des partis et organisations nationalistes et progressistes est annoncée, suivie d'une déclaration commune condamnant le régime pour avoir utilisé l'armée contre les bases palestiniennes au sud du Liban et provoqué des affrontements avec les fedayin.

Pendant un temps, les autorités libanaises se sont abstenues de recourir à la force contre les Palestiniens. En avril 1969, la création d'un commandement de la lutte armée palestinienne dans le but d'englober la plupart des organisations militaires palestiniennes de Jordanie, de Syrie et du Liban, s'accompagne d'une intensification des opérations de fedayin à la frontière libano-israélienne. Le régime libanais se trouve dans une situation délicate : ne pas agir reviendrait à exposer le pays à de nouvelles représailles de la part d'Israël, alors qu'utiliser l'armée entraînerait un conflit avec les États arabes et une division confessionnelle du pays. En avril, les autorités essayent néanmoins d'établir un contrôle sur les camps palestiniens, tout en imposant des contraintes à l'activité des fedayin au Liban-Sud. L'armée encercle le village de Bint Jbeïl afin d'appréhender les combattants qui revenaient d'un raid. Les habitants refusent de livrer les fedayin mais, après trois jours de siège et sous la menace de bombarder le village, les combattants palestiniens sortent de leur abri. L'un d'eux est tué, les autres sont emmenés à la caserne de Tyr.

Le Rassemblement des partis et organisations nationalistes et progressistes lance un appel à une manifestation à Beyrouth. En dépit des efforts de Kamal Joumblatt, l'autorisation est refusée. Pour éviter que le sang ne coule, Joumblatt poursuit ses négociations avec le gouvernement et finit par proposer un compromis : la manifestation sera remplacée par une grève des universités et des élèves des écoles de Beyrouth-Ouest. Les événements qui ont lieu au matin du 23 avril annulent ses efforts : à Saïda, lors des obsèques du combattant Mohammed Ali Moussa, les forces de sécurité ouvrent le feu sur le cortège funèbre, faisant quatre morts et vingt-neuf blessés. Des heurts surviennent dans la Békaa, faisant également des victimes.

Comme convenu avec le gouvernement, ni Joumblatt ni ses confrères de la direction du PSP ne participent aux protestations. Le jour de la manifestation, Kamal bey tient un séminaire à l'intention des responsables du Parti sur la dialectique dans la Grèce antique. Seuls les étudiants du Parti font acte de présence, dont un jeune homme de dix-neuf ans, Walid Joumblatt. Le rassemblement est prévu sur la place des Makassed. Vers 15 heures, des élèves des universités et écoles de Beyrouth, des réfugiés des camps palestiniens, excepté celui de Bourj el-Barajné encerclé par l'armée, affluent. La colonne se met en marche à 16 heures, aux cris de *« assifa »* (« tempête »). Au premier barrage, les forces de sécurité accueillent les manifestants avec des gaz lacrymogènes et des lances à eau. La colonne se reforme pour poursuivre sa marche. Les soldats tirent sur la foule, faisant six morts et quarante-six blessés. Le gouvernement décrète le couvre-feu et confie le maintien de l'ordre à l'armée.

Le lendemain, le cabinet de l'*effendi* Rachid Karamé présente sa démission. Devant le Parlement, Karamé déclare : « Hier, du sang innocent a coulé [...]. Ce genre d'événements réclame que les Libanais d'opinions diverses parviennent à s'entendre. Si chacun d'entre nous s'accroche à ses conditions, nous ne pourrons pas neutraliser le danger qui pèse sur le pays[1]. » Kamal Joumblatt voit dans la démission du Premier ministre une désertion face à ses responsabilités ; ce dernier a agi en tant que représentant d'une communauté et non pas en chef de gouvernement : « Il aurait dû s'en tenir au principe national et entériner la loi sur le service militaire obligatoire, au lieu d'être simplement le premier parmi les ministres[2]. »

La crise gouvernementale va durer. Début mai, Joumblatt présente un mémorandum en dix-sept points. Il demande l'octroi aux Palestiniens du droit de mener leur lutte armée à partir du territoire libanais et réclame l'adoption du service militaire obligatoire ; il appelle à la création d'un conseil consultatif palestinien pour décider, conjointement avec les

1. Dr. Rizk Rizk, *Rachid Karamé : le politicien et l'homme d'État*, Beyrouth, p. 108-109.
2. *Al-Anba'*, 26 avril 1969.

autorités libanaises, de tout ce qui est en rapport avec la présence des Palestiniens au Liban. Rachid Karamé reste dans le vague.

Les consultations sur la formation du nouveau cabinet, entamées fin avril, n'aboutissent pas. Les chefs de l'alliance tripartite n'arrivent pas à adopter une position commune : Camille Chamoun condamne l'action des forces de sécurité contre les manifestants et donne son accord à la proposition du bloc centriste (Saëb Salam, Kamel al-Assaad et Sleiman Frangié) tendant à une coordination des actions avec les Palestiniens, à condition de ne pas mettre la souveraineté et l'intégrité territoriale du Liban en danger ; Pierre Gemayel ne dissimule pas son aversion pour la présence palestinienne armée, relevant que l'instabilité créée par les opérations militaires a provoqué un reflux des capitaux étrangers et qu'elle est dommageable au tourisme ; le amid Raymond Eddé, encore plus radical, ne cesse de réclamer le déploiement d'un contingent de l'ONU le long de la frontière libano-israélienne.

Yasser Arafat, président du comité exécutif de l'OLP, arrive à Beyrouth le 8 mai 1969. Ses entretiens avec le président Charles Hélou et le général Émile Boustani, commandant en chef de l'armée, se déroulent en présence de Hassan Sabri al-Khaouly, représentant personnel du président Nasser. La partie libanaise se déclare prête à autoriser la présence palestinienne armée, sans toutefois accorder le droit aux fedayin de mener leurs opérations à partir du territoire libanais. Ce à quoi Arafat répond en réclamant une entière liberté pour les raids effectués depuis le territoire libanais, la levée du blocus autour des camps de réfugiés, et la libération de tous les Palestiniens. Il rejette le principe d'une coordination avec l'armée libanaise et déclare que la présence des fedayin à la frontière de la Palestine, en n'importe quel point de la nation arabe, ne peut être objet de marchandage, la seule instance habilitée à décider des opérations militaires étant le commandement palestinien de la lutte armée[1]. Les négociations ne donnent aucun résultat. Tout ce qui a pu être convenu, c'est d'arrêter provisoirement les attaques palestiniennes via la frontière libanaise et d'établir une coopération avec l'armée pour éviter les incidents.

Les consultations sur la composition du gouvernement restent dans l'impasse. Fin mai, la situation devient désespérée quand le président Hélou déclare dans un message à la nation : « Notre devoir est de ne pas donner à l'ennemi le prétexte à la réalisation de ses projets expansionnistes [...]. Et d'éviter tout ce qui peut rompre l'unité du front, à l'intérieur comme à l'extérieur. [...] Notre soutien à la lutte du peuple palestinien doit s'organiser compte tenu de ces dangers [...]. Nous appuyons les actions des fedayin, dans la mesure de nos possibilités déterminées par la logique et le besoin d'assurer la souveraineté et l'intégrité du territoire[2]. »

Kamal Joumblatt ne cache pas son mécontentement : « La crise que nous vivons ne peut être résolue avec des phrases bien sonnantes, écrit-il dans *An-Nahar*. La souveraineté nationale et le serment prêté pour défendre l'intégrité territoriale doivent se faire par la constitution d'une armée puissante, aussi bien en hommes qu'en équipements [...]. Le soutien à la lutte palestinienne ne peut se faire par des discours, mais par la mobilisation du Liban tout entier pour défendre sa souveraineté et apporter une aide réelle aux Palestiniens [...]. Le sud du pays ne peut être défendu que par la formation militaire de ses habitants et par la guerre populaire[3]. »

Joumblatt est convaincu que les projets d'annexion du Sud-Liban jusqu'au fleuve du Litani ont vu le jour bien avant l'émergence du mouvement de résistance palestinienne, Israël

1. *An-Nahar*, 9-13 mai1969.
2. *An-Nahar*, 1er juin 1969.
3. *Ibid.*

cherchant à assurer son approvisionnement en eau aux dépens de ses voisins arabes. L'idée de la partition du Liban, qui remonte à la fin des années 1940, n'est un secret pour personne. Aux yeux de Joumblatt, la seule garantie pour le Liban serait de constituer une armée forte, de mobiliser la population pour défendre les frontières au sud, de soutenir la résistance palestinienne et de coopérer avec les régimes arabes progressistes.

Durant l'été 1969, les contradictions dans le jeu politique intérieur s'exacerbent avec la dégradation du niveau de vie et la montée des tensions sociales. Un scandale sonne le glas de la période chéhabiste. La presse dévoile que le deuxième bureau aurait empêché les agents des services secrets soviétiques de voler un des chasseurs Mirage français équipant la force aérienne libanaise. La campagne de presse antisoviétique, entamée à la suite de cette nouvelle, provoque l'irritation du président Nasser. Son ambassadeur égyptien à Beyrouth contacte le deuxième bureau et lui demande de mettre fin aux publications qui desservent l'Union soviétique auprès du monde arabe.

Après une entrevue avec l'ambassadeur soviétique, Joumblatt met aussi en doute la version officielle et déclare que la campagne de dénigrement est le résultat d'un complot relevant d'une manipulation américaine. Ainsi annonce-t-il au chef du deuxième bureau, le général Gaby Lahoud : « L'Union soviétique est un pays ami et il est intolérable de le laisser discréditer de telle façon[1]. » Lahoud essaie d'expliquer que les choses ne sont pas si simples, Joumblatt ne veut rien entendre : « En quoi le Liban aurait-il besoin de ce Mirage ? Même si tout ce que vous avancez est vrai, il aurait mieux valu donner cet avion aux Russes. Ils ont bien offert plus de cent avions aux Arabes[2]. »

Jusqu'au début des années 1960, Joumblatt, très circons-

1. *Al-Wasat*, n° 339, 27 juillet-2 août 1998, p. 35.
2. Entretien avec Nadim Abdel Samad, à Beyrouth, le 19 avril 1999.

pect vis-à-vis de l'Union soviétique, avait multiplié les propos désapprobateurs au sujet du système totalitaire soviétique, divisé en classes, où le matérialisme prévalait sur le spirituel. Dans les années 1950, pendant la guerre froide, Joumblatt ne faisait pas de différence entre l'Union soviétique et les États-Unis. Le rapprochement du Caire et de Damas avec Moscou, désormais considéré comme ami et allié de la libération nationale arabe, le conduit à reconsidérer son point de vue. Après 1967, quand l'aide militaire et économique soviétique sauve les régimes arabes progressistes, il adopte le point de vue de Nasser, qui perçoit le développement des relations avec l'Union soviétique comme prioritaire. Joumblatt s'est rendu à Moscou pour la première fois, en 1965. C'est à l'automne 1967, à l'occasion d'un séjour de près de trois semaines en URSS pour les festivités du cinquantenaire de la révolution d'Octobre, qu'il se plonge dans les réalités sociales soviétiques. Son changement d'attitude ne signifie pas qu'il adopte sans réserve le modèle soviétique de socialisme.

À la fin du mois d'août, des affrontements entre la gendarmerie et les Palestiniens se produisent au camp de Nahr el-Bared, non loin de Tripoli. L'armée encercle le Bared, alors que les troubles gagnent les camps palestiniens du sud. Cette intervention provoque une série d'incidents et, en octobre 1969, la tentative du général Boustani de bloquer le « chemin d'Arafat », par lequel les unités de l'OLP reçoivent armes et équipements de Syrie, aboutit à des heurts sanglants entre soldats libanais et combattants palestiniens. De nombreux camps passent entièrement sous le contrôle des groupes armés palestiniens. Au prix d'âpres combats, les Palestiniens, appuyés par des groupes de sympathisants musulmans, parviennent à renforcer leurs positions en plusieurs endroits aux alentours de Rachaya et du Akkar.

La Syrie ferme sa frontière avec le Liban, alors que l'Irak, l'Algérie, le Yémen du Sud, le Soudan et la Libye désapprouvent l'action du gouvernement libanais. Sur le conseil de l'ancien président Fouad Chéhab, le président Charles Hélou en appelle à Nasser. Le 27 octobre, les délégations libanaise et palestinienne se retrouvent au Caire. Conduite par le général Boustani, la délégation libanaise a comme stricte instruction de ne rien signer qui puisse légaliser la présence palestinienne armée. La pression des médiateurs égyptiens est trop forte. Le 3 novembre 1969, Boustani appose sa signature au bas d'un accord définissant le statut et les droits de la résistance palestinienne au Liban, ainsi que le caractère de ses relations avec les autorités libanaises.

Les accords du Caire reconnaissent aux fedayin palestiniens le droit à une présence armée au Liban et à la « participation à la révolution palestinienne » sous forme de « lutte armée » à partir du territoire libanais. Toutefois, cette présence se doit de respecter les principes « de souveraineté, d'intégrité, de non-ingérence dans les affaires intérieures du Liban », en coordination avec l'armée libanaise. De même, ces accords octroient aux Palestiniens un droit de contrôle sur les camps de réfugiés, étant bien entendu que l'État libanais « conserverait entiers et en toutes circonstances, ses prérogatives et ses pouvoirs sur l'ensemble du territoire national[1]. »

Aussitôt informé des accords, Kamal Joumblatt déclare les approuver, de même que les deux leaders de l'alliance tripartite, Camille Chamoun et Pierre Gemayel, soucieux de ménager leurs relations avec les musulmans à la veille de l'élection présidentielle. À l'inverse, le amid Raymond Eddé, y voyant une grave atteinte à la souveraineté nationale, est le seul à émettre un vote négatif, lors de leur ratification par le Parlement.

Le 25 novembre 1969, après deux cent quinze jours de crise politique, Rachid Karamé forme enfin un gouvernement, où le

1. Karim Pakradouni, *La Malédiction d'un pays : de la guerre du Liban à la guerre du Golfe*, Beyrouth, Éditions Abr al-charq, p.126.

PSP obtient deux portefeuilles : Kamal Joumblatt au ministère de l'Intérieur, et Anouar al-Khatib au ministère des Ressources électriques et hydrauliques.

Dans les premières années de son mariage avec Kamal Joumblatt, en femme intelligente et perspicace, May s'était efforcée de s'adapter à la nature peu ordinaire de son mari, de partager ses intérêts intellectuels, de devenir pour lui une amie et un précieux conseiller. Elle lut patiemment Bergson, Krishnamurti et Blavatzkaya, et, au début des années 1950, elle fit en sa compagnie deux voyages en Inde. Gênée par le mode de vie spartiate de son mari, par un ascétisme si différent de sa nature gaie et de son éducation libérale européenne, elle finit par se lasser. Après la mort de Sitt Nazira, leur première rupture intervient. Pendant une bonne dizaine d'années, ils vont essayer de se retrouver. En 1964, ils tentent de reprendre la vie commune. L'entente sera de courte durée. La rupture est douloureuse pour Kamal bey.

Le sentiment de solitude, le besoin inassouvi de chaleur et de tendresse féminine, la capacité d'aimer qu'il conserve intacte expliquent sans doute les métamorphoses survenues dans sa vie de quinquagénaire. À Bruges, en septembre 1968, il rencontre lors d'un colloque de la Société Teilhard de Chardin Mireille Bigorie, une Belge comptant parmi les fervents admirateurs du théologien, qui avait d'ailleurs fait partie d'une délégation de la Société à Moukhtara au printemps 1967. À l'époque, Joumblatt ne lui avait prêté aucune attention particulière. À Bruges, elle l'accueille comme un ami de longue date et le soumet à un véritable interrogatoire sur les théories ésotériques de l'Orient. Kamal Joumblatt fait volontiers le récit de ses voyages en Inde, parle du gourou Sri Atmananda. Mireille Bigorie, qui a étudié la psychologie à l'université de Berkeley, en Californie, parle pratiquement le même langage. Fille du directeur d'une grande compagnie d'assurances, elle appartient à cette génération des années 1960 qui méprise les traditions bourgeoises ; elle est impatiente, passionnée, vive, émancipée. De retour à Beyrouth, Joumblatt se plonge dans le travail et oublie presque la jeune Belge, jusqu'à ce qu'il reçoive une lettre d'elle. L'été 1969, elle débarque au Liban avec des amis pour assister au festival de Baalbeck. De nouveau, elle l'assaille de questions, l'étonne par sa soif de saisir l'essence des choses. Leurs promenades au milieu des ruines majestueuses de Jbeil ou dans les environs de la citadelle médiévale contribuent à créer entre eux une étonnante intimité intellectuelle.

À partir du début des années 1970, Kamal Joumblatt et Mireille Bigorie deviennent inséparables. Ils passent leur temps entre Moukhtara et la résidence de Joumblatt à Msaïtbé. Elle adopte et partage sa vie d'ascète, dormant comme lui sur une natte à même le plancher. Ils se rendent en Inde à plusieurs reprises où, guidée par lui, elle tâche de percer les mystères de l'hindouisme. La particularité de la situation et la position de la jeune femme auprès de Kamal Joumblatt suscitent rumeurs et commérages. Les adversaires politiques de Joumblatt participent à cette campagne de dénigrement, via leurs organes de presse. Kamal bey se plie au protocole et ne s'affiche pas avec Mlle Bigorie aux réunions et réceptions officielles. Par contre, elle est toujours à ses côtés dans le cercle des familiers où elle jouit de l'amitié et du respect de nombreux poètes et gens de lettres, tels que Mikhaïl Neïmé ou Camille Aboussouan. Elle sera la compagne de Kamal bey Joumblatt pendant les sept dernières années de sa vie, les plus intenses. Son amour pour Mireille Bigorie aura donné un second souffle au poète qu'était aussi Kamal Joumblatt, qui composera une série de poèmes en français.

Lorsqu'en mars 1977, Joumblatt sera assassiné dans sa voiture, une balle transpercera la photo de Mireille qu'il portait toujours sur lui. Plus tard, Walid bey Joumblatt rendra cette photo déchirée et maculée de sang à Mireille Bigorie, qui la garde comme une relique. Un an après l'assassinat de Kamal bey, elle reviendra à Moukhtara, avec l'accord de Walid bey, se recueillir une dernière fois devant le mausolée de son « dieu ».

Dans le monde arabe, il est de coutume de dire : « Le Caire écrit, Beyrouth publie et Bagdad lit. » Il en était peut-être ainsi dans les années 1950, mais durant la décennie 1960, Beyrouth est considérée comme la capitale intellectuelle et culturelle du monde arabe, où l'on écrit et lit ce dont on ne peut que rêver au Caire et à Badgad. En dehors des contraintes de la censure qui interdit les critiques à l'endroit des chefs d'État étrangers ou des dirigeants du pays, le libéralisme libanais donne aux intellectuels avides de nouvelles idéologies gauchisantes radicales des ouvertures qui n'existent dans aucun autre pays arabe.

Vers la fin des années 1960, Kamal Joumblatt jouit dans les milieux politiques radicaux et auprès des intellectuels libanais progressistes d'une position sans égale. Karim Pakradouni, un phalangiste reconnu, affirme que Kamal Joumblatt était l'idole des étudiants[1].

L'assise de Joumblatt et son influence personnelle s'élargissent avec son poste de ministre de l'Intérieur, grâce à ses contacts étroits avec les dirigeants de l'OLP qui voient en lui un allié sûr. Joumblatt se fixe trois tâches essentielles : l'application des accords du Caire, la lutte pour les libertés démocratiques et l'amélioration des relations avec les pays arabes. Dès la fin novembre 1969, il obtient le retrait des forces palestiniennes des positions investies lors de la crise de l'automne, dans les régions nord et est du pays. En collaboration étroite avec le haut comité politique, constitué par l'OLP pour coordonner les actions avec les autorités libanaises, Joumblatt impose, en

1. Entretien avec Karim Pakradouni, le 24 septembre 1991.

décembre, des restrictions aux cortèges funèbres des martyrs afin qu'ils ne soient plus accompagnés de désordres publics. En janvier 1970, il interdit le port des armes et de l'uniforme militaire palestinien dans les lieux publics, tout comme les coups de feu tirés en signe d'émotion. Suit l'interdiction d'ouvrir le feu par-delà la frontière. Les commandos palestiniens se voient tenus de déployer leurs lignes, dans le sud du pays, à un kilomètre au moins des agglomérations. Vers la fin du mois de janvier, un accord est conclu sur les principes de coopération entre les Palestiniens et les autorités libanaises, lors de la conduite d'opérations à partir du territoire libanais. Dans les premiers jours de février, les postes de police réapparaissent dans les camps de réfugiés.

Malgré la diminution des incidents armés dans la région frontalière depuis novembre 1969, Joumblatt se plaint du retard pris dans la mise en œuvre des accords du Caire. Ce retard est en partie dû à l'absence d'entente entre les dirigeants palestiniens eux-mêmes et à l'incapacité du commandement de la lutte armée de contrôler l'action des fedayin. Ces derniers, défiant les interdictions, bombardent de temps à autre, au mortier ou avec des missiles, l'autre côté de la frontière, et se montrent armés de la tête aux pieds où bon leur semble. En représailles, Israël attaque les régions du Liban-Sud, poussant la population à un exode vers le nord. En mai 1970, on estime que quinze à trente mille personnes ont abandonné leurs foyers[1].

Sourds aux arguments de Joumblatt qui explique que l'OLP a besoin de temps pour s'adapter aux nouvelles exigences et mettre de l'ordre dans ses rangs, les milieux chrétiens s'irritent des agissements palestiniens. Les chefs de l'alliance tripartite commencent à évoquer l'échec des accords du Caire et le danger que représente la présence armée palestinienne

---

1. R. Brynen, *Sanctuary and Survival : The PLO in Lebanon*, *op. cit.*

pour le système politique libanais. Cheikh Pierre Gemayel, le chef du parti Kataëb, qualifiant d'« erreur » les accords du Caire, propose de déplacer les combattants palestiniens vers d'autres pays arabes. Joumblatt écrit à ce sujet : « Ils craignent qu'en dix ou quinze ans, le nombre de réfugiés palestiniens n'atteigne le million, et ne cause ainsi des troubles internes. Ils considèrent qu'il y a déjà suffisamment d'étrangers, en comptant les cinq cent mille Syriens et autres Arabes déjà installés. Donc, la présence palestinienne suscite la peur chez les maronites. Malheureusement, les isolationnistes n'ont pas compris que le problème doit être abordé sous un autre angle et qu'ils doivent profiter de leurs relations de par le monde : ils peuvent expliquer à leurs amis américains, européens et autres, que la seule façon de régler le problème, c'est de ramener en Israël les un million deux cent mille Palestiniens, y compris ceux du Liban, autrement dit, appliquer la résolution de l'ONU de 1947. Au lieu de cette croisade, il aurait mieux valu que les maronites en appellent aux millions de Libanais de la diaspora et aux Européens influents, pour trouver une solution effective au problème palestinien[1]. »

Le premier affrontement sérieux se produit le 25 mars 1970, lorsqu'au village chrétien de Kahhalé, des phalangistes armés conduits par Béchir Gemayel tendent une embuscade à un convoi palestinien escortant vers Damas la dépouille d'un de leurs martyrs. Plus de vingt personnes trouvent la mort ou sont blessées au cours de la fusillade. Dans la foulée, des affrontements sporadiques ont lieu entre Kataëb et Palestiniens, et l'armée se trouve confrontée aux unités de la résistance palestinienne non loin de l'aéroport. Le jour même, au poste de gendarmerie à proximité de Tell Zaatar, les Palestiniens capturent Béchir Gemayel qui rentre de son expédition. La situation

1. Kamal Joumblatt, *Mon Testament*, Beyrouth, Al-Dar al-Taqaddoumiya, p. 64.

exige l'intervention personnelle de Kamal Joumblatt, qui se met immédiatement en contact avec Yasser Arafat. Après huit heures de négociations intenses, Gemayel est finalement remis en liberté.

Cherchant à gagner un plus vaste soutien populaire au Liban, le Conseil national palestinien entreprend, au printemps 1970, de se lier plus étroitement avec les forces nationalistes de gauche avec lesquelles il entretenait déjà des relations amicales. Arafat, dans le même temps, inquiet de la recrudescence de l'esprit antipalestinien parmi les partisans de l'alliance tripartite, pense sérieusement à se rapprocher des principaux politiciens conservateurs, notamment Pierre Gemayel et Camille Chamoun. À la veille de l'élection présidentielle, les chefs maronites, en quête du soutien des musulmans, s'abstiennent d'exacerber les tensions avec la résistance palestinienne et tâchent de faire croire qu'ils soutiennent la lutte des Palestiniens. Pierre Gemayel, surtout, s'en prend depuis avril 1970 à la gauche libanaise et au communisme international qu'il accuse de chercher à exploiter la « noble cause du peuple palestinien » pour leurs intérêts personnels.

Avec le début de la campagne électorale, le PSP commence à critiquer les pratiques peu démocratiques du deuxième bureau, devenu un État dans l'État, et prend ses distances vis-à-vis des factions parlementaires du Nahj. La rupture définitive avec le chéhabisme, tel que pratiqué dans les dernières années du mandat Hélou, est entérinée le 12 juillet 1970, lors de la réunion extraordinaire du PSP. Une résolution votée par cent quatre-vingts délégués proclame que le PSP ne soutiendra en aucun cas les candidats connus pour leur opposition aux forces nationales progressistes et à la résistance palestinienne. Fin juillet, en réponse à l'investiture de Pierre Gemayel par l'alliance tripartite et à celle de Fouad Chéhab par le Nahj, le PSP pose la candidature du général Jamil Lahoud.

En réalité, Lahoud n'a pratiquement aucune chance : il s'agit d'une ruse tactique de Joumblatt. Fouad Chéhab ayant laissé entendre qu'il ne se présenterait qu'avec, au moins, le soutien des deux tiers des députés, Camille Chamoun et Raymond Eddé se déclarent prêts à voter en faveur de Sleiman Frangié. Chéhab retire alors sa candidature pour proposer, à la veille du scrutin, Élias Sarkis, ancien directeur du bureau du président Charles Hélou avant d'être nommé gouverneur de la Banque centrale. Mais la coalition centriste lui préfère Frangié.

Pour Kamal Joumblatt, jamais sans doute le résultat de l'élection présidentielle n'a revêtu une importance aussi capitale. Le 15 août, juste avant de quitter son poste de ministre de l'Intérieur, à la surprise générale, il signe une ordonnance légalisant l'activité du Parti communiste, du Parti baas affilié à l'Irak, de l'Association baas affiliée à la Syrie et du Parti social national syrien qui, en 1967, s'était rallié au Mouvement de la résistance palestinienne. En même temps, et malgré les protestations énergiques de Pierre Gemayel, il autorise un nouveau parti politique, le Mouvement du 24 octobre, dirigé par Farouk Mokaddem, rival de Rachid Karamé à Tripoli. Ce même jour, il contacte le amid Raymond Eddé pour essayer de le convaincre de présenter sa candidature à la présidence. Sans succès.

À la veille du scrutin, Élias Sarkis se rend à Moukhtara. Pour sa part, Joumblatt n'est pas favorable à un président chéhabiste, soutenu par l'armée et le deuxième bureau, bien qu'il connaisse l'appui que lui apporte Nasser. L'entrevue de Moukhtara se déroule dans une atmosphère calme et bienveillante. Le programme présenté par Sarkis répond si bien aux revendications du PSP, que Joumblatt déclare à son hôte : « Je vous fais entièrement confiance. Mes prises de position se basent sur des faits et ce que vous dites ici correspond en grande partie au projet du PSP. Si Dieu le veut, nous nous mettrons ensemble à l'œuvre... »

Pourtant Joumblatt n'est pas pressé de prendre sa décision. Il lui faut encore éclaircir les intentions de Sarkis sur les accords du Caire et la légalisation des partis de gauche. C'était là, pour Joumblatt et ses alliés gauchisants et palestiniens, le principal critère pour définir leur attitude. À droite, Pierre Gemayel avait mis en cause la compétence du ministère de l'Intérieur à prendre de pareilles décisions, insistant sur le fait que c'était une prérogative du conseil des ministres. Joumblatt ajoute donc : « J'ai l'impression que vous êtes un homme sérieux et que vous ne changerez pas votre fusil d'épaule pour vous retourner contre nous, comme d'autres ont pu le faire. Venez chez moi, demain, à Beyrouth, les camarades vous y attendront. Ce sera une rencontre purement formelle, pour qu'ils fassent votre connaissance[1]. »

Avant leur entrevue avec Sarkis, Georges Haoui et Karim Mroué, deux hauts responsables du Parti communiste tout juste légalisé, se rendent à l'ambassade soviétique. Contrairement au Caire, qui a toujours donné son aval au chéhabisme, Moscou est réservé en raison de la coopération entre le deuxième bureau et la CIA. Les Soviétiques préfèrent Sleiman Frangié pour ses accointances avec les opposants de Chamoun en 1958, et pour son étroite amitié avec les Syriens, tandis que les dirigeants communistes hésitent à rencontrer Élias Sarkis. L'ambassadeur soviétique insiste sur la nécessité de leur participation active à l'élection du nouveau président.

La « rencontre purement formelle » promise par Joumblatt a tout d'un examen. Élias Sarkis est soumis aux questions des vice-présidents du PSP, Abbas Khalaf et Mohsen Dalloul, en présence d'un « jury » mal disposé à son égard, composé de plus de vingt personnes représentant tous les courants de gauche. Georges Haoui, pour sa part, envoie un mémo à Abbas Khalaf,

1. Raji Achkouti, *Élias Sarkis et le temps des malheurs*, Beyrouth, 1994, p. 49-50.

lui suggérant de demander l'avis de Sarkis sur les initiatives de Joumblatt pour la réalisation des accords du Caire et sur la légalisation des partis de l'aile radicale. Élias Sarkis, troublé, essaie de biaiser. Le président du Liban, dit-il, ne gouverne pas en autocrate, il est des questions dont la solution relève du gouvernement et de l'assemblée législative. L'explication ne satisfaisant pas l'assemblée, Georges Haoui répète la question : « Monsieur Sarkis, nous ne demandons pas votre avis sur des choses qui n'ont pas encore eu lieu. En tant que citoyen libanais qui brigue la présidence, quel est votre avis personnel ? » Sarkis reste évasif. À l'issue de la réunion, Joumblatt s'adresse à ses collègues, en français : « Cet homme ferait un bon adjoint, mais un bon adjoint ne peut pas commander. C'est un bon exécutant, pas un décideur. »

Le lendemain matin, tous les quotidiens libanais titrent qu'Élias Sarkis a raté son examen. C'est maintenant au tour de Sleiman Frangié, dont l'ambassadeur Azimov fait les louanges. Haoui et Tebbo, qui ne tardent pas à informer Frangié de l'appui des Soviétiques, se proposent pour le préparer à la rencontre-test avec les alliés de Joumblatt.

La rencontre se déroule en présence des députés du Front de la lutte nationale, des représentants des partis et mouvements de gauche, d'hommes politiques indépendants et de journalistes. Cette fois, Kamal Joumblatt orchestre lui-même la discussion. Il résume la rencontre de la veille avec Sarkis, qu'il qualifie d'homme équilibré et profondément probe, mais qui n'a malheureusement pas pu répondre clairement aux questions concernant les accords du Caire et à la liberté d'action des partis politiques. Puis s'adressant à Frangié : « Que pensez-vous, Sleiman bey, de ces deux questions ? »

La réaction de Frangié est immédiate : « S'il s'agissait d'affaires à trancher demain, vous seriez en droit, Kamal bey, de me demander ce que j'ai l'intention de faire. Mais vous touchez à des questions dont le succès a apporté au Liban une stabilité relative qui promet une solution à la crise. La réponse à vos questions coule, semble-t-il, de source. Non seulement j'approuve la méthode que vous avez utilisée pour mettre en œuvre les accords du Caire, tout comme j'approuve la légalisation des partis politiques, mais encore vais-je vous demander de vous investir encore plus au ministère de l'Intérieur, pour poursuivre cette politique et en assurer la réussite. C'est à moi de vous demander, Kamal bey, si vous-même pouvez garantir ces mesures. Nous avons intérêt à collaborer avec vous, sinon ces mesures ne pourraient aboutir. » Les applaudissements fusent. En quittant les bureaux du PSP, Sleiman Frangié annonce aux journalistes que sa décision de se présenter à la présidence de la République est définitive et irréversible[1].

Le premier tour ne donne aucun résultat. Le général Lahoud n'obtient que cinq voix, alors qu'Élias Sarkis se retrouve en tête avec quarante-cinq voix et Sleiman Frangié en deuxième position avec trente-huit voix. Dix députés ont voté pour Pierre Gemayel et un seul pour Adnan Hakim, le chef des Najjadé. De confession musulmane, ce dernier ne pouvait d'ailleurs pas espérer accéder à la présidence ; sa participation n'était que provocation. Au second tour, comme on compte dans les urnes cent bulletins au lieu de quatre-vingt-dix-neuf, le résultat est annulé. Au troisième tour, les députés qui ont voté pour Pierre Gemayel et Adnan Hakim doivent, en toute logique, soutenir Sleiman Frangié. Même ainsi il n'obtiendrait que quarante-neuf voix, alors qu'il lui en faut au moins cinquante pour l'emporter. Il ne reste plus à Joumblatt qu'à donner à Frangié la voix d'un de ses partisans pour faire pencher la balance. Cette voix décidera de la présidence.

1. Entretien avec Georges Haoui à Beyrouth, en avril 1999.

XII.

Sur la crête des vagues

Un mois après l'élection de Sleiman Frangié à la présidence, les événements de Jordanie ont des répercussions tragiques sur le Liban. En 1970, la position du mouvement de résistance palestinienne et de ses bataillons armés en Jordanie s'était tellement renforcée que le gouvernement jordanien et l'armée ont perdu le contrôle de certaines régions. Dans le nord du royaume hachémite, où les fedayin ont leurs bases principales, le pouvoir est aux mains de l'OLP. La tension est exacerbée par les appels des organisations palestiniennes de la gauche radicale à l'abolition de la monarchie.

Début septembre 1970, profitant de la réaction défavorable de l'opinion mondiale au détournement de trois avions de ligne des compagnies aériennes occidentales par des militants du FPLP vers un aéroport situé dans le désert de Jordanie, le roi Hussein décrète la loi martiale et donne le feu vert à l'opération qui va mettre fin à la présence palestinienne armée. Le 17 septembre, des unités de l'armée formées de Bédouins des régions orientales, dévoués au roi, pilonnent les camps d'entraînement des fedayin. Dans les neuf jours qui suivent, plus de dix mille fedayin trouvent la mort et des dizaines de milliers de blessés sont dénombrés. Les rescapés s'enfuient vers la Syrie voisine et traversent les sentiers montagneux pour gagner le sud du Liban.

Septembre 1970 aura été « noir » dans tous les sens du terme. Le cessez-le-feu à peine entré en vigueur en Jordanie, le 28 du mois, le monde arabe est bouleversé par la nouvelle de la mort du président Nasser. De grands désordres marquent les trois journées de deuil qui sont décrétées à cette occasion. Dans les quartiers musulmans de Beyrouth, des salves et des explosions se font entendre de jour comme de nuit. Par endroits, des adolescents excités brisent les vitrines des magasins et des cafés, renversent les voitures garées au bord des trottoirs, arrêtent les taxis en les sommant d'éteindre leurs phares et de nouer des rubans noirs sur leurs antennes radio, en signe de deuil. Kamal Joumblatt passe ses jours au ministère de l'Intérieur à essayer de limiter les dégâts. Sur ses instructions, la police ferme les yeux sur la manifestation qui se déroule dans Beyrouth-Ouest, le premier jour du deuil. Le jour des funérailles, l'émotion de la foule est telle que des affrontements avec les forces de l'ordre font des victimes.

Joumblatt vit le décès de Nasser comme un drame personnel. Ce jour-là, il se trouve à Moukhtara et se rend sans tarder à l'ambassade d'Égypte à Beyrouth, pour présenter ses condoléances. En repartant, il se laisse aller à pleurer. Il a vu Nasser trois semaines auparavant, au Caire, lors d'un périple à travers les capitales arabes pour tâcher d'éviter les dissensions suite à l'adoption par l'Égypte et la Jordanie du « plan Rogers », imposant un cessez-le-feu sur les lignes de front avec Israël. Il a adopté le point de vue de Nasser, s'efforçant de persuader les adversaires du plan Rogers que le cessez-le-feu ne signifiait pas l'abandon de la lutte armée.

En octobre 1970, le Liban, où l'OLP a installé son quartier général, reçoit des milliers de Palestiniens rescapés du bain de sang jordanien. Le Premier ministre Saëb bey Salam et les autres leaders sunnites accueillent favorablement la nouvelle vague de réfugiés, espérant qu'elle modifiera l'équilibre démographique du Liban à l'avantage des musulmans. De leur côté, retenant les leçons de la tragédie jordanienne, les dirigeants de l'OLP tentent de ne pas répéter leur erreur dans ce Liban devenu leur base unique.

La révolution palestinienne n'y a pas que des amis. Au cours de débats au sein de la direction de l'OLP, il est décidé de gagner un appui populaire massif, en travaillant sur des accords avec les alliés potentiels et en établissant des contacts avec les partis, organisations et mouvements de l'ensemble du spectre politique libanais. Les alliances conclues avec les différentes organisations palestiniennes et les partis libanais idéologiquement proches, liés au camp socialiste ou aux régimes arabes, contribuent à renforcer les positions de la résistance en lui prêtant une dimension internationale. Ainsi, l'Organisation de l'action communiste devient le partenaire le plus proche du Front populaire de libération de la Palestine, qui s'associe avec le PC libanais, alors que la Saïka se lie par une collaboration étroite à l'aile pro-syrienne du Baas, et le Front arabe de libération de la Palestine à l'aile pro-irakienne de ce parti. Quant au Fateh, l'organisation palestinienne la plus influente, elle cherche à se gagner les gros bras des quartiers sunnites de Beyrouth, traditionnellement au service des leaders musulmans, et qui coopèrent étroitement avec le deuxième bureau, depuis dix ans. En leur fournissant armes et devises, le Fateh étend rapidement son influence dans la partie ouest de la capitale et dans certains quartiers de Tripoli, où les Palestiniens mettent leurs alliés locaux à contribution pour faire pression sur Rachid Karamé. En armant leurs partisans libanais, les Palestiniens acquièrent une garantie supplémentaire pour leur propre sécurité : désormais, ils savent que tout affrontement avec les autorités ou l'armée dégénérera en conflit interne. L'OLP devient une pièce maîtresse de l'échiquier politique libanais.

Quelque temps après l'entrée en fonction du président Sleiman Frangié, les Palestiniens entreprennent d'éprouver la solidité des accords du Caire. La mort de Nasser, garant externe des accords, est perçue par les dirigeants de certaines organisations palestiniennes comme le signal d'une pression accrue sur les autorités libanaises pour réduire le champ d'application de ces accords. Une des restrictions fixait la frontière terrestre syrienne comme l'unique accès des combattants palestiniens au Liban. En violation de ce point des accords, un avion transportant quarante fedayin armés du Front arabe de libération, soutenu par l'Irak, atterrit en octobre 1970 à l'aéroport de Beyrouth, en provenance de Bagdad. Le président Frangié interdit l'entrée du commando palestinien dans le pays et reste inébranlable lorsque les fedayin prennent en otage un fonctionnaire de l'aéroport, avant de se rembarquer pour Bagdad, après dix-sept heures de négociations.

Il reste que la détermination du président Frangié ne peut empêcher l'érosion des accords du Caire. Les dirigeants de l'OLP, craignant une réédition de la tragédie jordanienne, réduisent l'intensité des opérations sur les frontières entre 1970 et 1972. Toutefois, ils s'avèrent incapables de contrôler les groupes extrémistes qui ont adopté la tactique des détournements d'avions et des attentats terroristes, destinés à sensibiliser l'opinion internationale au problème palestinien. Le 29 mai 1972, des combattants du FPLP et quelques éléments de la Brigade rouge japonaise ouvrent le feu sur des voyageurs à l'aéroport israélien de Lod, faisant vingt-six morts et des dizaines de blessés. Israël riposte par une vaste opération punitive sur le sud du Liban, pilonnant durant quatre jours les bases et les camps palestiniens par air, mer et terre. À Munich, durant les Jeux olympiques de septembre 1972, des membres de l'organisation palestinienne Septembre noir séquestrent un groupe de sportifs israéliens avec leur entraîneur ; les sportifs trouvent la mort au cours de l'échange de coups de feu avec la police allemande. Plus de quatre cents personnes sont tuées au cours de l'expédition israélienne au Liban-Sud.

En 1972, les Palestiniens se sentent à Beyrouth comme chez eux. L'uniforme est devenu un élément familier du paysage urbain et personne ne s'étonne de voir un commando palestinien armé faire irruption dans un restaurant ou un café en centre-ville. Leur mainmise sur les quartiers musulmans sape la base traditionnelle des chefs sunnites qui ont perdu le soutien des gros bras locaux, tout comme celui de la population, où les idées de la gauche radicale et les slogans de la révolution palestinienne font rapidement leur chemin. Lors des élections législatives, pour la première fois au Liban, les partis de gauche réussissent à décrocher plusieurs sièges au Parlement. À Beyrouth, la chance sourit à Najah Wakim, un jeune nassérien de vingt-six ans, qui l'emporte haut la main sur le candidat de Saëb Salam. À Tripoli, Abdel Majid al-Rafi, le secrétaire général du Baas pro-irakien, obtient le nombre de voix nécessaires pour battre le candidat de Rachid Karamé, à l'issue d'une âpre compétition.

Dès le début des années 1970, Kamal Joumblatt avait bâti des rapports solides et confiants avec les dirigeants de l'OLP, si bien que les milieux journalistiques le qualifiaient de « chargé d'affaires » de la révolution palestinienne au Liban. Le soutien de Joumblatt est capital pour l'OLP et leur coopération est profitable aux deux parties. L'union avec les Palestiniens contribue à accroître l'influence de Joumblatt parmi les communautés musulmanes, et à l'installer comme chef de file idéologique des forces nationalistes et progressistes.

Le 21 novembre 1972, Kamal Joumblatt reçoit le prix Lénine « de la paix et de l'amitié entre les peuples ». Une semaine plus tard, le Congrès national arabe réunit à Beyrouth les délégués de l'Égypte, de l'Algérie, du Maroc, de la Syrie, de l'Irak, du Liban et d'autres pays arabes, plus une centaine de délégations des pays socialistes, des partis communistes des pays occidentaux et des organisations internationales démocratiques ; les délégués de quarante-sept partis et organisations politiques arabes d'orientation socialiste, nationaliste et démocratique décident de fonder le Front arabe d'aide à la révolution palestinienne, et élisent Kamal Joumblatt au poste de secrétaire général.

La première démarche du président Sleiman Frangié contre le chéhabisme consiste à réinstaller dans le fauteuil de Premier ministre, son ami et allié de vieille date, Saëb bey Salam. Ce dernier forme un gouvernement extraparlementaire composé de douze jeunes technocrates qui proclament la nécessité d'une « révolution par le haut ». Le Premier ministre tient à prouver que l'attachement aux réformes n'est pas l'apanage du Nahj et de l'opposition de gauche. Les projets ambitieux de ces professionnels, parmi lesquels prédominent professeurs et anciens élèves de l'université américaine, provoquent momentanément l'euphorie, alors que seuls les francophiles convaincus désapprouvent cette percée du pragmatisme américain au Liban.

Le « démantèlement du chéhabisme » commence par la purge du deuxième bureau. Nombre de ses responsables sont envoyés en poste dans des ambassades à l'étranger, et certains officiers fuient vers la Syrie en attendant des jours meilleurs. L'organisation d'un nouveau service de renseignement est confiée à un groupe d'officiers de l'armée dévoués au régime, et celle-ci voit son commandement repris par le général Iskandar Ghanem, ami personnel du président. C'est l'administration qui connaît la plus grande épuration : les tenants du chéhabisme sont balayés de tous les postes relativement importants (exception faite d'Élias Sarkis, maintenu dans sa fonction de gouverneur de la Banque centrale) et remplacés par l'entourage du président ou des hommes de sa région de Zghorta. Les salons de Beyrouth s'enflamment lorsque le fils du président, Tony Frangié, est nommé au ministère des Postes et Télécommunications.

Kamal Joumblatt considère la nomination de Saëb Salam avec amertume. Pour commencer, et en dépit de ses promesses électorales, le président Frangié ne lui a pas donné le ministère de l'Intérieur. Plus grave, Salam a mis à profit son amitié avec Arafat et ses relations dans les milieux dirigeants saoudiens pour l'écarter, avec ses alliés de gauche, de la direction de l'OLP. La présence au gouvernement de certains hommes honnêtes et compétents, aspirant sincèrement à réformer la société, n'empêche pas Joumblatt d'être convaincu que leur entreprise se heurte au même « mur de devises » contre lequel se sont brisés les espoirs du président Chéhab. Cent jours après sa nomination, désespérant de pouvoir vaincre la résistance des adversaires de ses innovations, Ghassan Tuéni démissionne du ministère de l'Éducation. Son successeur, Najib Abou Haïdar, professeur à la faculté de médecine de l'université américaine, ne tient pas plus longtemps, n'ayant pas su satisfaire les revendications des étudiants et des enseignants en grève. Henri Eddé est remercié à son tour pour avoir voulu reprendre le programme de Tuéni. C'est aussi par une démission que se terminent les efforts réformateurs du ministre des Finances Élias Saba, de même que les tentatives réitérées du ministre de la Santé Émile Bitar, de fixer les prix des médicaments de première nécessité. Vers le début de 1972, l'échec de l'expérience inhabituelle de Salam est patent et, au lendemain des législatives, le « gouvernement des jeunes » est contraint de démissionner.

Tombant dans le travers contraire, le nouveau cabinet Salam est formé d'hommes politiques de la vieille génération, dont beaucoup, comme le fait remarquer avec sarcasme Kamal Salibi, sont au bord de la sénilité[1]. La croissance annuelle du revenu national, située aux alentours de 10,5 %, en 1960-1965, est tombée à 2,5 %, en 1970, pour devenir nulle vers 1974. L'inflation culmine à 23 % en 1973, engloutissant les modestes augmentations que les employés ont obtenues à grand-peine[2]. En 1975, le riz, les légumes et les fruits doublent de prix, la traditionnelle tasse de café, passant de 25 piastres à une livre, devient un luxe[3]. La hausse des loyers est une tragédie pour beaucoup de familles qui doivent abandonner leurs logements pour un bidonville. Au milieu des années 1970, près de 40 % des habitants des campagnes ayant fui leurs demeures dans le sud du pays et dans la Békaa, poussés par la faim et les bombardements israéliens, se retrouvent confinés dans des abris précaires en contre-plaqué et tôle ondulée de la « ceinture de misère ». « Les citoyens souffrent toutes sortes de tyrannies et d'oppressions, écrit Kamal Joumblatt. Alors que 4 % de la population jouit de 60 % du revenu national, 96 % se contente des 40 % restants[4]. »

Dans la première moitié des années 1970, une vague de contestation sociale déferle sur le Liban. Début novembre 1972, les ouvriers de l'usine Ghandour se mettent en grève : ils réclament une journée de travail de huit heures, des indemnisations satisfaisantes pour les accidents du travail, une augmentation de 5 % des salaires, l'inscription de tous les travailleurs à la sécurité sociale, l'abolition des licenciements arbitraires et des fouilles à l'entrée des bâtiments et, aussi, le droit d'adhérer au syndicat des confiseurs. Ces revendications ne reçoivent d'autre réponse que la violence. Un peloton des forces

1. Kamal S. Salibi, *Crossroads to Civil War. Lebanon 1958-1976*, Caravan, Delmar, New York, 1976, p.56.

2. T. Petran, *The Struggle over Lebanon*, New York, 1987, p.127

3. D. Gordon, *Lebanon : The Fragmented Nation*, *op. cit.*, p. 84.

4. Kamal Joumblatt, *Mon testament, op. cit.*, p. 85-86.

de sécurité, appelé par la direction de l'usine de Chyah, ouvre le feu sur les grévistes ; un homme et une femme sont tués, cinq ouvriers blessés.

La répression n'est pas moins dure envers les producteurs de tabac des régions du sud ayant entrepris de défendre leurs droits face à la Régie nationale qui détient le monopole. En janvier 1973, les autorités ont recours à l'armée pour disperser un rassemblement devant les bureaux de la Régie à Nabatyé. Deux personnes trouvent la mort, quinze sont blessées et des dizaines d'autres appréhendées.

Le gouvernement, représentant les intérêts de l'oligarchie féodale, commerciale et financière, semble ne plus avoir d'autres arguments que les balles et les licenciements. Lorsqu'en 1974, les exactions des féodaux provoquent une insurrection paysanne au Akkar, les autorités envoient des milliers de soldats équipés de blindés, de chars et d'hélicoptères.

Chaque fois qu'il plaide pour les travailleurs, Joumblatt met en garde contre l'hostilité sociale grandissante qui risque de déboucher sur une explosion tragique. Lors du meeting de solidarité avec les ouvriers de l'usine de Ghandour, réunis à l'initiative du PSP et de ses alliés, il réclame au gouvernement l'ouverture d'une enquête sur ce « carnage barbare » et le châtiment des coupables. En même temps, il prie la foule de ne pas s'en prendre à la police et aux forces de l'ordre, les responsables de ces actes de violence étant les autorités qui émettent les directives. En janvier 1973, Joumblatt prend la parole lors de la manifestation de protestation contre l'oppression des producteurs de tabac du sud. Stigmatisant le « pouvoir du fouet et de la violence », il invite la population à soutenir le juste combat des travailleurs pour la sauvegarde de leurs droits.

Le mouvement de grève bénéficie au Liban d'une importante participation de la jeunesse estudiantine, étroitement liée au PSP et autres partis et organisations de gauche. Au début des années 1970, le mouvement de la Jeunesse démocratique est dirigé par le comité exécutif de la Fédération des étudiants libanais, avec Anouar al-Fataïri, un membre du PSP, pour président. L'université libanaise sert de moteur à la mobilisation des étudiants pour le soutien des revendications sociales des travailleurs. À la fin du mois de janvier 1973, conformément à la demande du comité exécutif de la Fédération, les étudiants organisent un rassemblement de solidarité avec les enseignants en grève. La manifestation dégénère en affrontements avec les forces de sécurité. Vingt-cinq étudiants et six policiers sont blessés. Kamal Joumblatt qualifie le cabinet Salam de « gouvernement de pâtres », par allusion aux bergers qui rassemblent leurs troupeaux de chèvres en leur jetant des pierres. En dépit des mesures de coercition, les étudiants poursuivent leur action en faveur des trois cent neuf enseignants congédiés sur ordre du gouvernement et appellent à la grève générale.

Selon Joumblatt, tous les éléments d'une situation révolutionnaire sont en place au Liban à la veille de 1975. Dans les campus de l'université américaine et de l'université libanaise, les slogans nationalistes arabes et les idées de révolte professées par Bakounine, Marcuse, Che Guevara et Marx, échauffent le sang et mettent les esprits en ébullition. Le mot « révolution » devient le signe de reconnaissance de la jeune génération. Kamal Joumblatt écrit dans *Mon testament*, son dernier ouvrage : « La révolution était dans l'air que nous respirions, toute la jeunesse aspirait au changement [...]. Attirés par l'éclat du neuf, les jeunes se retrouvaient pour étudier le marxisme et d'autres doctrines, quoique légèrement superficielles. Un très grand nombre d'étudiants était impliqué dans cet essor intellectuel : quelque soixante mille issus de cinq universités, soit la population d'une ville comme Beyrouth. Le tout était imprégné, baignait même, dans la révolution palestinienne. Nuit et jour, il était question de révolution. Aspirer à la révolution et vouloir y jouer un rôle était chose courante [...]. La classe intellectuelle répandait des idées nouvelles qui se propageaient comme une traînée de poudre, professées par divers enseignants des universités, par les fonctionnaires et par les instituteurs des écoles[1]. »

Au printemps 1973, le Liban est témoin d'événements qui s'avéreront les signes avant-coureurs de la guerre civile. À l'aube du 10 avril, un commando israélien formé de dix hommes débarque sur une plage déserte de Ramlet el-Baïda, à Beyrouth. Des informateurs locaux les attendent. Un premier groupe se rend au quartier de Fakhani et dynamite le QG du Front démocratique de libération de la Palestine. L'autre prend la direction de la rue de Verdun où, face à la caserne des forces de sécurité libanaises, l'OLP a installé ses responsables dans un immeuble de location. Après avoir abattu les gardiens, les tueurs se ruent dans l'entrée de l'immeuble et gravissent l'escalier. Ce matin-là, Mohammed Youssef Najjar, chef du haut comité politique aux affaires des réfugiés palestiniens au Liban, Kamal Nasser, représentant officiel de l'OLP, et Kamal Adouane, membre du comité central du Fateh, sont assassinés dans leurs appartements. La femme de Najjar et deux officiers des forces libanaises de sécurité, accourus au bruit des détonations, comptent également parmi les victimes[2]. Son opération éclair accomplie, le commando quitte le Liban par voie maritime, sans rencontrer d'obstacles.

Les Libanais perçoivent l'opération israélienne comme une offense à la dignité nationale. Le Premier ministre Saëb Salam

1. *Ibid.*, p. 89-90.

2. Il s'avérera plus tard que le commando israélien n'était pas arrivé à remplir entièrement la mission du Mossad, car Abou Ayad avait été convoqué d'urgence au QG de l'OLP une heure avant l'assaut, et avait donc échappé à la mort par miracle.

prend contact avec les dirigeants de l'OLP pour faire assumer la responsabilité de l'incident au commandant en chef de l'armée, qui n'a pas exécuté les ordres du gouvernement le sommant d'anéantir le commando. Salam promet de le démettre de ses fonctions. L'entretien est rapporté au président de la République qui voit dans l'engagement du Premier ministre une atteinte à ses propres prérogatives.

Saëb Salam racontera que ce jour-là, il a en vain essayé de convaincre le président Frangié de limoger le général Ghanem, arguant que c'était la seule façon d'éviter des affrontements entre les Palestiniens et l'armée. Comme le président refusait, il a remis sa démission[1].

Kamal Joumblatt ne réagit pas à la démission du cabinet Salam, que le président accepte le 13 avril. Dans ses déclarations à la presse, il critique violemment les récriminations du Premier ministre contre l'inaction de l'armée, rappelant qu'étant en même temps ministre de l'Intérieur, il aurait dû recourir aux forces de sécurité sous ses ordres, que les accusations lancées au commandant de l'armée n'ont d'autre but que de se dédouaner. Joumblatt ne ménage pas non plus le général Ghanem, qui a déclaré que la Constitution ne permet pas au Premier ministre de donner des ordres à l'armée, directement subordonnée au Président. Il reproche au régime son incapacité à mettre le pays à l'abri des attaques du dehors et à assurer la sécurité de la résistance palestinienne. Joumblatt, épaulé par les chefs des partis et organisations nationalistes et progressistes, déclare que, vu la défaillance du pouvoir, la seule issue serait de permettre à l'OLP de mener la lutte armée en lui accordant le droit à la légitime défense.

Le 12 avril, plus de deux cent cinquante mille personnes affluent place de l'Étoile pour assister aux funérailles des chefs

1. Louis Hajj, *Coffres de la mémoire*, *op. cit.*, p. 97.

palestiniens. Kamal Joumblatt arrive en même temps que Pierre Gemayel. Ils échangent une poignée de main et pénètrent ensemble dans la mosquée sous les ovations de la foule[1].

Dans le camp chrétien, des voix s'élèvent pour mettre fin à la présence armée des Palestiniens. L'état d'esprit est à peu près le même au sommet de la hiérarchie militaire. Les dirigeants de l'OLP commencent à redouter une réédition du scénario jordanien. Mais au Liban, contrairement à la Jordanie, les Palestiniens sont appuyés par une grande partie de la population ; de plus, ils ont acquis un potentiel militaire non négligeable. Le 14 avril, de puissantes explosions détruisent les réservoirs de l'usine de raffinerie de la compagnie Tapeline à Zahrani, non loin de Saïda, ainsi qu'un tronçon de l'oléoduc de Nabatyé. L'OLP nie catégoriquement son implication dans l'attentat, accusant un commando israélien venu par mer. Toutefois, les services de renseignement militaire mettent en doute cette assertion, et indiquent suivre une piste palestinienne. Le 30 avril, des Palestiniens, prêts à s'embarquer à destination de l'Europe avec une valise bourrée d'explosifs, sont appréhendés à l'aéroport de Beyrouth. Le 1er mai, la Sûreté générale arrête cinq Palestiniens armés, soupçonnés de projeter un attentat contre l'ambassade américaine. Les combattants du Front démocratique de libération de la Palestine ripostent en prenant en otages, dans la région de la forêt des Pins, trois soldats de l'armée libanaise qu'ils promettent de garder tant que leurs camarades ne seront pas libérés.

Les autorités, visiblement disposées à vider le conflit par la force, lancent un ultimatum venant à échéance le 2 mai à midi. Pendant ce temps, l'armée encercle la région de Tarik el-Jdidé et les camps palestiniens de Sabra et Chatila. Au matin du 2 mai,

1. Karim Pakradouni, *La Malédiction d'une patrie : de la guerre du Liban à la guerre du Golfe*, *op. cit.*, p. 129.

Kamal Joumblatt rencontre le président de la République et lui promet d'user de son influence pour obtenir la libération des otages. Mais cela ne suffit pas à régler la situation : à l'instant où les Palestiniens cèdent à ses instances et ramènent les soldats libanais enlevés, des combats éclatent dans la zone des deux camps encerclés par l'armée.

Jamais encore des affrontements de cette ampleur ne s'étaient produits. Le 3 mai, les Palestiniens bombardent l'aéroport international au mortier, à partir du camp de Bourj el-Barajné. Aussitôt, l'armée riposte par une frappe aérienne. Comme une traînée de poudre, les combats à l'arme lourde gagnent tout le pays. Les forces de sécurité procèdent à des arrestations massives de Palestiniens hors des camps. Les paroles du président Frangié confirment les craintes des dirigeants de l'OLP sur un nouveau « septembre noir ». Lors de la réunion du cabinet nouvellement formé par Amine al-Hafez, le président, qui se déclare prêt à négocier avec les Palestiniens, ajoute qu'il « n'acceptera jamais la présence d'une armée d'occupation au Liban ».

Au début du mois de mai, les médiateurs arabes arrivent au Liban : Mahmoud Riad, secrétaire général de la Ligue arabe, Abdel Halim Khaddam, ministre syrien des Affaires étrangères, et Abdel Khalek as-Samarraï, émissaire personnel du président irakien. Mais le 7 mai au soir, au moment où l'accord de cessez-le-feu est envoyé au conseil des ministres pour approbation, les combats reprennent de plus belle à Beyrouth et dans ses environs. L'état d'urgence est décrété sur l'ensemble du pays.

Kamal Joumblatt exige la levée de l'état d'urgence qui permet à l'armée de resserrer l'étau sur les Palestiniens. Il réclame la démission du cabinet al-Hafez et la formation d'un gouvernement national fort, capable de mettre fin à l'effusion de sang, tout en demandant la convocation d'un sommet arabe pour discuter de la situation au Liban. Au cours de cette période, Joumblatt reste en contact permanent avec les dirigeants de la résistance palestinienne et avec les médiateurs arabes. Il rencontre le mufti sunnite, le patriarche maronite et le cheikh Al-Akl druze. Par ailleurs, il s'emploie à venir en aide aux assiégés des camps et, à la demande d'Arafat, confie à Zaher al-Khatib et Daoud Hamed la mission de leur faire parvenir armes et munitions.

Au matin du 18 mai, cédant aux pressions des pays arabes, le président Frangié donne l'ordre à l'armée d'arrêter les combats. Le jour même, un protocole réglementant les relations entre les autorités libanaises et les Palestiniens, sur la base des accords du Caire, est signé à l'hôtel Melkart de Beyrouth. Aux termes de ce protocole, l'OLP s'engage à cesser les opérations à la frontière et à ne plus utiliser le Liban comme base pour ses attentats terroristes à l'étranger. Une commission formée de militaires libanais et de représentants du commandement uni des forces armées palestiniennes est mise en place pour veiller à l'application des accords et trouver des solutions aux problèmes les plus urgents.

Suite à la crise de mai 1973, deux changements ont lieu au Liban, qui contribueront grandement au dérapage vers la guerre civile. La conviction que le régime n'est pas à même de faire respecter par les Palestiniens la souveraineté du Liban fait naître chez les chrétiens un « complexe de peur » qui les pousse dans les bras des politiciens d'extrême droite. Quant aux Palestiniens, ils comprennent que leur survie au Liban dépend uniquement des liens avec leurs alliés politiques libanais, ainsi que de leur propre puissance militaire.

À partir de l'été 1973, les chrétiens entreprennent activement de s'armer. Dans les régions maronites, des collectes de fonds sont organisées, tandis que s'installent dans les montagnes des camps d'entraînement et des aires de tir où des jeunes gens en uniforme apprennent le maniement des armes sous la conduite d'officiers de l'armée libanaise. Les armes acquises en Jordanie, en Arabie saoudite, en Belgique et dans certains pays d'Europe de l'Est pour équiper les milices chrétiennes, arrivent par le port de Beyrouth. En 1974, les formations chrétiennes de droite reçoivent de Tchécoslovaquie, via l'armée libanaise, une première grosse livraison de Kalachnikov et de mortiers de 60 mm ; plus tard, lorsque commencent les opérations militaires, au printemps 1975, elles recevront des mortiers de 120 mm. Fin 1973, les Palestiniens entreprennent eux aussi de former et d'armer leurs alliés musulmans et gauchisants, quoique avec plus de discrétion que les chrétiens ; en quelques mois, ils parviennent à constituer de petites milices prêtes au combat.

Au lendemain de la signature des accords de Melkart, le problème de la formation du nouveau gouvernement se pose. Le Premier ministre Amine al-Hafez qui, sur l'insistance de Kamal Joumblatt et Rachid Karamé, a donné sa démission le 8 mai, reprend ses fonctions le 19 du mois et demande leur soutien. Tous deux opposent un refus poli mais ferme. Le vide autour du cabinet al-Hafez s'explique par des raisons diverses. Pour l'establishment musulman, ce docteur en économie, quadragénaire, de Tripoli, n'appartient pas au « club des Premiers ministres » dont ne peuvent faire partie que quelques familles jouissant d'influence au sein de la communauté. De l'avis des leaders sunnites, sa désignation affaiblit la position des hommes politiques musulmans dans le système de pouvoir libanais. Joumblatt, lui, est mû par des considérations tout à fait différentes : la conjoncture née de la crise de mai nécessite un gouvernement national, capable d'instaurer de nouvelles relations avec les Palestiniens et de rehausser le Liban aux yeux de la Syrie et des autres pays arabes.

Après la démission du gouvernement al-Hafez, Joumblatt annonce qu'il soutient les candidatures d'Abdallah al-Yafi, Rachid Solh ou Takieddine Solh. Rachid Karamé et quelques autres leaders sunnites sont plutôt en faveur de ce dernier, et c'est sur lui que se fixe finalement le choix du président Frangié. Le 20 juin commence un long et pénible processus de formation du nouveau cabinet qui, dans l'idée de Takieddine Solh, doit comporter toutes les couleurs du spectre politique libanais.

D'âpres discussions entourent la nomination de Kamal Joumblatt au ministère de l'Intérieur. L'opposition la plus vigoureuse émane de Saëb Salam qui, appuyé par Pierre Gemayel et Camille Chamoun, met son veto à sa participation au gouvernement. Comme compromis, Solh propose le ministère des Finances et promet même à Joumblatt de créer à son intention un poste de président d'un conseil des ministres réduit. « Si la bourgeoisie n'a pas voulu confier le fusil à Joumblatt, peut-on espérer qu'elle lui confie sa bourse ? » dit Takieddine Solh en plaisantant. Joumblatt essaie de s'arranger avec ses adversaires. Ses pourparlers avec Gemayel, restés sans résultat, altèrent leurs relations personnelles. Au lendemain de ses visites, Joumblatt se présente au palais présidentiel et, après un long entretien avec le président Frangié, déclare qu'il renonce à participer au gouvernement.

Kamal Joumblatt est ulcéré, bien que le poste de l'Intérieur, dans un gouvernement de neuf ministres, ait échu à son ami et allié Bahige Takieddine, et celui de l'Industrie à Toufic Assaf, membre du Front de la lutte nationale. Il écrit dans l'éditorial du journal *Al-Anba'*, le 13 juin : « Ils sont venus eux-mêmes me proposer le ministère de l'Intérieur que je ne demandais pas, puis ils ont brusquement changé d'avis. » Ce qui l'a le plus vexé, c'est qu'aucune aide arabe ne s'est présentée lors de sa tentative de négociation.

L'événement majeur des quatorze mois du gouvernement de Takieddine Solh est la quatrième guerre israélo-arabe, entre le 6 et le 22 octobre 1973. L'excellent début de campagne des forces égyptiennes qui traversent le canal de Suez et percent l'inexpugnable « ligne de Barlev » soulève l'enthousiasme du monde arabe. Le fait que, dans sa phase finale, l'entreprise ait failli se transformer en tragédie pour les armées égyptienne et syrienne n'altère pas la joie des Arabes : à leurs yeux, ils viennent de perdre une bataille, mais ils ont gagné la guerre.

La « guerre d'octobre » n'affecte guère le Liban, à l'exception de l'attaque de l'aviation israélienne, le 18, sur la station radar du Barouk. En novembre 1973, le sommet arabe d'Alger reconnaît en l'OLP l'unique représentant légal du peuple palestinien, et affirme que la paix ne peut être conclue avec Israël sans la participation directe de l'Organisation aux négociations. Ces décisions ne dissipent point les appréhensions des dirigeants palestiniens, ni surtout celles des chefs des organisations radicales, qui redoutaient, déjà avant la guerre d'octobre, qu'un règlement « à l'américaine » ne se fasse au détriment des Palestiniens.

Fin 1973, un camp d'adversaires au règlement politique se constitue au sein de la résistance palestinienne, avec l'appui de l'Irak et de la Libye. En octobre, ils forment un « front du refus » avec le Front populaire de libération de la Palestine, le Front national (haut commandement), le Front arabe de libération de la Palestine et le Front de lutte populaire palestinien. Début novembre, en rentrant de Damas où il a rencontré le président Hafez al-Assad, Joumblatt, pessimiste sur une solution négociée, se déclare en faveur d'une lutte armée de longue haleine. Fin novembre, il se rend à Bagdad à la tête d'une délégation du PSP, pour des pourparlers avec la direction du Baas. Le communiqué conjoint publié à l'issue de la visite est encore plus ferme, dans la mesure où sont refusées « les solutions ayant pour résultat de capituler face à l'ennemi ». De même est confirmé que « la poursuite des actions armées jusqu'à usure de l'ennemi est la seule garantie au peuple arabe, du rétablissement de son droit à la patrie[1] ».

1. *Al-Anba'*, 23 novembre 1973.

À partir d'avril 1974, le PSP formule une vision nouvelle du problème : il déclare soutenir « une solution politique au problème de l'occupation israélienne et de la libération de la Palestine, sous condition d'un retrait complet des troupes, de la garantie des droits nationaux au peuple palestinien, de la participation de l'OLP aux négociations et de l'instauration d'un pouvoir national palestinien dans les secteurs libérés[1]. » Lorsqu'en mai 1974, le Front populaire de libération de la Palestine l'accuse de capitulation, le commandement du Fateh déclare que toute attaque contre Kamal Joumblatt porte un grand dommage à la cause palestinienne.

En 1974, les principaux hommes politiques sunnites, soutenus par le mufti cheikh Hassan Khaled, ressortent leur slogan de la « participation » pour obtenir l'élargissement des pouvoirs du Premier ministre et l'augmentation de la représentation musulmane au sein de l'administration. Ils réclament l'institution du vendredi comme jour chômé pour confirmer l'égalité des droits entre musulmans et chrétiens. L'objectif ne vise pas au-delà d'une redistribution du pouvoir dans le cadre du pacte national. Mais les conservateurs chrétiens accueillent fort mal ces revendications dans lesquelles ils voient une volonté de réduire les privilèges de la communauté maronite. Kamal Joumblatt, tout en appuyant l'initiative d'une participation plus équitable des musulmans à la gestion de l'État, ne dissimule pas son objectif stratégique personnel qui consiste à abolir le pacte national et à instaurer au Liban un système politique basé sur les principes de la représentation démocratique.

Incapable de faire face aux difficultés croissantes, le gouvernement de Takieddine Solh démissionne le 9 octobre 1974. La décision du président Sleiman Frangié de désigner Salam pour former le gouvernement, sous la pression de l'alliance tripartite

1. *Al-Anba'*, 10 mai 1974.

de l'opposition (Saëb Salam, Rachid Karamé, Raymond Eddé), et avec l'appui de Pierre Gemayel et Camille Chamoun, provoque une farouche réaction de Kamal Joumblatt. Lors d'une rencontre avec le président de la République, il exprime son opposition à la nomination de Salam. Le 11 octobre 1974, il écrit dans *Al-Anba'* : « Le pays a besoin de personnes de toute autre qualité. Ces politiciens traditionnels ne représentent personne sur le terrain et ne peuvent faire quoi que ce soit [...]. Nous boycotterons ce gouvernement la conscience tranquille, car il ne sera qu'une banalité de plus. »

Le président Frangié pose plusieurs conditions à la composition du gouvernement. De son côté, le Premier ministre refuse d'inclure dans la liste des ministres le fils du président, Tony Frangié. Les chefs des Kataëb et du Parti national libéral qui, au début, avaient soutenu Salam se ravisent et réclament un gouvernement « sans vainqueurs ni vaincus ». Finalement Salam se retire.

Fin octobre, Kamal Joumblatt propose au président de la République trois candidatures : Abdallah al-Yafi, Chafic Wazzan et Rachid Solh. Ce dernier, bien qu'appartenant à la célèbre famille des Solh, ne jouit pas d'une grande notoriété politique, mais son nom est associé à celui de Joumblatt qui l'a aidé à entrer au Parlement en 1972. C'est à lui que le président accorde la préférence et, une semaine plus tard, Solh présente au Parlement une liste de dix-huit ministres qui obtient la confiance des députés. Joumblatt ne fait pas partie de ce gouvernement, mais ses proches collaborateurs y occupent des postes clés : Abbas Khalaf à l'Economie, Khaled Joumblatt aux Finances, et Majid Hamadé à l'Agriculture.

Ce gouvernement de coalition hérite d'un pays proche de l'anarchie. Dans les derniers mois de 1974, le Liban connaît une vague de violence sans précédent. La situation est particulièrement alarmante dans le nord du pays, au Akkar et dans la région de Zghorta, où une vraie guerre a lieu entre clans féodaux rivaux. À Tripoli, une bande de gros bras commandés par un certain Ahmed Kaddoura prend le contrôle de la vieille ville. L'impuissance de la police et des services de sécurité à enrayer la montée de la criminalité crée une atmosphère d'insécurité et de désarroi qu'exacerbent encore les rumeurs d'un prochain conflit armé avec Israël.

Le début de 1975 est marqué par une nouvelle dégradation de la situation au Liban-Sud. Dans le courant de l'année 1974, l'OLP avait à maintes reprises annoncé qu'elle cessait ses opérations à partir du territoire libanais, mais ces déclarations étaient restées lettre morte et les raids des fedayin n'avaient jamais cessé. À chaque fois, l'OLP se disculpait en rejetant la responsabilité sur des « éléments indisciplinés ». En fait, des organisations composant le Front du refus qui n'obéissent pas à l'OLP et réclament leur participation au règlement politique.

Le 12 janvier 1975, les Israéliens attaquent le village de Kfar-Chouba, dans la région d'Arkoub. Quatre mille habitants, sans abri et sans moyens de substistance, se retranchent sur Marjayoun, où ils organisent une manifestation pour réclamer la protection des régions du Sud et des dédommagements. Le 18 janvier, un accrochage dans la zone frontalière met l'armée libanaise aux prises avec des combattants du FPLP et de l'ALP et, deux jours plus tard, six missiles tirés depuis les positions palestiniennes s'abattent sur les casernes de Tyr. Pierre Gemayel exprime son mécontentement face à la présence palestinienne au Liban-Sud et réclame que soit mis fin à l'anarchie dans les groupes de la résistance palestinienne : « Nous avons un gouvernement libanais officiel, et une multitude de gouvernements non officiels et non identifiés[1]. »

Arafat s'empresse d'amortir la réaction des conservateurs

1. D. C. Gordon, *Lebanon : The Fragmented Nation*, *op. cit.*, p. 87.

libanais en condamnant ouvertement les actes du FPLP et en promettant de les réprimer. Ni cette déclaration ni la visite qu'Arafat rend ultérieurement au Premier ministre Rachid Solh ne font impression sur les leaders chrétiens. Le 20 février, Pierre Gemayel, dans une lettre au président Sleiman Frangié, demande la tenue d'un référendum sur la présence palestinienne au Liban et menace d'avoir recours aux mesures nécessaires si l'État s'avérait incapable d'exercer ses fonctions. Il ajoute qu'aux manifestations, ses alliés et lui-même opposeront des manifestations plus grandes et plus vigoureuses ; aux grèves, des grèves encore plus étendues ; à la rigueur, ils opposeront la rigueur et, contre la force, ils seront prêts à user de la force[1].

Les rumeurs sur l'imminence d'une guerre civile ont beau se répandre au début de 1975, personne n'y croit réellement. Personne non plus n'aurait pu prédire que son prologue allait être la manifestation des pêcheurs de Saïda contre la licence officielle pour la pêche et le commerce du poisson, accordée à la société koweito-libanaise « Protéine ». Le 26 février, en effet, la colonne des manifestants à peine mise en branle, avec à sa tête le député Nazih Bizri et le président de la municipalité, Maarouf Saad, des unités de l'armée et des forces de sécurité lui barrent le chemin. Par la suite, le commandement militaire assurera qu'un sergent de l'armée libanaise a été abattu par une balle tirée de la foule, amenant les soldats à riposter ; on dénombre deux morts et sept blessés. Le lendemain, la population de Saïda sort dans la rue et bloque la route de Tyr. L'armée, venue dégager la route, est soumise au feu des milices locales et des fedayin du camp d'Aïn el-Heloué. Elle investit Saïda ; cinq soldats et onze civils sont tués. Les combats ne prendront fin que le 1er mars, après l'assurance du retrait de l'armée de Saïda.

Les événements font monter la tension. Le limogeage du

1. R. Brynen, *Sanctuary and Survival : The PLO in Lebanon*, *op. cit.*

commandant de l'armée, le général Iskandar Ghanem, et la démission du gouvernement Solh sont exigés par la gauche radicale, l'alliance tripartite (Salam, Karamé, Eddé) et la plupart des politiciens sunnites traditionalistes. De plus, l'establishment sunnite réclame l'amendement de la loi sur l'armée et l'institution d'un conseil de commandement à représentation égale entre chrétiens et musulmans.

Les conservateurs chrétiens estiment, quant à eux, que la responsabilité des événements de Saïda incombe aux organisations d'extrême gauche et aux Palestiniens. Ils se déclarent solidaires du gouvernement et du commandement militaire. Quand les phalangistes et les nationaux-libéraux organisent une manifestation de soutien à l'armée, à Fern el-Chebbak, trente-cinq mille personnes répondent à l'appel[1].

Dès le début de la crise, Kamal Joumblatt prend position en faveur du gouvernement de Rachid Solh. Il rend les militants d'extrême gauche responsables de la tragédie, relevant avec irritation qu'ils sont « souvent la cause de pas mal de problèmes. » Ces paroles, qui lui attirent les critiques des dirigeants de certains partis de gauche, font l'objet d'une chaude discussion lors d'une réunion tenue à son domicile le 26 février au soir. Il reste inflexible sur la question de la démission du gouvernement qui serait, selon lui, une catastrophe nationale dans le contexte actuel.

---

1. Événements décrits à l'auteur par Dr Samir Sabbagh, lors d'un entretien à Beyrouth, le 4 octobre 1999.

XIII.

À deux doigts de la victoire

Tôt dans la matinée du dimanche 13 avril 1975, cheikh Pierre Gemayel, le chef des Kataëb, arrive à la cérémonie de consécration d'une nouvelle église dans le quartier de Aïn el-Remmané, à Beyrouth. La messe à peine entamée, une Fiat à la plaque d'immatriculation masquée surgit d'une étroite ruelle et fonce vers l'église, rue Saint-Maron. Tout se passe en quelques secondes. Arrivée au niveau du parvis, la voiture freine brusquement et ses deux occupants ouvrent le feu sur la foule rassemblée sur le trottoir. Quatre personnes, dont Joseph Abou Assi, le garde du corps personnel de Pierre Gemayel, sont tuées.

Un groupe d'hommes armés accourus sur les lieux voit venir un car transportant des Palestiniens qui rentrent au camp de Tell Zaatar, après avoir participé, dans le camp de Sabra, à la première commémoration de l'attaque des fedayin contre la ville israélienne de Qiryat Shemona. L'autocar est criblé de balles. Les ambulanciers extraient vingt-sept cadavres et dix-neuf blessés.

Les premiers coups de feu se font entendre dans les ruelles séparant Aïn el-Remmané du quartier de Chyah, peuplé de réfugiés chiites. La vague de violence se répand comme une traînée de poudre pour gagner les quartiers avoisinants. Lorsque la nuit tombe sur Beyrouth, des combats acharnés, au mortier et à l'artillerie, se déroulent entre Tell Zaatar et Dekouané, alors que le ciel au-dessus des quartiers de Nabaa et Sin el-Fil s'illumine de balles traçantes.

Yasser Arafat n'étant pas au Liban, Joumblatt prend d'urgence contact avec Abou Ayad pour le persuader de ne pas céder à l'émotion et de régler le conflit de manière pacifique. Les dirigeants des organisations nationalistes et progressistes, pour éviter toute action illégale de la part des milices musulmanes et gauchisantes, décident de mettre en place un « commandement uni », réunissant des responsables du PSP, du PCL, du Baas pro-irakien, du PSNS et du mouvement des nassériens indépendants, les Mourabitoun. Sur proposition du secrétaire général du Parti communiste, Georges Haoui, et de Mohsen Ibrahim, le secrétaire général de l'Organisation communiste du travail, il est décidé d'isoler le parti des Kataëb.

Le lendemain, Joumblatt et les dirigeants des partis nationalistes et progressistes rencontrent Yasser Arafat rentré d'urgence au Liban, ainsi que l'imam Moussa Sadr et Rachid Karamé. Joumblatt est convaincu de la nécessité de remettre les coupables entre les mains de la justice pour éviter au pays un bain de sang. Il considère que « le refus des phalangistes de les livrer est la preuve qu'ils sont complices du crime[1] ». Karamé et l'imam Sadr soutiennent sa revendication, de même que Saëb Salam et d'autres leaders musulmans. Des déclarations allant dans le même sens émanent du parti des Najjadé, du Conseil islamique, du Rassemblement musulman, de l'Association des anciens élèves des Makassed, du Comité du congrès national, de l'Association de la réforme sociale, des anciens de l'université arabe, ainsi que d'autres organisations religieuses. À l'initiative

1. *An-Nahar*, 15 avril 1975.

de Joumblatt et de ses alliés, une réunion de notables se tient, le 15 avril, au club des anciens élèves des Makassed. Il est question d'expulser du gouvernement les deux ministres des Kataëb et de refuser tout dialogue politique avec les phalangistes, de leur dénier le droit de parler au nom des chrétiens. Un appel est lancé aux pays arabes de s'abstenir de tout contact avec les phalangistes, de toute tentative de médiation. Joumblatt repousse les efforts du Premier ministre Rachid Solh et d'Henri Pharaon qui essayaient de jeter un pont entre le PSP et les Kataëb. Au secrétaire général de la Ligue arabe, Mahmoud Riad, venu à Beyrouth à la demande du président Sadate, le chef du PSP explique son insistance à réclamer le jugement des coupables, du fait que « la loi doit triompher[1] ».

Le président Sleiman Frangié, hospitalisé, convoque Pierre Gemayel et lui demande de contribuer à « assainir la situation ». Deux hommes, sur les sept soupçonnés du massacre des passagers du car, sont remis aux autorités le 16 avril. Ce geste des phalangistes coïncide avec le cessez-le-feu obtenu grâce au secrétaire général de la Ligue arabe.

Lors de la réunion des dirigeants des partis nationalistes et progressistes, à laquelle est également convié l'imam Moussa Sadr, Kamal Joumblatt insiste sur l'isolement politiquement nécessaire des Kataëb et déclare que le Front de la lutte nationale votera contre tout gouvernement comportant des phalangistes. L'idée de boycotter les Kataëb ne soulève guère d'enthousiasme parmi les politiciens sunnites traditionnels.

Le 30 avril 1975, les deux ministres du PSP, Abbas Khalaf et Khaled Joumblatt, remettent leur démission au président Frangié, tout juste sorti de l'hôpital. Le président leur demande de reconsidérer leur décision. Entre-temps, les phalangistes se sont assuré un soutien non négligeable dans les milieux chrétiens

1. *An-Nahar*, 16 avril 1975.

conservateurs : ainsi, Camille Chamoun déclare que son parti n'entrera au gouvernement que si les Kataëb y participent ; le père Charbel Kassis, au nom de la congrégation maronite, exprime sa solidarité avec les phalangistes ; le patriarche Antonios Boutros Khoreich déclare que le veto de Joumblatt est inacceptable pour l'Église maronite ; l'isolement des Kataëb n'est pas non plus approuvé par le amid Raymond Eddé.

Encouragé par le soutien des chrétiens, ainsi que par l'attitude ambiguë de nombreux représentants sunnites, Pierre Gemayel décide de prendre les devants. Le 7 mai, lors de la réunion du conseil des ministres, les deux ministres Kataëb remettent leur démission, suivis de quatre autres membres du cabinet : trois du Parti national libéral et l'émir Majid Arslane, alors ministre de la Santé. Cette démission de six ministres sur dix-huit change aux yeux de Joumblatt les conditions propices à une réforme du système politique. Le 8 mai, les partis de gauche décident de soutenir le gouvernement de Rachid Solh et de collaborer avec lui. Tout au long de la semaine suivante, Joumblatt rencontrera à plusieurs reprises le président Frangié, pour tenter de le persuader de ne pas céder aux pressions des phalangistes et de leurs alliés, et de maintenir Rachid Solh au poste de Premier ministre.

Malgré la démission des ministres Adel Osseirane, Zaki Mazboudi et Tony Frangié, Kamal Joumblatt continue d'insister pour maintenir le gouvernement, espérant obtenir l'appui de la majorité des députés. À la session parlementaire du 15 mai, Rachid Solh accuse les Kataëb d'avoir organisé le massacre de Aïn el-Remmané. Il exige une réforme du système politique, le vote de l'amendement de la loi sur l'armée afin d'obtenir pour les musulmans une meilleure représentativité dans le commandement supérieur, la participation du Liban au combat des pays arabes et l'adoption d'une loi sur la naturalisation permettant à certaines minorités musulmanes de devenir plus facilement libanaises. Amine Gemayel intervient aussitôt et demande que soient retirées les accusations contre les Kataëb, insistant sur l'illégitimité de toute accusation non confirmée par la justice. Le vif échange entre Rachid Solh et Amine Gemayel ayant manqué se terminer par une rixe, il est clair que le gouvernement ne peut plus se maintenir : Rachid Solh se rend au palais présidentiel et présente sa démission.

Le 18 mai, dans le quartier de Dekouané, la milice phalangiste livre combat aux Palestiniens du camp de Tell Zaatar faisant partie du Front du refus et d'attaque. Sur la ligne séparant Aïn el-Remmané de Chyah, des détachements armés du Parti arabe d'action socialiste, de l'Organisation communiste du travail, du PC libanais et d'autres partis de gauche viennent en aide aux chiites et aux Palestiniens. Les combats s'étendent rapidement au quartier maronite de Sin el-Fil, où les phalangistes se heurtent aux combattants de la milice chiite de Nabaa, appuyés par des Palestiniens.

Le 23 mai 1975, le président Sleiman Frangié décrète la formation d'un gouvernement militaire composé de six ministres, avec à leur tête Noureddine al-Rifaï, un général à la retraite de soixante-seize ans. Sa décision, qui suscite une réaction négative au sein de l'establishment musulman et dans le camp des forces nationales, réanime par ailleurs les pires craintes des leaders de l'OLP. Après l'annonce de la composition du gouvernement, avec pour seul civil Lucien Dahdah, le frère du gendre du président Rodrigue Dahdah, le mufti Hassan Khaled convoque une réunion, à Dar el-Fatwa, à laquelle prennent part Rachid Karamé et Saëb Salam, Kamal Joumblatt et l'imam Moussa Sadr. Ils réclament la démission du gouvernement Rifaï, tandis que certains partis de gauche menacent de s'insurger. La décision du président contribue à former, en quelques heures, une alliance informelle réunissant les leaders sunnites traditionnels, le Bloc national de Raymond Eddé, ainsi que Kamal Joumblatt et son Mouvement national.

La formation du gouvernement militaire alarme également le président syrien Hafez al-Assad, qui décide, pour la première fois depuis le début des événements, d'envoyer un émissaire à Beyrouth. Au soir du 24 mai, le vice-Premier ministre syrien et ministre des Affaires étrangères, Abdel Halim Khaddam, arrive dans la capitale libanaise, accompagné du major-général Naji Jamil, chef de la Sécurité nationale et vice-ministre de la Défense. Les conséquences de cette visite ne se font pas attendre : le 26 mai, le général Rifaï donne sa démission avant même de s'être présenté devant le Parlement. Deux jours plus tard, le président Frangié confie, à contrecœur et sous la pression des Syriens, le gouvernement à Rachid Karamé, fort du soutien des représentants musulmans et des forces nationales.

Cette première médiation syrienne, qui permet de trouver une issue à la crise politique, ne peut cependant éviter l'escalade de la violence. Outre les tirs de mortier qui ont accompagné les pourparlers libano-syriens au matin du 24 mai, une vague d'enlèvements déferle sur la capitale : durant la seule journée du 30 mai, quatre-vingt-dix personnes sont enlevées à Beyrouth ; nombre d'entre elles sont torturées, mutilées jusqu'à en devenir méconnaissables.

Au début du mois de juin 1975, les affrontements s'étendent à travers tout le pays. Au sud de la capitale, des combats opposent les chiites de Haret an-Naïmeh, un village du littoral, aux groupes armés du Parti national libéral de Naïmeh et de Damour. La tension gagne également le nord, Jbeil, où les milices chrétiennes bloquent la route stratégique reliant Beyrouth à Tripoli.

Dès le début des consultations pour le nouveau gouvernement, Kamal Joumblatt pose à Rachid Karamé deux conditions : premièrement, n'admettre aucun phalangiste au sein du cabinet ; deuxièmement, ne désigner aucun militaire à la Défense ou à l'Intérieur. Cette attitude complique la tâche de Karamé.

Rejetant le veto de Joumblatt, Pierre Gemayel déclare qu'il n'accepte pas la non-participation de son parti au gouvernement. Camille Chamoun le soutient. L'impasse est aggravée par l'hostilité personnelle entre Chamoun et Karamé, qui remonte à 1958.

Joumblatt se dit prêt à ne pas participer au gouvernement si les phalangistes en sont écartés. Cette concession ne suffit pas à débloquer la situation. Le seul espoir de Karamé réside dans la médiation des Syriens. Durant la nouvelle visite d'Abdel Halim Khaddam, la troisième depuis le début des événements, le 29 juin 1975, soutenant l'idée d'un cabinet où n'entreraient ni les partis de gauche ni les phalangistes, le ministre syrien des Affaires étrangères convainc Camille Chamoun de se réconcilier avec Rachid Karamé et de faire partie du nouveau gouvernement.

Le 30 juin, Karamé annonce la création d'un « gouvernement de salut national », composé de six ministres. Le Premier ministre, redoutant de voir les chefs maronites entraîner l'armée à leur côté, s'octroie le ministère de la Défense et confie à Chamoun l'Intérieur. Bien qu'aucun phalangiste ne fasse partie du cabinet, Joumblatt est irrité : non seulement Rachid Karamé ne l'a pas consulté sur la répartition des portefeuilles, mais l'isolement des phalangistes n'a pas réussi, Camille Chamoun ne dissimulant guère son intention de les représenter au sein du gouvernement. À l'exception de Ghassan Tuéni, le gouvernement n'est composé que de conservateurs. Le 15 juillet, le Parlement accorde la confiance au cabinet par quatre-vingt-trois voix, les seize partisans de Joumblatt s'étant abstenus.

Le 1er juillet, au cours d'une rencontre entre Abdel Halim Khaddam, Rachid Karamé, Yasser Arafat et le général Iskandar Ghanem, commandant en chef de l'armée, est décidé un cessez-le-feu qui tiendra près de deux mois. Deux jours plus tôt, Yasser Arafat avait déclaré que le Mouvement de la résistance palestinienne n'était pas un protagoniste dans le conflit au Liban.

Cette déclaration avait été précédée d'une entrevue, le 23 juin, entre Arafat et le président Frangié, au cours de laquelle le dirigeant palestinien avait présenté des excuses pour les exactions commises par certains Palestiniens[1].

Persévérant dans sa politique d'isolement des Kataëb, Kamal Joumblatt ne doute pas que cette tactique va lui permettre de changer le rapport des forces en sa faveur. Ses calculs sont basés sur la faiblesse supposée du potentiel militaire des phalangistes, par rapport à la puissance des Palestiniens. Il considère les milices chrétiennes comme des boy-scouts prêts à détaler à la première alerte. Il les estime à deux mille cinq cents, alors que, selon différentes sources, elles comptaient déjà plus de six mille combattants bien armés et entraînés, voire dix mille en y ajoutant le PNL, les volontaires de Zghorta et les détachements moins importants d'autres chefs chrétiens conservateurs[2]. « En vérité, écrit Joumblatt, si les combattants du Mouvement national décident de mener une vaste attaque pour chasser les phalangistes de tous les quartiers de Beyrouth, ils le feront avec la plus grande facilité. Car les phalangistes maîtrisent parfaitement l'art de porter des coups et de semer de loin la destruction, comme le leur ont appris leurs maîtres et protecteurs étrangers, mais ils s'enfuiront comme des lièvres à la première épreuve sérieuse[3]. » Cette assurance est nourrie par les estimations des dirigeants palestiniens, dont Zouheir Mohsen, le chef du département militaire de l'OLP.

Joumblatt est en outre persuadé que les phalangistes ne

1. Abu Iyad, *My Home, my Land*, pp. 166-170. Voir également *Palestine, la révolution*, 29 juin 1975.

2. Kamal Joumblatt, *Le Liban et la guerre des compromis, 1975-1976*, Beyrouth, Al-Dar al-Taqaddoumiya, 1987, p. 28 ; *Edgar Ballance. Civil War in Lebanon, 1972-1992*, Londres, Macmillan Press Ltd., 1998, p. 15.

3. Kamal Joumblatt, *Le Liban et la guerre des compromis, op. cit.*, p. 29.

trouvent pas de soutien au sein de la communauté maronite, sans parler de la population chrétienne du Liban. « Tous les maronites, émigrés et résidents, y compris les phalangistes, ne constituent pas plus de 18 % de la population du pays, explique-t-il. Ils ont plusieurs leaderships, au nord, dans les montagnes et à Beyrouth. Et c'est un fait connu qu'aucun des chefs ne serait capable de réunir autour de lui plus du quart de l'honorable communauté maronite. Par conséquent, l'initiateur des troubles ne pourrait avoir sous ses ordres que le quart de la communauté au maximum, c'est-à-dire 5 % de la population du Liban seulement[1]. »

Les événements ultérieurs vont montrer l'inconsistance d'une telle arithmétique. Le mot d'ordre d'isoler les Kataëb produit en définitive l'effet contraire. À l'été 1975, Kamal Joumblatt ne suppose pas que l'affrontement armé puisse entrer dans une phase chronique. Le fait qu'aucune milice des autres partis chrétiens n'ait encore réellement participé aux combats, que la tentative des chefs maronites et conservateurs d'instaurer un régime militaire – en vue d'utiliser l'armée contre le PSP et le Mouvement national – se soit soldée par un échec contribue à renforcer son assurance et à lui faire croire que son objectif est désormais à portée de main.

En juillet 1975, il commence donc à rédiger un programme de réforme du système politique libanais et, le 18 août, le présente lors d'une conférence de presse. « La crise actuelle qui concerne tous les aspects de la vie libanaise, déclare Joumblatt, implique la nécessité urgente de changements fondamentaux dans la politique de défense nationale, dans les procédés économiques, dans le domaine social et dans la structure politique. Ce besoin est évident depuis des années, formulé par les revendications de larges fractions de la société qui, sans

1. *Ibid.*, p. 27-28.

vouloir exagérer, représentent la majorité écrasante des Libanais. Ayant assumé leur rôle dans le combat et l'orientation du peuple au long des années, les partis et les forces nationalistes et progressistes tiennent pour devoir de renforcer le mouvement populaire naissant par un programme en étapes, qui définira leurs principales réclamations et constituera le guide à suivre pour arriver à un Liban arabe, nationaliste, démocratique et progressiste. Aujourd'hui donc, nous présentons la première partie de ce programme : la mise en œuvre d'une réforme démocratique du système politique. Dans une étape ultérieure, il sera complété par les deux volets consacrés à la politique de défense nationale, ainsi qu'aux questions socio-économiques et culturelles[1]. » La réforme du système politique proposée par Joumblatt comporte sept points.

Le principal concerne l'abolition du confessionnalisme politique et la totale laïcisation de la société libanaise. Toutefois, compte tenu de la situation, il est prévu dans un premier temps de supprimer seulement la représentation confessionnelle au Parlement, ainsi que dans les administrations locales et municipales, les organismes de la justice et l'armée.

Le second volet concerne la loi électorale. Le Liban formerait une circonscription unique, avec introduction de la proportionnelle selon le principe d'un député pour dix mille électeurs.

Le troisième point du programme prévoit que les prérogatives législatives appartiennent exclusivement à la Chambre des députés. Le Parlement serait doté d'une deuxième chambre, avec un conseil constitutionnel élu, le « conseil des principales activités libanaises » formé des représentants des organisations professionnelles, économiques, sociales et culturelles. Il s'occuperait, au côté du Parlement, de présenter des projets de loi et

1. Kamal Joumblatt, *Positions et opinions* (en arabe), Éditions Front des forces palestiniennes refusant les solutions de capitulation, p. 77-78.

d'élire le président de la République. Le président aurait le droit de dissoudre le Parlement : si les députés ajournent trois fois de suite une session, s'ils renoncent à entériner le budget dans son ensemble ou s'ils votent la défiance au gouvernement deux fois durant la même année. Des référendums populaires devraient intervenir pour les problèmes les plus importants.

L'élection du président aurait lieu lors d'une séance commune des députés et du Conseil constitutionnel. La désignation du Premier ministre serait faite par la Chambre des députés et le président n'aurait plus qu'à l'entériner par décret. C'est au Premier ministre qu'il reviendrait de former le gouvernement, après consultation des groupes parlementaires, le décret de nomination des ministres étant signé à la fois par le président et le Premier ministre. Le président pourrait, sur proposition du Premier ministre, démettre les ministres ayant enfreint la loi ou la Constitution. Dans ce cas, il aurait également le droit de dissoudre le gouvernement, mais cela entraînerait automatiquement l'élection d'un nouveau Parlement.

Les nominations, mutations ou révocations des juges seraient confiées à un conseil judiciaire supérieur, dont les membres seraient élus à bulletins secrets pour deux ans. Une cour suprême devrait être instaurée, pour contrôler le respect des lois et de la Constitution, alors qu'un tribunal spécial examinerait le cas des ministres ou des présidents accusés d'avoir enfreint la loi. Enfin, proposition importante pour la société libanaise, le programme propose d'adopter une loi civile afin de régler les questions de mariage, de divorce et de droits de succession de tous ceux qui renoncent à suivre les lois de leur propre communauté religieuse.

Afin de combattre la corruption, les employés de l'État doivent se soumettre à la loi sur la fortune illégitime, proposée maintes fois par Joumblatt, et déclarer obligatoirement le montant de leurs revenus et leur provenance. Pour ce qui est de l'armée, ses fonctions seraient limitées à la défense des frontières et de l'indépendance nationale, avec interdiction de servir à régler les problèmes internes. Par ailleurs, le programme insiste sur le fait que l'armée libanaise doit assumer un engagement national à l'égard du problème palestinien et des problèmes arabes. Elle devrait être déconfessionnalisée, et les limitations liées à l'appartenance religieuse ou communautaire des militaires interdites.

Comme il le dira par la suite, Joumblatt accomplit « un pas essentiel vers la création d'un front véritable[1] ». Il est important pour lui de montrer, grâce à ce programme, la nature de la crise libanaise, en écartant par là même les tentatives de la réduire au conflit entre Libanais et Palestiniens.

Le répit qui a duré près de huit semaines prend fin le 24 août 1975, lors des affrontements entre les chrétiens de Zahlé et les chiites soutenus par les combattants palestiniens. Commencé par une simple bagarre dans un café, le conflit s'étend à toute la ville et à ses environs. En dépit des efforts des forces de sécurité, les tirs de mitrailleuses et de lance-roquettes durent plusieurs jours. Plus grave encore : au début de septembre, à Tripoli, dans le nord, des combats mettent aux prises les combattants du Mouvement du 24 octobre et les formations chrétiennes de Zghorta ; les chrétiens commencent à fuir massivement Tripoli ; outre les maronites, les chrétiens orthodoxes, habitants de souche qui avaient essayé de rester à l'écart, doivent quitter la ville. La vague de violence déferle ensuite sur le Akkar, où combattants musulmans et palestiniens s'emparent du village maronite de Beit Mallat, obligeant les habitants à fuir vers le Kesrouan après un bain de sang.

Les événements du nord prennent une dimension particulière dans la mesure où Zghorta est le village natal du président

1. Kamal Joumblatt, *I speak for Lebanon*, *op. cit.*, p. 93.

Sleiman Frangié, alors que Tripoli est traditionnellement l'assise du Premier ministre Rachid Karamé. Le président et les ministres chrétiens réclament l'état d'urgence et le recours à l'armée. Le Premier ministre et les ministres musulmans s'y opposent. Le Mouvement national met en garde le Premier ministre contre toute tentation d'utiliser l'armée, car elle se rangerait immanquablement aux côtés des milices chrétiennes. Des craintes analogues sont formulées par les leaders musulmans. Le 10 septembre, le président Frangié réussit à faire adopter une opération limitée de l'armée, tout en acceptant d'envoyer en congé illimité son commandant en chef, peu populaire chez les musulmans, pour le remplacer provisoirement par le général Hanna Saïd, jugé plus modéré.

Le 14 septembre, douze combattants du Mouvement du 24 octobre, présidé par Farouk al-Moukaddem, sont abattus dans la région de Chekka, lors d'un affrontement avec l'armée venue soutenir les formations de Zghorta. Au cours d'une réunion tenue au domicile de Kamal Joumblatt, les dirigeants des partis nationalistes et progressistes décident d'appeler à la grève générale pour le 15 septembre. Par crainte de la réaction des phalangistes, qui pourraient forcer Karamé à faire intervenir l'armée dans la capitale, les leaders sunnites et le mufti Hassan Khaled essaient de persuader Joumblatt de renoncer. C'est également l'avis de Yasser Arafat qui craint que l'escalade de la violence à Beyrouth n'entraîne les Palestiniens à prendre part à des combats que la direction de l'OLP s'efforce d'éviter depuis quelques mois. Cédant aux arguments de ses alliés, Joumblatt annonce, au dernier moment, l'annulation de la grève. Le 16 septembre, Pierre Gemayel exige que l'armée rétablisse l'ordre. Le 17, n'ayant pas de réponse à son ultimatum, les phalangistes tirent sur le centre de Beyrouth. De violents combats, accompagnés d'enlèvements, ont lieu dans plusieurs régions du Liban.

Le 18, Walid, le fils de Kamal Joumblatt, est intercepté dans sa voiture alors qu'il quitte son appartement de Hazmieh. Les yeux bandés, il est emmené par des combattants du Parti national libéral dans une de leurs bases, à Qanater Zbeidé. C'est Camille Chamoun qui charge son fils Dany de sauver le jeune Joumblatt. Peu de temps après, Walid bey est libéré et transporté au palais présidentiel, où l'attendent le président Frangié et Camille Chamoun. Selon ses propres dires, il avait perdu tout espoir de rester en vie[1]. Soulagé, Kamal Joumblatt téléphone à Camille Chamoun à Saadiyat. Leur première conversation depuis dix-sept ans ne dure que quelques minutes : Joumblatt remercie Chamoun d'avoir sauvé la vie de son fils, pas un mot de plus. Après avoir posé le combiné, il remet machinalement le téléphone à son assistant Joseph Abi Khalil et, d'un geste, lui fait comprendre qu'il souhaite rester seul[2].

Le soir même, Joumblatt se prononce en faveur d'un règlement politique du conflit et appelle à un cessez-le-feu immédiat. En réponse, les phalangistes étendent le champ des combats et bombardent le centre commercial de Beyrouth. Les équipes de pompiers, arrivées de Damas, n'arrivent même pas à approcher les foyers d'incendie, les quartiers du centre-ville étant la cible de francs-tireurs juchés sur les terrasses et les toits des immeubles.

Le 18 septembre, le président Hafez al-Assad convoque une réunion extraordinaire pour discuter de la situation au Liban et, dès le lendemain, Abdel Halim Khaddam et le général Hikmat al-Chéhabi, chef d'état-major de l'armée syrienne, arrivent à Beyrouth. Le gouvernement syrien s'inquiète de la nouvelle phase du conflit libanais qui peut aboutir à une scission du

1. Entretien avec Walid Joumblatt, à Moukhtara, le 20 février 1991.
2. Entretien avec Joseph Abi Khalil, à Kahhalé, Beyrouth, le 5 octobre 1999.

pays et à la formation de deux États au Liban. À la mi-septembre, les leaders chrétiens ont ouvertement mis en doute la possibilité d'une cohabitation avec les musulmans. Lors de débats idéologiques à l'université du Saint-Esprit de Kaslik, des idées de fédéralisation ou de confédération, à l'instar de la Suisse, voire de partition du Liban sur une base religieuse, ont été avancées. Cela pourrait constituer un précédent dangereux pour la Syrie qui connaît elle aussi un problème de minorités. Les Syriens sont conscients qu'un mini-État chrétien serait fatalement entraîné dans l'orbite politique de Tel-Aviv, tandis qu'un État musulman, dirigé par l'alliance des partis de gauche et de la révolution palestinienne, risquerait d'être le détonateur d'une nouvelle guerre au Proche-Orient.

Les Syriens sont persuadés que l'aggravation de la situation au Liban est en rapport direct avec le deuxième accord égypto-israélien de séparation des armées, signé le 1er septembre 1975, par l'entremise du ministre des Affaires étrangères américain. « Ce qui s'est passé est le résultat d'un complot dirigé contre le Liban, la Syrie et la cause palestinienne [...]. Les événements du Liban sont le reflet direct des accords du Sinaï », déclare Abdel Halim Khaddam à la fin de sa mission à Beyrouth[1].

Inquiet de la détérioration des relations égypto-syriennes, Kamal Joumblatt lance un appel exhortant à éviter toute hystérie anti-égyptienne, toute accusation gratuite à l'adresse de Sadate. Dans la presse, il énumère les aspects positifs des accords du Sinaï : « J'ai déjà mentionné, à plus d'une reprise, ce qui a permis aux États-Unis et à leur allié, Israël, de s'infiltrer dans l'Orient arabe et d'y semer conflits et contradictions : l'avarice des États pétroliers arabes, qui ont refusé d'avancer au combat de l'Égypte, particulièrement, une aide financière "sans

1. Cf. *Les Relations libano-syriennes, 1943-1985*, vol. I. (en arabe), Beyrouth, Centre libanais d'archives et de documentation, 1986, p. 328.

condition", pour payer sa dette à l'Union soviétique, estimée à 6 milliards de dollars. Cette aide lui aurait permis de poursuivre son développement économique, tout en renforçant sa capacité militaire, comme le mérite la bataille de la destinée. Je continue d'affirmer que si les États de la péninsule arabique et du Golfe avaient consacré un dixième de leurs revenus pétroliers ou, même, le surplus des profits obtenus suite à l'augmentation des prix du pétrole en 1974, pour aider l'Égypte et la Syrie à avoir de nouvelles armes, toutes les terres de Palestine seraient depuis longtemps libérées de l'occupation israélienne. Je continuerai donc de réclamer que 10 milliards de dollars soient puisés dans les revenus pétroliers, afin de contribuer à la libération des territoires arabes occupés et de la Palestine, et que 10 autres milliards soient accordés comme aide gratuite aux pays du tiers-monde. Enfin, un milliard de dollars devrait être destiné à une campagne d'information habile et bien coordonnée, en Europe, aux États-Unis et à travers le monde[1]. »

À peine arrivé à Beyrouth, Abdel Halim Khaddam obtient, en deux jours, un accord de cessez-le-feu. Son entretien avec le patriarche maronite Antonios Khoreich est particulièrement fructueux, dans la mesure où il le persuade de faire une déclaration condamnant les tentatives de partition du pays. Toutefois, l'épisode clé des efforts diplomatiques du vice-Premier ministre syrien, qui durent sept jours, reste sa rencontre avec Pierre Gemayel : ainsi prend fin l'isolement politique des phalangistes. Le 24 septembre, un Comité du dialogue est créé à Beyrouth, faisant renaître l'espoir des Libanais d'un retour de la paix et de la stabilité.

Le même jour, les partis nationalistes et progressistes se déclarent prêts à participer aux travaux du Comité du dialogue.

1. Kamal Joumblatt, *Le Liban et la guerre des compromis*, *op. cit.*, p. 178-179.

La première réunion est fixée au 30 septembre. Les magasins et les banques de la capitale rouvrent leurs portes, mais les discussions au sein du Comité s'enlisent immédiatement.

Gemayel et Chamoun ne cachent pas leur scepticisme sur un comité qui n'a même pas le pouvoir de faire appliquer ses décisions, et proposent de transférer les discussions au Parlement. Le 13 octobre, la décision est prise de poursuivre les travaux dans les commissions chargées des réformes politiques, économiques et sociales. En vain. Pierre Gemayel déclare que son parti n'est pas opposé à l'abolition de la représentation confessionnelle, à condition que la laïcité s'étende à toutes les sphères de la vie sociale et que les questions de statut privé relèvent d'une législation civile commune. Cette proposition est soutenue par Joumblatt, mais elle est refusée par les leaders musulmans qui considèrent la laïcité comme une atteinte aux principes de l'islam. Soucieux de trouver un compromis, le juriste Edmond Rabbat propose, au nom de la communauté catholique, que les lois civiles aient un caractère facultatif. Joumblatt, prêt à se contenter d'une déconfessionnalisation du système politique, salue l'initiative de Rabbat, mais les musulmans s'y opposent à nouveau. C'est Pierre Gemayel qui clôture les débats en se déclarant opposé à tout compromis sur ce point : la laïcité ne peut être que totale et sans conditions, au risque de perdre tout son sens.

Joumblatt est nerveux : il a le sentiment que si Gemayel insiste pour une totale laïcité, c'est parce qu'il est certain du refus des musulmans. Cette tactique rend impossible la réforme du système politique proposée par le Mouvement national, tout en garantissant aux maronites le maintien d'une position privilégiée dans le système de pouvoir. Gemayel et Chamoun jouissent, à ce moment, du soutien des forces conservatrices du monde arabe, en particulier de l'Égypte et de l'Arabie saoudite, qui ne souhaitent pas le succès des initiatives diplomatiques d'une

Syrie favorable au Mouvement national et au Mouvement de la résistance palestinienne.

La dernière semaine d'octobre connaît les combats les plus rudes depuis le début des événements. Ils opposent la milice des Kataëb aux détachements des Mourabitoun près du port, dans le quartier des grands, avant de gagner les quartiers résidentiels de Aïn Mreissé, Ras Beyrouth et Kantari. Le QG des Mourabitoun se trouvant au dernier étage de la tour Murr, le plus haut édifice de Beyrouth, ils peuvent tirer sur les phalangistes retranchés dans l'hôtel Holiday Inn, tout en corrigeant les trajectoires de l'artillerie de la Saïka venue les épauler. Des tireurs, dissimulés sur le toit et aux fenêtres de l'Holiday Inn, tirent sur tout ce qui bouge. À des centaines de mètres aux alentours, ce n'est plus bientôt qu'un alignement de façades calcinées, criblées d'obus, de monceaux d'ordures fumantes, de carcasses de voitures brûlées.

À la fin octobre 1975, Rachid Karamé entreprend plusieurs tentatives pour mettre fin aux combats et enclencher l'entente nationale. Le 28, il annonce la création d'un Comité de sécurité auquel participent neuf politiciens de différentes communautés parmi les plus influents ; ce nouveau comité n'aboutit à rien. La seconde tentative de Karamé a plus de succès : il crée un Comité supérieur de coordination auquel participent les représentants de divers groupes libanais et palestiniens, ainsi que l'armée et les forces de sécurité. Doté du pouvoir de surveiller les engagements de cessez-le-feu et de prendre les mesures nécessaires en cas de rupture, ce comité contribue à diminuer l'intensité des combats et, même, à les neutraliser peu à peu.

C'est alors que le conflit entre le président Sleiman Frangié et le Premier ministre atteint son apogée. Le président de la République, soutenu par Camille Chamoun, refuse de collaborer avec Karamé et insiste pour le démettre de ses fonctions. L'impuissance du Premier ministre se manifeste début novembre, lorsqu'un navire non identifié débarque des armes à Jounieh. Le détachement de l'armée envoyé pour inspecter le bateau est arrêté par des phalangistes armés, et rappelé dans les casernes sur ordre du président Frangié. Indigné, Kamal Joumblatt exige la démission du commandant en chef de l'armée, Hanna Saïd qui, selon lui, est passé dans le camp des milices chrétiennes. Il propose à Karamé d'envoyer les garde-côtes en patrouille, pour empêcher l'approvisionnement en armes des milices de la droite chrétienne. « Le Premier ministre Rachid Karamé se trouve indéniablement dans une impasse, écrit Joumblatt avec amertume. C'est un étranger dans un gouvernement qu'il a lui-même formé, mais qui, en fait, lui a été imposé. Il peut condamner verbalement ce qui se passe, disserter sur les saboteurs, accuser et en appeler à l'opinion publique, mais il est, semble-t-il, incapable de faire quoi que ce soit d'efficace pour assurer la sécurité et normaliser la situation. Il fait penser à ce chasseur tombé dans le piège qu'il avait lui-même posé pour d'autres[1]. »

Le 3 décembre, le président Hafez al-Assad adresse à Pierre Gemayel une invitation à venir à Damas. Au Liban, la tension domine : ce même jour des inconnus brûlent un camion transportant des exemplaires du Coran, dans les environs du village maronite de Kahhalé. Cet acte de vandalisme est suivi du saccage de plusieurs églises. Le 5 décembre, les détachements palestiniens cantonnés dans la ville druze d'Aley bombardent Kahhalé à l'artillerie lourde. Le lendemain matin, jour de la visite de Gemayel à Damas, les corps mutilés de quatre dirigeants des miliciens sont retrouvés sur une colline des environs de Fanar, dans la banlieue est de Beyrouth. Les victimes relevaient de la sécurité phalangiste, en mission de reconnaissance sur la route qu'allait emprunter Pierre Gemayel pour se rendre en Syrie.

---

1. *Ibid.*, p. 40.

En représailles, les Kataëb, les « tigres » du PNL et d'autres milices chrétiennes procèdent à des massacres dans les quartiers du port de Beyrouth et du centre commercial. Ce 6 décembre, baptisé le « samedi noir », voit l'enlèvement aveugle de plus de deux cents passants, tous musulmans, et leur liquidation par balles. Le 8 décembre, les combattants des Mourabitoun et du Front populaire de libération de la Palestine (commandement général) d'Ahmed Jibril attaquent les positions des phalangistes dans la zone des hôtels et les obligent à évacuer le Phénicia et le Saint-Georges. L'Holiday Inn, où se trouve le QG des phalangistes, est pris en étau, ainsi que leurs principales positions place des Martyrs.

Le samedi noir a été le prélude aux « meurtres à l'identité » qui se répandent comme une épidémie dans l'est et l'ouest de Beyrouth. Les quartiers contrôlés par les milices chrétiennes comportaient encore à l'époque des enclaves musulmanes. La plus importante était le quartier de Nabaa, au nord-ouest duquel se trouvent deux quartiers de taudis chiites : la Quarantaine et Maslakh. Beyrouth-Est abrite aussi les deux camps palestiniens de Tell Zaatar et Jisr el-Bacha. À la fin de 1975, les phalangistes lancent une opération visant à chasser les musulmans des quartiers chrétiens. Le 15 décembre, ils entrent dans le petit réduit chiite de Haret el-Ghaouarna, à Antelias, et obligent ses habitants à fuir vers Beyrouth-Ouest. Le 17, un sort analogue est réservé aux musulmans sunnites quasi nomades, qui s'étaient installés près du palais présidentiel, à Baabda.

Jusqu'à la fin 1975, Kamal Joumblatt ne perd pas l'espoir d'une solution politique. Le 15 décembre, il se rend à Damas et s'entretient durant quatre heures avec le président Assad. À son retour, il souligne que le Mouvement national est prêt à respecter le cessez-le-feu. Le 19 décembre, jour de l'arrivée du général Hikmat Chéhabi à Beyrouth, les combattants des Mourabitoun et ceux du PSP évacuent, sur ordre de Joumblatt, leurs positions dans la région des hôtels.

Depuis l'accord de cessez-le-feu obtenu par la médiation syrienne à la fin de juin 1975, l'OLP avait évité de prendre une part directe aux affrontements. Cette situation se modifie brusquement le 4 janvier 1976, lorsque des détachements phalangistes et des tigres du PNL bloquent l'approvisionnement des camps de réfugiés palestiniens à Tell Zaatar et Jisr el-Bacha et encerclent le quartier chiite de Nabaa. Le 6, en signe de protestation, Kamal Joumblatt se retire du Conseil supérieur de coordination et Yasser Arafat lance un avertissement : le blocus sera brisé, au besoin, par la force. Loin de prêter l'oreille à cette mise en garde, les milices chrétiennes encerclent le camp de Dbayé le 12 janvier, puis le prennent d'assaut deux jours plus tard. Suit l'attaque des quartiers de la Quarantaine et de Maslakh, défendus par la milice chiite et les détachements palestiniens.

Afin de diminuer la pression sur les camps assiégés, les forces conjointes du Fateh, de la Saïka et du Mouvement national attaquent les positions des Kataëb et du PNL, le 12 janvier, dans la ville côtière stratégique de Damour. Pourtant, au cours de vifs débats, Joumblatt s'est opposé à l'assaut. Il craignait que les combats ne s'étendent ensuite aux régions montagneuses du Chouf, contrôlées par le PSP, et ne prennent le caractère d'affrontements religieux entre druzes et maronites. « La guerre dans la montagne, ce n'est pas la guerre à Beyrouth, souligne-t-il. Si la guerre gagne la montagne, elle devra se poursuivre jusqu'au bout, jusqu'à la victoire définitive de l'un des deux camps. La guerre de la montagne engendrera la haine, et nous devrons par la suite en surmonter ensemble les conséquences. À la montagne, le sang versé suscitera la rancune entre les familles et les villages. À Beyrouth, nul ne connaît le visage de l'adversaire, il se peut même que l'on puisse croiser le meurtrier de son propre frère sans le savoir. Il en va tout autrement dans les montagnes, où les lois de la vendetta sont en vigueur[1]. »

Les arguments de Joumblatt furent ignorés par les Palestiniens qui, comme il l'écrira plus tard avec amertume, insistaient pour que tout se passe « dans le domaine militaire où ils avaient la haute main [2] ». Toutefois, craignant une intervention israélienne dans le Sud du Liban, Yasser Arafat émit de sérieux doutes quant à la nécessité de la prise de Damour. Mais Abou Saleh, membre du comité central du Fateh, le commandant Abou Moussa et les dirigeants de certains partis du Mouvement national parvinrent à imposer leur point de vue pour débloquer la route stratégique reliant Beyrouth au sud du pays.

Le 16 janvier, Kamal Joumblatt assiste, dans la résidence du mufti Hassan Khaled à Aramoun, à une réunion des leaders musulmans : Rachid Karamé, Saëb Salam, Abdallah al-Yafi, l'imam Moussa Sadr et le vice-président du Conseil islamique supérieur des chiites sayyed Mehdi Chamseddine, ainsi que Toufic Safadi et Abou al-Zaïm, de l'OLP. Vers midi, alors que les discussions battent leur plein, un bruit de réacteurs se fait entendre. De la terrasse, les dirigeants voient deux avions de chasse des forces libanaises plonger sur les positions du Mouvement national et de la résistance palestinienne, à quelques centaines de mètres de la résidence du mufti. Rachid Karamé téléphone aussitôt au général Hanna Saïd pour exiger l'arrêt de l'opération. Le général répond qu'il obéit aux ordres du président Frangié. Ils appellent alors à deux reprises le ministre des Affaires étrangères syrien, Abdel Halim Khaddam, pour demander au président syrien Hafez al-Assad d'intervenir auprès du président libanais.

1. Cf. les mémoires de Mohsen Dalloul dans *Al-Wasat*, n° 267, 10-16 mars 1997.

2. Kamal Joumblatt, *Mon testament*, *op. cit.*, p. 67.

La situation militaire se présente mal pour les Palestiniens et les partis de gauche. L'expulsion massive des Palestiniens et des musulmans des régions peuplées en majorité par les chrétiens, accompagnée de la division des habitants selon leur appartenance religieuse, annoncent une partition du Liban. Après l'assaut de Dbayé, les phalangistes et les tigres du PNL lancent des attaques contre la Quarantaine et Maslakh, brisant la résistance de leurs défenseurs le 19 janvier 1976. Plus d'un millier de Palestiniens et de Libanais qui habitaient ces taudis tombent. Vingt mille personnes sont chassées vers Beyrouth-Ouest, tandis que les bulldozers rasent leurs masures. Le Premier ministre Rachid Karamé donne sa démission.

Au matin du 19 janvier 1976, le cheikh Hassan Khaled invite Kamal Joumblatt à une nouvelle réunion des leaders musulmans, convoquée à l'initiative de Rachid Karamé chez son parent, l'ancien ministre Malek Salam. Après quatre heures de débats, les participants s'adressent une nouvelle fois au président syrien et lui demandent des mesures urgentes pour empêcher l'attaque des milices chrétiennes contre Beyrouth-Ouest. Sur ordre du président Assad, la brigade palestinienne du Yarmouk et des détachements des brigades de Hittin et Kadissya, partisans de l'Armée de libération de la Palestine, franchissent la frontière syro-libanaise et prennent le contrôle de la majeure partie de la vallée de la Békaa et de l'importante route stratégique Damas-Beyrouth. Parallèlement, des détachements de la Saïka et de l'ALP avancent vers Zghorta, où ils sont confrontés aux combattants locaux des Marada, ainsi qu'aux soldats de l'armée libanaise[1].

Tard dans la soirée du 19 janvier, une délégation du

1. R. Brynen, *The Palestinians in Lebanon*; Th. Hanf, *Coexistence in Wartime Lebanon (Decline of a State and Rise of a Nation)*, Londres, 1993, p. 212.

Mouvement national conduite par Joumblatt se rend à Damas, pour des pourparlers avec Abdel Halim Khaddam, au ministère des Affaires étrangères. Au matin, la délégation est reçue par le président Hafez al-Assad. « Au nom de ce qu'il y a de plus sacré, monsieur le président, lui dit Kamal Joumblatt, nous vous demandons d'intervenir pour arrêter cette guerre. C'est devenu insupportable. Le sang coule à flots. La situation est extrêmement dangereuse[1]. » Le président Assad promet son aide, en précisant que la Syrie n'admettra pas la victoire de l'un ou l'autre des deux camps. « Je suis disposé à le faire, dit-il, mais pour en finir avec la guerre. Il faut régler les relations entre les parties en conflit. Si vous acceptez le principe d'un règlement, nous sommes prêts à intervenir[2]. »

Abdel Halim Khaddam arrive le 21 janvier à Beyrouth. Dès le premier jour de négociations avec les représentants des différentes forces politiques, un comité militaire supérieur libano-syro-palestinien est créé, pour contrôler l'application du cessez-le-feu entrant en vigueur à partir de 20 heures, le 22 janvier. Après la levée du blocus des camps palestiniens de Tell Zaatar et Jisr el-Bacha et la réouverture de l'aéroport international, la vie reprend peu à peu son cours normal.

Le 30 janvier, Khaddam soumet aux leaders musulmans, réunis à Aramoun, les principes d'un projet de réforme politique qui représente, aux yeux des Syriens, la base d'une réconciliation nationale. Le premier point maintient la répartition des trois postes suprêmes de l'État entre les communautés maronite, sunnite et chiite. Le deuxième définit les modalités d'élection du président de la République par les deux tiers des députés ; le nombre des votants au premier tour ne doit pas être inférieur à la moitié des parlementaires ni descendre en dessous des 55 % aux

---

1. Entretien avec Mohsen Dalloul, à Beyrouth, le 19 avril 1999.
2. Mémoires de Mohsen Dalloul dans *Al-Wasat*, n° 267, 10-16 mars 1997.

tours suivants. Le Premier ministre doit être élu par le Parlement et non plus désigné par le président, les mandats doivent être répartis de manière égale entre chrétiens et musulmans. Les quotas confessionnels sont abolis pour la nomination des fonctionnaires, à l'exception de quatre postes dits de première catégorie. Un organe judiciaire supérieur est chargé d'examiner les abus commis par le président, le Premier ministre, le président de l'Assemblée et les ministres. Enfin, le septième point du projet syrien évoque la mise en place d'un conseil supérieur pour les questions économiques et sociales[1].

Les leaders musulmans s'abstiennent de toute prise de position sur le projet, préférant attendre les résultats de la visite du président Sleiman Frangié à Damas. Ils refusent de fixer par écrit le principe de répartition des trois postes suprêmes. Selon eux, cette règle doit continuer de découler d'un accord tacite entre les communautés libanaises. Les chefs musulmans insistent pour que la version définitive du texte reconnaisse le caractère arabe du Liban. Prévoyant que les chrétiens n'accepteront pas ce point, Khaddam refuse.

Le projet syrien se borne à remplacer les transformations radicales de la société par une modification peu importante du système, en faveur des chefs musulmans traditionnels. Kamal Joumblatt s'abstient pourtant de critiquer ce programme et tente seulement d'insérer dans le texte un paragraphe concernant la représentation proportionnelle et l'abolition du confessionnalisme. Ses propositions ne sont pas acceptées. Saëb Salam juge l'idée « un homme, une voix », inapplicable dans une société pluriconfessionnelle : « Avant de rendre des conclusions péremptoires sur les avantages de la représentation proportionnelle, je vous

1. Antoine Khoueiry, *La Guerre au Liban, 1976* (en arabe), I, Beyrouth, 1977, p. 83.

prie de me donner des arguments fondés à ce sujet[1]. » Quant à l'abolition du confessionnalisme, elle incite les politiciens musulmans à s'interroger sur les motifs qui ont motivé Kamal Joumblatt. Ils n'ont pas oublié, en effet, que dans les années 1960, Joumblatt avait réussi à obtenir, grâce à la protection de Nasser, une *fatwa* (décret religieux) officielle d'Al-Azhar reconnaissant que les druzes sont bien des musulmans. Aussi craignent-ils que l'abolition du confessionnalisme lui permette de devenir *de facto* le chef de file de la majorité musulmane au Liban et un candidat au poste de Premier ministre.

Le 7 février, le président Frangié et le Premier ministre Karamé se rendent à Damas, afin de débattre avec le président syrien de la version définitive des changements constitutionnels. Les Syriens avancent des garanties concernant le règlement du statut des Palestiniens au Liban, par une stricte application des accords du Caire et des protocoles de Melkart. C'était le prix à payer pour que les chrétiens acceptent une plus large participation des musulmans au pouvoir. Le 14 février au soir, le président Sleiman Frangié annonce à la télévision le contenu du « document constitutionnel » concerté à Damas. Beyrouth répond par des salves enthousiastes et des feux d'artifice, mais la réaction des milieux politiques est beaucoup plus froide : alors que Pierre Gemayel se dit satisfait et que les leaders chiites entament une campagne pour une représentation parlementaire égale à celle des sunnites, les dirigeants des partis nationalistes et gauchisants, ainsi que nombre de chefs musulmans, ne cachent pas leur déception.

Les reproches les plus sérieux concernent l'article sur la répartition des trois postes suprêmes de l'État. L'enregistrement constitutionnel de ce principe tacite lui confère force de loi, ce que beaucoup perçoivent comme un pas en arrière par

1. *Ibid.*, p. 111.

rapport au pacte national de 1943. La clause consacrée au confessionnalisme politique, à travers une répartition égale des sièges parlementaires entre chrétiens et musulmans, avec des quotas proportionnels pour les communautés des deux parties, est surtout bien accueillie par les hommes politiques musulmans, qui voient s'élargir leur participation au pouvoir.

Saëb Salam et Raymond Eddé, les adversaires les plus farouches de ce « remède syrien », estiment qu'il va aggraver les maux de la société libanaise. Par contre, l'imam Moussa Sadr appuie les innovations avec ferveur. Dans ce contexte, la position de Kamal Joumblatt semble étrange : pour justifier son silence prolongé, il publie, le 15 février, un communiqué dans lequel il souligne le caractère néfaste de conclusions trop hâtives et des approches émotionnelles. Les dirigeants du Mouvement national mettront plus de deux semaines à prendre position en commun sur le document constitutionnel. Certains responsables des partis nationaux, notamment Georges Haoui, conseillent à Joumblatt d'accepter le texte dans son ensemble, des critiques seraient mal perçues par Damas. En fait, Joumblatt se retrouve devant un choix difficile : d'un côté, il ne désire guère altérer ses relations avec les Syriens, de l'autre et pour des raisons de principe, il ne peut accepter la « réconciliation tribale » qui lui est imposée.

Irrité par l'attitude évasive de Joumblatt et par ses appels obstinés à réanimer le Comité du dialogue national pour discuter de laïcité et de proportionnelle, Khaddam ne tient toutefois pas à exprimer de divergences en public ; aussi répond-il aux journalistes qui l'interrogent sur les pourparlers : « L'ambiance est positive et la réunion avec Kamal bey était très constructive [...]. Sa position est toujours positive[1]. » Le 24 février, Joumblatt lui remet un mémorandum exposant la position du PSP sur le document constitutionnel. Les sept articles principaux sont

1. *Ibid.*, p. 214-215.

rejetés, cinq sont ignorés ou partiellement refusés, et cinq autres jugés acceptables, encore qu'il ne s'agissait pas des articles fondamentaux[1].

Le refus de Kamal Joumblatt de favoriser le succès de l'initiative syrienne, se manifeste également lors des débats sur la formation d'un gouvernement d'unité nationale. Un mois plus tôt, le 26 janvier 1976, Abdel Halim Khaddam lui avait proposé d'examiner trois variantes : la première consistait à élargir le cabinet existant en y incluant Kamal Joumblatt et Pierre Gemayel, ce qui était un retour à la formule en vigueur sous le président Chéhab ; la seconde prévoyait la formation d'un nouveau gouvernement sans la participation des leaders traditionnels ; la dernière n'excluait pas que ces derniers puissent entrer dans le cabinet en tant que ministres d'État. Joumblatt affirme qu'il préfère ne pas modifier le gouvernement existant, jusqu'à ce que le Parlement entérine les accords. Un peu plus tard, il accepte la formation d'un nouveau gouvernement, à condition que les clauses du document constitutionnel ne soient pas reprises dans la déclaration gouvernementale.

Les débats reprennent dans la seconde moitié de février, concernant cette fois le nombre de membres du gouvernement. Soucieux d'éviter ou, pour le moins, de limiter la participation du Mouvement national dans le futur cabinet, les leaders conservateurs réclament le maintien du gouvernement existant qui, s'il doit être élargi, ne devrait pas compter plus de douze à quatorze ministres. Joumblatt, qui souhaite un maximum de portefeuilles pour le Mouvement national, insiste pour la nomination de vingt-deux à vingt-quatre ministres. Il souligne « la nécessité de former un large cabinet, qui soit composé des protagonistes réels du conflit armé ou de ceux qui jouissent d'un prestige moral et de grandes qualités personnelles. Il ne faut en

1. Marius Deeb, *The Lebanese Civil War*, New York, Praeger, 1980, p. 87.

aucun cas que les chrétiens et les musulmans soient représentés uniquement par les hommes politiques et les partis traditionnels. Pourquoi, par exemple, ne pas faire entrer au gouvernement Saïd Akl ? Sur la question de la laïcité, nous sommes bien plus proches de son point de vue que de celui du Premier ministre, notre allié qui n'en est pas vraiment un. Aussi, nous sommes proches de bien d'autres sur les questions essentielles de réforme interne, même si nous divergeons sur le caractère arabe du Liban. En fin de compte, ce sont des querelles byzantines, car c'est la réalité qui consacre cette arabité et non le fait de la noter dans une déclaration ou un communiqué[1] ».

Par contraste avec l'empressement des Syriens à vouloir obtenir un règlement pacifique au Liban avant le 16 mars, date de la visite officielle du président Assad en France, la lenteur de Joumblatt à se décider est étrange et incompréhensible. Habituellement plus fougueux, il donne l'impression de vouloir gagner du temps, dans l'attente d'un échec de l'initiative syrienne. Et cette perspective se présente en effet. La désintégration de l'armée libanaise, qui a commencé le 21 janvier avec la rébellion du lieutenant Ahmed al-Khatib dans une garnison du sud, devient irréversible à la fin de février. Durant les dix premiers mois de la guerre, Joumblatt appelait à maintenir l'armée et à la préserver. Opposé à son utilisation dans le conflit, il avait plus d'une fois averti que cela conduirait à son démantèlement et à la partition du pays. Dans un contexte où l'État a pratiquement cessé d'exister, l'armée reste, selon lui, la seule institution constitutionnelle encore en vie et qui donc, à la fin de la guerre, pourrait se charger de la stabilité et de l'ordre.

Si quelques officiers et petites garnisons ont rallié les milices chrétiennes dans les premiers mois de la guerre, ce processus

1. Antoine Khoueiry, *La Guerre au Liban*, 1976 (en arabe), I, *op. cit.*, p. 239.

n'a pas pris d'ampleur, même si l'on découvre de temps à autre que des armes et des munitions ont été remises aux forces conservatrices. L'utilisation des unités de l'armée, à petite échelle, pour limiter les conflits et séparer les belligérants est monnaie courante. La situation devient inquiétante en janvier 1976, lorsque l'armée commence à intervenir presque ouvertement aux côtés des milices chrétiennes, contre les Palestiniens et les musulmans libanais. Alors qu'au moment de l'assaut de Maslakh et de la Quarantaine on pouvait lire sur les blindés de l'armée « Forces de sécurité » et que les soldats étaient en uniforme de gendarme, quelques jours plus tard, à Damour, le commandement de l'armée a fait appel à l'aviation et aux troupes spéciales pour combattre les détachements palestiniens et les milices de gauche.

Les derniers événements ont mis à bout la patience des soldats et officiers musulmans qui sont, contre leur gré, entraînés dans une guerre fratricide. Tel est le cas du lieutenant Ahmed al-Khatib commandant de la garnison de blindés de Ablah au sud. Originaire du village de Chhim à Iklim el-Kharroub, il est le neveu d'Anouar al-Khatib, défunt ami et partisan de Kamal Joumblatt, ainsi que le cousin du député Zaher al-Khatib, fils du précédent, qui en 1970 avait été élu au Parlement avec le soutien de Joumblatt. Depuis novembre-décembre 1975, Ahmed al-Khatib veut quitter l'armée, la considérant comme un instrument entre les mains des leaders chrétiens conservateurs. Chaque fois son père Zein al-Khatib et son cousin Zaher demandent conseil sur ce point à Joumblatt. Ils reçoivent la même réponse : « Il vaut mieux qu'il reste dans l'armée. Il est toujours plus facile de lutter de l'intérieur que de l'extérieur. Nous ne pouvons permettre la désintégration de l'armée[1]. »

Le 21 janvier 1976, à la tête d'un groupe de soldats,

1. Kamal Joumblatt, *Mon testament*, *op. cit.*, p. 96.

Ahmed al-Khatib s'empare de la caserne de Ablah et annonce la création de l'« armée du Liban arabe ». Lorsque la nouvelle parvient à Beyrouth, Kamal Joumblatt déclare que « l'action d'Ahmed al-Khatib est un phénomène positif qui demande à être attentivement examiné ». Quelques jours plus tard, fin janvier-début février, il s'entretient longuement en tête à tête avec le lieutenant rebelle, chez un des dirigeants du PSP de la famille Maïs, à Chtaura. La conversation porte surtout, comme s'en souvient al-Khatib, sur la collaboration entre l'armée du Liban arabe et le Mouvement national. Joumblatt ne mise plus sur le maintien de l'armée libanaise et compte utiliser les militaires dissidents comme force du Mouvement national[1]. Il ne se fait plus d'illusions sur le potentiel réel des milices musulmanes et gauchisantes, peu nombreuses, mal équipées et dont la plupart des éléments ont mieux réussi dans les pillages et les mises à sac que sur les champs de bataille. Par ailleurs, il ne supporte plus sa dépendance vis-à-vis des Palestiniens dans le domaine militaire, que ce soit pour l'approvisionnement du Mouvement national en armes et munitions ou pour la conduite des opérations.

« À cette époque, écrit-il dans ses mémoires, nous n'avions pas d'armes lourdes pour continuer le combat, ou même préserver les positions que nous avions gagnées. La livraison d'armes et de munitions venant de Syrie servait à contrôler le jeu du rapport des forces. Le fait de ne pas nous livrer d'armes lourdes, ce qui aujourd'hui me semble délibéré, ne faisait qu'accroître notre dépendance vis-à-vis des Palestiniens, lesquels agissaient, par ailleurs, en liaison étroite avec les Syriens. Presque toutes les armes lourdes, que nous avions achetées ou qui nous avaient été fournies par les pays arabes, se trouvent encore sous clé en Syrie. Il en est de même pour une grande quantité d'armes légères.

1. Entretien avec l'auteur avec Ahmed Khatib, à Tripoli, le 6 octobre 1999.

De plus, les armes qui nous étaient destinées étaient souvent réquisitionnées, à leur arrivée au Liban, par nos amis et alliés palestiniens du Fateh. Les confiscations se faisaient toujours en secret, sans nous prévenir. Et chaque fois qu'un vol de la sorte était découvert, des milliers d'excuses nous étaient présentées, mais les livraisons ne nous étaient jamais restituées au complet. Il existait un accord tacite entre le Baas syrien et certains dirigeants palestiniens, peut-être aussi d'autres partis, en vertu duquel il ne fallait en aucun cas laisser le PSP de Kamal Joumblatt se muer en force militaire indépendante et décisive dans cette guerre. En deuxième lieu, il ne fallait pas livrer aux partis du Mouvement national, en particulier ceux de gauche, les quantités d'armes qui leur auraient permis d'agir de façon efficace[1]. »

La désagrégation de l'armée libanaise conduit à l'échec de l'initiative syrienne. Telle est aussi l'opinion des Palestiniens qui ne veulent pas se retrouver pris dans l'étau des accords du Caire. Comprenant qu'une révolte au sein de l'armée libanaise ne peut que renforcer les positions de la résistance palestinienne au Liban, lui donnant encore plus d'emprise sur les décisions du Mouvement national, les dirigeants du Fateh, en particulier Abou Jihad, apportent leur soutien à Ahmed al-Khatib. Ils entreprennent de diriger en coulisse son action, en lui accordant une aide financière et logistique.

L'adoption du document constitutionnel ne peut qu'accélérer l'effondrement de l'armée libanaise. Le 27 février, la délégation syrienne conduite par Abdel Halim Khaddam, rentre à Damas sans avoir réussi à former un nouveau gouvernement. Le 4 mars, des unités de l'armée du Liban arabe (ALA), commandées par le major Ahmed Maamari, encerclent le village chrétien de Kobeyat, au Akkar, suscitant un vif émoi parmi les réfugiés chrétiens dans le Kesrouan et une véritable révolte des militaires à

1. Kamal Joumblatt, *Mon testament*, p. 203-204.

la caserne de Sarba, où servent de nombreux hommes originaires du Akkar. En réponse à cette révolte, plusieurs garnisons du sud et du nord du pays rallient l'une après l'autre l'armée du Liban arabe. Le 8 mars, quand les détachements de l'ALA s'emparent, sans combattre, des batteries d'artillerie d'Arnoun, près de la frontière avec Israël, une délégation militaire syrienne conduite par le général Hikmat Chéhabi arrive à Beyrouth. Lors de la réunion à laquelle participent les responsables du Mouvement national et de l'OLP, le chef d'état-major de l'armée syrienne s'adresse durement à Joumblatt : il lui paraît extrêmement dangereux qu'un aventurier comme Ahmed al-Khatib, disposant d'une artillerie lourde, puisse se trouver dans la région frontalière avec Israël. Il exige que des mesures soient immédiatement prises pour désarmer le lieutenant rebelle. « Nous ne pouvons pas le faire, réplique doucement Joumblatt. Il vaut mieux laisser les Israéliens s'en occuper. » Chéhabi a beau insister, Kamal Joumblatt écoute poliment ses arguments, mais refuse de céder[1].

Au matin du 11 mars, des bruits courent à Beyrouth sur l'imminence d'un coup d'État militaire. Le conflit entre le président Sleiman Frangié et les hauts responsables de l'armée est arrivé à son apogée. Le général Hanna Saïd, commandant en chef, a promis une amnistie à tous ceux qui regagneront les casernes de leur plein gré. Mais le président de la République refuse de signer le décret d'amnistie et menace de démettre le commandant en chef de ses fonctions.

Le soir, le journal télévisé est interrompu par le général de brigade Aziz al-Ahdab, commandant de la circonscription militaire de Beyrouth. Par le « communiqué n° 1 », il déclare avoir agi dans le but de préserver l'unité de l'armée. Le général Ahdab exige la démission du président de la République et du gouvernement et instaure le couvre-feu sur Beyrouth, ainsi

1. Entretien avec Nadim Abdel Samad, à Beyrouth, le 18 avril 1999.

que l'état d'urgence dans tout le pays. S'étant proclamé régent militaire temporaire du Liban, il appelle les députés à élire un nouveau président dans les sept jours. Le coup d'État télévisé du général Ahdab, en dépit de son air de farce, met sens dessus dessous les milieux politiques. Nul n'ignore que le général rebelle ne dispose, au soir du 11 mars 1976, que du studio de la télévision à Tallet el-Khayat et de trois blindés placés à l'entrée du QG de la circonscription militaire de Beyrouth. Les unités cantonnées dans la capitale, dont la moitié des soldats ont déserté, et l'autre moitié attend la première occasion pour faire de même, ne peuvent soutenir l'aspirant dictateur.

Alors que Camille Chamoun et Pierre Gemayel condamnent cet acte anticonstitutionnel, nombre de partis musulmans et chrétiens ainsi que les milieux militiares lui formulent leur soutien.

La réaction de Kamal Joumblatt est ambiguë. Dans un premier temps, il affirme être opposé aux coups d'État militaires, tout en soutenant la demande de démission du président Frangié. « L'armée est une force muette et doit le rester, déclare-t-il à la radio. Les divergences entre le commandement de l'armée et le président de la République doivent trouver leur règlement par une action silencieuse, comme cela s'était fait au temps du président Béchara al-Khoury. La retransmission télévisée de dispositions militaires, telles que le communiqué n° 1, crée un précédent tout à fait inacceptable pour nous. Certes, il faut que le président de la République démissionne, mais cette exigence doit être formulée sous une forme différente et d'une manière différente[1]. »

Le refus de Frangié de donner sa démission confirme les craintes de Joumblatt. Dès le 12 mars, il insiste auprès de son entourage, sur le fait que la variante libanaise de la Révolution

1. Antoine Khoueiry, *La Guerre au Liban*, I, *op. cit.*, p. 307.

française ne pourra sans doute pas s'accomplir sans une marche sur Versailles et sur les Tuileries : « Sleiman Frangié cherche à gagner du temps, afin de rassembler ses alliés contre ses adversaires. Nous devons lui faire comprendre que ses calculs n'aboutiront pas, car nous sommes prêts à une solution militaire en collaboration avec Ahmed al-Khatib. Nous sommes prêts à l'affronter à Baabda et à affronter quiconque tentera de lui venir en aide au Mont-Liban. Et quand nous l'aurons emporté par la force, nos exigences de réformes par les moyens politiques seront transférées sur le plan d'une révolution qui fera sauter les fondations de ce régime et sapera les projets d'un règlement confessionnel, y compris ceux qui existent dans le document constitutionnel. Nous imposerons la laïcité à tous les niveaux et nous choisirons un président de la République digne de ce nom, sans être tenus par l'obligation de respecter le principe qui réserve ce poste à la communauté maronite[1]. » Dans la nuit du 12 au 13 mars, à Chtaura, Kamal Joumblatt et le lieutenant Khatib débattent de la possibilité d'une opération militaire contre le palais présidentiel.

Le 13 mars, soixante-sept parlementaires signent une pétition appelant le président Sleiman Frangié à démissionner. Joumblatt et les membres de son bloc sont du nombre. Eux qui boycottaient l'Assemblée nationale pour empêcher d'obtenir le quorum nécessaire aux votes se présentent, ce jour-là, au complet. Un groupe de députés conduit par Adel Osseirane est envoyé auprès du président Frangié, à Baabda. « La Constitution ne prévoit pas de destitution, dit-il irrité. Je ne vois aucune raison d'écourter mon mandat. Je me trouve à ce poste de façon légitime et je n'ai pas l'intention de démissionner[2]. »

Le lendemain, le général Ahdab annonce, dans un ultimatum,

---

1. *Ibid.*, p. 328.
2. *Ibid.*, p. 329.

que si ce problème ne trouve pas de solution politique, il se verra contraint de recourir aux armes. Les milieux militaires estiment qu'il s'agit là d'un bluff, le général n'ayant pas les moyens de mettre sa menace à exécution. Néanmoins, dans la nuit du 13 au 14 mars, Kamal Joumblatt organise, dans le plus grand secret, une rencontre entre Abdel Aziz Ahdab et Ahmed al-Khatib. Le 15, il est officiellement annoncé que la décision a été prise d'obtenir la démission du président de la République et de conjuguer les efforts pour rétablir l'armée libanaise.

Cet accord de collaboration entre l'action réformiste d'Ahdab et l'ALA constitue une importante victoire pour Joumblatt. Le Mouvement national peut désormais compter sur plusieurs milliers d'hommes armés, équipés de blindés, d'artillerie lourde et même de chars. Le 14 mars, des détachements de l'ALA quittent la vallée de la Békaa pour converger aux alentours de Sofar et d'Aley, à proximité du palais présidentiel. Aley, où se sont réunis les dirigeants du Mouvement national et de l'OLP, a tout l'air, le lendemain, de base servant à une armée prête au combat.

À Damas, le président Hafez al-Assad convoque Abdel Halim Khaddam, Naji Jamil et Hikmat Chéhabi. Leur décision d'empêcher la destitution par la force du président libanais est immédiatement appliquée. En effet, dès qu'elles reçoivent l'ordre syrien, des unités de l'armée de libération de la Palestine et de la Saïka se ruent sur les colonnes de l'ALA et leur barrent la route à l'ouest de Kahhalé et aux approches de Khaldé[1].

La nouvelle de l'intervention des Syriens, qui a brisé l'attaque contre Baabda, parvient à Joumblatt lors de la réunion des partis nationalistes et progressistes à Aley. « Nous sommes indépendants dans ce pays, déclare-t-il avec colère. Nous n'acceptons pas de tutelle. Ils ne peuvent pas l'imposer aux Libanais. Nous

1. Entretien avec Ahmed Khatib, à Tripoli, le 7 octobre 1999.

ne l'accepterons jamais. Pour la première fois, il était possible d'adopter une solution militaire aux problèmes politiques du Liban, mais ils nous ont aussitôt barré le chemin[1]. » Le même jour, les Syriens décident de mener, à Damas, des négociations en présence de Rachid Karamé, Aziz al-Ahdab, Ahmed al-Khatib, Yasser Arafat, Zouheir Mohsen et Nayef Hawatmé, ainsi que d'une délégation Kataëb formée de Georges Saadé et Karim Pakradouni. Naturellement, Kamal Joumblatt a été invité mais, défiant pour la première fois Damas publiquement, il refuse de participer aux discussions et déclare même au correspondant de l'*International Herald Tribune* que le rôle des Syriens est terminé, au Liban, et qu'ils doivent quitter le pays[2].

L'aggravation de la situation au Liban contraint le président Assad à ajourner sa visite en France. Il fait comprendre que la Syrie ne peut accepter une solution militaire au conflit libanais. Cédant à la pression de Damas, le président Sleiman Frangié accepte l'amendement de la Constitution, de manière à organiser une élection présidentielle six mois avant la fin de son mandat.

Refusant un compromis qui signifierait le retour au document constitutionnel, Kamal Joumblatt continue à réclamer la démission immédiate et sans condition de Sleiman Frangié. Grâce à un avantage militaire substantiel, il est convaincu de se trouver à deux doigts de la victoire. Seule une solution militaire lui paraît pouvoir créer les conditions d'un règlement politique. Le 20 mars, la veille de la vaste attaque contre les positions des milices chrétiennes de droite, Joumblatt annonce la création de l'« armée de Fakhreddine », dans les rangs de laquelle il espère fondre toutes les forces nationalistes « de Zghorta jusqu'à Jezzine ». « Il n'y a pas une seule région dans la montagne

1. Antoine Khoueiry, *La Guerre au Liban*, I, *op. cit.*, p. 347.

2. A. Dawisha, *Syria and the Lebanese Crisis*, Londres et Basingstore, 1980, p. 125 ; *International Herald Tribune* (Paris), 17 mars 1976.

libanaise dont nous ne pouvons nous emparer, de Aley à Zghorta, déclare-t-il. Cette fois, notre plan est total et irréversible. Nos frères de toutes les communautés, et avant tout les chrétiens, doivent résolument rejeter les phalangistes et les nationaux libéraux[1]. »

Les dirigeants de l'OLP ne sont pas unanimes au sujet de la participation des unités palestiniennes à l'offensive de la montagne, mais l'insistance de Joumblatt à vouloir aller jusqu'au bout, quelles que soient les circonstances, finit par décider le commandement de l'organisation. Une version quelque peu mythologique, avancée par certains anciens dirigeants du Mouvement national, affirme que ce sont les Palestiniens qui ont impliqué Joumblatt dans la guerre de la montagne, alors que lui-même y aurait été fermement opposé. Ces allégations sont réfutées par l'intéressé : « J'ai moi-même pris l'initiative de cette campagne militaire, qui avait pour but de mettre un terme à la guerre », dira-t-il. Et, dans un autre contexte, il affirmera ne pas avoir pu laisser passer l'occasion historique de transformer enfin toutes les institutions et organisations confessionnelles caduques en administrations véritablement laïques et démocratiques[2]. La décision de Joumblatt de porter la guerre dans la montagne est dictée par sa volonté d'accélérer le dénouement d'un conflit qui, à Beyrouth, a pris la forme d'une guerre de positions.

Le 21 mars 1976, les détachements du Mouvement national, de l'OLP et les unités de l'armée du Liban arabe entreprennent une offensive simultanée à Beyrouth et dans les montagnes. Dans la nuit du 21 au 22, les Forces unies du Fateh, du FPLP (commandement principal) d'Ahmed Jebril, des Mourabitoun et de l'Union socialiste arabe, soutenues par les blindés et les chars de l'ALA, chassent les phalangistes retranchés dans l'Holiday Inn

1. Antoine Khoueiry, *La Guerre au Liban*, I, *op. cit.*, p. 396.
2. Kamal Joumblatt, *Mon testament*, *op. cit.*, p. 96.

et s'emparent de l'hôtel. Peu après, des combats éclatent sur les axes de confrontation de Aïn el-Remmané-Chyah, Hadeth-Laïlaki, Badaro-caserne des Massaleh et Nasra-Sodeco. Les tirs d'artillerie et d'armes à longue portée, entre Beyrouth-Est et Beyrouth-Ouest, causent des destructions importantes et font de nombreuses victimes parmi la population civile. Dès le premier jour des combats, les flammes gagnent le bâtiment du Grand Sérail, bâti sous le règne du sultan Abdel Hamid dans le dernier tiers du XIXe, et devenu la résidence du gouvernement libanais après 1943. Le soir du 22 mars, l'artillerie des Forces unies tire sur le palais présidentiel de Baabda, à partir de Khaldé, dans les environs de l'aéroport international.

Dans les régions montagneuses, les opérations s'étendent à un vaste territoire, allant de Aley et Kahhalé jusqu'à Dhour Choueir et Bikfaya. Les tirs d'artillerie atteignent Beit-Méry, Broummana et Baabda. En quelques jours, les Forces unies réussissent à s'emparer de Mtein et Aïntoura et à consolider leurs positions à quelques kilomètres seulement de Bikfaya, forteresse des phalangistes. La prise des localités s'accompagne de violences et de pillages qui poussent les habitants à fuir en masse. À la fin de la première semaine, la situation des milices du « Front libanais » devient critique dans la plupart des zones d'affrontement. La panique atteint la population maronite, renforcée par la nouvelle que le président Sleiman Frangié a quitté le palais présidentiel, au matin du 25 mars, pour s'installer à Zouk Mikhaïl. Le jour même, cheikh Pierre Gemayel lance : « La patrie est en danger ! » Il exhorte la population chrétienne et l'armée à s'unir autour du Front libanais pour sauver le Liban de la ruine[1].

1. Il y a des raisons de croire que la situation des milices chrétiennes dans la montagne n'était pas aussi désespérée qu'elle le semblait. En annonçant son intention de recevoir leur capitulation à Reyfoun, Joumblatt exagérait quelque

Dès les premiers jours de l'offensive dans la montagne, la Syrie accroît sa pression sur Joumblatt pour le convaincre de la nécessité d'un cessez-le-feu. Les combats font rage, et les parlementaires n'arrivent même pas à se réunir afin d'amender la Constitution pour l'élection anticipée d'un nouveau président. Tout cela met en cause la réussite du plan syrien, voire le prestige de Damas au Liban. Les émissaires du président Assad, les colonels Mohammed al-Khaouli et Ali Madani, chargés d'obtenir un cessez-le-feu, se heurtent à l'entêtement de Kamal Joumblatt, décidé à poursuivre l'offensive malgré les nombreuses pressions, des menaces du commandement de la Saïka de s'emparer de Aley, aux tentatives insistantes de Yasser Arafat qui, pris entre le marteau de Damas et l'enclume de Joumblatt, se voit contraint de jouer le rôle embarrassant de médiateur.

C'est précisément par l'intermédiaire d'Arafat que Joumblatt reçoit, le 26 mars, l'invitation de se rendre à Damas pour y rencontrer le président Assad. Les chefs de certains partis, membres du Mouvement national, tentent de persuader Joumblatt de poursuivre la guerre jusqu'à la victoire finale, afin de placer Damas devant le fait accompli ; selon eux, la Syrie n'osera pas s'en prendre aux Palestiniens et aux musulmans. Ils s'efforcent de le convaincre que l'Égypte et l'Arabie Saoudite sont prêtes à soutenir le candidat du Mouvement national lors de la prochaine élection présidentielle. Tout autre est la position du proche entourage de Kamal Joumblatt : Mohsen Ibrahim, Georges Haoui, Mohsen Dalloul et Toufic Sultan sont conscients du danger qu'il y aurait à couper les ponts avec la Syrie. Sachant que, dans ce contexte, Joumblatt n'acceptera jamais un cessez-

peu le potentiel réel des Forces unies. Selon certains historiens, les troupes des FNP et de l'OLP ne disposaient pas d'un potentiel militaire suffisant pour battre le Front libanais. Quant à l'appel de Gemayel, il était surtout destiné à l'opinion mondiale et aux dirigeants syriens.

le-feu, et prévoyant que la rencontre avec Hafez al-Assad peut déboucher sur un conflit sérieux, ils lui conseillent d'ajourner son voyage à Damas. Toutefois, Joumblatt décide de partir.

Tôt dans la matinée du 27 mars, Kamal Joumblatt, Abbas Khalaf et Mohsen Dalloul se rendent à Damas. Il fait un froid inhabituel dans la montagne. Épuisé par la maladie et la tension nerveuse des derniers jours, le visage gris et les traits tirés, les yeux enflammés par le manque de sommeil, Joumblatt ne semble pas dans sa meilleure forme.

Au président Assad, Kamal Joumblatt expose, sans hâte et en détail, sa vision de la situation au Liban, mettant l'accent sur les raisons qui ont rendu inévitable la solution militaire. Le président syrien l'écoute avec une grande attention. Tout semble indiquer que la rencontre se déroule de façon calme et constructive. Alors que les interlocuteurs abordent l'épineux problème de l'offensive militaire dans la montagne, le dialogue se tend, prend un ton polémique. Après deux heures de joute verbale, Joumblatt se lève. Mais le président Assad, un sourire aux lèvres, lui dit sur un ton conciliant : « Non, Kamal bey, je ne vous laisserai pas repartir tant que nous n'aurons pas un accord. » Il demande à Abbas Khalaf, Mohsen Dalloul et Ali Zaza, le ministre syrien de l'Intérieur, présents à l'entretien, de le laisser seul avec Joumblatt. Leur tête-à-tête dure encore près de cinq heures, sans aboutir.

Joumblatt écrira dans ses mémoires : « Je me souviens encore de ma dernière rencontre avec le président Assad et de mon refus de proclamer un cessez-le-feu immédiat [...]. Je ne lui avais demandé qu'un délai de quelques jours, une semaine ou deux au plus, le temps nécessaire pour libérer Dhour Choueir et Baskinta de l'étau dans lequel se trouvaient nos combattants. J'étais persuadé que seule une victoire militaire pouvait mettre fin à la guerre déclenchée par les isolationnistes. Le temps nous était compté, car Israël et la presse israélienne pleuraient déjà à gros sanglots le sort de la droite libanaise “abandonnée” par l’Europe et les États-Unis. Nous aurions proclamé Reyfoun ville ouverte, nous aurions reçu leur capitulation et signé l’armistice. Ensuite, nous aurions fait preuve de libéralisme et de magnanimité à leur égard.

Pendant notre dernière conversation, le président Assad s’est exprimé avec la plus grande franchise. “Écoutez, me dit-il, je me retrouve devant l’occasion historique de réorienter les maronites vers la Syrie, de gagner leur confiance, de les pousser à comprendre que la source de leur sécurité n’est pas en France, ni en Occident. Il faut les aider, afin qu’ils ne demandent pas le secours de l’étranger. Je ne peux pas vous permettre d’écraser le camp chrétien au Liban, car cela générera un sentiment d’angoisse et d’irritation.

– Mais ce n’est pas du camp chrétien qu’il s’agit, ai-je répliqué. N’oubliez pas, monsieur le président, que les orthodoxes, les Arméniens, les trois quarts des grec-catholiques et un tiers des maronites eux-mêmes sont hostiles à la position des isolationnistes maronites. Or, tous mis ensemble, ils constituent plus des deux tiers de la population chrétienne du Liban. Il faut les sauver du joug fasciste. Et les isolationnistes représentent moins de 25 % des chrétiens.

– Néanmoins, je ne peux pas vous permettre d’écraser les isolationnistes, je ne veux pas qu’ils se sentent vaincus”, a-t-il fermement répondu[1].

L’impossibilité de tout compromis crée une impasse. Le président Assad est appelé au téléphone. Quelques minutes plus tard, il revient en disant :

– C’était le patriarche Khoreich. Il s’inquiète de savoir comment ça se passe. Je l’ai rassuré.

– Non, ne le rassurez pas.

1. Kamal Joumblatt, *Mon testament*, *op. cit.*, p. 144-145.

– Non, Kamal bey, c'est moi qui vous le demande.

– Et que dirais-je aux gens à Beyrouth ?

– Faites m'en assumer la responsabilité. La paix réclame des sacrifices.

– Impossible. Je suis surpris que le président Hafez al-Assad puisse dire : "Je ne vous laisserai pas trancher, je vous en empêcherai et j'appuie les forces isolationnistes au Liban."

– C'est votre peuple et vos compatriotes, comment pouvez-vous trancher ? Vous voulez les anéantir et puis les gouverner ? C'est inadmissible.

– Ce sont des forces ennemies.

– Non, ce ne sont pas nos ennemis. Les isolationnistes m'ont fait parvenir un message où ils se disent prêts à constituer une fédération avec la Syrie.

– Nous n'en ferons pas partie, car nous voulons un régime tout à fait différent.

– Assez, nul besoin de querelles. Finissons-en avec ce sujet. Nous prendrons vos demandes en considération et, si vous en avez d'autres, présentez-les calmement, car la guerre est finie.

– Non, ceci ne peut se faire [1].

– Nous partageons votre analyse des événements au Liban. Nous avons tous essayé d'obtenir un cessez-le-feu. Nous vous avons apporté une aide politique et militaire – des armes et des munitions, autrement dit –, mais vous n'avez pas pu tenir. Alors, nous sommes entrés au Liban, au risque de nous trouver en confrontation avec Israël et nous avons offert à la résistance toutes les garanties nécessaires pour conduire librement ses opérations. Puis, nous avons discuté des réformes nationales et cela a abouti au document constitutionnel qui renferme 90 à 95 % de vos revendications. Ensuite, il y a eu le coup d'État

1. Cet épisode a été reconstitué d'après les souvenirs de Mohsen Dalloul. Entretien à Beyrouth, le 19 avril 1999.

qui a soulevé la question de la démission du président, bien qu'elle n'ait jamais été proposée ni soutenue par nous. Vous avez vous-même appuyé le coup d'État et son objectif de démettre le président. Nous avons établi des contacts et nos efforts ont permis d'aboutir à un accord sur ce problème. Mais à peine cela s'est-il produit, vous avez de nouveau fait exploser la situation. Jusqu'à présent, nous sommes satisfaits de tout ce que nous avons fait, car nous avons agi ouvertement, en sachant où nous allions. Nous pensions prendre avec vous la même direction, mais maintenant, après ce qui s'est passé, nous voudrions que vous nous disiez ce que vous voulez réellement. La résistance et ses droits... ses garanties, ce n'est plus un problème. Les réformes, dans la mesure où les conditions le permettent au Liban, ne sont pas un problème non plus ; ni la démission du président. Que vous faut-il de plus ? »

Kamal Joumblatt conteste que le document constitutionnel renferme la majorité de ses revendications. À ses yeux, c'est une « caricature de la démocratie parlementaire, qui ignore les principes fondamentaux de la loi[1] ».

« Qu'y a-t-il dans ces points qui ne corresponde pas à vos revendications ? interroge le président Assad. Laquelle n'est pas mentionnée ?

– Nous avons créé une commission spéciale pour étudier le document, et elle l'a jugé trop vague.

– Ce texte représente les grandes lignes d'un travail à venir. Chacun des points demande à être affiné par des décisions, des lois et des décrets. Alors pourra-t-il être clairement défini, et vous pourrez entrer dans le détail de ce que vous désirez. Mais actuellement, cela n'est pas possible, inutile d'aller dans plus de détails qu'il n'en faut. »

1. Kamal Joumblatt, *Mon testament*, *op. cit.*, p. 131.

Joumblatt réplique qu'il ne s'agit nullement de « détails », mais de principes fondamentaux, comme la laïcité.

« Les phalangistes sont favorables à la laïcité, dit le président Assad. Lorsque nous avons reçu la visite des dirigeants Kataëb avec, à leur tête, cheikh Pierre Gemayel, je lui ai moi-même posé la question. Il m'a répondu qu'il n'accepterait aucune alternative à la sécularisation, et qu'il était fermement en faveur d'un État laïque au Liban. Cette même question, je l'ai posée au mufti de la République, à l'imam Moussa Sadr, ainsi qu'à plusieurs Premiers ministres et présidents du Parlement. Ils l'ont tous rejetée, car elle est incompatible avec l'essence même de l'islam. Par conséquent, ce sont les musulmans qui refusent cette idée au Liban, pas le contraire. Ce sont les religieux musulmans et les ulémas qui refusent la laïcité.

– Vous n'avez pas à les prendre en compte, réplique Joumblatt. Ils ne représentent rien ni personne.

– Il ne s'agit pas là de représentativité, répond Assad. Il est question de la religion musulmane, et tout ce qui touche à l'islam ne doit pas être pris à la légère[1]. »

Le président Assad résumera plus tard cet épisode, en disant : « En sortant de la réunion, Kamal Joumblatt m'a donné l'impression d'être décidé à poursuivre la guerre. Alors, je lui ai dit : Ne comptez plus sur notre aide, nous ne pouvons pas nous engager dans une voie que nous avions définie, vous et moi naguère, comme étant celle de la conjuration[2]. »

Au palais el-Raouda où les Syriens ont logé la délégation du PSP, Abdel Halim Khaddam et Hikmat Chéhabi attendent Joumblatt pour dîner. Joumblatt s'installe sur un divan près de

1. Ce fragment de conversation a été reconstruit sur la base de l'intervention du président Assad à la radio de Damas, le 20 juillet 1976. Voir également Antoine Khoueiry, *La Guerre au Liban*, II, *op. cit.*, p. 713-728.

2. *Ibid.*

Abbas Khalaf et lui souffle à l'oreille, en anglais : « *It was not so good* » (« ce n'était pas fameux »). Après la rencontre, le président Assad téléphone à Khaddam et à Chéhabi pour les charger de convaincre Joumblatt de rester un jour de plus. Celui-ci refuse courtoisement, sous prétexte que des affaires urgentes l'attendent au Liban. C'est également en vain que Khalaf et Dalloul tentent de le persuader de ne pas quitter Damas de nuit, d'autant qu'un orage ébranle les montagnes[1]. Rien n'y fait.

1. Entretien avec Abbas Khalaf à Beyrouth, le 5 octobre 1999.

XIV.

Le rendez-vous du destin

Le défi lancé à Damas peut paraître aujourd'hui pure folie et voué d'avance à l'échec. Toutefois, ayant opté pour la solution militaire, Kamal Joumblatt joue son va-tout.

Mohsen Ibrahim rapporte : « En 1974, c'est-à-dire un an avant la guerre, j'étais avec lui à un meeting du 1er mai, qui est à la fois la fête du Travail et celle du Parti. Nous avions organisé un rassemblement au cinéma Empire, au cours duquel nous devions prendre la parole, lui au nom du PSP, moi comme représentant de la gauche. Nous étions assis au premier rang et, comme c'est souvent le cas dans ce genre de situation, il me parlait de la manifestation :

"Cela fait combien de 1er mai que nous célébrons ensemble ?

– Beaucoup, ai-je répondu.

– Tous les ans, on y répète les mêmes mots. Il est temps de passer aux actes. Tu sais, j'ai préparé un projet de loi qui fixe un âge pour la retraite des députés, ministres et politiciens. D'après moi, il ne faut pas offrir aux responsables des opportunités à l'infini. Ils doivent être capables de saisir leur chance dans le délai qui leur est imparti. S'ils réussissent, tant mieux ; sinon, il faut qu'ils prennent leur retraite. Je suis persuadé qu'un homme mûr doit avoir atteint le but de sa vie vers soixante ans, au plus tard."

Kamal Joumblatt est né en 1917, c'est donc en 1977 qu'il aurait eu soixante ans. Lorsque la guerre a commencé, en 1975, nous avons divulgué le programme par étapes du Mouvement national, et Joumblatt nous avait dit : "Dans cette vie la chance ne s'offre pas deux fois. Si nous ne saisissons pas l'occasion qui se présente aujourd'hui, les choses reprendront leur cours comme si de rien n'était, et la possibilité de changements sera perdue à jamais."

C'est ainsi que Joumblatt a agi, comme quelqu'un de certain que la vie lui offrait une dernière chance décisive. La conscience d'être arrivé au terme de son odyssée politique lui donnait une volonté implacable, en le poussant à foncer droit et à tout risquer, jusqu'au bout[1]. »

Au lendemain de son infructueuse rencontre avec Kamal Joumblatt, le président Hafez al-Assad convoque Yasser Arafat et d'autres dirigeants de l'OLP dont il exige qu'ils cessent immédiatement de collaborer avec le Mouvement national libanais. « J'ai mentionné les dangers d'une solution militaire à laquelle poussait Joumblatt, se souviendra Assad. Je veux dire ce que je pense de la solution militaire. Dans un pays comme le Liban, elle ne peut être possible pour régler un conflit entre deux parties. En tout cas, lors de cette réunion, j'ai demandé au camarade Arafat de mesurer pleinement le danger de poursuivre les combats, en particulier de voir les Palestiniens participer de façon essentielle à ce combat. Je lui ai dit que je ne voyais pas le lien entre le combat des Palestiniens au Mont-Liban et la libération de la Palestine. Yasser Arafat me promit alors

1. Entretien avec Mohsen Ibrahim à Beyrouth, le 3 mars 1997.

que les Palestiniens se retireraient de cette guerre, puis s'en alla immédiatement au Liban en informer les autres[1]. »

À peine rentré de Damas, le chef de l'OLP s'emploie à obtenir un cessez-le-feu. Le 29 mars 1976, il rend visite au mufti Hassan Khaled et au cheikh Al-Akl Mohamed Abou Chakra pour leur exposer le résultat des discussions de Damas, dans l'espoir qu'ils l'aideront à convaincre Kamal Joumblatt. Le même jour, les Syriens arrêtent toute aide aux Forces unies, la première mesure étant le gel d'une livraison d'armes lourdes et de munitions d'une valeur de 12 millions de dollars[2]. Comme pour confirmer les intentions de Damas, des détachements de la Saïka prennent le contrôle de l'aéroport international de Beyrouth début avril, tandis que des navires de guerre syriens bloquent l'entrée des ports de Tyr, Saïda et Tripoli.

L'embargo syrien est un coup terrible pour Joumblatt. Ses combattants manquent d'armes et de munitions. Cette situation force les chefs du Mouvement national à accepter une trêve de dix jours, ce qui permet au Parlement d'amender la Constitution en vue d'une élection présidentielle anticipée. Joumblatt n'a rien perdu de son esprit belliqueux. Durant la première semaine d'avril, il critique la Syrie avec véhémence, en abordant notamment un sujet extrêmement sensible pour Damas, celui de la participation de l'Égypte, et d'autres pays arabes, au règlement du conflit libanais. Joignant sa voix à ceux qui rejettent la proposition du secrétaire général des Nations unies, Kurt Waldheim, d'examiner la situation libanaise en Conseil de sécurité, Kamal Joumblatt soutient l'initiative du Conseil de sécurité nationale d'Égypte visant à installer

---

1. Discours du président Assad le 20 juillet 1976. Voir aussi Antoine Khoueiri, *La Guerre du Liban*, I, *op. cit.*, p. 721-722.

2. A.I. Dawisha, *Syria and the Lebanese Crisis*, *op. cit.*, p. 128-129.

des contingents symboliques de soldats arabes et demande la médiation des pays arabes pour rétablir la paix au Liban.

Craignant que les partis de gauche ne tentent au dernier moment de saboter la session du Parlement, les Syriens concentrent, le 8 avril, plusieurs unités à la frontière du Liban et, le lendemain, quarante chars syriens franchissent la frontière au poste de Masna, pour une avancée de quelques kilomètres. Dans un télégramme au secrétaire général de la Ligue arabe, Joumblatt lui demande de prendre des mesures urgentes pour mettre fin à l'« occupation du Liban par les troupes syriennes ».

Le 10 avril, le Parlement libanais, réuni au palais Asseily, adopte par soixante-sept voix l'amendement de l'article 73 de la Constitution, permettant d'organiser l'élection présidentielle six mois avant la fin du mandat du président en exercice. Bien que Joumblatt n'ait pas assisté à la séance, les partis nationalistes et progressistes jugent positifs, le 11 avril, les premiers pas en faveur d'un règlement politique. Ils prolongent, en conséquence, le cessez-le-feu jusqu'à la fin du mois. Toutefois, les milices du Front libanais interprètent le geste du Mouvement national comme une volonté de se donner du temps, vu leur manque d'armes et de munitions. Elles reprennent le jour même le combat sur tous les fronts.

Malgré les tentatives de Yasser Arafat pour atténuer le conflit entre le président Hafez al-Assad et Kamal Joumblatt, la relation continue de se dégrader. Prenant la parole, le 12 avril, lors de l'ouverture du deuxième sommet de la Jeunesse révolutionnaire à Damas, Assad s'en prend violemment à Joumblatt, sans le citer nommément, le considérant comme l'un de ces dirigeants qui marchandent les principes et spéculent sur la religion afin d'atteindre leurs buts. Le président syrien laisse entendre qu'il n'acceptera pas de solution militaire à la crise libanaise. Les partis et organisations pro-syriens relaient ses propos, accusant Joumblatt de vouloir mener à la partition du Liban. C'est le

Premier ministre Rachid Karamé qui a tiré la première flèche le 28 mars. À peine connu l'échec des pourparlers à Damas, il explique que Joumblatt recherche la partition afin d'établir son pouvoir sur une partie du territoire. Bientôt se joignent à la campagne la filiale libanaise du Baas, la Saïka et des groupes comme l'Union des forces du peuple travailleur qui avait quitté le Mouvement national pour rejoindre le Front des partis nationaux et progressistes, pro-syrien.

Lorsque les phalangistes prennent d'assaut les positions du Mouvement national à Dhour Choueir, le 14 avril, Joumblatt déclare que les forces nationales n'ont jamais été à l'origine de l'effusion de sang au Liban et qu'elles limitent leurs objectifs à l'autodéfense. « Le président Assad semble avoir oublié, explique-t-il, que, tout au long des événements du Liban, depuis l'incident d'Aïn el-Remmané, le Mouvement national et la résistance palestinienne ont été contraints de se défendre face à la violence planifiée par Israël et certains services spéciaux étrangers, et que le Mouvement national a constamment recherché l'arrêt de la guerre, pour abandonner l'affrontement sanglant au profit de la lutte démocratique du peuple. Alors que nous écoutions le discours du président Assad, nous avons pensé que c'était là l'expiation du péché mortel que nous avions commis en nous défendant à Beyrouth et dans la montagne, l'expiation du plan de défense du Mouvement national pour la révolution palestinienne et pour déjouer les projets de partition. Nous nous sommes demandé : Est-ce nous qui avons massacré les passagers libanais et palestiniens du car de Aïn el-Remmané ? Est-ce nous qui avons entrepris de bombarder avec des dizaines de milliers de projectiles les camps de réfugiés palestiniens et les quartiers musulmans de Beyrouth-Ouest ? Est-ce nous qui avons arrêté des centaines d'ouvriers syriens et arabes dans les rues, pour les égorger ou les brûler vifs du seul fait qu'ils étaient musulmans ? Est-ce nous qui, en un seul jour, le "samedi noir", lorsque Pierre

Gemayel se trouvait à Damas, avons kidnappé, torturé et tué plus de deux cents personnes, rien que sur présentation de leurs papiers d'identité ? Est-ce-nous qui avons encerclé Dbayé, Haret el-Ghaouarna, Quarantina, Maslakh, pour massacrer des centaines de gens, chasser les autres et raser leurs maisons au bulldozer, alors qu'il s'y trouvait encore des survivants[1] ? »

Les responsables de l'OLP sont manifestement dans l'embarras : comme en témoigne Abou Ayad, le deuxième homme du Fateh, la résistance palestinienne est déchirée entre la nécessité de maintenir de bonnes relations avec son allié syrien et le devoir de soutenir les forces de gauche du Liban. Des divergences se font jour au sein de l'OLP. Les chefs de l'aile droite du Fateh conseillent à Arafat de prendre ses distances avec Kamal Joumblatt et les partis de gauche, rappelant que l'objectif de la résistance palestinienne n'est pas la guerre au Liban, mais la libération de la Palestine. Yasser Arafat préfère toutefois s'abstenir d'une décision tranchée et continue de miser sur un rapprochement entre Damas et Moukhtara. Une rupture avec Joumblatt serait en effet suicidaire pour les Palestiniens, qui risqueraient ainsi de perdre leur seul allié, le seul à qui convient leur présence armée au Liban.

Le 14 avril, Arafat présente à Joumblatt un projet de règlement du conflit mis au point avec Saëb Salam et qu'il souhaite soumettre aux Syriens le lendemain. Ce projet envisage un compromis sur la question de la présence militaire syrienne au Liban si les dirigeants de Damas acceptent d'annuler le document constitutionnel et admettent les représentants des protagonistes au sein du Comité militaire supérieur qui reprendrait ses travaux. Le 15 avril, les dirigeants de l'OLP, conduits par Yasser Arafat, se rendent à Damas. Les Syriens rejettent les propositions d'Arafat et, au terme de six heures de discussion,

1. Antoine Khoueiri, *La Guerre du Liban*, I, *op. cit.*, p. 592.

lui imposent un projet d'accord en sept points, dans lequel il n'y a pas la moindre allusion à un compromis possible avec les partis de gauche. Outre l'engagement de respecter le cessez-le-feu jusqu'à l'élection d'un nouveau président – au moins –, les Palestiniens se trouvent obligés d'accepter l'ancienne composition du Comité militaire supérieur et de condamner toute tentative d'« arabisation » ou d'« internationalisation » du conflit.

Le nouveau plan syrien est accueilli plus que fraîchement par Kamal Joumblatt. Suite à une réunion conjointe du Mouvement national et de la résistance palestinienne, la déclaration adoptée à son initiative prend ouvertement le contre-pied de la proposition syrienne, en considérant inadmissible l'« entrée de forces arabes armées dans le conflit libanais » et en rappelant l'« indéfectible solidarité de combat entre la révolution palestinienne et le Mouvement national libanais ».

En dépit du cessez-le-feu, la seconde moitié d'avril est marquée par des combats meurtriers presque incessants. La confrontation entre Damas et le Mouvement national s'était axée sur l'élection du président libanais qui oppose deux candidats, Élias Sarkis et Raymond Eddé.

Saëb Salam, de retour à Beyrouth après des pourparlers avec le président Assad, déclare, le 4 avril, que les Syriens soutiennent Sarkis, resté à l'écart du conflit. Kamal Joumblatt estime que le choix de Hafez al-Assad est dicté par la volonté de faire élire un président qui ne dispose d'aucun soutien à l'intérieur du pays, ni au sein d'une armée traditionnellement chéhabiste, ce qui ferait du Liban un protectorat syrien. À l'inverse, Raymond Eddé, originaire du village maronite de Jbeil, issu d'une famille de politiciens, est un vieil ami de Joumblatt. Il jouit, en dépit de son caractère imprévisible, du respect et de la confiance des leaders sunnites. Mais ce qui détermine le choix de Kamal Joumblatt, c'est que le chef du Bloc national, dont l'électorat traditionnel se trouve au Mont-Liban, dénonce âprement le Front libanais, tout en ne dissimulant pas son attitude critique à l'égard de l'ingérence syrienne dans les affaires intérieures du Liban.

Les Syriens mettent en œuvre tous les moyens pour faire élire leur candidat : achat des voix, promesses et menaces. Même les plus endurcis sont désagréablement surpris par l'aveu du député du Akkar, Sleiman al-Ali, qui déclare son intention de voter pour Sarkis « en conformité avec le vœu de nos frères syriens ». Plus la date du 1er mai approche, plus il devient clair que les Syriens disposent d'au moins soixante-dix députés. Après avoir déclaré que, vu les circonstances, il s'agit de nommer un président plus que de l'élire, Kamal Joumblatt réclame le report de l'élection à une date ultérieure. Le président de l'Assemblée, Kamel al-Assaad, la fixe au 8 mai. Sachant que Raymond Eddé n'a aucune chance de gagner, même avec ce nouveau délai, Joumblatt mesure l'écart qui existe entre le potentiel électoral du Mouvement national et sa faiblesse au Parlement : « Nous observons avec inquiétude le jeu parlementaire, qui confirme une fois de plus qu'il ne représente pratiquement plus personne dans ce pays, dit Joumblatt, dans une déclaration remise à la presse fin avril. Nous constatons que la plupart des députés se comportent comme s'ils ne voyaient pas que leurs circonscriptions se trouvent aujourd'hui entre les mains du Mouvement national. C'est nous qui représentons le peuple libanais, car nous contrôlons 82 % du territoire et disposons du soutien de 75 % de la population. Nous n'admettons aucun règlement autre que celui qui sera fondé sur le programme de réformes par étapes, et nous réaffirmons la nécessité de séculariser le pays et d'en finir avec le confessionnalisme[1]. »

Même si Joumblatt gonfle quelque peu les chiffres et prend ses désirs pour des réalités en affirmant que presque tous les Libanais sont favorables au Mouvement national, ses propos renferment

1. *Ibid.*, p. 664-665.

pourtant une part de vérité : le Parlement qui s'apprête à élire un nouveau président du Liban en mai 1976 ne correspond plus, depuis longtemps, au véritable rapport des forces dans le pays.

La veille du scrutin, personne ne doute de la victoire d'Élias Sarkis. Sachant que seule l'absence de quorum peut faire échouer le scénario syrien, les partisans de Raymond Eddé misent sur le boycott de l'élection par les députés. Au matin du 7 mai, Kamal Joumblatt convoque au siège du PSP une réunion extraordinaire du Front de lutte nationale, pour poser la question de l'abstention. Des divisions apparaissent au sein de sa propre faction parlementaire. Le plus prestigieux de ses députés, Bahije Takieddine, déclare que, n'étant affilié à aucun parti, il ne se sent pas tenu de se plier à des décisions partisanes, qu'il prendra part à l'élection et qu'il donnera même sa voix à Élias Sarkis. En soirée, à la réunion élargie du Mouvement national, les dirigeants des divers partis soutiennent l'initiative de Joumblatt. Telle est également la décision des factions parlementaires de Saëb Salam et Raymond Eddé, ainsi que de certains députés indépendants. Les partisans d'Eddé comptent aussi sur le soutien de Yasser Arafat et de plusieurs dirigeants du Fateh, qui ont promis de faire leur possible pour saper l'élection présidentielle.

Toutefois, Arafat, convoqué d'urgence à Damas la veille même de l'élection, se voit brutalement signifier de tout mettre en œuvre pour assurer le quorum nécessaire et un cours normal à la procédure. De retour à Beyrouth, il annonce aussitôt à Salam que la situation a changé, et qu'il ne peut que suivre les instructions syriennes. Joumblatt appelle, au dernier moment, les Libanais à une grève générale de protestation contre la « tentative d'imposer un président par la force ». Ni cet appel ni les tirs désordonnés des milices de gauche – qui espéraient provoquer la riposte du Front libanais – ne peuvent plus rien y changer.

Malgré l'absence de près d'un tiers des députés, Élias Sarkis est élu président de la République, le 8 mai, par soixante-six voix sur soixante-neuf. Alors qu'en signe de joie les églises du Kesrouan font sonner leurs cloches, à Beyrouth-Ouest, les combattants des Mourabitoun et du PSP tentent d'encercler l'hôtel Carlton, résidence de Sarkis durant l'élection. Leur attaque est repoussée par des détachements de la Saïka et de l'armée de libération de la Palestine. Le Mouvement national proclame que l'élection n'est qu'une « falsification honteuse de la volonté des Libanais » et qu'il ne peut pas en accepter le résultat.

Encouragées par ce succès politique, les milices du Front libanais reprennent les combats, dès le lendemain, s'emparant de quelques localités jusque-là contrôlées par les Forces unies. Le Mouvement national, l'armée du Liban arabe et les Palestiniens répondent par une contre-offensive au Kesrouan et dans le nord du Metn. Les duels d'artillerie reprennent entre Beyrouth-Est et Beyrouth-Ouest, avant que les combats acharnés ne s'étendent en quelques jours à tout le pays.

La défaite électorale, loin de décourager Joumblatt, semble lui donner un second souffle. L'insistance des Syriens à imposer aux Palestiniens leur tutelle et à contrôler entièrement leur action au Liban a suscité une irritation croissante chez les dirigeants de l'OLP, en particulier Arafat, qui voit d'un mauvais œil la soumission des détachements de la Saïka et de l'ALP aux Syriens alors qu'en principe ils dépendent de lui. Le succès de Sarkis rapproche, pour lui, le risque de tomber dans les filets syriens, perspective d'autant plus funeste que la Syrie examine un projet de confédération avec la Jordanie, avec une probable incorporation du Liban.

Après l'élection présidentielle, les rapports palestino-syriens se détériorent rapidement. Le 9 mai, le chef du département politique de l'OLP, Farouk Kaddoumi, invite les ambassadeurs des pays arabes pour leur annoncer la décision du Fateh d'épauler le Mouvement national dans les combats contre les milices du Front libanais au Mont-Liban : « Le Mouvement national, composé des partis de gauche est la seule force qui défende la résistance palestinienne au Liban. Pour cela, nous ne ménagerons pas nos efforts pour aider ces partis à atteindre leurs objectifs, en faisant obstacle à toute tentative de les détruire, d'où qu'elle vienne. »

À Tripoli, plus de cent cinquante hommes sont tués dans des combats opposant les milices du Baas pro-irakien, soutenues par des détachements du Front populaire de libération de la Palestine et du Front démocratique de libération de la Palestine, des combattants pro-syriens de la Saïka et de l'armée de libération de la Palestine. Sans tenir compte des ordres d'Arafat de cesser les combats et de quitter la ville, les commandants des deux formations pro-syriennes continuent de se battre jusqu'à ce que l'imam Moussa Sadr rencontre le président Assad à Damas, à la demande du sommet musulman d'Aramoun. Le président syrien met fin aux affrontements d'un simple coup de téléphone.

Le 12 mai 1976, le Mouvement national, la résistance palestinienne et l'ALA annoncent la création d'un commandement unique devant coordonner et diriger les opérations contre les milices chrétiennes sur tous les fronts. Quelques jours plus tard, la décision des Palestiniens de se battre aux côtés des partis de gauche est confirmée par Abou Ayad, dans un discours prononcé devant les élèves de l'université américaine de Beyrouth, où il aura cette fameuse formule : « La route vers la Palestine passe par Jounieh. » La rupture entre les Palestiniens et Damas renforce les positions de Kamal Joumblatt. Il ne juge donc plus nécessaire de nier le résultat de l'élection présidentielle : non seulement il ne s'oppose plus au dialogue avec Élias Sarkis, mais il compte même sur lui pour promouvoir son programme de réformes par étapes.

Toutefois, avant de rencontrer Joumblatt, le président Sarkis entend recevoir l'assentiment du président Assad, auprès duquel il envoie en mission secrète Karim Pakradouni, membre du bureau politique des Kataëb et futur conseiller personnel de

Sarkis. Quoique le président Hafez al-Assad ne dissimule pas son attitude négative à l'égard de Kamal Joumblatt, racontant les détails de leur ultime rencontre, il donne néanmoins son aval à la rencontre entre Joumbatt et Sarkis, ajoutant qu'il est prêt à oublier le contentieux si Joumblatt accepte de soutenir le nouveau président libanais[1].

La première rencontre entre Sarkis et Joumblatt a lieu le 19 mai, chez le ministre et député Joseph Abou Khater, à Jnah. L'entrevue, quasiment secrète, a été organisée par l'intermédiaire de Yasser Arafat qui s'est rendu la veille chez Joumblatt, à Msaïtbé. En une heure de tête-à-tête, le président Sarkis expose à Joumblatt son plan de règlement du conflit, prévoyant d'amener toutes les parties à un cessez-le-feu et à organiser une table ronde autour de laquelle les Libanais se mettront d'accord sur les principes d'une réconciliation nationale. « Nous avons collaboré sous le mandat du président Chéhab, dit-il à Joumblatt. J'espère que je pourrai maintenant gouverner le pays en collaboration avec vous et les Kataëb, avec le concours de la Syrie et de la résistance palestinienne[2]. » Joumblatt rétorque qu'il ne saurait être question de cessez-le-feu tant que les troupes syriennes se trouvent au Liban. Quant à la « table ronde », elle n'aurait de sens, selon lui, que si les participants acceptent le programme de réformes proposé par le Mouvement national ou, du moins, les clauses qui ont trait à l'abolition du confessionnalisme politique et à l'instauration de la proportionnelle[3].

Kamal Joumblatt promet au président Sarkis qu'il soumettra son plan aux dirigeants des partis du Mouvement national avant de lui donner une réponse définitive sous deux jours. Puis les

1. Karim Pakradouni, *La Paix perdue. Le mandat d'Élias Sarkis, 1976-1982)*, Beyrouth, Éditions Abra al-Charq, 1984, p. 5-10.

2. *Ibid.*, p. 23-24.

3. *Ibid.*, p. 23.

deux hommes sont rejoints par Arafat et Abou Ayad, pour discuter de la participation de l'OLP à la normalisation de la situation au Liban.

Le conflit entre la résistance palestinienne et Damas inquiète le commandement libyen. Craignant que les Palestiniens, dans leur quête d'un nouvel allié, ne veuillent se rapprocher de l'Égypte de Sadate, le chef de la révolution libyenne, Muammar Kadhafi, confie à son Premier ministre, Abdel Salam Jalloud, le rôle de médiateur entre la Syrie et l'OLP. Après deux jours d'entretiens avec le président Assad et d'autres dirigeants syriens, le 17 mai, Jalloud débarque inopinément à Beyrouth, accompagné de Yasser Arafat. Il commence par rencontrer les leaders musulmans à Aramoun, puis se rend au QG de l'OLP où il rencontre Kamal Joumblatt, les dirigeants de la résistance palestinienne et du Mouvement national. Au Premier ministre libyen, Joumblatt déclare sans détour que la Syrie doit évacuer ses troupes du Liban, avant qu'un cessez-le-feu ne soit envisagé, qu'une table ronde entre Libanais ne soit organisée et, enfin, qu'un rétablissement des bonnes relations avec les dirigeants syriens ne soit possible. Jalloud, n'ayant obtenu aucun résultat, repart le lendemain à Damas.

Le 21 mai, le président français Valéry Giscard d'Estaing, en visite officielle aux États-Unis, déclare que la France est prête à envoyer, sous quarante-huit heures, deux ou trois bataillons au Liban, à condition que toutes les parties engagées dans le conflit y soient favorables. Alors que Pierre Gemayel et Camille Chamoun saluent la proposition du président français, Kamal Joumblatt et les dirigeants du Mouvement national la rejettent fermement. Joumblatt dira plus tard que son hostilité à l'intervention d'un contingent français venait de ce que Giscard d'Estaing avait annoncé sa proposition lors d'une visite aux États-Unis, ce qui la rendait hautement suspecte.

Début mai 1976, Damas commence à concocter de vastes

plans pour une intervention militaire au Liban. « La Syrie enverra sans hésiter ses forces armées au Liban briser le complot de partition du pays, déclare Abdel Halim Khaddam, le 8 mai. Lorsque j'ai déclaré, il y a quelque temps, que la Syrie occupera et annexera une partie du territoire libanais, j'entendais par là l'occupation d'Aley et des régions avoisinantes, pour paralyser les mouvements de Kamal Joumblatt et empêcher la partition du Liban[1]. » Soucieux de prendre un maximum de précautions, les Syriens déclarent à l'ambassadeur américain à Damas que leur opération ne vise nullement Israël et qu'elle tend uniquement à rétablir la paix au Liban ; ils font de même auprès des ministres des Affaires étrangères du Koweït, de l'Arabie Saoudite, du Qatar, des Émirats arabes unis, de Jordanie et de Tunisie, sans parler de nombre de hauts personnages libanais[2]. Parfaitement informé de ce remue-ménage diplomatique, Joumblatt semble curieusement ne lui prêter aucune attention. Par la suite, Joumblatt expliquera avoir été persuadé que la perspective d'un affrontement direct avec Israël empêcherait le président Assad de décider d'une intervention militaire massive au Liban. « À peine les Syriens auront-ils franchi la frontière dans la région de Masnaa, l'armée israélienne s'ébranlera pour leur barrer le chemin[3]. » Il lui semble incroyable que le président Hafez al-Assad puisse s'en prendre aux Palestiniens, mettant en péril sa réputation dans le monde arabe et dans son propre pays. La visite du Premier ministre soviétique Alexeï Kossyguine à Bagdad, d'où il devait ensuite se rendre à Damas, témoigne du fait que Moscou veut éviter que les événements ne prennent une tournure indésirable. Joumblatt est certain aussi qu'une intervention militaire syrienne se heurtera à la volonté de Washington : les Américains, qui n'ont pu

1. A.I. Dawisha, *Syria and the Lebanese Crisis*, *op. cit.*, 1980, p. 133.
2. *Ibid.*, p. 134.
3. Karim Pakradouni, *La Paix perdue*, *op. cit.*, p. 24.

empêcher l'envoi des chars soviétiques en Tchécoslovaquie, en 1968, ne permettront pas au régime syrien d'entraver l'avancée du Liban vers des réformes démocratiques. Ces conclusions, Joumblatt y est parvenu après plusieurs rencontres en avril avec l'ambassadeur américain Dean Brown. « Le Liban, avait-il dit à Joumblatt pour le rassurer, ne sera pas une deuxième Tchécoslovaquie, ni un satellite de la Syrie, ni, non plus, un pays de confrontation avec Israël[1]. »

« Nous n'avions pas bien calculé les risques, avouera Joumblatt par la suite. Nous comptions sur l'Europe, les États-Unis, sur la France et sur les Syriens eux-mêmes, pour empêcher le président Assad de maintenir sa décision d'envoyer son armée au Liban. Nous ne croyions pas aux dangers d'une intervention militaire. Peut-être n'étions-nous pas complètement informés sur les relations entre Washington et Damas ou sur la pression que Washington exerçait sur Israël. Nous ignorions que le pacte diabolique avait été signé, et c'était une grosse erreur de jugement[2]. » Mais, en mai 1976, Joumblatt ne pouvait pas savoir alors même que Brown l'avait persuadé de l'impossibilité d'une intervention syrienne au Liban, que loin de s'y opposer les États-Unis faisaient leur possible pour inciter le président Assad à prendre cette décision. La Syrie avait été informée par Henry Kissinger qu'Israël ne s'opposerait pas à son entrée au Liban, à condition que les troupes syriennes ne soient pas équipées de matériel anti-aérien soviétique SAM et n'installent pas plus d'une brigade au sud de la « ligne rouge ». Joumblatt ignorait de même que la tâche principale de Dean Brown à Beyrouth n'était nullement d'« observer sur place la situation », comme il avait été annoncé officiellement, mais d'assurer la préparation

1. *Ibid.*
2. Kamal Joumblatt, *Mon testament*, *op. cit.*, p. 173.

diplomatique de l'opération mise au point par Kissinger, pour entraîner la Syrie dans le conflit libanais.

Fin mai 1976, les détachements de l'armée du Liban arabe, conduite par le major Ahmed Maamari, ayant attaqué sans le moindre prétexte les villages maronites de Kobeïat et Andkit au Akkar, les habitants demandent l'aide et la protection de la Syrie. On sait aujourd'hui que le major Maamari, après avoir participé en février à la création de l'ALA aux côtés d'Ahmed Khatib et d'autres officiers rebelles, avait par la suite collaboré avec les Syriens. Ce qui laisse supposer que les événements du Akkar ont été mis en scène par Damas afin de fournir un prétexte à l'intervention syrienne au Liban.

Le 1er juin 1976, les troupes syriennes envahissent le Liban. Ce sont d'abord sur la route Damas-Beyrouth, du côté de la vallée de la Békaa, les chars de la division de réserve du commandement principal, ceux-là mêmes qui sont destinés à mener une contre-offensive en cas de percée des Israéliens sur les hauteurs du Golan. Ensuite, deux mille hommes franchissent la frontière dans la région du Akkar en direction de Tripoli où se trouvent les positions des Palestiniens et du Mouvement national. Une troisième colonne avance en direction de Jezzine, d'où elle repartira vers la ville stratégique de Saïda.

Dans la dernière semaine de mai, deux événements ont précédé cette intervention. Le 25, Raymond Eddé est victime d'un attentat et, deux jours plus tard, Linda al-Atrach, la sœur de Kamal Joumblatt, est assassinée à son domicile, avenue Sami Solh, dans Beyrouth-Est. Les combats atteignent une violence sans précédent sur tous les fronts. Les meurtriers de Linda al-Atrach sont arrêtés, et Pierre Gemayel déclare que les Kataëb et le PNL ont l'intention de renouer avec Joumblatt une fois l'enquête terminée.

Le jour de l'entrée de l'armée syrienne au Liban se tient une réunion du Front libanais, à Kfour, dans le Kesrouan, et cheikh Bachir Gemayel, alors vice-président du conseil militaire des Kataëb, se voit chargé par les dirigeants maronites d'entamer des pourparlers avec Joumblatt. Le cheikh Amine Alamé et l'avocat Ramez Yaakoub servent d'intermédiaires. Il est convenu, par l'entremise d'Abou Hassan Salamé, chef du service de sécurité du Fateh, que la première rencontre aura lieu le 2 juin 1976, chez Moshen Dalloul, à Raml al-Zarif. Kamal Joumblatt arrive vers neuf heures du matin, accompagné de Joseph Abou Khalil et du colonel d'aviation Nassreddine, l'époux de la fille aînée de Linda. Puis une voiture conduite par Abou Hassan Salamé amène Bachir Gemayel d'Achrafieh.

Venu officiellement présenter ses condoléances, Bachir Gemayel tend un dossier bleu à Joumblatt :

« Je suis venu vous présenter mes sincères condoléances. Ce dossier contient tous les détails concernant le meurtre de votre sœur, y compris le nom des assassins.

– Vous pouvez le garder, car ma sœur a été victime de la confiance que j'avais en vous et en votre honnêteté. Je n'ai pas besoin du nom des meurtriers. Je n'ai pas de coutumes tribales. »

La conversation porte ensuite sur la politique.

« Je veux vous remettre le texte complet du programme du Mouvement national, afin que vous l'examiniez point par point, dit Joumblatt.

– Ce n'est pas nécessaire, répond Gemayel en souriant, je l'ai lu attentivement et je suis même prêt à plus que cela.

– Nous sommes à présent tous menacés, nos frères Kataëb ressentent le danger aussi. Toutes nos revendications doivent passer au second plan, face au danger qui plane sur le Liban. Qui a donc mandaté les Syriens pour se charger de la sécurité de notre pays ? Maintenant que nous avons un nouveau président, ils devraient montrer moins de hâte et lui donner la possibilité de former un gouvernement, et seulement après proposer de nouveau leur médiation. Leur initiative politique s'est muée en intervention militaire. C'est la preuve de leurs mauvaises intentions. Et pour la venue de toute armée, il faut une convention et l'accord du Parlement, si l'on ne veut pas considérer cela comme une invasion. »

S'abstenant de commentaires, Bachir Gemayel convient que le règlement politique doit être trouvé entre Libanais.

Durant près de deux heures et demie, Joumblatt et son interlocuteur, âgé de vingt-huit ans, discutent d'une réconciliation nationale passant par deux étapes : la « paix des braves » ou, pour le moins, un armistice ; une table ronde élargie aux hommes politiques. Kamal Joumblatt est si captivé qu'il en oublie son rendez-vous avec le métropolite orthodoxe de Beyrouth, Ghefrayel Salibi. La rencontre avec Gemayel s'achève dans un tel optimisme que des rumeurs prétendent que la table ronde sera convoquée dans les prochains jours[1].

Ce même 2 juin, Joumblatt s'entretient en tête-à-tête avec le président Élias Sarkis, à l'état-major du commandement militaire de Beyrouth, avant d'être rejoints par Abou Ayad. Joumblatt remet au président nouvellement élu la réponse du Mouvement national aux questions soulevées lors de leur rencontre du 19 mai : il n'est plus question de préalables à une table ronde avec les leaders du Front libanais ; sa seule exigence demeure le retrait des troupes syriennes dès l'annonce du cessez-le-feu. « Le président Sarkis et moi-même sommes optimistes quant à la solution du conflit », lance-t-il aux journalistes attroupés devant le siège de l'état-major[2].

Le Mouvement national et la résistance palestinienne ayant

1. Entretien avec Mohsen Dalloul à Beyrouth, le 19 avril 1999 ; avec Joseph Abou Khalil, à Beyrouth, le 5 octobre 1999 ; Antoine Khoueiri, *La Guerre du Liban*, II, *op. cit.*, p. 284-285 ; *Al-Wasat*, n° 267, 10-16 mars 1997.

2. Karim Pakradouni, *La Paix perdue*, *op. cit.*, p. 23 ; Antoine Khoueiri, *La Guerre du Liban*, II, *op. cit.*, p. 283-284.

appelé à riposter à l'armée syrienne par tous les moyens, y compris la grève générale, le 2 juin, un commandement militaire unifié du Mouvement national, de la résistance palestinienne et de l'Armée du Liban arabe est créé.

Durant la première semaine de juin, les Syriens accroissent les effectifs de leur corps expéditionnaire qui s'élève à douze mille hommes. Le 6 juin, des affrontements sérieux se produisent dans la vallée de la Békaa, entre les troupes syriennes et des détachements palestiniens et du Mouvement national. Le même jour, les combattants du Fateh mènent à Beyrouth, à l'initiative d'Abou Ayad, une opération de six heures visant à désarmer les organisations et les groupes palestiniens pro-syriens. Selon certaines informations, ces derniers s'apprêtaient à attaquer les positions des partis de gauche et de leurs alliés palestiniens, donnant ainsi un prétexte à l'armée syrienne pour investir Beyrouth. L'opération met à sac les bureaux de la Saïka, de l'armée de libération de la Palestine, du Baas et de l'Union des forces du peuple des travailleurs. Nombre de combattants de la Saïka se rangent aux côtés de l'OLP, suivis par la brigade Aïn Jallout au complet, une grande partie de la brigade al-Qadissiya et près du tiers de la brigade Hittin. Zouheir Moshen, le commandant de la Saïka, réussit à s'enfuir, mais le chef d'état-major de l'ALP pro-syrienne, Misbah Boudaïri, que Damas songeait à désigner à la place d'Arafat, est apréhendé. Il sera envoyé un peu plus tard en Syrie, grâce à la médiation du Premier ministre libyen Abdel Salam Jalloud.

L'intervention suscite la réaction des pays arabes rivaux traditionnels de la Syrie : l'Égypte et l'Irak. Ayant condamné le « fol acte de la clique fasciste qui gouverne à Damas », Bagdad masse ses troupes à la frontière syrienne. L'Égypte rappelle le 5 juin sa mission à Damas, en exigeant que les employés de l'ambassade syrienne quittent immédiatement Le Caire. En dépit du blocus des ports libanais, les Égyptiens continuent d'envoyer des détachements de l'armée de libération de la Palestine au Liban et permettent à l'OLP de se refaire entendre sur les ondes de La Voix de la Palestine (ses transmissions par l'émetteur égyptien avaient été interrompues, à l'automne 1975, lorsque les Palestiniens avaient condamné les seconds accords du Sinaï). Les autres pays du monde arabe, à l'exception de la Jordanie, désapprouvent, avec retenue, l'action syrienne.

À l'inverse, les États-Unis s'y déclarent favorables, suivis par la France. Mais c'est l'attitude de l'Union soviétique qui constitue une surprise particulièrement désagréable pour Joumblatt. Le Premier ministre Alexeï Kossyguine, en visite à Damas du 1er au 4 juin, réaffirme la volonté des deux pays de « poursuivre les efforts communs pour mettre fin à l'effusion de sang et rétablir la paix et la sécurité au Liban[1] », sans mentionner l'invasion syrienne.

Le 8 juin, les ministres des Affaires étrangères de la Ligue arabe se réunissent au Caire, cédant aux demandes insistantes de Yasser Arafat. Le ministre libanais n'a même pas été convié. Un projet de résolution est mis au point, réclamant le cessez-le-feu immédiat et la relève des troupes syriennes par les forces arabes de maintien de la paix. La Syrie refuse. Une délégation de la Ligue s'envole aussitôt pour Damas afin de prévoir l'incorporation d'un contingent syrien à la Force de paix interarabe. Le soir du 9 juin, la radio du Caire annonce que cette force sera composée de soldats des pays suivants : Libye, Algérie, Soudan, Arabie saoudite, Syrie et Palestine[2].

La résolution de la Ligue arabe suscite le mécontentement des milieux maronites, qui craignent que la présence des forces arabes ne vienne renforcer les positions des partis de gauche et

1. *Pravda*, 4 juin 1976.

2. *Les Relations libano-syriennes, 1943-1985*, Centre d'archives et de recherches, Beyrouth, 1986, p. 343.

des Palestiniens. Le président Sleiman Frangié proteste auprès du secrétaire général de la Ligue, Mahmoud Riad, le 9 juin, déclarant la décision illégitime du fait que le Liban n'était pas représenté. De même, le 11 juin, à la réunion des chefs du Front libanais à Kfour, l'action de la Ligue arabe est qualifiée de « guerre de religion contre le Liban » et la menace de faire appel à l'ONU est brandie.

Des hommes politiques chrétiens, seul Raymond Eddé avait appelé les Libanais à mettre de côté leurs divergences, pour faire du 1er juin le début de la lutte commune contre l'occupation étrangère. Dès le 5 juin, lors d'une réunion des dirigeants maronites à Zouk Mikhaïl, le Front libanais déclare, pour sa part, qu'il approuve l'« initiative » militaire des Syriens : « Tout patriote sincère ne peut que déplorer l'entrée de forces étrangères, déclare Pierre Gemayel, mais la situation dans le pays s'est tant aggravée, que l'intervention de troupes amies apparaît absolument nécessaire pour rétablir l'ordre et la sécurité[1]. » L'abbé Charbel Kassis ajoute toutefois qu'il vaudrait mieux que les Syriens soient accompagnés de forces des Nations unies. Le président Camille Chamoun est le seul leader conservateur à désapprouver l'intervention, avant de rejoindre le chœur de ses collègues.

À mesure que les affrontements entre les troupes syriennes et les Forces unies des Palestiniens et de la gauche se font plus acharnés, les régions contrôlées par le Mouvement national commencent à sentir les effets du blocus alimentaire. À Beyrouth-Ouest, les files d'attente autour des fours à pain s'allongent dès l'aube et les rumeurs de famine sèment la panique.

Le 21 juin débarquent au Liban les bataillons syrien et libyen des Forces de paix interarabes, et le major Abdel Salam Jalloud, qui a repris sa mission médiatrice, déclare que le président Assad a promis de retirer, en quatre jours, les troupes syriennes de

1. *Ibid.*, p. 342.

Khaldé, Saïda, Tripoli, Sofar, de la Békaa, du Akkar et de Dahr el-Beïdar. Les dirigeants du Front libanais redoutent le départ des Syriens. Les milices chrétiennes, renforcées par des détachements de l'armée libanaise, assiègent les camps palestiniens de Tell Zaatar et Jisr el-Basha. Ce dernier est pris le 28 juin, ce qui fait de Tell Zaatar, peuplé de plus de trente mille habitants, la dernière enclave palestinienne dans la partie chrétienne de Beyrouth.

Après plusieurs tentatives infructueuses pour briser le siège de Tell Zaatar, le commandement unifié du Mouvement national, de la résistance palestinienne et de l'armée du Liban arabe décide de porter ses coups contre des localités chrétiennes éloignées des positions syriennes. Les dirigeants du Fateh et des deux Fronts populaire et démocratique de Libération de la Palestine, ainsi que le lieutenant Ahmed al-Khatib, commandant de l'ALA, après avoir arrêté leur choix sur Deir el-Qamar, tentent de convaincre Kamal Joumblatt que cela obligera les chefs maronites à renoncer à la destruction de Tell Zaatar. Mais comme en janvier, le leader druze refuse l'idée de combats dans le Chouf. Après une polémique de plusieurs heures, la décision est prise de frapper dans la région de Chekka-Koura, au nord, où les combattants des Forces unies seront épaulés par des détachements du PSNS cantonnés sur place.

À l'aube du 5 juillet, les Forces unies, composées d'unités du Fateh, de l'ALA, du Mouvement du 24 octobre et des Jounoud Allah (les Soldats de Dieu) attaquent sur trois flancs le village de Chekka, sur la route Tripoli-Beyrouth. C'est un terrible massacre, accompagné de pillages et d'incendies. Les milices du Front libanais soutenues par des blindés de l'armée régulière du Liban, accourues à la rescousse, chassent les combattants des Forces unies. Ces derniers se replient vers Tripoli le 8 juillet et se retrouvent encerclés par les Forces Libanaises, au sud et à l'est, alors que des détachements spéciaux de l'armée syrienne barrent les routes menant au nord.

Dès la fin de juin, les dirigeants chrétiens avaient exigé la réduction du nombre des Palestiniens au Liban et leur redistribution, proportionnelle, dans les pays arabes voisins. Peu après l'assaut du camp de Jisr el-Basha, une déclaration dans ce sens avait été faite par Bachir Gemayel, suivi de Camille Chamoun quelques jours plus tard. Ce dernier va plus loin, le 6 juillet, lorsqu'au nom du Front libanais, il déclare que la tenue d'une table ronde est inconcevable tant qu'il y aura une présence palestinienne armée au Liban.

Kamal Joumblatt relève le défi : « J'ai lu dans les journaux la déclaration de Camille Chamoun, déclare-t-il le 8 juillet. Je voudrais dire que nous ne sommes nullement empressés de convoquer cette table ronde. Nous avions lancé une telle initiative pour rassurer les isolationnistes et mettre fin aux massacres. Mais s'ils veulent une guerre éprouvante et continue, nous n'avons pas d'objection, même si cette guerre devait durer des années. Les agissements des isolationnistes à Tell Zaatar et Nabaa, où ils bombardent des civils, nous incitent à transformer les milices du Mouvement national en armée régulière, à mettre en place un véritable pouvoir civil qui remettra de l'ordre à Beyrouth et dans d'autres endroits, tout en arborant le mot d'ordre du combat populaire qui débarrassera le Liban du dernier isolationniste[1]. »

Malgré ses échecs militaires, Joumblatt pense que le Mouvement national et la résistance palestinienne peuvent compter sur l'aide du monde arabe, de l'Union soviétique et des États socialistes.

Pour convertir le Mouvement national en force politique et militaire indépendante, Kamal Joumblatt estime devoir s'affranchir de certains groupes et organisations qui s'adonnent au pillage et à des atrocités, en premier lieu ceux qui sont étroitement liés aux Palestiniens. Il se méfie particulièrement des « forces beyrou-

1. Antoine Khoueiri, *La Guerre du Liban*, II, *op. cit.*, p. 621.

thines » qui sont, à ses yeux, des bandes quasi criminelles. Cette position se heurte aux communistes qui le persuadent qu'en renonçant aux combattants de Beyrouth, il affaiblira le potentiel des forces de gauche dans la capitale. Le 22 juillet 1976, un conseil politique central est créé, dont Joumblatt est élu président et Mohsen Ibrahim secrétaire exécutif.

Kamal Joumblatt doit affronter, au cours de l'été 1976, la brusque détérioration des conditions de vie dans les régions contrôlées par les Forces unies. Des problèmes analogues existaient dans les régions contrôlées par les chrétiens, mais les milices locales réussissaient à y imposer un ordre relatif, à encaisser des impôts et à maintenir une liaison postale avec l'Europe, via Chypre. Au contraire, les tentatives du Mouvement national d'instaurer une vie plus ou moins normale sur ses territoires se heurtent aux Palestiniens soucieux de contrôler eux-mêmes les questions d'approvisionnement, les chaînes de radio et de télévision, les liaisons par téléphone et télex. Le 12 juillet, Kamal Joumblatt annonce la création d'une « administration civile » sur tous les territoires contrôlés par le Mouvement national, le maintien de l'ordre revenant aux services de « sécurité populaire » confiés à Sinan Barraj, représentant des Mourabitoun, et la justice à Fouad Chebaklo.

Le 20 juillet, dans un long discours où il révèle les détails de sa conversation avec Joumblatt, en mars, le président syrien présente ce dernier comme un politicien mû par la soif de pouvoir et un désir de vengeance contre les maronites, qui dominent depuis près d'un siècle et demi au Liban. Les milieux chrétiens perçoivent cette diatribe, selon les dires d'un dirigeant phalangiste, « comme des gouttes de rosée tombées sur un sol épuisé par la sécheresse[1] ».

1. Joseph Abou Khalil, *Le Rôle des maronites dans la guerre*, Beyrouth, 1990, p. 59.

La situation militaire des Forces unies continue de se dégrader. Elle devient particulièrement pénible après la tentative des Syriens de les encercler dans la région de Dhour el-Choueir. Joumblatt annonce, désolé : « Les échecs militaires, politiques et moraux du Mouvement national l'ont fortement affaibli [...]. Je ne peux plus dire, aujourd'hui, que le Mouvement national contrôle 82 % du territoire libanais. Notre Mouvement se retrouve militairement et politiquement isolé, même vis-à-vis des leaders musulmans traditionnels à Beyrouth-Ouest[1]. » Dans sa volonté de reprendre coûte que coûte l'initiative, Joumblatt essaye de persuader Yasser Arafat de passer à l'offensive.

Arafat, lui, considère la situation d'un autre œil. Bien que la décision de constituer des forces interarabes ait été prise depuis plus d'un mois, elle se met en place avec une grande lenteur. Seuls des contingents symboliques sont arrivés au Liban, bien incapables de modifier la situation. Le chef de l'OLP préfère ne pas aggraver ses relations avec Damas et entame, au contraire, des négociations, par l'entremise de Abdel Salam Jalloud.

L'accord syro-palestinien, signé le 29 juillet, est considéré par Kamal Joumblatt comme une tentative des Syriens d'enfoncer le clou entre l'OLP et le Mouvement national, et de le priver du soutien militaire palestinien. Le soir du 30 juillet, Joumblatt dit au représentant de la Ligue arabe, le Dr Hassan Sabri Al-Khaouli : « Le ministre syrien des Affaires étrangères a déclaré à ses homologues des pays arabes que la Syrie se retirera du Liban pour être remplacée par les forces interarabes de maintien de la paix. C'est pourquoi nous demandons à la Ligue arabe et à son représentant au Liban d'établir un plan précis et clair du retrait des troupes syriennes[2]. »

Les accords du 29 juillet ne pouvaient cependant qu'avorter.

1. Antoine Khoueiri, *La Guerre du Liban*, II, *op. cit.*, p. 683
2. *Ibid.*, p. 803.

Les Palestiniens insistent sur leur propre interprétation de la non-ingérence et n'ont pas l'intention d'abandonner leurs positions à Aïntoura et dans d'autres régions du Mont-Liban tant que les Syriens n'auront pas retiré leurs troupes du pays. Deuxièmement, l'accord entre la Syrie et l'OLP, à la grande surprise de Damas, a été critiqué par les leaders du Front libanais, inquiets de la perspective du rapprochement syro-palestinien. Enfin, le comité tripartite libano-syro-palestinien, créé pour l'application de ces accords, ne peut même pas entamer ses travaux. Les combats reprennent avec violence, sur tous les fronts.

Le 5 août, les milices chrétiennes s'emparent du quartier chiite et palestinien de Nabaa. Le 12 août, les phalangistes et les tigres du PNL font irruption dans le camp de Tell Zaatar. Les photos du massacre de plus d'un millier de personnes feront le tour de la presse mondiale. Le 13 août, l'artillerie syrienne entreprend des tirs massifs sur Hammana. Le 14 août, la radio chrétienne de Amchit annonce le début de la bataille visant à libérer le Mont-Liban. Des combats mettent aux prises les milices du Front libanais et les Forces unies à Sannine et Baskinta, dans les collines de Zaarour, pour se déplacer progressivement vers Aïntoura, Mteïn, Bologne et Bechlama. Le 16 août, les Syriens, soutenus par de l'artillerie à longue portée, s'emparent de Hammana et coupent les communications des Forces unies dans la région d'Aïntoura et de Mteïn. Au même moment, les combats s'étendent sur le front Aley-Kahhalé et à Beyrouth même, en particulier aux abords du centre-ville et de la place des Martyrs.

À la chute de Tell Zaatar, Kamal Joumblatt déclare que les portes des négociations sont à jamais fermées et proclame le début de la « guerre populaire ». Le 18 août, à Moukhtara, il exhorte à la résistance et au sacrifice, en déclarant que le Mouvement national cherche la victoire afin de prendre en main le pouvoir au Liban. Il ajoute : « Je vous appelle à aller par centaines défendre nos montagnes. Ce sont les montagnes de la fougue et de l'honneur libanais. Faisons de nos montagnes un autre Tell Zaatar, une forteresse sur laquelle viendront se briser les bandes d'isolationnistes barbares, et la victoire sera alors à nos côtés[1] ! »

La lenteur des Arabes à intervenir irrite au plus haut point Joumblatt. Fin août, il envoie un message aux souverains et chefs d'État arabes leur demandant le retrait des troupes syriennes. « Le retour des relations libano-palestiniennes, dans le cadre des accords passés entre le gouvernement libanais et la résistance palestinienne, dépend avant tout de la solution politique libanaise qui permettra aux Libanais de définir eux-mêmes l'avenir du pays, de son système politique, et de former un gouvernement d'union représentant le Liban tout entier sous l'égide du président récemment élu. La formation d'un tel gouvernement rendra possible la réalisation des accords libano-palestiniens, sur la base du respect des intérêts nationaux du Liban et de la défense de la révolution palestinienne, dans le contexte de l'intérêt général des Arabes[2]. »

Lors d'une conférence de presse le 20 août, il met en garde contre la création au Liban d'un « pays maronite nationaliste » qui serait, selon lui, plus dangereux qu'Israël : « N'oubliez pas qu'il y a au-delà des frontières du Liban près de trois millions d'émigrés, en grande majorité maronites ou chrétiens d'autres communautés. Les onze millions de chrétiens qui vivent dans le monde arabe seront influencés par un État maronite et, que vous le vouliez ou non, leur dévouement à la cause arabe en faiblira[3]. » Joumblat étaye cette thèse en divulguant le plan pour la création d'un État chrétien qui remonterait aux événements sanglants

---

1. *Ibid.*, p. 148-149.
2. *Ibid.*, p. 217.
3. *Ibid.*, p. 165.

de 1859-1860. Découvert dans un des monastères du Metn en 1920, il servirait de guide aux phalangistes, aux nationaux-libéraux et aux ordres monastiques maronites, sa réalisation étant contrôlée par une société secrète.

Joumblatt donne l'impression de s'éloigner de plus en plus du réel. Son assurance qu'une solution militaire permettra seule de réaliser les réformes politiques n'est plus partagée par Yasser Arafat, ni par nombre de dirigeants de l'OLP. Si le Front du refus, conduit par Georges Habache, rejette toute réconciliation avec Damas, l'aile droite du Fateh veut faire cesser la participation des Palestiniens au conflit libanais. Khaled al-Hassan et Hani al-Hassan accentuent leur pression sur Arafat pour le convaincre que le Mouvement national et la révolution palestinienne ont des objectifs distincts. Même Abou Ayad, pourtant proche du chef druze, considère à présent que la crise libanaise ne sera surmontée que si le Mouvement national, le Front libanais, la résistance palestinienne, la Syrie et tout le peuple libanais, représentant la « majorité silencieuse », parviennent à élaborer une formule de coexistence acceptable pour tous.

L'humeur de Joumblatt s'altère. Chaque jour apporte la confirmation de l'isolement grandissant du Mouvement national. La première rencontre entre les présidents Élias Sarkis et Hafez al-Assad inaugure la saison du défilé des responsables libanais à Damas. La capitale syrienne reçoit, dès les premiers jours de septembre, Pierre Gemayel et Camille Chamoun, suivis de Rachid Karamé, Saëb Salam, l'imam Moussa Sadr et le mufti Hassan Khaled.

La solitude politique de Joumblatt est aggravée par les tentatives presque quotidiennes de certains notables et cheikhs druzes de dresser contre lui une partie de la communauté, encouragés par les Syriens.

Après l'échec de consultations syro-palestiniennes à Damas les 11 et 12 septembre, Élias Sarkis appelle à une nouvelle rencontre en sa présence, à Chtaura, les 17 et 18 septembre. Le président Sarkis devant rencontrer le 18 le président Sadate au Caire, il est décidé de reporter la fin des négociations de Chtaura au 19. Le 18, Joumblatt s'entretient alors avec les responsables de l'OLP et déclare tout net que le Mouvement national refuse de retirer ses milices du nord du Metn. Abou Ayad soutient sa position. « Ils ont exigé que nous nous retournions contre nos frères d'armes, dit-il, mais nous n'avons pas l'intention de faciliter la tâche du président Sarkis en nous retirant des montagnes [...]. Et tant qu'une solution globale n'est pas trouvée, nous ne nous retirerons de nulle part[1]. »

La dernière rencontre à Chtaura, le 19 septembre, dure moins de deux heures. Les participants se séparent sans le moindre accord. Kamal Joumblatt le perçoit comme une victoire politique, tout en comprenant que l'échec de Chtaura ne peut que durcir l'attitude de Damas. Le 22 septembre, la Syrie adresse aux Palestiniens un ultimatum, les sommant de retirer leurs bataillons armés du Mont-Liban dans un délai de cinq jours, sinon elle les y obligera par la force.

C'est au Park Hôtel de Chtaura qu'a lieu, le 23 septembre, la cérémonie officielle de passation de pouvoir à Élias Sarkis, nouveau président du Liban. Joumblatt n'y assiste pas. Le lendemain, il préside une réunion du conseil politique central du Mouvement national, afin d'adopter une position à l'égard de l'ultimatum syrien. Le conseil déclare que le retrait des Forces unies de la montagne ne peut être examiné qu'en liaison avec celui de l'armée syrienne du Liban et l'abandon par les milices chrétiennes des positions qu'elles occupent en montagne et sur la côte, d'où les partisans du Mouvement national ont été chassés par la force. « Nul n'a le droit, stipule la déclaration du conseil, de discuter en l'absence du Mouvement national, la question du

1. *Ibid.*, p. 397.

retrait des montagnes ou des autres territoires[1]. » Au matin du 26 septembre, au Musée national, Joumblatt rencontre pour la troisième et dernière fois le président Sarkis. « Je vous propose une solution en trois étapes, dit-il. La première concerne un retrait partiel des troupes syriennes des régions druzes, ainsi que de Sofar et de Jezzine. La seconde, un accord entre les Libanais au sujet des réformes et de la présence palestinienne et, enfin, la troisième qui concerne le retrait total des Palestiniens et des Syriens de toutes les régions du pays[2]. »

Depuis la fin des années 1960, les Palestiniens ont eu besoin du soutien politique de Kamal Joumblatt, condition de leur survie au Liban. La situation a changé : les desseins de Joumblatt dépendent désormais du soutien militaire des Palestiniens. Leur retrait et, plus encore, leur défaite seraient synonymes de catastrophe. À l'inverse, le retrait des troupes syriennes déboucherait sur la défaite du Front libanais, laquelle permettrait à Joumblatt et à la coalition de gauche d'accéder au pouvoir.

Le président Sarkis a sa propre vision du problème. « L'armée syrienne, répond-il à Joumblatt, ne partira pas du Liban avant que les Palestiniens n'abandonnent les régions qu'ils occupent, que les accords du Caire ne soient respectés et que l'armée libanaise ne soit rétablie. À cette occasion, je me permets de vous faire observer que l'on ne peut se comporter à l'égard d'un État comme à l'égard des individus. Nous devons savoir utiliser un langage précis en nous adressant à un État, nous devons respecter ses principes et son autorité et ménager ses susceptibilités. Votre comportement heurte la Syrie et suscite ses craintes. Moi seul suis habilité à demander le retrait de l'armée syrienne et c'est ce que je ferai dès que le Liban n'en aura plus besoin. J'ai toutes

1. *Ibid.*, p. 471.
2. Karim Pakradouni, *La Paix perdue*, *op. cit.*, p. 28.

les garanties que cette armée se retirera quand je le demanderai. Pour le moment, il n'en est pas même question, même d'un retrait partiel. L'armée syrienne ne se retirera pas par la force, et votre attitude agressive ne facilite pas les choses. Que personne ne s'imagine que je pourrai chasser les Syriens à l'aide du seul bâton, je n'ai nullement l'intention de le faire et, d'ailleurs, je n'en ai pas les moyens. C'est pourquoi il nous faut d'abord régler le conflit libano-palestinien, ensuite le problème libano-libanais et, après cela, pourrons-nous penser au départ des Syriens[1]. »

Fin septembre 1976, Joumblatt se rend compte que les Palestiniens vont céder, d'un moment à l'autre, aux pressions de Damas. Auquel cas, les milices du Mouvement national, qui n'ont toujours pas pu se muer en « armée populaire », seront écrasées en quelques jours. La situation est d'autant plus dramatique que les leaders musulmans traditionnels, opposés récemment encore à l'intervention syrienne, changent de cap et commencent publiquement à dénigrer Kamal Joumblatt, affirmant que ni lui ni le Mouvement national ne représentent les musulmans libanais. La population n'entend plus ses appels enflammés à une « guerre populaire » et ne manifeste pas la moindre propension aux sacrifices. « Il est certain que le peuple libanais, dans la plupart des régions, n'a pas considéré notre combat avec suffisamment de sérieux, écrit amèrement Joumblatt. Une partie des jeunes et des adultes, en fait la grande majorité, continuent de vivre comme s'ils n'étaient pas concernés par cette bataille essentielle pour les objectifs nationaux et sociaux [...]. Des dizaines de milliers de personnes armées, de tout âge, n'ont toujours pas réellement participé à cette guerre[2]. »

1. *Ibid.*

2. Kamal Joumblatt, *Le Liban en guerre*, Beyrouth, Al-Dar Al-Taqaddoumiya, 1987, p. 122-123.

« Durant cette période, se souvient Georges Haoui, Kamal Joumblatt et nous autres du Mouvement national, avions compris que la tragédie était proche et que l'issue du conflit dépendait, non pas du rapport des forces dans l'arène locale uniquement, mais aussi des facteurs régionaux et internationaux[1]. »

Le 14 septembre 1976, Izzat Abdel Latif, chargé d'affaires de l'ambassade d'Égypte, remet à Kamal Joumblatt une invitation du président Sadate à se rendre au Caire. Reste à trouver le moyen de sortir du Liban. L'aéroport international de Beyrouth est fermé et les ports sont bloqués par les navires de guerre syriens et israéliens. La route de Damas, empruntée par les dirigeants libanais pour aller au Caire, est évidemment exclue. Joumblatt fait appel aux Palestiniens qui, depuis longtemps, disposent d'itinéraires secrets vers la capitale égyptienne. Le 26 septembre 1976, après sa rencontre avec le président Élias Sarkis, il part pour Jiyeh où l'attendent les autres membres de la délégation. Le groupe emprunte une passerelle brinquebalante pour monter à bord du Phénicie. Une heure plus tard, la chaîne verdoyante des montagnes disparaît dans les brumes de l'après-midi.

Après avoir essuyé des rafales de mitrailleuse d'une vedette militaire israélienne, le Phénicie entre le lendemain au port chypriote de Larnaka, d'où Joumblatt et ses compagnons prennent un avion envoyé par le président Sadate.

Le 28 septembre, Joumblatt est reçu par le président Sadate, qui approuve son plan de règlement du conflit. Il lui promet d'envoyer au Liban un corps expéditionnaire de dix mille hommes, renforcé par deux cents chars qu'il demandera au président algérien Houari Boumediene. « Je ne m'oppose pas à la participation de la France, ajoute-t-il à l'intention de Joumblatt. Mais il faudra que vous persuadiez vous-même les Saoudiens de la nécessité d'une telle entreprise, puis que vous vous mettiez

1. Entretien avec Georges Haoui, à Beyrouth, le 17 avril 1999.

d'accord avec les Français et les Algériens. » Kamal Joumblatt assiste ensuite à une soirée solennelle pour la commémoration du sixième anniversaire de la mort du président Nasser ; le président Sadate, qui lui a réservé une place d'honneur, le présente au public comme « un hôte de marque de l'Égypte, ami et compagnon de feu le président Nasser[1] ».

L'optimisme de Joumblatt et de ses compagnons est assombri par les nouvelles du Liban. À l'aube du 28 septembre, les Syriens attaquent avec blindés et missiles les positions des Forces unies dans les régions du haut Metn. Avançant sur deux axes, Hezarta-Tarchich et Kfar Selwan-Jiwar el-Hoz-Qarnayel, les troupes syriennes se retrouvent dès le soir aux abords de Aïntoura et Mteïn, encerclant Tarchich. L'artillerie du Front libanais bombarde les positions palestiniennes à Zaarour et Sannine, ainsi que dans les régions menant à Broummana et Baabda. Dans l'après-midi, Joumblatt s'entretient au téléphone avec Yasser Arafat et Mohsen Ibrahim, puis il appelle Beyrouth pour exhorter ses camarades du Mouvement national à faire preuve de courage et de fermeté en attendant les résultats de son voyage qui, dit-il, peut radicalement modifier la situation.

La délégation du PSP arrive, le soir du 29 septembre, à Taëf, en Arabie saoudite, à bord de l'avion du président égyptien. De l'aéroport les Libanais se rendent à la résidence de l'émir Abdallah bin Abdel Aziz, chef de la Garde nationale, qu'une vieille amitié lie à Joumblatt. La rencontre avec le roi Khaled, au matin du 30 septembre, déçoit quelque peu Kamal Joumblatt, le roi se bornant à quelques généralités qui ne laissent rien entrevoir de sa position.

Joumblatt quitte Taëf pour Bagdad, où il est accueilli par le vice-président irakien, Saddam Hussein. Il apprend

1. Albert Mansour, *La Mort de la république*, Beyrouth, Dar al-Jadid, 1994, p. 112.

que l'offensive syrienne dans les montagnes a fait reculer les Palestiniens en direction de Bhamdoun et que les forces du Mouvement ont également battu en retraite. Joumblatt est bouleversé par la tragédie du village de Salima, où les phalangistes ont massacré des druzes.

En réponse à l'opération syrienne au Mont-Liban, le président Sadate provoque un sommet de l'Égypte, de la Syrie, de l'Arabie saoudite, du Koweït, du Liban et de l'OLP, qui se tient à Riyad le 2 octobre. Hafez al-Assad refuse d'y participer si seul le Liban est à l'ordre du jour. Il veut évoquer les relations arabes envers Israël et réclame donc la présence de la Jordanie à Riyad. Le 2 octobre, dans une entrevue accordée à la revue égyptienne *Rose Al-Yussuf*, Joumblatt appelle les gouvernements arabes à maintenir la rencontre au sommet, malgré l'absence du président syrien.

Arrivé dans l'après-midi du 3 octobre à Paris, Joumblatt est reçu le soir même par le ministre des Affaires étrangères Louis de Guéringaud, qui lui propose d'organiser, à Paris, une table ronde entre toutes les parties libanaises, mais exclut une intervention militaire française. Il reproche à Joumblatt d'avoir accueilli négativement, en mai, l'initiative du président Giscard d'Estaing et lui explique que le recours à une force militaire française ne peut se faire sans l'accord du Conseil de sécurité des Nations unies. Contrairement aux autres hommes politiques, Mitterrand reçoit Joumblatt à son domicile.

L'Arabie saoudite, loin de vouloir adopter des sanctions contre Damas, s'emploie, avec le Koweït et l'OLP, à réconcilier l'Égypte et la Syrie, estimant que c'est la condition d'un règlement pacifique au Liban. Joumblatt en a la confirmation par le président Boumediene et le ministre algérien des Affaires étrangères, Abdel Aziz Bouteflika, tout juste rentré de Syrie, au cours d'une longue conversation dans la matinée du 6 octobre. Le président Boumediene lui annonce que, selon ses informations, les troupes syriennes sont sur le point d'investir Beyrouth, soutenues par la majorité des pays arabes. Il ajoute : « Ne croyez personne. Ils vous promettent un tas de choses, mais ils ne feront rien. La situation est très difficile et vous devez compter sur vous-même. Nous pourrions vous aider, bien sûr, en vous envoyant des armes, mais comment vous parviendront-elles ? Il est clair que nous ne pouvons le faire ni par la Syrie ni par la mer[1]. » Le président algérien conseille à Joumblatt de rencontrer le colonel Kadhafi, avant de regagner Le Caire, car il pourrait persuader les Syriens d'accepter de remplacer leurs troupes par des forces de sécurité arabes. Dans ce cas, il promet d'envoyer immédiatement des unités blindées au Liban.

Lors de leur rencontre à Benghazi, le dirigeant libyen promet à Kamal Joumblatt le maximum d'aide et de soutien. La délégation libanaise rentre au Caire le 9 octobre et, le lendemain, Yasser Arafat contacte Joumblatt, par téléphone, pour lui annoncer que la première session des négociations tripartites à Chtaura, sous l'égide de la Ligue arabe, n'a abouti à aucun accord.

À peine arrivé en Égypte, Joumblatt ressent un changement d'attitude : sa demande d'audience auprès de Sadate se heurte à différents obstacles ; quand il décide de regagner le Liban, les tergiversations reprennent, au nom, en principe, de sa sécurité personnelle. Les contacts de Joumblatt avec l'ambassade soviétique du Caire sont également stériles. Ayant demandé l'aide de Moscou pour revenir au Liban à bord d'un navire de guerre soviétique, Joumblatt essuie un refus. Les Soviétiques avaient déjà fait preuve d'une attitude évasive, lorsque Joumblatt leur avait demandé d'envoyer au Liban, à bord d'un navire civil, des vivres et des médicaments pour les habitants des régions contrôlées par le Mouvement national. Dans l'après-midi du

1. Entretien avec Abbas Khalaf, à Beyrouth, le 5 octobre 1999.

12 octobre, Joumblatt apprend que les Syriens ont attaqué les positions des Forces unies à Jezzine et qu'ils s'apprêtent à mener une offensive en direction de l'axe Mdeirej-Sofar-Bhamdoun. La veille, lors de la seconde réunion de Chtaura, un projet de paix conforme aux conditions syriennes avait été rédigé.

Le 16 octobre, le président Sadate se rend au sommet de Riyad, sans avoir rencontré Kamal Joumblatt. Abbas Khalaf et Toufic Sultan essayent en vain de persuader les Égyptiens de faire inviter Joumblatt à Riyad. « Nous avons dit à Ismaïl Fahmi, le ministre égyptien des Affaires étrangères : “Il y a encore une possibilité de solution, laissez-nous y participer”, raconte Toufic Sultan. Et Fahmi de répondre : “Nous n'y pouvons rien, laissez vos amis essayer.” Je lui ai demandé : “Qui sont nos amis ?” Et il a répondu : “Les Palestiniens.” À ces mots, j'ai senti l'angoisse me prendre à la gorge. Je lui ai fait remarquer qu'une table devait avoir quatre pieds, ce à quoi il a répliqué : “Pas du tout, une table peut fort bien tenir sur un seul pied. – Que nous reste-t-il donc à faire ?” lui ai-je demandé. “Que Joumblatt reste en Égypte, a-t-il répondu, nous lui donnerons une villa à Héliopolis.” Et Kamal bey n'a naturellement pas donné son accord[1]. »

Les consultations avec les Palestiniens ne donnent rien. La collaboration avec le Mouvement national est devenue un fardeau pour Yasser Arafat. Les Saoudiens prennent eux aussi la tangente, se déclarant prêts à inviter Joumblatt à Riyad avant ou après le sommet, pas pendant.

Le sentiment de solitude de Kamal Joumblatt est aggravé par les conseils insistants qui lui sont donnés de ne pas retourner au Liban, où sa vie serait en danger. Les propositions d'asile temporaire affluent, de l'Inde à l'Union soviétique.

Le départ de Sadate pour le sommet de Riyad met fin à la « captivité égyptienne » de Joumblatt. Dans la soirée du

1. Entretien avec Toufic Sultan, à Beyrouth, le 21 avril 1999.

16 octobre, un officier du service de sécurité arrive à l'hôtel Hilton et demande aux Libanais de faire leurs bagages. Joumblatt et ses compagnons sont conduits au ministère des Affaires étrangères. Un diplomate les informe qu'ils rentreront au Liban par voie maritime, mais qu'à des fins de sécurité, la radio annoncera qu'ils ont pris l'avion pour Rabat. Kamal Joumblatt, dans un geste inhabituel chez lui, serre dans ses bras Abbas Khalaf, Fouad Tehini et Salem Abdelnour, qui restent au Caire et leur dit avec émotion : « Qui sait, peut-être nous voyons-nous pour la dernière fois[1]. »

Tard dans la nuit, Joumblatt et ses compagnons sont transportés à Alexandrie. Le capitaine du petit caboteur turc, peu adapté au transport de passagers, cède à Joumblatt son étroite cabine, pendant que les autres s'installent tant bien que mal dans les deux autres. Trois jours plus tard, un rivage pointe à l'horizon : « Le reste, vous le ferez en canot, jusqu'à Jiyeh, dit le capitaine, par la grâce de Dieu. »

Le jour se lève à peine. Sur le quai de Jiyeh, détruit par les tirs d'artillerie, des voitures envoyées par la section locale du Fateh attendent le petit groupe. Contournant les trous d'obus encore frais, elles atteignent la route du littoral et foncent en direction de Beyrouth.

À Riyad, le 18 octobre 1976, tout se passe conformément aux prédictions du président Boumediene : réconciliation de Damas et du Caire, consensus des dirigeants arabes autour de la formule de paix syrienne. Le sommet prévoit un cessez-le-feu, applicable le 21 octobre dès 6 heures du matin, et la formation d'une force arabe de trente mille hommes, composée essentiellement des contingents déjà présents au Liban et qui sera soumise aux ordres du président Élias Sarkis. Cette force, ainsi qu'une commission

1. Entretien avec Abbas Khalaf, à Beyrouth, le 5 octobre 1999.

quadripartite (Arabie saoudite, Koweït, Égypte et Syrie) sont chargées de contrôler le repli de toutes les formations armées impliquées dans le conflit vers les positions qu'elles occupaient le 13 avril 1975. Les Palestiniens se voient tenus à un strict respect des accords du Caire de 1969, dans les quatre-vingt-dix jours suivant le cessez-le-feu.

Le 20 octobre, le Front libanais, le Mouvement national et la résistance palestinienne donnent leur accord pour l'arrêt des combats. Contraint d'accepter les conditions de Riyad, Joumblatt ne perd quand même pas espoir. Les participants au sommet restreint ont certes défini les effectifs de la force mis à la disposition du président Sarkis, mais ils n'en déterminent pas la composition. Ce point, capital pour le Liban, doit être débattu le 25 octobre, au Caire, par la Ligue arabe. Espérant parvenir à une forte réduction, voire à une neutralisation du rôle militaire de la Syrie, Joumblatt adresse aux dirigeants arabes un message les appelant à élargir la participation arabe et rappelle que le Mouvement national insiste sur le retrait des troupes syriennes.

Ses espoirs sont déçus, une fois de plus. Le sommet de la Ligue arabe au Caire entérine les décisions de Riyad et donne le feu vert aux Syriens pour régler le conflit libanais en légitimant leur présence militaire grâce à l'accord des autorités légales libanaises, en la personne du président Élias Sarkis. En dépit des objections désespérées de Yasser Arafat, la participation des Syriens dans la force arabe est fixée à vingt-cinq mille soldats et officiers, les cinq mille restants étant symboliquement répartis entre l'Arabie saoudite, la Libye, les Émirats arabes unis, le Yémen du Nord et le Soudan. En échange, l'Égypte a droit à la reconnaissance tacite des seconds accords du Sinaï ou, du moins, à l'abandon de toute critique à leur égard.

Les Palestiniens entament leur retrait du Mont-Liban, suivis par les milices du Mouvement national. Le 9 novembre, les unités de l'armée syrienne coiffées des casques verts de la Ligue arabe prennent position à Aley, Dhour Choueir, et sur la ligne côtière au nord et au sud du Metn. Deux jours plus tard, la route Beyrouth-Damas est à nouveau ouverte à la circulation. Le 14, les « casques verts » entrent dans le Chouf pour occuper Deir el-Qamar et Beiteddine.

Vers la mi-novembre, la réconciliation de l'OLP avec Damas est marquée par une « coopération stratégique ». Kamal Joumblatt fait taire ses critiques contre la « paix syrienne » et envoie même Mohsen Dalloul à Damas, pour sonder le terrain. Ce voyage confirme que les Syriens ont fait une croix sur le Mouvement national et ne veulent plus de dialogue. La défaite des forces nationalistes du Liban est totale.

Georges Haoui, évoquant cette période, raconte : « Le sommet du Caire avait mis de côté toutes les revendications de réformes soulevées par le Mouvement national, et aucun des objectifs du peuple libanais n'a pu être réalisé. Il a juste amendé le déploiement des forces de sécurité arabes [...]. La situation des Palestiniens a vite commencé à se détériorer. Dans la première étape de l'application des décisions de Riyad et du Caire, Arafat et les dirigeants palestiniens collaboraient encore avec les forces nationales, afin de coordonner le retrait des positions que nous occupions ensemble dans la montagne, au nord, au sud et à Beyrouth. Les forces de sécurité arabes devaient reprendre ces positions et les contrôler. Le but était naturellement de ne pas avoir de forces syriennes à proximité immédiate des Palestiniens ou des forces de Kamal Joumblatt, mais plutôt les détachements saoudiens, soudanais, yéménites ou libyens, afin d'assurer la liberté de déplacement et d'éviter les affrontements directs. Nous coordonnions encore nos opérations avec Arafat, en cherchant à comprendre dans quelle mesure notre Mouvement se trouvait pris dans un étau [...]. Les réunions hebdomadaires du Mouvement national continuaient de se tenir, sous la direction de Joumblatt, non plus à son domicile, mais dans les bureaux du conseil politique central qui se trouvaient dans un bâtiment inachevé en bord de mer [...]. Nous nous efforcions de maintenir le contact avec le pouvoir en place, en encourageant les rencontres officieuses entre les forces nationales de Kamal Joumblatt et le président Sarkis. Nous avons fait preuve de beaucoup de souplesse avec les deux parties, le pouvoir libanais et les forces interarabes. Joumblatt et certaines organisations non communistes étaient en contact avec les Saoudiens et les Soudanais, tandis que nous autres, les communistes, maintenions les relations avec les Yéménites et les Libyens. Les Mourabitoun, étant musulmans, avaient établi de bonnes relations avec les militaires saoudiens et syriens ; ils se rendaient avec eux à la prière du vendredi et leur faisaient des cadeaux [...]. Nous apprenions l'art de la défaite, en cachant nos armes et nos munitions dans des endroits sûrs, au cas où les combats reprendraient plus tard[1]. »

Les Libanais, qui se plaignaient de la brutalité des fedayin lors des humiliants contrôles aux postes de passage, sont à présent irrités par les innombrables guérites arborant drapeaux syriens et portraits du président Assad. Le 15 décembre, des détachements syriens envahissent les locaux des quotidiens *Al-Mouharrir*, *Beyrouth*, et de la revue *Doustour*. Dans les jours suivants, trois autres journaux influents de la capitale, *As-Safir*, *An-Nahar* et *L'Orient-Le Jour*, subissent un sort analogue. Les soldats syriens occupent les bureaux du *Nahar* et de *L'Orient*, situés dans le même bâtiment, évacuent les rédacteurs et les employés, interdisent à quiconque de s'approcher des lieux et transportent une partie des archives du *Nahar* à Damas. Ils empêchent la parution de ces deux quotidiens pendant près de trois semaines. À Tripoli, des « casques verts » syriens attaquent le siège du Baas pro-irakien et appréhendent certains de ses

1. Entretien avec Georges Haoui, à Beyrouth, le 17 avril 1999.

responsables. Le 3 janvier 1977, le Premier ministre libanais Sélim Hoss, sous la pression des Syriens, instaure la censure dans les journaux.

Lorsque, en novembre 1976, les milieux politiques libanais s'efforcent de composer un nouveau gouvernement, le président Élias Sarkis songe à réanimer la vieille formule chéhabiste, prévoyant la présence de Pierre Gemayel et Kamal Joumblatt au sein du cabinet. « Vous ne pouvez pas ramener les aiguilles de l'horloge en arrière, dit le président Assad au chéhabiste de vieille souche qu'est Fouad Boutros, dépêché à Damas par Sarkis le 26 novembre. Il faut regarder en avant [...]. Comprenez donc que Kamal Joumblatt est la cause de la crise au Liban et dans toute la région. Il a comploté contre son propre pays et contre la Syrie. S'il avait réussi, il n'aurait rien épargné, ni personne. Il essaie à présent de renouer avec nous, mais nous refusons. Nous l'avons isolé et lui avons bloqué toutes les portes, que voulez-vous faire, les lui rouvrir ? Tant que Joumblatt est là, personne n'est en sécurité. Ni la Syrie, ni le Liban, ni même le président Sarkis. Joumblatt est fini, il devrait l'être. » Comme Fouad Boutros demande au président Assad : « Avez-vous l'intention de l'exterminer ? », le dirigeant syrien répond : « L'exterminer physiquement, non. Nous ne croyons pas à l'assassinat politique. L'exterminer politiquement, oui. Kamal Joumblatt doit redevenir un citoyen ordinaire, à l'instar de tous les autres[1]. »

Dans une déclaration le 1er septembre, Joumblatt avait évoqué les rumeurs d'assassinat le concernant. Une première confirmation intervient lorsqu'une Renault, truffée de dynamite, explose le 4 novembre à midi, à Msaïtbé, près du domicile de Joumblatt. Celui-ci se rend aussitôt chez le amid Raymond Eddé : « Voici une liste noire où ton nom vient en premier et le

1. . Karim Pakradouni, *La Paix perdue*, *op. cit.*, p. 76.

mien en second », dit-il en tendant au amid un papier plié en quatre. Raymond Eddé lui répond : « J'ai exactement la même liste, mais ton nom y est placé avant le mien.

– Je ne peux le croire, s'exclame Joumblatt.

– C'est pourtant vrai[1]. »

Mais la liste de Joumblatt était la bonne. Une semaine plus tard, le 11 novembre, Raymond Eddé échappe à un attentat, le deuxième depuis le début de la guerre civile et le septième de sa carrière politique. Un mois plus tard, le 11 décembre vers minuit, Eddé est légèrement blessé à la jambe lors d'un attentat devant chez lui. Lorsque l'ambassadeur égyptien lui remet, à la mi-décembre, une invitation du président Sadate, Raymond Eddé décide de l'accepter sans plus tenter le destin. Du Caire, il émigre à Paris pour le restant de ses jours.

Le départ de Raymond Eddé place Kamal Joumblatt en tête de la liste noire. Ses proches le pressent de prendre des mesures de précaution. Il répond avec un triste sourire que chez les Joumblatt les hommes disparaissent rarement de mort naturelle.

De Paris, Raymond Eddé propose à Joumblatt de le rejoindre en France, où il serait possible de former un « gouvernement libanais en exil ». Kamal Joumblatt refuse. Il vit amèrement le refroidissement de ses rapports avec les Palestiniens. Début mars 1977, il ne reçoit pas d'invitation à la XIIIe session du Conseil national palestinien, au Caire : Joumblatt est devenu *persona non grata* dans la politique arabe.

Cette absence suscite toutefois des remous au sein de l'aile gauche de l'OLP. Sous la pression d'Abou Saleh et d'autres responsables palestiniens, un télégramme est adressé à Kamal bey pour lui demander de venir en Égypte et de prendre la parole à l'une des séances plénières. Sachant que cette forme d'invitation

1. Entretien avec Raymond Eddé, à l'hôtel Queen Elizabeth de Paris, en mars 1995. Voir aussi *An-Nahar*, 17 janvier 1995.

ne sera pas acceptée par Joumblatt, Abou Saleh et Abbas Khalaf, qui se trouvaient au Caire, s'envolent pour Beyrouth au matin du 15 mars. De l'aéroport, ils se rendent directement à Moukhtara et passent quelques heures à persuader Kamal qu'il s'agit d'un déplorable malentendu et que sa participation aux travaux de la session est nécessaire. Abou Saleh affirme que l'arrivée de Joumblatt au Caire a été concertée avec les autorités égyptiennes. Kamal Joumblatt cède et téléphone à Mohsen Dalloul pour lui demander de se préparer à l'accompagner, le lendemain matin, au Caire. Abou Saleh repart à Beyrouth, mais Joumblatt l'appelle, tôt le lendemain, pour lui annoncer qu'il annule son voyage : interrogée par Mohsen Dalloul sur les garanties de sécurité offertes à Joumblatt, l'ambassade égyptienne a répondu n'avoir reçu aucune instruction à ce sujet.

Le 16 mars, Kamal Joumblatt, accompagné de ses gardes du corps, Hafez al-Ghousseïni et Fawzi Chédid, se dirige dans sa Mercedes vers Aley, où il a été invité à la réunion d'une association sociale. Le matin, il a rédigé, comme à son habitude, l'éditorial d'*Al-Anba'*, puis il a écrit quelques lignes à un ami médecin de Bombay l'invitant à venir au Liban. À dix-sept heures, il a rendez-vous chez son dentiste à Hamra, mais il téléphone à son assistant, Joseph Abou Khalil, à Beyrouth, pour lui demander de reporter cette visite.

La Mercedes arrive au rond-point de Baakline, une Pontiac sport surgit et déboîte sur sa gauche, à la sortie du village. À proximité de Deir Dourit, la Pontiac ralentit et se met en travers de la route. Les tentatives de Hafez al-Ghousseïni pour passer restent vaines. La Mercedes freine lentement. La route étroite ne permet pas de faire demi-tour. De la Pontiac surgissent des hommes en treillis.

Kamal Joumblatt est assassiné le 16 mars 1977, deux cent soixante-cinq jours avant d'atteindre sa soixantième année.

Les funérailles achevées, une vague de violence déferle sur le

Chouf. Aveuglés par la tragédie, les druzes s'en prennent aux chrétiens. Des dizaines de victimes innocentes tombent, pour venger un crime qu'elles n'ont pas commis. Les efforts de Walid Joumblatt mettent un terme à ce déchaînement sans fondement.

Les assassins de Kamal Joumblatt n'ont jamais été officiellement identifiés. La mémoire historique, obéissant à une étrange logique, nul ne peut convaincre les Libanais que la Syrie n'est pas, d'une façon ou d'une autre, impliquée dans ce meurtre. Même si cela n'est pas vrai.

Épilogue

Les derniers mois de la vie de Joumblatt ont été prodigues en réflexions sur le passé et son expérience politique. Dès l'automne 1976, il avait entrepris de dicter avec Philippe Lapousterle, correspondant du journal *Le Matin* et de Radio Monte Carlo à Beyrouth, un livre au titre symbolique : « J'avais raison ». Paru cinq ans après la mort de Joumblatt et intitulé par les éditeurs français *Pour le Liban*, il sera traduit en arabe sous le titre *Mon testament.*

Publié simultanément à Paris et à Londres, puis dans une traduction arabe fort libre à Beyrouth, ce livre a permis aux détracteurs de Joumblatt de le couvrir de critiques. « Au printemps 1977, se souvient Camille Aboussouan, une personne était venue me voir et m'avait dit : "Kamal bey m'envoie pour vous demander de relire un texte écrit par un journaliste français du nom de Lapousterle. Il ne permettra pas la parution de ce texte sans avoir eu vos remarques." Je n'ai jamais reçu le texte. Je sais que le livre de Lapousterle contient des passages que je n'aurai jamais approuvés. Mais je sais aussi comment raisonnait Kamal. C'était le maître à bord et il était vigilant. Un an après la parution du livre, j'étais à Paris. Je l'ai lu et j'ai été étonné. C'est un texte qui est supposé rester pour l'histoire, et je sais que ce livre ne doit pas être considéré comme émanant de Joumblatt. Pas dans sa totalité. Il y a des passages excellents, de haut niveau sans aucun doute, mais il y en a d'autres que Kamal n'aurait pas hésité à changer[1]. »

Le dernier ouvrage de Kamal Joumblatt tranche sur ce qu'il avait écrit jusque-là. Le récit nerveux et saccadé, tantôt d'une précision tranchante, tantôt passionné à outrance, traduit l'état d'esprit d'un homme qui ne juge plus nécessaire de respecter les conventions, ni de se soucier de l'impression produite. Constatant que le problème qu'il a essayé de résoudre est plus vaste et profond qu'il n'aurait pu le penser, Joumblatt assume la responsabilité des fautes et des erreurs commises. Il lui est surtout douloureux de se défaire de ses illusions sur les régimes arabes, qui non seulement ne lui ont pas tendu la main, mais ont, au contraire, tout mis en œuvre pour empêcher la réussite de ses projets politiques. « Je nourrissais une foule d'illusions à l'égard des pays arabes et des régimes en place, écrit-il. Les politiciens et les chefs arabes, de même que leurs peuples, sont souvent dépourvus de cet esprit humaniste qui doit nécessairement présider aux grands destins. L'idée d'un État dans sa conception gréco-romaine ou moderne est totalement inexistante pour eux. La plupart des régimes ne sont que des copies hideuses, d'un côté, des régimes communistes, de l'autre, des dictatures latino-américaines : un parti unique, une idéologie unique, des services spéciaux, le mépris des droits de l'homme et des libertés civiques, la façon d'organiser ou de créer les partis, les slogans etc., mais sans la poussée révolutionnaire authentique et sans même l'esprit révolutionnaire créatif. Quant aux régimes que l'on appelle réactionnaires, la situation est pire encore : l'émir ou le gouvernant considère simplement que l'État et ses ressources sont sa propriété[2]. »

« Notre problème en tant qu'Arabes, disait-il en mai 1976

1. Entretien avec Camille Aboussouan à Paris, le 6 mars 1995.
2. Kamal Joumblatt, *Mon testament*, *op. cit.*, p. 196-197.

à Georges Haoui, c'est qu'il n'y pas encore eu chez nous de révolution intellectuelle. Ce retard a fait qu'elle est reliée aujourd'hui à la révolution sociale, et nous voilà faisant face à deux révolutions en une : la révolution sociale et la révolution cartésienne de l'esprit. Il est regrettable qu'on ne lise pas Descartes dans l'Orient arabe et que l'on n'y possède pas un mode de pensée scientifique, contrairement aux Arabes du Maghreb qui sont cartésiens ou qui, en d'autres termes, sont familiers avec le rationalisme européen[1]. »

Les adversaires de Joumblatt, qui affirment qu'il ne prônait les réformes démocratiques que pour se frayer une route vers la présidence du pays, sous-estiment clairement la véritable dimension de ses ambitions. Son aspiration au pouvoir reposait sur la certitude que le triomphe des principes jacobins au Liban donnerait une impulsion à la « vague de changements » dans l'ensemble du monde arabe. Depuis la mort de Nasser, les Arabes avaient besoin d'un chef éclairé, capable de conduire un mouvement réformateur de dimension historique, à la manière de Frédéric II en Allemagne ou de Pierre le Grand en Russie. Kamal Joumblatt laissait entendre sans ambiguïté qu'un tel destin était à sa mesure.

Était-il possible d'espérer que les gouvernants arabes le soutiendraient ? Cette question a été posée à Abbas Khalaf, un proche compagnon de Joumblatt, lors d'une mission dans les pays du Golfe : « Que cherchez-vous à obtenir au Liban ? lui avait demandé le ministre de l'un des pays pétroliers. Vous réclamez la démocratie, mais vous ne comprenez pas qu'aucun pays arabe ne veut de démocratie, quelle que soit sa forme et à aucun prix ? Vous proposez de laïciser le système législatif et les institutions étatiques, alors que tout le monde dans cette région frappe cette idée d'anathème. Et après cela, vous persévérez à demander le

1. Entretien avec Georges Haoui à Beyrouth, le 17 avril 1999.

soutien moral et politique des États arabes. » Comment être plus clair ? « Notre erreur consiste peut-être, a écrit Joumblatt, à ne pas avoir compris cela en temps voulu ou à avoir refusé de le comprendre[1]. »

La volonté de s'affranchir enfin de ces illusions est un des leitmotiv du livre inachevé de Kamal Joumblatt. Surchargé de digressions polémiques, de répétitions, d'incompatibilités et de contradictions, l'ouvrage reflète le mouvement saccadé de sa pensée, son tourbillon obstiné à élucider les causes de son échec. « À une certaine période, j'avais énormément exagéré dans mon idéalisme[2] », admet-il. Fidèle à une approche morale des questions fondamentales, à une culture politique du dialogue et du compromis, intransigeant quand il s'agit du respect des normes éthiques, Joumblatt se retrouve constamment en contradiction avec les lois du milieu où il est contraint d'agir et qu'il s'efforce désespérément de transformer. La guerre civile, avec son sang et sa fange, est venue mettre à l'épreuve nombre de principes que Joumblatt croyait irréfutables, en premier lieu le principe gandhien de non-violence qu'il avait adopté et professé jusque-là. Le monstrueux écart entre les slogans de la Jeunesse révolutionnaire ou des combattants de la résistance palestinienne et leurs agissements cruels, voire franchement criminels sur le terrain, lui a ouvert les yeux sur le fait que les révolutions ne se font pas avec des gants blancs. Aussi, tout en condamnant les actes inhumains et amoraux, était-il contraint de « corriger » un peu Gandhi en admettant que la violence est nécessaire quand il s'agit de sauver des idéaux moraux, des vies humaines ou le sort d'un pays.

L'une des conséquences les plus tragiques de l'idéalisme de Joumblatt résidait sans doute dans son attitude à l'égard des êtres,

1. Kamal Joumblatt, *Mon testament*, p. 206.
2. *Ibid.*, p. 195.

qu'il percevait non pas tels qu'ils étaient mais tels qu'il souhaitait les voir. L'idée de former une « élite pensante » l'amenait souvent à prêter à son entourage des qualités et des vertus qu'il n'avait pas. Ce qui explique que, parmi ses alliés, figuraient nombre d'intrigants et d'aventuriers avec lesquels, si l'on regarde les choses objectivement, il avait moins de points communs qu'avec certains de ceux qui se trouvaient de l'autre côté de la barricade.

La tragédie personnelle de Kamal Joumblatt résulte de ce que le destin ne lui a permis de réaliser aucune des tâches qu'il s'était assignées. L'histoire offre nombre d'exemples de penseurs morts sans voir l'incarnation de leurs idées. C'est pourquoi, si on veut apprécier la valeur et la portée véritables de Joumblatt, il faut commencer là où s'arrêtent les tentatives d'inventaire de son action pratique. Sans avoir créé de théorie politique complète, ni de doctrine philosophique cohérente, il a posé, dans ses livres et essais, nombre de questions qui devancent son temps.

La question d'une révolution cartésienne dans le monde arabe était certes essentielle aux yeux de Joumblatt, mais elle n'est en somme que l'envers d'un problème universel, à savoir la « rupture avec la spiritualité ». D'où ses efforts pour réaliser une synthèse du rationalisme occidental et des traditions spirituelles de l'Orient.

N'oublions pas, en évoquant la tragédie de Kamal Joumblatt, qu'il ne s'agit que d'un point de vue extérieur, d'un regard porté sur son destin à partir du système de coordonnées qui nous est familier. Lui-même n'aurait sans doute pas accepté cette façon de l'aborder. Son univers était en effet régi par les lois de la *dharma* qui ne se mesure ni en victoires ni en défaites, la mort n'étant elle-même qu'un passage de l'âme vers une autre enveloppe, un maillon de la chaîne interminable des métamorphoses dans cette quête éternelle de tout en soi et de soi en toute chose.

Annexe

Les ancêtres de Kamal Joumblatt

À la suite de Tannous Youssef Chidiac, auteur d'un vaste compendium, *Les personnalités du Mont-Liban*, qui comporte des renseignements sur les familles les plus illustres, Kamal Joumblatt estimait que sa lignée remonte aux émirs de la dynastie kurde des Ayyubides, rattachée par des liens de parenté au légendaire chef militaire Saladin. Au XIIIe siècle, les ancêtres de Joumblatt gouvernaient la petite ville de Kilis, à la croisée des routes caravanières au nord de la Syrie. Le nom Joumblatt, ou Janboulatt comme on le prononçait alors, n'était vraisemblablement pas un nom générique mais un titre militaire attribué aux chefs s'étant distingués, signifiant en perse « âme d'acier ». Le premier nommé Janboulatt était un certain Mountach, gouverneur féodal de Kilis, qui réussit à la fin du XIIIe siècle à maintenir son pouvoir sur les tribus locales des Kurdes-Yazidis, parmi lesquelles il jouissait d'une autorité sans égale.

L'heure de gloire devait sonner pour les Janboulatt sous le règne du sultan ottoman Sélim II, lorsque ses mérites envers la Sublime Porte valurent à Kassem Joumblatt, surnommé Al-Kurdi, la possession héréditaire des sandjak de Kilis et Maarra.

Hussein pacha Joumblatt, le fils de Kassem, se distingua au service des Ottomans puisqu'il parvint à gouverner Alep, ce qui lui conférait un pouvoir presque illimité sur tout le nord de la Syrie. Lorsque Hussein pacha est exécuté par les Ottomans en 1605, son neveu, Ali Joumblatt, a déjà réussi à former une force militaire. Son influence est si grande dans cette partie de l'empire que, non seulement il renonce à quitter Alep, mais qu'il va jusqu'à se révolter contre la Sublime Porte. Il fait sécession et proclame son propre État. Au grand dam du sultan, il ordonne de frapper monnaie à son effigie et demande que son nom soit mentionné dans les mosquées lors des sermons du vendredi.

Après avoir conclu une alliance avec l'émir druze Fakhreddine II, Ali pacha s'empare en quelques mois de la majeure partie du territoire syrien avant de foncer sur Damas. Il n'acceptera d'en lever le siège qu'après le versement d'une rançon consistante. Soucieux de montrer son indépendance vis-à-vis d'Istanbul, Ali pacha établit des contacts avec les monarques européens et signe, en 1607, un traité d'alliance avec le grand-duc de Toscane, Ferdinand Ier, qui entend renforcer ses positions dans l'est de la Méditerranée. Les Ottomans entreprennent de mater la révolte d'Ali pacha en lançant contre lui une armée, commandée par le grand vizir Mourad pacha. La bataille décisive a lieu le 24 octobre 1607 : les forces de Mourad pacha, supérieures en nombre, écrasent les détachements des rebelles et prennent d'assaut Alep, deux jours plus tard. Les massacres dans la ville durent plus de deux semaines, les principales victimes étant les parents et les compagnons d'armes de Ali pacha. Sa propre mère est vendue en esclave pour 30 piastres.

Ali pacha Joumblatt, qui a échappé à ses adversaires, erre un moment entre la Syrie et l'Asie mineure. Comme il entreprend de se hisser à la tête du mouvement anti-ottoman des Jalalis, il essuie un refus poli des chefs qui n'acceptent pas ses conditions. En janvier 1608, désespéré de ne trouver aucun soutien pour poursuivre son combat, Ali pacha décide de se rendre à Istanbul. En dolman de velours vert bordé d'hermine, il se présente devant le jeune sultan Ahmed qui l'accueille en grande pompe, avec musique et salves d'artillerie. Loin de l'exécuter ou de le jeter en prison, il le nomme *beïlerbey* de la forteresse roumaine de Timisoara. Mais après s'être disputé avec les janissaires locaux, Ali pacha s'enfuit à Belgrade, où il passe plusieurs mois. En 1610, le grand vizir, revenu de la campagne de Syrie, apprend que le pacha rebelle n'a toujours pas été puni. Il ordonne sa capture et son exécution. C'est le 1er mars 1610 que, selon un usage appliqué par les Turcs aux hauts dignitaires, Ali pacha Joumblatt est étranglé avec la corde d'un arc dans une casemate de la citadelle de Belgrade.

La mort d'Ali pacha ouvre une nouvelle page dans l'histoire des Joumblatt. En effet, pour échapper aux persécutions des Ottomans, les rescapés de sa famille se sont réfugiés dans les montagnes du Liban, chez l'ami et allié d'Ali Joumblatt, l'émir Fakhreddine II, qui venait d'obtenir le pardon de la Sublime Porte. Les historiens divergent quant à la date de l'installation des Joumblatt au Liban : sans doute entre 1607 et 1611. On sait seulement que le pionnier avait pour nom Joumblatt ibn Saïd, auquel le gouverneur du Liban avait offert un accueil chaleureux en lui conférant le titre de cheikh. D'après Chidiac, Joumblatt ibn Saïd avait été nommé commandant de la forteresse frontalière de Chkeïf, à la tête d'une garnison de cinquante soldats, pour y passer deux ans à défendre le sud du pays. Ayant ensuite quitté ce poste, il s'installera à Mazraat el-Chouf.

Il existe toutefois une autre version, exposée par l'historien Ahmed Khalidi al-Safadi dans son ouvrage sur l'émir Fakhreddine : peu après l'arrivée de Joumblatt ibn Saïd au Liban, un différend l'aurait opposé au cheikh Yazbek ibn Abdel Afif, influent féodal druze. L'émir Fakhreddine prend alors le parti de ce dernier en ordonnant d'enfermer Joumblatt dans la forteresse de Chkeïf. Cette volte-face de l'émir à l'égard d'un vieil allié pourrait s'expliquer par son souci de ne pas susciter de scission chez les féodaux druzes d'orientation kaïssite. Même du temps où il avait étouffé la révolte d'Ali pacha Joumblatt, l'émir Fakhreddine a toujours voulu créer un État indépendant. Aussi renoue-t-il, en 1609, le contact avec le fils de Ferdinand Ier, le grand-duc de Toscane Cosme II. Le traité commercial, signé entre Baaqline et Florence prévoit une coopération dans le domaine militaire. Les bruits courant sur l'intention du duc toscan de livrer à Fakhreddine des mousquets et autres armes auparavant destinées à Ali pacha finissent par atteindre Istanbul. La Sublime Porte ordonne au gouverneur de Damas, Ahmed pacha Hafez, de mettre un terme aux agissements du vassal libanais, forçant l'émir Fakhreddine à quitter le pays pour se réfugier à Florence où il passera environ cinq ans.

En 1613, Ahmed pacha Hafez entreprend une expédition punitive contre le Liban où, selon al-Safadi, il est accueilli par les partisans de Joumblatt ibn Saïd, encore lui-même captif. Al-Safadi ne livre aucun détail sur les rapports entre Joumblatt et l'émir Fakhreddine de retour d'exil en 1618. Seul fait avéré : Joumblatt a survécu à l'émir, exécuté entre-temps, jusqu'en 1640 où il meurt en laissant un fils unique prénommé Rabah.

Il ne nous reste que de maigres renseignements sur la vie de Rabah Joumblatt. Tout porte à croire que, contrairement à son père, il dédaignait la politique et passa le plus clair de son temps à s'occuper des vastes terres dont il avait hérité. L'époque était passablement agitée : après l'exécution de Fakhreddine donc, en 1635, le Liban devient l'arène de combats fratricides et meurtriers entre les féodaux druzes rattachés aux kaïssites, d'une part, et, de l'autre, aux Yéménites. Bien que Rabah Joumblatt ne soit pas mentionné dans les chroniques historiques, il est logique de supposer qu'il était devenu une figure respectée dans la hiérarchie féodale des druzes, car cela seul peut expliquer son mariage avec la fille du notable druze le plus riche et le plus influent de l'époque, cheikh Kabalan al-Kadi, qui gouvernait les deux Chouf. L'émir Ahmed, dernier gouverneur maanide, meurt en 1697 sans laisser d'héritiers. Les chefs des grandes familles druzes se réunissent à Samkaniya et s'entendent pour remettre le pouvoir à son neveu maternel, l'émir Bachir, du clan sunnite des Chéhabi. La Sublime Porte refuse d'entériner ce choix en ordonnant, par un édit spécial, de transmettre le pouvoir à Haïdar, petit-fils de l'émir défunt, lui assignant Bachir comme tuteur jusqu'à sa majorité. Le changement de dynastie met fin au règne druze au Liban, une période que le diplomate russe Constantin Bassili (1809-1884) a pu, avec raison, qualifier de « brillante ».

À la mort de Rabah, survenue en 1700, le clan est pris en charge par son fils Ali. C'est alors que commence l'ascension politique des Joumblatt, couronnée par la reconnaissance de leur leadership dans le Chouf. En 1711, le jeune Ali Joumblatt prend part à la bataille d'Aïndara où les kaïssites remportent une victoire décisive sur les Yéménites, les contraignant à s'enfuir dans le Hauran. Pour lui montrer sa reconnaissance, l'émir Haïdar al-Chéhabi lui fait don d'une partie des terres yéménites, tout en attribuant à son grand-père, cheikh Kabalan, une possession héréditaire sur le riche district de Jezzine. En vertu du testament de cheikh Kabalan, décédé en 1712 (1715 selon d'autres sources), une moitié de ses biens devait revenir à l'émir régnant et l'autre à son propre petit-fils Ali Joumblatt, qui devient ainsi le chef féodal d'un des clans les plus riches et les plus influents, en somme le véritable maître du Chouf. Cheikh Ali Joumblatt ordonne de bâtir un palais de pierre sur les vestiges d'une ancienne forteresse romaine à Moukhtara, fief héréditaire de son grand-père cheikh Kabalan. Ce palais deviendra par la suite le centre politique et spirituel des druzes. Pour des raisons de sécurité, le cheikh décide cependant de ne pas s'installer à Moukhtara, aussi fait-il aussitôt construire un autre palais, à Baazaran, qui sera la résidence principale des Joumblatt de son vivant.

La renommée de médiateur d'Ali Joumblatt conduit le pape Clément XIII à s'adresser à lui, en 1765, pour l'aider à régler l'âpre conflit au sein de la communauté maronite, né à l'occasion du choix d'un nouveau patriarche. Ali Joumblatt, une fois nommé cheikh des cheikhs, fut reconnu comme le chef spirituel de toute la communauté druze.

Après la mort de l'émir Haïdar al-Chéhabi, le pouvoir échoit à son fils Ali, dont le nom est resté lié à une période de guerres intestines chez les féodaux druzes. L'émir Ali avait décidé de saper la puissance druze dans les montagnes et, à cette fin, il avait choisi de baser sa politique sur les rivalités entre les clans druzes qui luttaient pour s'emparer du leadership dans le Chouf. C'est précisément de cette époque que date l'apparition des deux partis opposés chez les druzes : l'un, formé des partisans d'Ali Joumblatt et l'autre des familles soutenant cheikh Abed al-Salam Imad, qui allaient bientôt se nommer le clan des Yazbaki, en l'honneur de son ancêtre Yazbek ibn al-Aref, ennemi déclaré de Joumblatt ibn Saïd.

La mort de Cheikh Ali Joumblatt en 1778 sème la discorde chez ses fils Kassem et Nejm, aboutissant à la rivalité entre Baazaran et Moukhtara. La brève période de pouvoir de cheikh Kassem est marquée par une lutte pour conserver la puissance des Joumblatt, alors que les conséquences de la bataille d'Aïndara se répercutent dans les montagnes. L'extermination d'une partie des familles yéménites et l'émigration massive du reste dans le Hauran ont réduit de près de moitié le nombre des druzes au Mont-Liban, donnant par là même un avantage sensible aux maronites qui, tout au long du XVIIIe siècle, poursuivirent leur migration dans le centre et le sud du Chouf. En outre, la victoire obtenue à Aïndara par les kaïssites, sous la conduite de l'émir Haïdar, avait contribué à renforcer la légitimité de la dynastie sunnite des Chéhabi. Ceux-ci, après s'être approprié la majeure partie des possessions yéménites, égalaient désormais en avoirs les clans druzes. Les émirs chéhabites, face à la puissance économique grandissante des maronites – fruit du commerce de la soie avec la France et d'autres pays ouest-européens – à quoi venait s'ajouter le zèle des missionnaires chrétiens au Liban, cèdent à la tentation de se convertir au christianisme. Selon certaines sources, l'émir Youssef et son fils Melhem auraient été les premiers convertis, suivis secrètement par d'autres émirs. Même plus tard, au début du XIXe siècle, l'émir Bachir Chéhab préférait se conformer aux règles de l'islam, invoquant maintes fois le nom d'Allah et appliquant le jeûne du ramadan.

La réorientation religieuse des émirs régnants les a poussés à modifier leur politique envers l'aristocratie druze. Ils misent sur les rivalités entre le clan des Joumblatt et celui des Yazbaki, leur accordant tour à tour leur soutien, afin de les affaiblir et de les priver de leur prépondérance traditionnelle au Mont-Liban.

Contrairement au système répandu en Orient selon lequel le gouverneur offre symboliquement les terres à ses vassaux, la propriété féodale était bel et bien héréditaire au Liban. Le pays faisait certes partie de l'empire ottoman, la Sublime Porte désignant les pachas chargés de le gouverner, mais les influents clans locaux jouissaient d'une importante autonomie et se bornaient à verser le tribut annuel. La décision de l'émir Youssef Chéhab de taxer d'une piastre le port du couvre-chef druze – dit *chachiya* –, geste perçu par les druzes comme une offense à leurs sentiments religieux, conduit Cheikh Kassem Joumblatt et ses alliés à le remplacer par un autre membre de la maison des Chéhab, plus acceptable à leurs yeux. Le choix de cheikh Kassem s'arrête sur le jeune émir Bachir, un neveu de l'émir Youssef. En présence du cheikh Al-Akl Hussein Madi et du cheikh Abou Ali Bteddini, le curateur de la maison de prière druze à Beiteddine, il est décidé d'apporter à l'émir Bachir une aide active pour sa conquête du siège de l'émirat. À cette fin, cheikh Kassem Joumblatt ordonne au trésorier de Baazaran, Ghantous al-Kahwaji, de donner 5 000 piastres à son hôte tout en lui promettant de régler la dette de l'émir Youssef, qui s'élevait à 4 000 sacs, au *wali* Ahmed al-Jazzar. Sentant l'étau se resserrer et ayant par ailleurs accumulé une énorme dette à l'égard du pacha ottoman, l'émir Youssef annonce, en 1788, qu'il abdique en faveur de son neveu. Le jeune émir se rend aussitôt chez al-Jazzar à Akka et, après lui avoir présenté une pétition signée par Kassem Joumblatt et d'autres noms influents, il retourne à Deir el-Qamar vêtu des atours du gouverneur sous l'escorte d'un détachement turc.

Lorsque al-Jazzar emprisonne cheikh Kassem Joumblatt à Akka, en 1791, le sceptre de Baazaran revient à son fils Bachir. Non seulement celui-ci ne partage pas les sympathies de son géniteur pour l'émir Bachir II, mais il soutient les rivaux de ce dernier, les émirs Haïdar et Kaadan Chéhab. Cependant ceux-ci vont se détourner de lui, après la mort de Kassem survenue en captivité en 1793, pour miser sur les Joumblatt de Moukhtara, en la personne des fils de cheikh Nejm : Abou Kassem et Ahmed. La trahison des alliés de la veille rend furieux cheikh Bachir, lequel soupçonnait en outre ses cousins de préparer un attentat contre lui pour supplanter Baazaran et s'emparer du pouvoir dans le Chouf. En avril 1793, avec son âpreté coutumière, il attaque par surprise Moukhtara avec l'appui de son frère Hassan, et il abat lui-même Abou Kassem et Ahmed, avant de chercher refuge dans le Hauran. S'étant de la sorte opposé aux adversaires de l'émir Bachir Chéhab, alors en disgrâce provisoire, cheikh Bachir Joumblatt ne pouvait désormais compter que sur le retour en faveur de l'émir auprès d'al-Jazzar.

Heureusement pour lui, le changement ne se fait guère attendre. Apprenant que l'émir Bachir avait de nouveau reçu l'investiture des mains du tout-puissant pacha ottoman, cheikh

Bachir Joumblatt revient en vitesse vers le Chouf. Peu après, la troupe envoyée par al-Jazzar à la rescousse de l'émir Bachir écrase, dans un combat près de Moukhtara, les détachements des fils de l'émir Youssef et les force à s'enfuir alors que l'émir fait une entrée triomphale à Deir el-Qamar. Cet événement donne l'occasion à un festin où cheikh Bachir est placé à la droite de l'émir. Nul ne doutait plus que les Joumblatt, après de nombreuses persécutions, avaient rétabli leur puissance qui en devenait même plus grande que jamais. Cheikh Bachir prit ensuite pour résidence Moukhtara et tous, partisans ou non, ont dû désormais tenir compte de ce qui y était énoncé.

À partir de là, les dix premières années de collaboration entre les deux Bachir seront placées sous le signe des intrigues persistantes de l'imprévisible Ahmed pacha al-Jazzar. En 1794, il ordonne à l'émir Bachir de venir à Akka, ainsi qu'à son frère Hassan et au cheikh Bachir Joumblatt. Les deux émirs chéhabites sont aussitôt mis aux fers, tandis que le cheikh se retrouve consigné à ses appartements. L'émirat passe de nouveau aux mains des fils de l'émir Youssef, Hussein et Saadeddine, qui vont évidemment tenter de profiter de l'occasion pour se venger de leur ennemi Bachir Joumblatt. Leurs hommes s'emploient aussitôt à détruire à travers le pays les maisons appartenant à la branche des Joumblatt de Baazaran, mettant le feu aux jardins et plantations, chassant et tuant le bétail. Pendant ce temps Ahmed pacha al-Jazzar faisait son pèlerinage à La Mecque et les émirs en profitent pour imposer des taxes à outrance à la population, la menant ainsi au bord du désespoir. À peine de retour, al-Jazzar fait venir les captifs et leur annonce sa décision de rendre le trône à l'émir Bachir, à condition qu'il rétablisse l'ordre au Mont-Liban et qu'il lui verse un lourd tribut. Après avoir dû laisser, de surcroît, leurs épouses et leurs parents en otages, Bachir Chéhab et Bachir Joumblatt regagnent Deir el-Qamar, en 1795, escortés des détachements du pacha.

Dès son retour l'émir Bachir s'emploie principalement à exterminer ou, pour le moins, à saigner à blanc les clans féodaux druzes parmi les plus influents, en qui il voyait la première menace contre ses projets de pouvoir centralisé dans l'émirat. Il ne fait aucun doute que ce dessein était soutenu par cheikh Bachir qui espérait ainsi se débarrasser de ses rivaux les plus forts et soumettre à sa volonté toutes les familles druzes féodales. Le coup principal aurait dû logiquement être porté au parti des Yazbaki avec, à sa tête, l'influent clan des Imad. Mais l'émir Bachir choisit comme première victime les Abou Nakad, surnommés « aiguille de la balance » pour leur volonté de rester à l'écart des querelles féodales, n'ayant jamais pris le parti des Joumblatt ni des Yazbaki. Ce qui leur était reproché, c'est d'avoir été les maîtres héréditaires de Deir el-Qamar et de ses environs, c'est-à-dire riches et puissants, tant et si bien que les habitants de la capitale les respectaient encore davantage que l'émir régnant. Une fois décidé à se défaire des Abou Nakad, l'émir Bachir a su dresser contre eux non seulement le cheikh Bachir, mais aussi les ennemis jurés de ce dernier, les Imad. Le 23 février 1796, les cheikhs du clan des Abou Nakad sont officiellement invités au palais où l'émir est censé leur remettre les atours d'honneur. À peine prennent-ils place que des hommes de main menés par cheikh Bachir Joumblatt, font irruption dans la salle et égorgent de sang-froid onze personnes. Les corps encore sanglants sont ensuite jetés dans le puits de la place centrale afin de dissuader les habitants de toute velléité de révolte. C'est ainsi qu'en un seul jour, l'ancien clan féodal des Abou Nakad a été décapité et leurs biens répartis entre les Chéhab, les Joumblatt et les Imad.

Ces trois clans adoptent une position commune, par ailleurs, quand ils décident d'ignorer la proposition du général Bonaparte leur demandant une collaboration dans le cadre de son expédition en Palestine, en 1799. Le fait que Bonaparte jouissait du soutien des maronites, en qui les druzes voyaient un ennemi juré, ne fit pas entrave à l'entente entre Bachir Chéhab et Bachir Joumblatt, qui ont d'ailleurs évité de prendre une part directe au conflit. Aussi, tout en déclarant leur loyauté envers al-Jazzar et allant même jusqu'à mener des négociations avec le général anglais Sidney Smith, dont l'artillerie navale essayait de venir au secours d'Akka assiégée par les Français, les deux hommes se sont-ils arrangés pour ne pas apporter leur aide militaire à al-Jazzar en invoquant les difficultés de la situation intérieure. Bien plus, dans le but d'obtenir la bienveillance de la Sublime Porte, les deux Bachir décident d'envoyer au grand vizir Youssef pacha, qui conduisait l'armée ottomane vers la vallée de la Békaa, un lot de munitions et du fourrage, ainsi que 100 000 piastres, dont la moitié était fournie par cheikh Bachir Joumblatt. Le grand vizir, appréciant le geste, promet à l'émir Bachir Chéhab et au cheikh Bachir Joumblatt de les débarrasser de l'arbitraire d'al-Jazzar en le remplaçant par un gouverneur plus souple. Al-Jazzar entre dans une grande fureur en l'apprenant. À peine les Français ont-ils abandonné Akka qu'il écarte l'émir Bachir du pouvoir encore une fois et remet les rênes à l'émir Abbas Chéhab.

Ainsi, les mésaventures des deux Bachir devaient se poursuivre jusqu'à la mort d'al-Jazzar, en 1804, le fait de rester unis les aidant à mieux endurer les coups et les avanies. Débarrassés de l'ombre funeste d'Ahmed pacha al-Jazzar, l'émir et le cheikh s'emploient à éliminer, l'un après l'autre, tous ceux qui représentent un obstacle à leur pouvoir sans partage dans l'émirat. Leurs persécutions s'abattent sur les adversaires politiques de leur alliance parmi les féodaux druzes, en premier lieu sur les Imad qui avaient pris la tête de la coalition des Yazbaki contre les Joumblatt. Certains historiens brodent quelque peu sur les relations entre les deux Bachir en parlant d'une amitié qui leur aurait permis de faire face à tous les avatars du destin, pour rétablir l'ordre et le calme dans le pays. Kamal Joumblatt a parfaitement défini ces rapports, en notant que le rôle des

Joumblatt sous les émirs Chéhab rappelle fortement le rôle joué par le tout-puissant cardinal Richelieu à la cour du roi de France. Plus que d'un attachement affectif, il s'agissait donc de la concomitance des intérêts de deux puissants féodaux qui avaient besoin d'un soutien réciproque dans leur lutte incessante pour le pouvoir.

La situation devait sensiblement changer vers la fin de la première décennie du XIXe. En ce temps, l'émir Bachir n'a plus de rival sérieux, si ce n'est cheikh Bachir Joumblatt qui devient désormais l'unique obstacle au rêve de domination sans partage de l'émir chéhabite. En effet, celui-ci supporte de moins en moins l'idée d'avoir à tenir compte de l'opinion de Moukhtara qui, tout récemment encore, était son soutien principal le plus sûr ; aussi attendait-il l'occasion de porter un coup mortel à son vieil allié. Les desseins retors de l'émir n'étaient pas un secret pour Joumblatt qui sentait bien que le Chouf devenait trop étroit pour les deux familles. Lui-même songe aussi sérieusement à éliminer l'émir Bachir Chéhab, pour instaurer son propre pouvoir dans l'émirat du Mont-Liban. Il fait le premier pas dans ce sens en convoquant chez Saïd Abdallah Tanoukhi, à Abey, une réunion secrète des cheikhs druzes les plus écoutés, lesquels se prononcent unanimement en faveur de son projet. Mais comme aucun secret ne peut être gardé longtemps, les ennemis de Joumblatt se dépêchent d'envoyer à Istanbul des messages qui l'accusent de tramer un complot pour créer au Mont-Liban, un État druze indépendant de la Sublime Porte. Fortement courroucé, le sultan Mourad II réclame la tête de cheikh Bachir qui, pense-t-il, emprunte les pas de son ancêtre, Ali Joumblatt. Seule l'intervention du trésorier du sultan, qui connaissait personnellement le maître de Moukhtara, évitera à celui-ci une mort inéluctable. La guerre larvée entre les deux Bachir va durer encore de nombreuses années, les périodes de refroidissement, à la limite de la rupture, alternant avec des moments de trêve et de collaboration. Mais aucun d'eux ne se faisait plus d'illusions et ils savaient que, tôt ou tard, leur haine mortelle, quoique savamment dissimulée, finirait par déboucher sur un affrontement où l'un des deux laisserait forcément la vie.

L'émirat du Mont-Liban était, au début des années 1820, une pomme de discorde entre le wali d'Akka, Abdallah pacha, et le wali de Damas, Derwich pacha. Le prétexte à leur affrontement sera le raid de Derwich pacha dans la vallée de la Békaa pour renverser l'émir Effendi, maître de Rachaya et allié des Joumblatt, afin de le remplacer par l'émir Mansour, partisan des Yazbaki. Furieux contre l'action arbitraire de son vieux rival, Abdallah pacha ordonne à l'émir Bachir d'attaquer et d'écraser les troupes de Derwich pacha dans la Békaa. Cependant l'émir Bachir – soutenu par cheikh Bachir Joumblatt venu pour le moment à la rescousse – ne se contente pas de libérer Rachaya, mais il poursuit l'ennemi jusqu'aux abords de Damas. L'armée de Derwich pacha s'en trouve complètement défaite et lui-même se réfugie, in extremis, dans la citadelle de la ville. Sa situation semble désespérée lorsque le sultan ordonne à Moustapha pacha, le wali d'Alep, de lui envoyer des renforts. À la grande déception des deux Bachir, leur écrasante victoire se mue alors en défaite et ils doivent revenir sur leurs pas. Il leur est encore plus pénible d'apprendre que le sultan a décidé de limoger Abdallah pacha et de placer le wali de Saïda sous la coupe de Derwich pacha. La situation est devenue catastrophique pour eux. À peine rentré au Chouf, l'émir Bachir invite cheikh Bachir Joumblatt au palais pour y tenir un long conseil et trouver une solution. Décision est prise d'envoyer immédiatement l'émir en Égypte pour y rencontrer Mohammed Ali, suffisamment influent pour persuader le sultan de gracier Abdallah pacha et de le renommer wali.

Pendant ce temps, les efforts de cheikh Bachir aboutissent à faire investir l'émir Abbas Chéhab, allié de longue date des

Joumblatt, du pouvoir suprême au Mont-Liban. En l'absence de l'émir Bachir, le cheikh était pratiquement devenu le maître absolu du pays. On l'appelait maintenant le « pilier céleste » et, selon un historien, « tout le monde se levait quand il se levait et s'asseyait quand lui-même s'asseyait ». Rien ne l'empêchait d'écarter à tout moment l'émir Abbas pour se proclamer gouverneur suprême du Mont-Liban, mais cheikh Bachir jugeait cela prématuré, préférant s'abstenir de tout défi à l'émir Bachir tant qu'il ne serait pas certain que le vent lui était favorable.

Les circonstances commencent toutefois à prendre une mauvaise tournure pour cheikh Bachir Joumblatt. Doutant apparemment du succès des pourparlers avec Mohammed Ali, il avait entrepris, si l'on en croit le témoignage du consul français à Akka, de négocier secrètement avec la Sublime Porte pour obtenir l'édit qui l'investirait du pouvoir suprême au Mont-Liban. Cheikh Bachir est donc foudroyé d'apprendre le rétablissement d'Abdallah pacha à son poste. L'affrontement déclaré avec l'émir Bachir est à présent inévitable. Ce dernier revient d'Égypte en vainqueur, avec le soutien du puissant Mohammed Ali et la confiance d'Abdallah pacha ; il se sent désormais assez fort pour se débarrasser définitivement du cheikh druze. Il n'ignore pas non plus que sa rupture avec Moukhtara sera favorablement accueillie dans les milieux chrétiens, ce qui lui rendrait la bienveillance du clergé maronite qui condamne depuis longtemps son alliance avec Joumblatt. Quand pourra-t-il retrouver une occasion aussi favorable ? À peine le pied posé sur le sol du port de Saïda, l'émir se met donc à l'œuvre. En réponse aux salutations de cheikh Bachir, venu l'accueillir avec les autres notables du Chouf, il lui demande brutalement 750 000 piastres pour rembourser ses dépenses en Égypte. Toutes les tentatives de médiation pour régler le conflit entre les deux Bachir, du moins pour réduire de moitié la somme réclamée, n'aboutissent à rien, l'émir Bachir ne voulant pas céder. L'homme le moins perspicace aurait compris qu'il était bien décidé à ruiner Joumblatt, en sapant ainsi le fondement de sa puissance.

Certains, dans le proche entourage de cheikh Bachir, lui conseillent de rompre les négociations et de rassembler ses fidèles pour porter un coup préventif : « Lorsque l'émir Bachir t'aura ruiné, il lui sera plus facile de t'éliminer, lui dit un des cheikhs les plus sages. Il serait bien plus judicieux de frapper les premiers. » Comprenant toutefois que le rapport des forces n'était pas en sa faveur, cheikh Bachir décide de repousser à plus tard l'affrontement et, le jour même, il quitte Moukhtara. Il va essayer de former une coalition de féodaux qui, pour différentes raisons, étaient opposés à l'émir Bachir Chéhab. Sa situation est si désespérée qu'il cherche même à se réconcilier avec ses ennemis de toujours, les Imad, auxquels il offre plusieurs villages de la Békaa et 50 000 piastres. Il réussit ainsi à rassembler peu à peu une milice importante, où nombre de notables chrétiens et musulmans rejoignent les féodaux druzes. Cela s'avère cependant insuffisant pour battre l'émir Bachir. La bataille décisive, entrée dans l'histoire sous le nom de « Journée de Moukhtara », a lieu le 31 janvier 1825. L'armée d'Abdallah pacha arrive au secours des troupes de l'émir, au son des tambours et des cors de combat, et son artillerie lourde met le point final à la longue et vieille confrontation entre les deux Bachir.

Les détachements de cheikh Bachir Joumblatt sont complètement anéantis ; lui-même ne réussit que par miracle à échapper à la capture et à s'enfuir vers le Hauran avec plusieurs de ses proches. Quelques jours plus tard, la garde envoyée par Mustapha pacha al-Bilani, wali de Syrie, s'empare de lui dans une auberge du village de Jaidour et le conduit à Damas. Sur l'insistance d'Abdallah pacha, cheikh Bachir et ses compagnons sont escortés en secret vers Akka, deux semaines plus tard. Les notables et une foule de citadins enthousiastes accueillent, aux portes de la forteresse, l'illustre captif enchaîné en lui rendant un vibrant hommage. Le jour même, cheikh Bachir Joumblatt est libéré de ses fers. Invité à un grand festin dans le palais d'Abdallah pacha, il reçoit les hommages des dignitaires de la ville et des représentants du clergé. L'annonce de l'accueil chaleureux offert à cheikh Bachir Joumblatt ne manque pas d'inquiéter vivement l'émir Bachir Chéhab. Craignant qu'Abdallah pacha ne se laisse séduire par les promesses du cheikh et ne lui laisse la vie sauve, il écrit immédiatement à son fils Amine, alors en Égypte, en lui demandant de s'entretenir avec Mohammed Ali pacha pour le prier d'intervenir et d'obtenir l'ordre d'exécuter Joumblatt.

Peu de temps après, l'édit du sultan condamnant le cheikh Bachir arrive au Caire, d'où une dépêche s'envole aussitôt vers Akka pour enjoindre à Abdallah pacha d'exécuter la sentence sans délai. À l'aube du 11 octobre 1825, les portes de la prison s'ouvrent et l'insigne prisonnier est emmené dans le couloir. Il ne montrera aucun signe de peur lorsqu'il sentira la corde, enroulée autour du poing du bourreau, se resserrer inexorablement sur sa gorge. Les témoins rapportent qu'il accueillit la mort avec calme et dignité, comme il sied à un homme et à un guerrier druze...

Table

Flashage Bussière
et impression Bussière Camedan Imprimeries
en octobre 2003.
N° d'édition : 21999. – N° d'impression : 034764/4.
Dépôt légal : novembre 2003.
Imprimé en France